U0629917

权威·前沿·原创

皮书系列为
"十二五""十三五""十四五"时期国家重点出版物出版专项规划项目

BLUE BOOK

智 库 成 果 出 版 与 传 播 平 台

越南蓝皮书

BLUE BOOK OF VIETNAM

越南国情报告（2021）

ANNUAL REPORT ON VIETNAM'S NATIONAL SITUATION (2021)

广西社会科学院

广西东南亚研究会

主　编／解桂海

社会科学文献出版社

SOCIAL SCIENCES ACADEMIC PRESS (CHINA)

图书在版编目（CIP）数据

越南国情报告 . 2021 / 解桂海主编 . - - 北京：社
会科学文献出版社，2023.1（2023.5 重印）
（越南蓝皮书）
ISBN 978 - 7 - 5228 - 1344 - 8

Ⅰ. ①越…　Ⅱ. ①解…　Ⅲ. ①越南 - 国情 - 研究报告
- 2021　Ⅳ. ①D733.3

中国版本图书馆 CIP 数据核字（2022）第 253741 号

越南蓝皮书
越南国情报告（2021）

主　　编 / 解桂海

出 版 人 / 王利民
责任编辑 / 李明伟
责任印制 / 王京美

出　　版 / 社会科学文献出版社·国别区域分社（010）59367078
　　　　　地址：北京市北三环中路甲 29 号院华龙大厦　邮编：100029
　　　　　网址：www. ssap. com. cn
发　　行 / 社会科学文献出版社（010）59367028
印　　装 / 天津千鹤文化传播有限公司

规　　格 / 开 本：787mm × 1092mm　1/16
　　　　　印 张：28.25　字 数：428 千字
版　　次 / 2023 年 1 月第 1 版　2023 年 5 月第 2 次印刷
书　　号 / ISBN 978 - 7 - 5228 - 1344 - 8
定　　价 / 186.00 元

读者服务电话：4008918866

越南蓝皮书编委会

《越南国情报告（2021）》
课　题　组

主　　编　解桂海

副 主 编　李碧华　杨　超　雷小华　莫　嫦

编　　辑　梁　薇　颜　洁　唐　卉　杨梦平

特约编辑　韦峥嵘

英文翻译　陈红升

主要编撰者简介

解桂海　广西社会科学院党组成员、副院长，曾任广西社会科学院东南亚研究所所长，主要研究方向为马克思主义理论。

李碧华　广西社会科学院东南亚研究所译审，主要研究方向为越南问题、边境问题。发表论文10余篇；翻译出版译著1部，发表译文20余篇；主持国家社科基金重大特别委托项目"西南边疆历史与现状综合研究项目"子课题1项，参与国家和省部级社会科学研究项目数项；参与编撰《越南国情报告》《东南亚手册》《中国－东盟年鉴》等著作和工具书。

杨　超　广西社会科学院东南亚研究所副研究员，博士。主持完成国家社会科学基金项目1项，参与3项。在《国际安全研究》《当代亚太》《亚太经济》等刊物发表学术论文多篇，人大复印报刊资料全文转载1篇。参与多项省部级课题及历年《越南国情报告》和《中国－东盟年鉴》编写。在海外网、《联合早报》、FT中文网等发表评论文章40多篇。

雷小华　广西社会科学院东南亚研究所副所长（主持工作）、广西社会科学院东南亚区域与国别研究创新团队首席专家，广西首届八桂青年学者。近年来出版专著《东盟国家海洋管理理论与实践研究》，主编《马来西亚经济研究报告》《广西沿边地区开发开放报告》；主持国家社科基金课题"东盟主要成员国海洋战略研究"，"印太战略背景下越南与域外国家海洋安全合作的新特征、逻辑动因及影响研究"2项；主持广西社科规划课题"东盟国家海洋权益意识和广西海洋资源开发对策研究""'一带一路'高质量发展下中国－东盟海洋合作新态势及对策研究"2项，主持自治区党委、政府重大招投标课题"广西参与中国－东盟海洋合作战略研究""广西参与'一带一路'对外开放的战略布局问题研究"2项；撰写的多篇咨政报告获得自治区党委、政府主要领导批示。

莫 嫦 广西社会科学院东南亚研究所副所长，《东南亚纵横》副主编，主要研究方向为中国－东盟经济、文化交流与合作。

编撰说明

为了加强对越南现状的基础性研究，为研究教学人员、实际工作者及对越南问题感兴趣的各界人士提供准确翔实的系统性研究报告和最新资讯，广西社会科学院东南亚研究所与国内有关单位合作，组织越南问题研究的知名专家、学者，自 2000 年起逐年编撰《越南国情报告》。

连续出版的《越南国情报告》主要依据越南党和国家通过的法律与政策文件、越南政府职能部门公布的数据、越南主流媒体和杂志期刊登载的文章和资讯，分析越南在内政、经济、外交、文化等各领域的发展以及面临的问题和挑战。其作为具有较高学术水准、资料准确翔实的系统研究报告和工具书，已成为了解越南最新发展情况和研究越南发展趋势的重要参考书。

《越南国情报告（2021）》内容分为四部分：第一部分为总报告，比较全面地总结和分析了 2020 年越南政治、外交、经济、贸易、社会、文化等方面的发展情况，并展望下一年度的发展前景；第二部分为越南 2020~2021 年政治、经济、外交、军事等领域分报告；第三部分为专题报告，对 2020~2021 年越南的农业、工业、海洋经济、金融、交通通信、对外贸易、旅游业等各领域的发展状况进行了分析研究，并对越南首都河内、工商业中心胡志明市和越南北部边境的经济发展状况进行了研究；第四部分为综合资料，设有 2020 年越南及中越关系大事记、越南经济社会统计数据、主要参考文献和资料来源等版块。

广西社会科学院、社会科学文献出版社和有关越南问题研究专家对本项目的重视和支持，使本书得以顺利出版发行，在此表示衷心感谢！由于我们水平有限，这本书会存在这样或那样的缺点和不足，敬请专家和读者批评指正，并赐予宝贵建议，我们将努力把下一本《越南国情报告》编写得更好。

编　者
2021 年 8 月

From the Editor

With an aim to strengthen the fundamental research on Vietnam and provide a systematic reference to Vietnamese issues, the Institute of Southeast Asian Studies (ISEAS), Guangxi Academy of Social Sciences (GASS) has organized specialists and scholars to compile the *Annual Report of Vietnam's National Situation* since 2000.

The publication focuses on analyzing Vietnam's developments in various fields including politics, economy, diplomacy, culture, as well as their related problems and challenges, based on the legal and policy documents adopted by the Communist Party of Vietnam (CPV) and the Vietnamese government, data released by functional departments of the Vietnamese government, information released by mainstream media, and published articles. It has been a reference for readers to acquaint Vietnam's updated information and its development tendency, providing with accurate data and systematic research reports.

The *Annual Report on Vietnam's National Situation (2021)* includes four sections. Section I is the general report on summarizing and analyzing Vietnam's development of politics, diplomacy, economy, trade, society and culture in 2020, as well as its outlook in 2021. Reports in Section II relate to the development of certain fields including politics, economy, diplomacy and military during 2020 – 2021. Section III consists of reports on agriculture, industry, maritime economy, finance and banking, transport and communication, foreign trade, tourism, as well as reports on regional development, including that of the capital Hanoi, the industrial and commercial center Ho Chi Minh city and the border area in north Vietnam. Reference data are shown in Section IV, including chronicle of events of Vietnam and Sino-Vietnam relations in 2020, economic and social statistics, data resources and reference.

We extend our gratitude to Guangxi Academy of Social Sciences and Social Sciences Academic Press (China) for the support to this publication, and to the specialists on Vietnamese studies who contribute their knowledge and insights. Any omissions and mistakes are on us, and critics and comments are appreciated in order for a better one in the next year.

Editor
August 2021

摘　要

2020 年，在受新冠肺炎疫情影响的背景下，越南还遭遇了洪涝、台风等严重自然灾害，经济下行压力明显加大。越南努力实现抗疫和恢复发展经济的双重目标，在有效应对新冠肺炎疫情的情况下，完成国会提出的 12 项主要经济社会发展指标中的 10 项，国内生产总值实现正增长。外交方面，越南继续实行全方位、多样化的外交政策，积极发挥担任东盟轮值主席国和联合国安理会非常任理事国"双重角色"作用，推动和参与多边合作机制，提升越南在国际上的地位和影响力。

2020 年，越南政治实现平稳发展，但稳中有忧。越南动员全国力量参与防控并相对有效控制了新冠肺炎疫情。越南共产党从中央到地方为第十三次全国代表大会召开做了充分的准备，越共十三大于 2021 年 1 月得以如期举行。越南还继续大力加强党建和反腐败工作。国会完成开展立法、监督和决定国家重要问题三大工作内容。

2020 年，越南宏观经济保持稳定，疫情下经济实现正增长。完成了国会提出的 12 项主要经济社会发展指标中的 10 项，通货膨胀得到控制，货物贸易进出口额继续增长，贸易顺差再创新高，公共投资资金到位大幅度增加，国家财政收支总体平衡。越南还继续大力推动信息与通信技术的应用和发展，加强网络安全管理。尽管新冠肺炎疫情对越南经济尤其是旅游业和航空业造成严重影响，但总体上，越南实现了疫情防控和经济发展的双重目标，国内生产总值增长 2.91%，成为 2020 年亚太地区乃至全球为数不多的经济正增长国家之一。

2020年，越南外交活动活跃，继续大力推动政治外交、经济外交，履行担任2020年东盟轮值主席国与2020~2021年联合国安理会非常任理事国职责，通过灵活调整结合线上和直接会面的对外活动方式维持和促进与各国的关系。年内越南批准和签订各项自由贸易协定，《欧盟-越南自由贸易协定》生效，签订《区域全面经济伙伴关系协定》和《英国-越南自由贸易协定》等，继续全面深度融入国际社会。

在社会文化方面，2020年，疫情下的越南居民生活和社会总体保持稳定。年内，越南多农地质公园加入联合国教科文组织世界地质公园网络、首次实行一门课程有多部教科书的社会化编撰教科书改革、公布2019年全国人口与住房普查的研究结果以及多地遭受严重自然灾害造成巨大损失成为越南文化和社会发展的突出事件。

2020年是越南经济社会发展的一个重要年份，是其制定诸多经济发展战略和规划承上启下的时间节点。而2021年对越南也意义非凡。2021年，越南共产党第十三次全国代表大会召开，进行第十五届国会选举和各级人民议会选举，也是越南实施越共十三大决议、2021~2025年经济社会发展计划和2021~2030年经济社会发展战略的开局之年。越共十三大提出2021~2025年GDP年均增长6.5%~7%的目标。进入2021年，越南2021年第一季度GDP实现增长4.48%，第二季度增长6.61%，上半年实现增长5.64%。但是自4月27日开始，受新冠病毒变异毒株影响，越南遭受了第四波本土疫情，并且疫情向越南全国蔓延，其中工商业中心胡志明市成为疫情重灾区，疫情防控形势严峻，经济社会发展也因此面临严峻挑战。

关键词： 越南 政治 经济 外交 社会文化

目 录

I 总报告

II 分报告

III 专题报告

Ⅳ　综合资料

皮书数据库阅读**使用指南**

总 报 告

General Report

B.1

承上启下的新阶段：2020～2021年 越南的发展与展望

李碧华 解桂海*

摘 要： 2020年，在受新冠肺炎疫情影响的背景下，越南还遭遇了洪涝、台风等严重的自然灾害，经济下行压力明显加大。越南努力实现抗疫和恢复发展经济的双重目标。越南共产党为第十三次全国代表大会召开做了充分的准备，越共十三大于2021年1月得以如期举行。越南继续加强党建和反腐败工作，国会完成开展立法、监督和决定国家重要问题三大工作内容。河内美德县同心乡土地争端危机引发严重冲突并不断发酵。完成国会提出的12项主要经济社会发展指标中的10项，国内生产总值增长2.91%。外交活动活跃，《欧盟－越南自由贸易协定》生效，签署《区域全面经济伙伴关系协定》、

---

* 李碧华，广西社会科学院东南亚研究所译审，主要研究方向为越南问题、边境问题；解桂海，广西社会科学院党组成员、副院长，主要研究方向为马克思主义理论。

《英国－越南自由贸易协定》等。2020年，疫情下的越南居民生活和社会总体保持稳定。多农地质公园加入联合国教科文组织世界地质公园网络、首次实行一门课程有多部教科书的社会化编撰教科书改革、公布2019年全国人口与住房普查的研究结果、多地遭受严重自然灾害造成巨大损失成为越南文化社会领域的突出事件。

关键词： 越南　政治　经济　外交　社会文化

2020 年，在全球暴发新冠肺炎疫情、国际形势风云变幻、世界经济陷入深度衰退的背景下，越南有效应对新冠肺炎疫情并力促经济增长，政治平稳发展，但河内美德县同心乡土地争端危机再起反映了在管理和使用土地中存在的突出矛盾及越南国内外反动势力的介入。2020 年，越南宏观经济保持稳定，大力推动信息与通信技术的应用和发展，加强网络安全管理。积极开展政治外交、经济外交，完成担任 2020 年东盟轮值主席国与 2020～2021 年联合国安理会非常任理事国职责，伴随着《全面与进步跨太平洋伙伴关系协定》（CPTPP）、《欧盟－越南自由贸易协定》（EVFTA）的实施和《区域全面经济伙伴关系协定》 （RCEP）、 《英国－越南自由贸易协定》（UKVFTA）等协定的签署，越南全面深度融入国际社会。

一 政治稳定发展，但稳中有忧

2020 年，越南有效应对新冠肺炎疫情；保障越共十三大如期召开；继续加强党建和反腐败斗争；国会完成开展立法、监督和决定国家重要问题三大工作内容，继续完善城市政府模式，国会常务委员会颁布相关决议决定成立胡志明市管辖的守德市；河内美德县同心乡土地争端危机再起、演进复杂。

（一）越南有效应对新冠肺炎疫情

越南动员全社会力量参与防控并相对有效控制了新冠肺炎疫情。在疫情暴发初期，越南及时启动了响应机制，成立了多部门联合的国家新冠肺炎疫情防控指导委员会，并制定了国家层面的应对计划。

2020 年，越南暴发的新冠肺炎疫情主要经历了三个阶段两次较为严重的疫情冲击波。第一阶段始于 1 月 23 日，越南报告本国首例新冠肺炎确诊病例，截至 2 月中旬全国共报告 16 例确诊病例，3 月初越南实现病例 "清零"。第二阶段始于 3 月初，越南发现多例来自欧美的输入性病例，随之出现本土病例和聚集性感染的疫情冲击波。为此，越南政府强化了入境限制和检疫政策，并于 4 月 1 日起在全国范围内实施为期 15 天的社会隔离措施。从 4 月 16 日 6 时至 7 月 24 日 6 时，越南连续 99 天未报告本土确诊病例，其间新增病例均为输入病例。[①] 第三阶段，越南疫情反弹，此次疫情冲击波以中部岘港市为中心迅速向多地扩散。7 月 25 日，越南卫生部宣布岘港市报告 1 例本地确诊病例，随后包括首都河内、南部胡志明市、中部广南省等多地报告新增本土确诊病例，多与岘港相关。[②] 此后仅 15 天里，新增确诊病例逾 335 例，死亡病例 13 例，大约 1700 名游客被困在岘港。岘港市自 7 月 28 日起实行社会隔离措施。[③] 截至 2020 年 12 月 31 日，越南累计新冠肺炎确诊病例 1465 例，累计死亡病例 35 例，比较好地控制住了疫情，防控疫情成了常态化工作。

越南在越共和政府的领导下有效防控了疫情，实现抗疫和恢复发展经济的双重目标，这也增强了越南民众对越南社会主义制度的信心。

---

① 《越南已连续 99 天未发现感染新冠肺炎本土病例》，越南通讯社 VietnamPlus 电子报，2020 年 7 月 24 日，https://www.vietnamplus.vn/99 – ngay – viet – nam – khong – co – ca – lay – nhiem – covid19 – trong – cong – dong/653390.vnp。

② 黄硕、陶军：《综述：越南重启防控措施应对疫情反弹》，新华社河内 2020 年 8 月 10 日电。

③ 《回顾 2020 年突出的旅游事件》，越南通讯社体育文化电子报，2020 年 12 月 30 日，https://yan.thethaovanhoa.vn/nhin – lai – nhung – su – kien – du – lich – noi – bat – trong – nam – 2020 – 252996.html? utm_ campaign = copyright&utm_ medium = referral&utm_ source = yannews。

（二）越南共产党第十三次全国代表大会的准备工作和越共十三大的召开

2020 年，越南共产党从中央到地方为第十三次全国代表大会召开做了充分的准备，越共十三大于 2021 年 1 月得以如期举行。

2020 年 4 月至 10 月底，2020 ~ 2025 年任期越共各级党代会相继完成召开，其中，4 月基层党代会开始召开，8 月县级党代会完成召开。从 9 月中旬到 10 月 29 日，67 个越共中央直属党委党代会完成召开，共选举出 3330人，其中 1084 人首次入选新一届党委。[①]

继越共第十二届中央委员会于 2018 年召开全会研究部署越共十三大筹备事项后，2020 年和 2021 年初，越共中央委员会先后召开了越共十二中至十五中全会，通过这些密集的会议反复讨论协调，最终完成了各项文件和人事安排准备事项。为迎接越共十三大，早在 2018 年 10 月，越共十二届八中全会就决定成立文件起草组、经济社会组、党章修订组、人事组、大会组织服务组 5个工作小组负责筹备事项。历经两年多的准备工作，2020 年 10 月 20 日，越共公布了越共十三大 4 份报告草案全文向全社会广泛征求意见。12 月 18 日，越共中央总书记、国家主席阮富仲在越共十二届十四中全会闭幕式上的讲话中指出，越共中央一致认为向越共十三大提交的文件准备工作已经按既定的目标、要求和计划完成。据越南官方媒体报道，在 12 月 14 ~ 18 日召开的越共十二届十四中全会上，越共中央进行了民主、细致的讨论，对于推荐进入越共第十三届中央政治局和书记处的人员名单（包括越共第十二届再度入选及新入选的成员）进行了投票表决，达成高度一致。2021 年 1 月 16 ~ 17 日，越共十二届十五中全会讨论决定"特殊情况"，表决通过了越共第十二届中央政治局委员作为"特殊情况"参选越共第十三届中央政治局委员以及第十三届越共和政府主要领导人提名人名单，投票结果高度集中统一。

---

① 《2020 年的印记》，越南《监察报》网站，2021 年 1 月 30 日，https：//thanhtra. com. vn/chinh – tri/doi – noi/nhung – dau – an – nam – 2020 – 177645. html。

2021年1月26日，越南共产党第十三次全国代表大会在河内开幕，代表着全国510多万名党员的1587名代表出席会议。越共十三大以"团结、民主、纪律、创新、发展"为方针，以"建设廉洁、强大的党和政治体系；激发国家发展的意志和决心，将民族大团结力量与时代力量相结合；继续全面同步推进革新事业；建设和牢牢保卫祖国，维护和平稳定环境；力争到21世纪中叶将越南建设成为社会主义发达国家"为主题，对革新开放35年的发展历程进行回顾总结，提出了今后一个时期国家建设发展的目标和任务。选举产生越共第十三届中央委员会正式委员180名、候补委员20名。阮富仲第三次当选并连任越共中央总书记。越共十三大确定了越南共产党成立100周年和越南建国100周年的两个100年国家发展目标和实施方略，其中提出21世纪中叶建成社会主义发达国家的目标，开启了越南社会主义现代化建设新征程。

（三）继续大力加强党建和反腐败工作

越共十三大政治报告指出：党的建设是关键，其中干部工作是"关键中的关键"。防治腐败、浪费是党的建设，整顿、建设和巩固干净强大的政治体系，巩固全民族大团结工作中一项特别重要的任务。2020年，越南继续大力推进反腐败斗争工作，诸多牵涉高级干部的腐败案件被严肃处理。

2020年12月12日，越共中央反腐败指导委员会在国防部会场召开2013~2020年全国反腐败工作总结会议。除了主会场有近700名代表，还有全国各地80多个分会场近5000名代表在线出席了会议。这是越南自2013年成立中央反腐败指导委员会至今最大规模的全国反腐败工作会议。越共中央总书记、国家主席、中央反腐败指导委员会主任阮富仲出席会议并发表重要讲话。会议指出，自中央反腐败指导委员会成立至今尤其是越共十二大以来，越南的反腐败斗争工作成效显著。2013~2020年，越南受处分的党员超过13.1万人，单就越共十二大任期内，受处分的党员干部就超过8.7万人，其中3200多名党员因贪污被处分。属于中央管理的110多名干部受到了处分，包括27名中央委员、原中央委员、4名政治局委员、政治局原委员以及30多名武装部队将级军官。自2013年以来，全国诉讼机关起诉、调

查、提起公诉、审判贪污、职务、经济案件 11700 多起，其中贪污案件 1900 起。监察和审计部门通过监察、审计，已建议处理收回 700 多万亿越南盾、2 万多公顷土地。会议报告显示，经济腐败刑事案件中收回被贪污财产的比例显著提高，2013～2020 年，案件执行阶段收回被贪污财产的比例达 32.04%，而 2013 年不足 10%。会议认为，贪污腐败逐步得到遏制，为维护政治稳定，发展经济社会，巩固党员、干部和民众对党和国家的信心做出了重要贡献。① 根据越南第十四届国会任期法院的工作报告，2016～2021 年，越南各级法院严格审理 7463 起复杂严重的职务经济贪污案件，涉案的 14540 名被告均被处以相应的刑罚。②

2020 年，越南调查审理了一批重大案件。其中，包括河内市人民委员会原主席阮德钟牵涉其中的日强公司案件，该案有 28 人被起诉，包括河内市委、河内市计划投资厅的多名干部，阮德钟因犯"侵占机密材料罪"被判处 5 年有期徒刑；越南工贸部原部长武辉煌、原副部长胡氏金钗牵涉其中的胡志明市公共土地买卖案件，造成国家损失 2.7 万亿越南盾；与越南国防部原副部长阮文献有关的胡志明市国防用地违规案件，阮文献在一审中因犯"失责造成严重后果罪"被判有期徒刑 4 年，二审中因其"犯罪但不牟利"刑期得以减少 6 个月；胡志明市市委原常务副书记必成刚在南西贡发展股份公司一案被起诉调查涉嫌造成国有资产损失上千亿越南盾，该案有 19 人被起诉"违反国家资产管理规定造成国家资产流失和浪费罪"及"贪污罪"；胡志明市—中良高速公路欺诈案件造成国家经济损失 7250 亿越南盾；等等。③

---

① 《总书记、国家主席提出反腐败工作的六大教训》，越南《前锋报》网站，2020 年 12 月 12 日，https：//www. tienphong. vn/xa－hoi/tong－bi－thu－chu－tich－nuoc－neu－6－bai－hoc－trong－phong－chong－tham－nhung－1763210. tpo。

② 《五年审理 7463 起严重的职务经济贪污案件》，越南《投资报》网站，2021 年 1 月 12 日，https：//baodautu. vn/5－nam－xet－xu－7463－vu－an－tham－nhung－chuc－vu－kinh－te－nghiem－trong－d136421. html。

③ 参见《2020 年：反腐的火焰高涨》，越南《前锋报》网站，2020 年 12 月 24 日，https：//www. tienphong. vn/phap－luat/nam－2020－suc－nong－tu－ngon－lua－chong－tham－nhung－1768649. tpo。

（四）国会工作

2020年，越南国会完成开展立法、监督和决定国家重要问题三大工作内容。

1. 审议通过一系列法律文件

2020年，为应对新冠肺炎疫情影响，越南第十四届国会第九次和第十次会议首次以视频和集中会议相结合的形式进行。年内，越南国会通过了17部法律，审查讨论10部法律提案。通过的法律有《企业法（修订案）》《投资法（修订案）》《PPP模式投资法》《越南边防法》《国际协议法》《越南输外劳工法（修订案）》《居住法（修订案）》《环境保护法（修订案）》等。继2019年11月18日越南国会表决通过《2021～2030年少数民族地区、山区经济社会发展总体提案》之后，2020年6月19日，越南国会通过了《批准2021～2030年少数民族地区、山区经济社会发展国家目标计划投资主张的决议》，旨在逐步缩小少数民族地区和山区与全国总体平均生活水平、收入水平之间的差距，提出到2025年减少50%的特困乡、村、屯，到2030年基本不再有特困乡、村、屯。

2020年6月8日，越南国会正式通过《欧盟－越南自由贸易协定》及《欧盟－越南投资保护协定》，《欧盟－越南自由贸易协定》于8月1日正式生效。越南认为此两项协定标志着越南融入国际经济进程的重要一步，有助于出口市场多样化，建立透明的法律和投资环境，由此吸引欧盟国家和其他国家的投资者，越南同时希望这两项协定把越南与欧盟的关系提升到新的战略高度。①

2. 继续完善城市政府模式

本着继续革新地方政府组织模式以符合都市和农村地区特点的精神，继

---

① 《2020年越南国会十大突出事件》，越南《投资报》网站，2021年1月7日，https：//baodautu. vn/10 - su - kien - noi - bat - trong - nam - 2020 - cua - quoc - hoi - viet - nam - d136174. html。

2019 年越南第十四届国会第八次会议通过的《河内市试点实施城市政府模式的决议》在河内市取消郡人民议会、（省辖）市下辖的坊人民议会之后，2020 年，越南第十四届国会第九次会议通过《岘港市试点实施城市政府模式以及若干发展特殊机制和政策的决议》，第十次会议通过《胡志明市实施城市政府的决议》。据此，岘港市、胡志明市取消郡人民议会、坊人民议会，郡、坊的政务由郡、坊人民委员会决定，此一变动旨在精简机构，提升行政效率。此外，2020 年 12 月 9 日，越南国会常务委员会颁布决议决定成立胡志明市管辖的守德市，自 2021 年 1 月 1 日起正式成立守德市。

3. 成立国家选举委员会，决定第十五届国会代表选举和2021～2025年任期地方各级人民议会代表选举的日期

为迎接第十五届国会代表选举和 2021～2025 年任期地方各级人民议会代表选举做准备。2020 年 6 月 19 日，越南第十四届国会第九次会议通过决议成立由 21 名成员组成的国家选举委员会，国会主席阮氏金银任国家选举委员会主席；11 月 17 日，第十次会议则通过决议把第十五届国会代表选举和 2021～2025 年任期地方各级人民议会代表选举日期定在 2021 年 5 月 23 日。据越南国会代表工作委员会主任陈文粹介绍，第十五届国会选举一个新的情况是法律规定专职国会代表的比例最少占40%，比上一届增加5%。①

（五）越南河内美德县同心乡土地争端危机引发严重冲突并不断发酵

2017 年曾一度白热化的河内美德县同心乡土地争端危机②在 2020 年陷入严重冲突并不断发酵。越南河内美德县同心乡民众认为该乡地界庙门区的

① 《2021 年 5 月 23 日：国会代表和各级人民议会代表选举》，越南《年轻人报》网站，2020 年 11 月 17 日，https：//tuoitre. vn/ngay－23－5－2021－bau－cu－dai－bieu－quoc－hoi－va－dai－bieu－hdnd－cac－cap－20201117143403256. ht。

② 谢林城主编《越南国情报告（2018）》，社会科学文献出版社，2018，第 6 页。

笙田之地是祖辈留下的农业用地，但政府认定是国防用地，从而引发土地争端。利用同心乡土地争端危机，越南国内外反动势力介入其中，以致暗流涌动。

2017年土地争端危机之后，同心乡横村有村民成立"协同抗拆组"，"经常组织宣传、歪曲笙田之地来源，鼓动并拉拢其他人参加申诉、寻衅滋事、威胁地方政府以索取笙田之地"①。2020年1月9日凌晨，机动警察工作组进入同心乡横村执行公务时与村民发生严重冲突，造成3名警察牺牲，1名村民死亡。9月7日，河内市人民法院对同心乡案件进行初审，在29名被告中，6名被告人因犯"杀人罪"被判刑，其中2人死刑，1人无期徒刑，3人有期徒刑（12年至16年不等）；23名被告人因犯"违抗执行公务罪"被判刑，其中1人有期徒刑6年，8人有期徒刑3年至5年不等，14人有期徒刑15个月到36个月不等缓期执行。因6名被告提出上诉，2021年3月9日，河内高级人民法院开庭复审，河内检察院建议审理委员会维持原判。②

同心乡事件因越南国内外敌对势力的插手而不断发酵。据越南《人民军队报》2020年1月20日称，搜集到的材料显示，"一些流亡组织、颠覆破坏分子资助金钱，指导'协同抗拆组'制作汽油弹和其他爆炸物，引导采购物资制作武器等"。同心乡事件发生后，越南调查机关建议国内外信用机构配合查封一些相关账户，作为"越新党"恐怖组织③、"越南国家临时政府"负责人在越南外贸银行的账户被查封。一些西方媒体如BBC越南语、"美国之音"、自由亚洲电台、法国国际广播电台大肆报道，西方人权组织

---

① 《今天审判同心案件的29名被告》，越南《青年报》网站，2020年9月7日，https：//thanhnien. vn/thoi－su/hom－nay－xet－xu－29－bi－cao－trong－vu－dong－tam－1275660. html。

② 《复审发生在同心的案件：检察院建议对6名被告维持原判》，越南《公理报》网站，2021年3月9日，https：//congly. vn/xet－xu－phuc－tham－vu－an－xay－ra－tai－dong－tam－vks－de－nghi－y－an－voi－6－bi－cao－182661. html。

③ 2016年，越南公安部正式公开认定"越新党"为恐怖组织。越南主流媒体评论"同心乡事件"提及"越新党"时行文使用"越新恐怖组织"。

和各种敌对势力纷纷发声。"越新党"恐怖组织呼吁国际组织进行干涉，宣称捐助支持"同心的受害者"。① 西方所谓"保护卫士"（Safeguard Defenders）的人权组织意欲引导采用美国的《马格尼茨基法案》惩罚越南违反人权。越南予以强烈谴责，认为这是假借人权粗暴干涉越南内部事务。②

河内美德县同心乡土地争端危机反映了越南在管理和使用土地中存在的突出矛盾，以及各种敌对反对势力勾结发动的"和平演变"、暴乱颠覆的阴谋和活动。

二 宏观经济保持稳定，疫情下经济实现正增长

2020 年，越南完成了国会提出的 12 项主要经济社会发展指标中的 10 项，宏观经济保持稳定，通货膨胀得到抑制，货物贸易进出口额继续增长，贸易顺差再创新高，公共投资资金到位大幅度增加，调整国家财政收支，继续大力推动信息与通信技术的应用和发展，加强网络安全管理。2020 年，尽管新冠肺炎疫情对越南经济造成严重影响，但总体上，越南实现了疫情防控和经济发展双重目标，GDP 增长了 2.91%。

（一）越南完成国会提出的12项主要经济社会发展指标中的10项

2020 年，在受新冠肺炎疫情冲击、全球经济严重衰退的情况下，越南完成了国会提出的 12 项主要经济社会发展指标中的 10 项。国内 GDP 增长了 2.91%，2016~2020 年 GDP 实现年均增长约 6%。宏观经济保持稳定，通货膨胀得到抑制，居民消费价格指数（CPI）平均上涨 3.23%。贸易顺差

① 《"国际化"同心案件是一个奸诈、没有良心的阴谋》，越南《人民军队报》网站，2020 年 1 月 20 日，https：//www.qdnd.vn/chong－dien－bien－hoa－binh/quoc－te－hoa－vu－viec－dong－tam－mot－am－muu－gian－tra－vo－luong－tam－608274。
② 《不要利用人权"插杠子"》，越南《人民军队报》网站，2021 年 3 月 24 日，https：//www.qdnd.vn/chong－dien－bien－hoa－binh/dung－loi－dung－nhan－quyen－de－choc－gay－banh－xe－654983。

为 200 亿美元。按照多方面评价标准全国的贫困户比例降至 2.75%，比 2019 年下降 1 个百分点。[①] 2020 年，越南经济规模达 2712 亿美元，人均 GDP 为 2779 美元。[②]

（二）货物贸易进出口额继续增长

1. 货物贸易进出口总体情况

在新冠肺炎疫情导致全球供应链遭受严重冲击的背景下，越南货物贸易进出口额继续增长。根据越南海关总局在 2021 年 1 月 18 日公布的数据，2020 年，越南货物贸易进出口总额达 5454 亿美元，比 2019 年增长 5.4%，其中出口额 2827 亿美元，同比增长 7.0%，进口额 2627 亿美元，同比增长 3.7%。贸易顺差高达 200 亿美元，这是越南连续第五年实现贸易顺差。但是，外贸依存度继续高企，达到 201.1%，此外，国内经济领域贸易呈现逆差态势，外资投资领域贸易呈现顺差态势，对贸易的增长和顺差做出贡献的主要是外资企业。[③] 年内，越南出口金额超过 10 亿美元的商品共有 31 种，占出口金额的 92%，其中出口额超过 100 亿美元的商品有6种。[④]

2. CPTPP 生效两年多来越南企业利用 CPTPP 的情况

自 2019 年 1 月 14 日 CPTPP 在越南生效以来，越南企业利用 CPTPP 还

---

① 《2020 年实现和超过 12 项主要指标中的 10 项》，越南《财政时报》网站，2021 年 2 月 24 日，http://thoibaotaichinhvietnam. vn/pages/thoi - su/2021 - 02 - 24/nam - 2020 - dat - va - vuot - 10 - 12 - chi - tieu - chu - yeu - 100217. aspx。

② 据越南统计局对经济规模的重新评估，2019 年，越南经济规模为 3320 亿美元，人均 GDP 为 3442 美元，2020 年经济规模达 3436 亿美元，人均 GDP 为 3521 美元。越南依据上述重新评估的数据进行 2021～2025 年五年经济社会发展方向的经济指标计算，参见越共十三大文件《评价 2016～2020 年五年经济社会发展任务实施结果及 2021～2025 年五年经济社会发展任务的报告》。

③ 越南海关总局：《越南 2020 年 12 月和全年货物进出口情况》，2021 年 1 月 18 日，https://customs. gov. vn/Lists/ThongKeHaiQuan/ViewDetails. aspx? ID = 1901&Category = Phân tích định ký&Group = Phân tích。

④ 《2020 年越南经济十大突出事件》，越通社，2020 年 12 月 23 日，https：//dantocmiennu i. vn/10 - su - kien - kinh - te - viet - nam - noi - bat - nam - 2020/299057. html。

面临不少障碍。根据越南工贸部公布的资料，从出口看，越南产品在其他已批准协定生效的6国（日本、新加坡、新西兰、澳大利亚、加拿大和墨西哥）市场占比很低，仅占日本进口总额的3.1%、澳大利亚的1.9%、新西兰的1.6%、墨西哥的1.3%、加拿大的1.1%、新加坡的1%。2020年，越南对该6国的货物贸易出口额为340亿美元，与上年基本持平，但越南对墨西哥、加拿大的出口额大幅增长。越南出口货物享受CPTPP关税优惠的比重还很低，主要原因是纺织服装和鞋制品等存在"原材料、生产工序未满足原产地标准"、水产品存在"药物残留、食品卫生安全、商品包装标注等不符合要求"等问题。[①] 越南工商会主席武进禄认为，企业竞争力薄弱限制了其充分利用CPTPP带来的机遇。[②] 吸引投资方面，2019～2020年，越南从CPTPP成员国吸引FDI近213亿美元，其中，来自新加坡的投资近135亿美元，其次是日本65亿美元。[③]

3. 越南企业利用《欧盟－越南自由贸易协定》的情况

《欧盟－越南自由贸易协定》自2020年8月1日起生效。据越南工贸部公布的数据，自2020年8月1日至12月底，越南对欧盟的出口额为156.2亿美元，同比增长3.8%。2021年前4个月，越南对欧盟的出口额达125.5亿美元，同比增长18.1%。越南的经济专家分析，尽管越南利用《欧盟－越南自由贸易协定》的机遇巨大，但要充分利用《欧盟－越南自由贸易协定》也面临着诸多困难和挑战，其中包括原产地规则、食品安全卫生和动植物检疫措施、技术壁垒和贸易防卫，以及关于知识产权、劳动和环境的法律、体制及遵守规定的问题。与此同时，越南企业

① 《越南实施CPTPP两年：对加拿大和墨西哥的出口效果明显》，越南《投资报》网站，2021年4月10日，https：//baodautu. vn/vietnam － sau － hai － nam － thuc － thi － cptpp － an － tuong － tu － canada － va － mexico － d140806. html。

② 《能力薄弱阻碍企业充分利用CPTPP带来的机遇》，越南质量网，2021年4月11日，http：//vietq. vn/yeu － kem － ve － nang － luc － can － tro － doanh － nghiep － tan － dung － co － hoi － tu － cptpp － d185665. html。

③ 《越南吸引CPTPP成员国FDI近213亿美元》，越南《投资报》网站，2021年4月8日，https：//baodautu. vn/viet － nam － don － gan － 213 － ty － usd － von － fdi － tu － khoi － cptpp － d140731. html。

仍存在诸多限制，譬如规模和潜力不大，许多商品达不到质量要求、样式种类少、价格较高，没有形成国内产业链，等等。[①]

（三）投资发展

1. 公共投资资金到位大幅度增加

受新冠肺炎疫情的负面影响，2020年，越南实现全社会投资额为2011年以来的最低水平，但越南政府把公共投资作为促进经济增长的主要来源，公共投资项目中国家财政投资资金到位进度加快，达到十年来的最高水平。

2020年，新冠肺炎疫情之下，越南加快公共投资以稳住经济增长的势头，国有投资大幅度增加。2020年，按现行价格计算实现全社会投资额为2164.5万亿越南盾，比上年增长5.7%，占GDP的34.4%。其中，国有投资729万亿越南盾同比，增长14.5%，占投资总额的33.7%；非国有投资972.2万亿越南盾同比，增长3.1%，占投资总额的44.9%；外国直接投资463.3万亿越南盾同比，下降1.3%，占投资总额的21.4%。

2020年，在国有投资中，国家财政到位资金466.6万亿越南盾，达到年度计划的91.1%，比2019年增长34.5%，为2011年以来的最高水平。其中包括：中央管理的资金84万亿越南盾，达到年度计划的91.4%，同比增长59.7%；地方管理的资金382.6万亿越南盾，达到年度计划的91.1%，同比增长29.9%。[②]

2. 越南吸引外国直接投资及越南对海外投资

2020年，越南新批外国直接投资项目注册资金、已投外资项目增资金额和外资收购股权协议金额共计285亿美元，同比下降25%，实际到位资金约200亿美元，同比下降2%。其中：制造业到位141亿美元，占

---

① 《实施EVFTA：实现与欧盟的"高速路"》，越南《海关杂志》网站，https://haiquanonline.com.vn/megastory-thuc-thi-evfta-hien-thuc-hoa-con-duong-cao-toc-voi-eu-147229.html。

② 《2020年第四季度和全年经济社会情况报告》，越南统计总局。

70.6%；不动产业到位 30 亿美元，占 14.8%。

2020 年，越南在海外的总投资达 5.9 亿美元，比 2019 年增长 16.1%。其中：新批准投资项目 119 个，总注册资金为 3.18 亿美元；已投项目增资调整 33 次，增资金额 2.72 亿美元。投资分布在 29 个国家和地区，其中在老挝的投资最多，为 1.813 亿美元，其后依次是澳大利亚 1.018 亿美元、德国 9260 万美元、美国 6980 万美元。[①]

近几年，受中美经贸摩擦影响，一些跨国公司向越南转移产业链。研究发现，由于进口商选择调整进口来源国从而规避关税，越南成为中美经贸摩擦的最大受益国。[②] 2020 年，新冠肺炎疫情发生后加快了这一过程。譬如：3 月 2 日，三星越南公司宣布开始在河内市西湖西都市区建设东南亚最大规模的新研发中心，总投资额约 2.2 亿美元，建筑面积 11603 平方米；2 月，和硕（PEGATRON）宣布在越南海防投资，启动资金为 1.5 亿美元。越南受中国对美国出口产能转移的影响，出口和经济得到较快的发展。

（四）财政金融领域的发展措施

2020 年，越南调整国家财政收支平衡方案，力求既能促进经济增长，又能帮助企业、民众应对疫情。

2020 年，越南国家财政总收入约为 1507.845 万亿越南盾，国家财政总支出为 1787.950 万亿越南盾。[③] 越南在国家财政收入来源减少、支出快速增加的情况下，基本保持财政收支平衡。为实现财政平衡，在利用上一年度国家财政超收收入的同时，越南财政部还要求中央各部门和地方查核减少会议、出差经费，减少非必要和紧急的经常性开支等。2016～2020 年，越南的财政赤字、公债、政府债务、外债指标都在国会

① 《2020 年第四季度和全年经济社会情况报告》，越南统计总局。
② 《研究发现，越南是目前美中贸易战最大受益国》，中国商务部网站，2019 年 6 月 20 日，http://www.mofcom.gov.cn/article/i/jyjl/m/201906/20190602874423.shtml。
③ 越南统计总局：《2020 年越南统计年鉴》，越南统计出版社，2021，第 209、211 页。

决定的范围内，财政赤字占 GDP 比重不超过 3.9%，公债占 GDP 比重不超过 65%，政府债务占 GDP 比重不超过 54%，外债占 GDP 比重不超过 50%。①

越南国家银行连续 3 次降息扶持经济发展。2020 年，受新冠肺炎疫情影响经济遭遇困难的背景下，越南国家银行首次在一年内 3 次下调政策利率。政策年利率下调 1.5～2.0 个百分点，存款年利率上限下调 0.6～1.0 个百分点，对于重点领域的贷款年利率上限下调 1.5 个百分点。国家银行下调政策利率帮助各信贷机构提高资金流动性，降低企业和个人的借款成本，有助于越南经济恢复发展。

证券市场成为重要的融资渠道。经过 20 年运行，越南证券市场在规模与质量上已取得突破性进展，成为重要的中长期融资渠道。截至 2020 年 11 月 30 日，越南证券市场市值超过 6110 万亿越南盾，创下历史新高，占 GDP 的 101.33%，超额完成证券市场发展战略提出的到 2020 年证券市场市值占 GDP 70% 的目标。②

（五）新冠肺炎疫情对越南经济的负面影响

受新冠肺炎疫情影响，越南企业面临巨大挑战，越南航空业和旅游业亏损严重。越南航空商业协会（VABA）公布的数据显示，2020 年，越南国家航空公司（简称"越航"）、越捷、越竹 3 家航空公司各亏损 16 万亿越南盾，此 3 家公司确认要偿还的短期和到期债务总共 36 万亿越南盾。仅越航的短期债务就有 20 万亿越南盾。③ 旅游业也遭受严重影响，越南接待国际

---

① 《2020 年财政部门十大突出事件》，越南政府电子报，2020 年 12 月 22 日，http：// baochinhphu. vn/Tai－chinh/10－su－kien－noi－bat－cua－nganh－tai－chinh－nam－2020/ 417678. vgp。

② 《2020 年越南经济十大突出事件》，越通社，2020 年 12 月 23 日，https：//dantocmiennui. vn/10－ su－kien－kinh－te－viet－nam－noi－bat－nam－2020/299057. html。

③ 《越航、越捷、越竹等航空公司的短期债务 36 万亿越南盾》，越南在线知识电子杂志，2021 年 6 月 26 日，https：//zingnews. vn/vietnam－airlines－vietjet－va－bamboo－airways－no－ ngan－han－36000－ty－dong－post1231542. html。

游客量下降超过 80%，国内游客量下降近 50%，预计旅游业损失 530 万亿越南盾。[①]

新冠肺炎疫情使得企业解体数量大幅增加。2020 年前 11 个月，停产、等待解散和解散的企业有 93500 家，同比增长 15.6%，主要是从事服务、餐饮、房地产、中介、物流、运输等领域的企业。解散的企业数量猛增，导致越南不能实现既定的到 2020 年全国至少有 100 万家企业的目标。[②]

在疫情期间，越南出台了一系列扶助经济发展的政策，如延期缴纳税、土地租金时间，降低税费，降低利率，资助企业和劳动者，等等。

（六）越南继续大力推动信息与通信技术的应用和发展，加强网络安全管理

2020 年，越南推动实施越共中央政治局 2019 年 9 月 27 日通过的《关于主动参与第四次工业革命的若干主张和政策的决议》。国家数字化转型计划、第四次工业革命国家战略的出台及批准 5G 试商用成为信息技术领域的亮点。

1. 国家数字化转型计划和第四次工业革命国家战略

2020 年 6 月 3 日，越南政府总理批准《至 2025 年国家数字化转型计划暨 2030 远景》，正式启动全面的国家数字化转型计划。根据该计划：越南力争到 2025 年数字经济占 GDP 比重为 20%，位列全球竞争力指数（GCI）前 50 名；到 2030 年，数字经济占 GDP 比重为 30%，位列全球竞争力指数前 30 名，进入联合国电子政务发展指数（EGDI）前 50 名，成为稳定、繁荣发展和先行开展新技术的数字国家。该计划的双重目标是在发展数字政府、数字经济、数字社会的同时，培育出具有全球竞争力的数字技术企业。为促进越南数字技术企业的发展，2020 年 12 月 23 日，在第二届越南数字技术

[①] 《越南旅游因 COVID-19 疫情损失 230 亿美元》，越南《商场杂志》网站，2020 年 11 月 30 日，https：//thuongtruong.com.vn/news/du-lich-viet-nam-thiet-hai-23-ty-usd-do-covid-19-41032.html。

[②] 《2020 年越南经济十大突出事件》，越通社，2020 年 12 月 23 日，https：//dantocmiennui.vn/10-su-kien-kinh-te-viet-nam-noi-bat-nam-2020/299057.html。

企业发展论坛上，越南通信传媒部首次颁发"越南制造数字技术产品奖"（国家级）。

2020年12月31日，越南政府总理签署决定颁行《到2030年第四次工业革命国家战略》。根据该战略：越南努力到2025年，分别在北部、中部、南部3个重点经济区至少有3个智慧城市并在这些城市开展5G网络；提高联合国电子政务发展指数排名进入东盟4强；努力提高劳动生产率年均增长7%以上，数字经济约占GDP的20%。为实现目标，该战略提出：要提高体制的质量和制定政策的能力；发展互联互通基础设施，建立和开发数据库；发展人力资源；建设面向数字政府的电子政务；发展和提高国家创新能力；投资、研究、发展一些主动参与第四次工业革命的优先技术；扩大科技，尤其那些优先技术的国际合作与融入。

为实现数字政府发展目标，2020年，越南国家公共服务门户网站在中央、省、县、乡4级政府提供线上公共服务项目2650多个以及行政手续6700多个。

受益于信息技术进步，越南实施户籍电子化管理改革。2020年11月13日，越南国会通过《居住法（修正案）》，其中规定以个人识别号码代替纸质户口簿进行居住管理，即通过基于更新的国家居民数据库信息基础上的个人识别号码（即新一代居民身份证号码）进行人口管理。这也表明，越南虽取消纸质户口簿，但并没有取消居住管理制度。

继2019年越南进行了首次5G网络测试之后，2020年底，越南军队电信工业集团（Viettel）、越南移动通信公司（VinaPhone）、越南移动电信服务公司（MobiFone）3家电信运营商获准在河内市与胡志明市启动第五代移动通信技术（5G）网络商用试验。

受新冠肺炎疫情的影响，越南全国首次学校放假3个月，并首次组织全国规模的线上教学。2020年9月29日，经济合作与发展组织的国际学生评估项目（PISA）报告显示，越南超过79.7%的学生得以在线学习。

2. 网络管理与安全

2018年，越南通过《网络安全法》，加强了网络监管。越南通信传媒部

密切配合公安部加强保障网络安全工作。当前,越南进行网络监管的部门主要包括:一是直属公安部的网络安全和反高科技犯罪局(简称"网络安全局")①,2021 年 1 月 12 日,直属胡志明市公安厅的网络安全和反高科技犯罪处成立;二是直属越南通信传媒部信息安全局的国家网络空间安全监管中心(NCSC)②。

(七)经济发展面临的困难和挑战

越南经济在取得成就的同时,也面临着诸多困难和挑战。其中最为明显的是,越南经济国际化程度高,外贸依存度高,这使得世界形势一旦动荡则其国内经济必然受到影响,而越南承受外部变动的能力有限,在国内外新冠肺炎疫情复杂变化的情况下,越南经济社会发展受到深刻的影响。

三 外交活动活跃,继续全面深入融入国际

2021 年 1 月 11 日,越南外交部召开 2020 年工作总结和 2021 年工作任务方向会议。会议认为:"2020 年,地区和国际形势发生快速而复杂、前所未有的变化,尤其是新冠肺炎疫情深刻而全面影响国际生活和国际关系的方方面面。在此背景下,越共和政府在开展对外工作中,克服挑战,营造和争取时机,同步、全面能动地开展应对并取得重要的成果。外交继续成为全国总体成就的一个亮点,为营造有利条件建设和保卫国家、提高越南的地位做出了贡献。"③2020 年,越南继续大力推动政治外交、经济外交,履行担任 2020 年东盟轮值主席国与 2020~2021 年联合国安理会非常

---

① 2018 年 6 月,越南国会通过《网络安全法》,8 月,网络安全和反高科技犯罪局(A05)成立,这是在合并反高科技犯罪警察局(成立于 2010 年)和网络安全局(成立于 2014 年)两个部门的基础上成立的。

② 2019 年 11 月 27 日,越南通信传媒部部长阮孟雄宣布出台新的决定,规定该部信息安全局的职能、任务、权限和组织机构,国家网络空间安全监管中心据此正式成立。

③ 《外交部组织 2020 年工作总结会议》,越南外交部网站,http://www.mofa.gov.vn/vi/nr040807104143/nr111027144142/ns210113144913。

任理事国职责，通过灵活调整结合线上和直接会面的对外活动方式维持和促进与各国的关系，批准和签订各项自由贸易协定，继续全面深度融入国际。

（一）越南外交的总体情况

1. 政治外交方面

双边外交方面。2020年，越南与新西兰的双边关系提升为战略伙伴关系。截至2020年底，越南与17个国家建立了战略伙伴关系，与13个国家建立了全面伙伴关系。2020年，在新冠肺炎疫情的背景下，越南通过线上对话的方式，开展了34场双边高层通话、交流，以及多场纪念活动、政府联席会议和国际签约活动。[①] 越美关系继续升温。3月5～9日，美国"罗斯福"号航母访问越南岘港，成为越战后美军第二艘访问越南的航母。在与邻国的关系方面，越南与柬埔寨交换了两国签订认定陆地勘界立碑工作完成84%的两个法理文件的批准文件。中国和越南举行仪式纪念《中越陆地边界条约》签订20周年及3个陆地边界法律文件生效10周年。

2020年，越南执行越共中央书记处颁行的《至2030年加强和提升多边外交水平的指示》（第25 - CT/TW号指示）及越共十二大提出的主张"主动参与并发挥在多边机制尤其是东盟和联合国的作用"[②]，积极开展多边外交。担任2020年东盟轮值主席国与2020～2021年联合国安理会非常任理事国并积极履责。

越南开展公民领事保护工作。2020年，受新冠肺炎疫情影响，越南政府职能机关配合越南驻外代表机构、国内外航空公司组织临时航班280多架

---

① 《2016～2020年外交：建立新的自信》，越南政府网，2021年1月16日，https://baochi nhphu.vn/Tin - noi - bat/Doi - ngoai - 20162020 - Thiet - lap - su - tu - tin - moi/419895. vgp。

② 越共十三大进一步提出"主动参与并发挥越南在多边机制尤其是在东盟、联合国、亚太经济合作组织（APEC）、湄公河次区域合作中的作用以及地区和国际合作框架中对于契合要求、能力和具体条件的具有战略性重要问题和机制的作用"。

次帮助分布在 59 个国家和地区的近 8 万名越南公民回国。

2. 经济外交方面

越南继续融入国际，尤其是在融入国际经济方面有了新的突破。2020年，越南批准和签订了若干自由贸易协定，其中有批准《欧盟－越南自由贸易协定》，签订《区域全面经济伙伴关系协定》《英国－越南自由贸易协定》等，希望增加新的动力来恢复经济发展。截至 2020 年 12 月，越南已经签订并生效的自由贸易协定有 13 个。越南与两个最大的贸易伙伴中国、美国的贸易额继续大幅增长。2020 年越南对美国出口达 770.8 亿美元，比2019 年增长 25.7%。中越贸易额达 1330.6 亿美元，比 2019 年增长13.9%。[①] 越南全年贸易顺差也实现了增长。

（二）担任2020年东盟轮值主席国与2020～2021年联合国安理会非常任理事国

2020 年，越南积极履行担任 2020 年东盟轮值主席国与 2020～2021 年联合国安理会非常任理事国担负的职责。2020 年东盟年的主题为"齐心协力与主动适应"，越南以在线视频（采用线上线下结合）的方式召开了多场会议，分别有第 36 届东盟峰会、第 37 届东盟峰会及东亚合作领导人系列会议、第 24 届东盟与中日韩（10＋3）财长和央行行长视频会议、第六届东盟财政部长和央行行长会议、第 14 届东盟国防部长会议、第 41 届东盟议会联盟大会（AIPA 41）等。这些会议通过了多项合作文件，其中第37 届东盟峰会及东亚合作领导人系列会议期间通过 80 余份文件，创下历史新高。

作为 2020～2021 年联合国安理会非常任理事国，越南积极设置引导国

---

① 越南海关总局：《越南 2020 年 12 月和全年货物进出口情况》，2021 年 1 月 18 日，https：//customs. gov. vn/Lists/ThongKeHaiQuan/ViewDetails. aspx？ID = 1901&Category = Phân tích định k ỳ&Group = Phân tích。另外说明：关于 2020 越南货物贸易进口额、出口额，本篇报告引用的是越南海关总局在 2021 年 1 月 18 日公布的数据，与越南统计总局 2020 年底公布的数据有一定差异。

际议题，在 2020 年的任期内积极履责：2020 年 1 月，倡议召开"促进遵守《联合国宪章》来维护国际和平与安全"部长级公开辩论会和"联合国与区域各组织合作：东盟的作用"会议；① 12 月 7 日，由越南提出关于将 12 月 27 日②定为防范流行病国际日的倡议获得联合国大会通过，这是首个由越南提议并在联合国大会上通过的决议。③

（三）EVFTA 生效和签署 RCEP、UKVFTA 等协定

2020 年 2 月 12 日，欧洲议会正式通过《欧盟－越南自由贸易协定》和《欧盟－越南投资保护协定》，3 月 30 日欧洲理事会批准 EVFTA；6 月 8 日，越南国会通过 EVFTA 和 EVIPA；8 月 1 日，EVFTA 生效。根据协定，双方将逐渐削减直至取消双边货物贸易约 99% 的关税。对于越南的出口来说，EVFTA 生效后，欧盟立即取消对越南约 85.6% 的税目进口关税，涉及越南对欧盟出口额的 70.3%；该协定生效 7 年后，欧盟将取消 99.2% 的税目关税，覆盖越南对欧盟出口额的 99.7%。对于余下的 0.3% 出口额，欧盟承诺给予越南配额制下的零关税政策。④ EVFTA 是继 CPTPP 之后越南加入的新一代自由贸易协定，涵盖了传统和非传统内容的广泛承诺。8 月 6 日，越南政府出台实施 EVFTA 计划的第 1201/QD－TTg 号决定，其中提出要推动尽快批准国际劳工组织第 87 号公约（结社自由和组织权利保护公约）；继续

---

① 《越南作为联合国安理会非常任理事国在 6 个月里的贡献》，越通社，2020 年 7 月 14 日，https：//baotintuc. vn/thoi － su/dong － gop － cua － viet － nam － trong － 6 － thang － la － uy － vien － khong － thuong － truc － hdba － lhq － 20200714122827501. htm。

② 12 月 27 日是法国微生物学家路易斯·巴斯德（Louis Pasteur）的诞辰日。路易斯·巴斯德是预防医学的奠基人，其在致病原因和疫苗研制方面的诸多研究成果拯救了世界上无数人的生命。

③ 《联合国通过由越南提出的 12 月 27 日防范流行病国际日》，越南《年轻人报》网站，2020 年 12 月 8 日，https：//tuoitre. vn/lhq － thong － qua － ngay － quoc － te － chong － dich － benh － 27 － 12 － do － viet － nam － de － xuat － 20201208093958131. htm。

④ 《走进欧盟成员国市场的新机遇》，越南工贸部 EVFTA 网站，2020 年 11 月 16 日，http：//evfta. moit. gov. vn/？ page ＝ overview&category ＿ id ＝ 45745512 － 6ea1 － 4740 － bcba － 15c09e3d994c。

加强措施打击非法、不报告和不管制（IUU）捕捞海产①的行为以及野生动植物非法贸易；等等。

2020 年 11 月 15 日，第 37 届东盟峰会及东亚合作领导人系列会议召开，东盟首倡的《区域全面经济伙伴关系协定》正式签署，越南成为 RCEP 创始成员国之一。RCEP 包括东盟十个成员国和中国、日本、韩国、澳大利亚、新西兰 5 个国家，是世界最大的自由贸易区，GDP 规模高达 26.2 万亿美元，约占全球 GDP 的 30% 和贸易总量的 28%。

2020 年 12 月 29 日，越南和英国正式签署《英国－越南自由贸易协定》。在英国正式退出欧盟和退出欧盟后的过渡期即将结束的背景下，签署 UKVFTA 将确保越南与英国的双边贸易在英国退出欧盟的过渡期结束后不会被中断。

新一代自由贸易协定在有望为越南带来更多的贸易战略合作机会的同时，也给越南的企业带来巨大的竞争挑战，并对越南提出了政改的要求。现阶段，越南政改的突出内容是履行加入新一代自由贸易协定的承诺要求，如劳动工会改革、行政手续改革等。

展望 2021 年，越南外交部实施"建设全面现代的外交，胜利实现党的第十三次全国代表大会决议"的工作方针，外交部门将集中组织落实越共十三大的外交路线，继续深入开展双边外交、经济外交、文化外交和对居住在国外的越南人的工作，大力落实越共中央书记处关于到 2030 年提升多边外交能力的指示等。②

四　文化与社会

2020 年，疫情下的越南居民生活和社会总体保持稳定。年内，越南多

---

① 欧盟自 2017 年以来连续对越南非法、不报告和不管制（IUU）捕捞实行黄牌警告。参见覃丽芳《海洋经济》，载解桂海主编《越南国情报告（2020）》，社会科学文献出版社，2021，第 199 页。

② 《外交部组织 2020 年工作总结会议》，越南外交部网站，http://www.mofa.gov.vn/vi/nr040807104143/nr111027144142/ns210113144913。

农地质公园加入联合国教科文组织世界地质公园网络、首次实行一门课程有多部教科书的社会化编撰教科书改革、公布 2019 年全国人口与住房普查的研究结果以及多地遭受严重自然灾害造成巨大损失成为越南文化和社会发展的突出事件。

（一）疫情下的越南居民生活和社会总体保持稳定

2020 年，受新冠肺炎疫情和严重自然灾害的影响，越南民众的生活面临诸多困难，但总体上保持稳定。2020 年越南人均月收入依照现行价格约达 419 万越南盾。年底最后几个月几乎没有发生农民因食物匮乏而挨饿的现象。2020 年全年越南全国有 1.65 万户次（比上年下降 75.9%），相当于 6.65 万人次（同比下降 76.1%）出现粮食短缺。为了帮助贫困户渡过难关，越南从中央到地方，各级政府、各部门、各组织从年初就向这些困难家庭户累计提供了 733.6 吨大米。① 如上所述，2020 年按照多方面评价标准全国的贫困户比例降至 2.75%，比 2019 年下降 1 个百分点。

（二）越南多农地质公园加入联合国教科文组织世界地质公园网络

2020 年 7 月 7 日，越南多农地质公园被联合国教科文组织列入世界地质公园名录。2015 年 12 月 31 日，多农省人民委员会成立多农地质公园，占地面积达 4760 平方公里。多农地质公园共有 65 处地质地貌遗产，其中包括火山口、瀑布，以及总长超过 1 万米的近 50 个洞穴等，保留着生物多样性的特征价值，以及许多独特的文化、自然地质和史前人类的活动遗迹。

（三）越南首次实行一门课程有多部教科书的社会化编撰教科书改革

2020~2021 学年，越南小学一年级首次出现多部不同的教科书，这是

---

① 《2020 年第四季度和全年经济社会情况报告》，越南统计总局。

在统一的普通教育课程框架内，越南从小学一年级教科书开始执行社会化编撰教科书消除垄断教科书出版、发行的政策。但是，教科书价格昂贵，以及一些新书使用、选择的语料不当引发了舆论的诸多焦虑，越南教育培训部为此修改调整了一些内容。

（四）越南公布2019年全国人口与住房普查的研究结果

2019 年 4 月 1 日零时，越南进行第五次全国人口与住房普查。这是1975 年越南国家统一后的第五次全国人口与住房普查（上一次于 2009 年进行）。2019 年 12 月 19 日，越南统计总局举行 "2019 年人口与住房普查工作总结和正式结果公布会议"。越南计划投资部部长、中央人口与住房普查工作指导委员会常务副主任阮志勇在会议上致开幕词时表示，此次人口与住房普查收集的信息是服务制定国家经济社会发展政策的可靠和重要的依据，所公布的正式数据将提供补充关于人口、人口学、人口质量和人民住房条件等方面的详细信息。越南 2020 年 7 月出版的《2019 年越南统计年鉴》显示，2010 ~ 2019 年的越南人口统计数据根据 2019 年 4 月 1 开展的人口与住房普查结果做了平均调整，相应的，人均国内生产总值数据也发生改变。2020年 12 月 18 日，越南统计总局组织会议，发布根据 2019 年人口与住房普查数据所进行的关于越南人口的专题研究，包括：生育水平、出生性别比失衡、迁移和城市化、人口老龄化以及预测 2019 ~ 2069 年越南人口发展等。数据显示：越南生育水平从 1989 年的平均每名妇女生育 3.8 个孩子下降到2019 年的 2.09 个孩子；人口出生性别比失衡严重，2019 年男女出生性别比（以女性为 100，男性对女性的比例）为 111.5。大约从 2004 年起，越南的出生性别比失衡开始上升，2010 年达到 112 并维持高位至今。

（五）越南多地出现严重自然灾害并造成巨大损失

2020 年，越南多地连续遭受异常自然灾害，其中中部地区发生的洪涝灾害达到越南的最高风险等级 4 级。10 月和 11 月，越南中部地区连续遭受 9 场台风袭击，其中第九号台风为越南 20 年来最强台风，连续暴雨导致承天－顺化省捞庄 3 号水电站、广南省南茶眉和福山县、广治省向化县等地发生严重的山体滑坡和泥石流灾害。此外，九龙江平原发生干旱及海水倒灌、河岸和海岸坍塌，莱州省和山罗省等地发生地震等。据统计，自然灾害共造成 291 人死亡、66 人失踪，经济损失约 39.9 万亿越南盾。越南采取了就地防范、救护、救难、克服灾害后果等措施加以应对。面对洪涝、山体滑坡造成严重的人员和财产损失，越南舆论要求职能部门进一步加强对防护林、水电工程等的管理。

五　2021年展望

2020 年 11 月 11 日，越南第十四届国会第十次会议通过《关于 2021 年经济社会发展计划的决议》，提出了 2021 年经济社会发展总体目标和主要指标，同时提出了执行 2021 年经济社会发展计划的主要任务和措施。

（一）总体目标

《关于 2021 年经济社会发展计划的决议》提出了经济社会发展总体目标：在保持宏观经济稳定、抑制通货膨胀的基础上，集中有效实行既防控疫情保护人民健康又恢复和发展经济社会的目标；大力推动结合革新增长模式的经济重组，提高效率、质量、效果、自主性和竞争力，大力发展国内市场；加快实施国家重大项目和重点工程的进度；发挥重点经济区、大都市的作用；加快数字化和发展数字经济，建设数字社会；重视发展与科技和创新发展相结合的高质量人力资源；大力发挥越南人民的智慧和文化价值，激发发展国家的渴望和民族自豪感；实施好各项文化、社会发展任务，保障人民生活，保护环境，防治自然灾害、疫情和应对气候变化；巩固国防安全；等等。

（二）主要指标

《关于 2021 年经济社会发展计划的决议》提出了 12 项主要指标：国内生产总值（GDP）增长约为 6%；人均 GDP 约为 3700 美元；居民消费价格指数平均上涨约为 4%；各综合要素生产率对增长的贡献比重为 45%～

47%；社会劳动生产率增长约为4.8%；接受培训的劳动者比例约为66%，其中接受培训获得证书的劳动者比例约为25.5%；参加医疗保险的人口比例约为91%；按照多方面评价标准的贫困户比例下降1~1.5个百分点；城市居民得以通过集中供水系统提供干净水的比例在90%以上；收集和处理都市生活固体废弃物比例在87%以上；正在运营的工业区、出口加工区具备达到环保标准的废水集中处理系统的比例约为91%；森林覆盖率约为42%。

2020年是越南经济社会发展的一个重要年份，是其制定诸多经济发展战略和规划承上启下的时间节点。而2021年对越南也意义非凡。2021年越南共产党第十三次全国代表大会召开，进行第十五届国会选举和各级人民议会选举，也是越南实施越共十三大决议、2021~2025年经济社会发展计划和2021~2030年经济社会发展战略的开局之年。越共十三大提出2021~2025年GDP年均增长6.5%~7%的目标。进入2021年，越南2021年第一季度GDP实现增长4.48%，第二季度增长6.61%，上半年实现增长5.64%。但是自4月27日开始，受新冠病毒变异毒株影响，越南遭受了第四波本土疫情，并且疫情正在向越南全国蔓延，其中工商业中心胡志明市成为疫情重灾区，疫情防控形势严峻，经济社会发展也因此面临严峻挑战。

分 报 告
Topical Reports

B.2
2020年越南政治的发展

于向东　陈媛媛*

摘　要：　2020年是越南共产党第十二届中央委员会任期的收官之年，
也是完成越共十三大筹备工作的关键之年。在越共中央和总
书记、国家主席阮富仲领导下，越南成功应对新冠肺炎疫情
冲击，政治形势稳定，经济社会发展保持良好势头，成为全
球实现经济正增长的极少数国家之一。2020年至2021年元
月，越共中央连续召开越共十二届十二中、十三中、十四
中、十五中全会，既按部就班又紧锣密鼓地加快推进越共十
三大各项筹备工作，引领越南政治、经济和社会发展方向。
特别是越共十三大文件草案反复修订、广泛征求各方面和人
民群众的意见与建议，成为越南政治的亮点之一。越共十三

* 于向东，黄河科技学院马克思主义学院院长，郑州大学马克思主义学院、越南研究所教授，
博士生导师，主要研究方向为越南历史与现状研究及马克思主义理论；陈媛媛，郑州大学历
史学院博士研究生，广西财经学院教师，主要研究方向为越南历史与现状。

大高层干部人事准备工作环环相扣，稳步落实。地方各级党代会按照越共中央部署相继完成召开。越南第十四届国会举行第九、第十次会议，继续推进立法、监督工作，推进法治国家建设，并为2021年越南第十五届国会换届做准备。年内越共进一步加强党的建设和意识形态领域的工作，继续推进反腐败斗争，为越共十三大顺利举行营造良好环境。

关键词： 越南政治 越共十三大 党建 反腐败 越南国会

2020年是越南共产党第十二届中央委员会任期的最后一年，也是完成召开越南共产党第十三次全国代表大会（以下简称"越共十三大"）筹备工作的关键之年。越共第十二届中央委员会任期内，越南取得了多方面的发展成就，经济社会保持良好发展势头，党的建设和党的整顿工作取得新的成效，社会主义法治国家建设、反腐败斗争取得新进展，"融入国际"战略与自主发展战略协调统筹推进，被媒体称为"顺党意，合民心"。① 年内，越南政治平稳发展，阮富仲总书记、国家主席和越共的领导地位得到进一步加强。越共十三大各项筹备工作、党的建设、干部队伍建设进展顺利。

一 越共十三大各项筹备工作按部就班 稳步推进，紧锣密鼓加快进行， 为大会的召开打下坚实基础

随着越共第十二届中央委员会任期接近尾声，越共十三大各项准备工作成为2020年越共中央委员会的重点工作。此方面的工作在越共中央政治局、

---

① 《双重成就下的黄金任期》，越南共产党电子报，2020年12月28日，https：//dangcongsan. vn/kinh－te/nhiem－ky－vang－cua－nhung－thanh－tuu－kep－571850. html。

越共中央总书记、国家主席阮富仲的直接领导下加快进行，稳步推进。

近年来，越共中央一直在研究部署越共十三大的各项筹备工作。2018年越共十二届八中、九中全会已着手研究相关议题。2018年10月，越共中央决定成立5个具体负责越共十三大筹备事项的工作小组，分别是文件起草组、经济社会组、党章修订组、人事组以及大会组织服务组。2019年召开的越共十二届十中、十一中全会确立了越共十三大筹备工作的原则、方向和任务。越共十三大筹备工作中的人事安排和大会文件起草工作关系全局，"文件起草和人事准备两项工作是越共十三大筹备工作中具有决定性意义的事项"，越共也试图通过文件起草修订和反复征求意见来实现党员干部思想认识的统一。[①]2020年至2021年初越共十三大召开前夕，越共中央连续召开越共十二届十二中、十三中、十四中、十五中四次全会，对大会文件草案和人事工作反复进行研究、完善，确保越共十三大按预定计划如期召开。

（一）越共十三大文件草案的修订与完善

越共十三大文件特别是《政治报告》等一些纲领性文件将决定一个时期越南政治、经济与社会发展的总体方向、发展道路的选择，确定越南共产党今后一个时期的工作目标和主要任务。越共第十二届中央委员会提前着手开展此项工作，并将此项工作贯穿于2020年的始终。

越共十三大相关文件草案主要包括：《政治报告》草案，《2011～2020年经济社会发展十年战略实施总结及2021～2030年经济社会发展十年战略报告》草案，《2016～2020年经济社会发展任务实施五年结果评价及2021～2025年经济社会发展五年任务、方向报告》草案，《第十二届中央委员会关于党建工作和党章执行情况总结报告》草案，等等。从2019年起草小组的第一次会议开始，越共十三大文件草案的制订与修改就成为越共各级组织和社会政治机构重要的政治生活之一。特别是《政治报告》草案，在越共中

---

① 于向东：《从越共十三大筹备工作看越南政治发展走向》，《当代世界社会主义问题》2020年第2期，第77页。

央和地方反复征询意见，2020年2月向各地基层党委会征询意见，4月向县级、省级党代会征询意见。然后，又向越南国会代表、越南祖国阵线、各社会组织征询意见，再经越共中央反复讨论，进行修订完善。

越共中央政治局对越共十三大文件起草组的工作给予具体指导，特别是长期从事理论工作出身的阮富仲总书记直接担任文件起草组组长，有利于把握文件起草方向并顺利开展工作。经过反复调研和广泛征求意见建议，文件起草组先后于2019年5月、10月向越共十二届十中全会和十一中全会提交了《政治报告》等各项文件的提纲和初步草案，并且在大会上进行讨论审议。

2020年10月5~9日召开的越共十二届十三中全会重点研究了越共十三大各项文件草案的修改稿，认为文件草案已经较为完善，决定于此次全会后通过越南的主要媒体公开文件草案的全部内容，向全党、全社会进一步征询修改意见。

2020年11月19日，在越共中央政治局召开的2020~2025年任期各级党代会组织工作总结全国干部会议上，越共中央总书记、国家主席阮富仲表示，《政治报告》的起草、修订得到了全国各级党组织的高度重视，汇聚了全体党员、干部及人民的智慧，其亮点是强调了越共在党建、反腐等方面起到的领导作用。①

越共十二届十三中全会后，越共中央政治局和阮富仲指导文件起草组及相关机关研究各种意见和建议，并向越南国会、越南祖国阵线、各社会政治团体进一步征询意见。截至2020年11月20日，有67个中央直属党委提交了关于文件草案的讨论报告。在这期间，越南祖国阵线、各社会政治团体、各行各业都积极组织研讨会进行讨论，向越共中央上报的意见和建议多达百页。

在越南第十四届国会第十次大会上，国会代表也对越共十三大的文件草

---

① 《成功组织党代会，使祖国迈向新阶段》，越通社，2020年11月19日，https：//www.vietnamplus.vn/to-chuc-thanh-cong-dai-hoi-dang-dua-dat-nuoc-buoc-vao-giai-doan-moi/677808.vnp。

案进行讨论。大部分代表认为文件草案把理论与实践相结合，反映出人民的愿望，体现了越共的智慧，对取得的成绩进行了客观、全面的总结，同时也分析了存在的缺点不足及其原因，整体上对文件草案给予了积极肯定。

越共十三大文件草案提出：必须提高越共的领导能力、执政能力及战斗力；建设一个清廉、强大的党组织和政治系统；巩固人民对党、国家及社会主义制度的信心；发挥民族大团结的精神及意志，结合时代力量，将越南建设成一个繁荣、幸福的国家；全面促进革新开放，迈向工业化、现代化；保卫国家统一，维护和平、稳定的环境，为在 21 世纪中叶将越南建设成一个社会主义发达国家而奋斗。① 可以看到，越南共产党对越共十三大文件草案进行反复修订、征询意见，实质上是在越南共产党全党推进思想认识逐步统一的过程，以增强推动国家加快发展的信心和力量。

2020 年 12 月 14～18 日，越共十二届十四中全会讨论并通过了越共十三大各项文件草案，认为其内容不仅仅是对越共十二大决议执行情况的评价，还是对革新开放实施 35 年、1991 年《社会主义过渡时期国家建设纲领》（2011 年补充、修订）实施 30 年、2011～2020 年经济社会发展战略实施 10 年情况的总结；同意文件草案中提出的 2021～2025 年经济社会五年发展规划及 2030 年越南共产党建党 100 年和 2045 年越南建国 100 年的发展规划建议②，决定将各个文件草案正式提交越共十三大会议进行审议。

（二）越共十三大人事工作的筹备与周密部署

越共十三大人事筹备工作关系到越共的干部队伍建设，更关系到越共十三大党和国家领导干部职位人选的提名推荐、甄选布局，颇为引人注目。

为慎重细致做好越共十三大的人事筹备工作，越共中央成立了人事组，

---

① 〔越南〕阮富仲：《秉承责任精神，落实党十二届十三中全会精神，圆满完成本届任期各项任务》，越南《人民报》2020 年 10 月 10 日，第 1、3 版。
② 《一致赞同十三届政治局、书记处人事》，越通社，2020 年 12 月 18 日，https：//www. vietnamplus. vn/nhat - tri - cao - nhan - su - tham - gia - bo - chinh - tri - ban - bi - thu - khoa - xiii/682934. vnp。

组长由越共中央总书记、国家主席阮富仲担任，核心成员包括政府总理阮春福、国会主席阮氏金银、书记处常务书记陈国旺、中央组织部部长范明政、中央检查委员会主任陈锦秀等，该小组在阮富仲和中央政治局的直接领导下开展工作。

2020年1月2日，阮富仲签署了新的《关于越共中央委员会、政治局、书记处管理范围内的干部职务任职标准和评价标准的规定》（第214－QD/TW号规定）。该文件从政治思想、道德作风、学历、能力和威信、健康、年龄及经验等方面对越共中央委员会、政治局、书记处干部包括总书记、书记处书记职务任职人选的标准做出规定，还对国家主席、政府总理、国会主席等职务标准提出具体要求，并设立了干部任职评价标准。① 这一规定是2017年越共中央颁布的《关于越共中央委员会、政治局、书记处管理范围内的干部职务任职标准和评价标准的规定》（第90－QD/TW号规定）的新发展。

2020年4月23日，越南全国干部工作会议召开。阮富仲在会议上强调越共十三大人事筹备工作必须严格按照规定程序进行，各级组织干部部门推荐、评价和选拔干部必须出于公心、公平、透明、符合实际。② 阮富仲在此次会议讲话之后，又在4月26日的越南共产党电子报等媒体发表文章，从四个方面论述了如何开展越共十三大人事筹备工作：第一，充分认识越共十三大人事工作的重要地位和意义；第二，强调越共十三大人事工作若干要求；第三，明确开展人事工作的内容、方式与方法；第四，真正做到出于公心和责任担当。文章明确指出，越共十三大人事筹备工作包括中央委员会、政治局、书记处、党和国家主要领导人人选的人事准备。③ 阮富仲还强调，

① 《关于越共中央委员会、政治局、书记处管理范围内的干部职务任职标准和评价标准的规定》，越南《人民报》电子版，2020年2月3日，https：//nhandan. com. vn/chinhtri/tin－tuc－su－kien/item/43118302－quy－dinh－ve－khung－tieu－chuan－chuc－danh－tieu－chi－danh－gia－can－bo－dien－ban－chap－hanh－trung－uong－bo－chinh－tri－ban－bi－thu－quan－ly. html。
② 《总书记：人事工作关系到党的生存》，越南共产党电子报，2020年4月23日，https：//dangcongsan. vn/xay－dung－dang/tong－bi－thu－cong－tac－nhan－su－lien－quan－den－su－song－con－cua－dang－553479. html。
③ 《十三大人事工作中需特别注意的一些问题》，越南共产党电子报，2020年4月26日，https：//dangcongsan. vn/xay－dung－dang/mot－so－van－de－can－duoc－dac－biet－quan－tam－trong－cong－tac－chuan－bi－nhan－su－dai－hoi－xiii－cua－dang－553617. html。

人事准备工作要从党的路线、政治任务和"建国、卫国"等要求出发，做到客观、透明，严格执行党的组织原则、规章规定等，把党、国家和民族的事业放在至高无上的地位。此外，还要坚决同一切个人主义、机会主义、拉帮结派、跑官要官、卖官鬻爵等行为做斗争。

根据阮富仲总书记的要求，越共十三大人事组和越共中央政治局按部就班积极稳妥地推进越共十三大人事准备工作。2020年5月11~14日，越共十二届十二中全会召开，重点研究第十三届中央委员会人事工作的方向、原则和部署方案，讨论了《越共第十三届中央委员会人事工作方向》。会议确定了第十三届中央委员会委员的任职标准和年龄规定，任职的年龄分为三个年龄段：50岁以下、50~60岁、60岁以上，年龄计算至2020年9月。如有超过规定年龄者必须安排进入中央委员会、政治局、书记处的"特殊情况"，需要经过中央政治局研究，呈中央委员会审议决定，向党的代表大会推荐。[1] 同时，越共中央政治局在研究越共十大、十一大、十二大会议代表名额分配的基础上，向中央委员会提交了关于《67个中央直属党委的名额分配建议、代表分配原则及根据》的意见，由全会审议通过了越共十三大与会代表的标准、数量及名额分配。

此次全会还研究了越南第十五届国会代表和各级人民议会代表选举工作，讨论了国会代表、各级人民议会代表及专职代表的标准、构成、年龄及名额分配等问题，尤其是专职代表的数量、结构分配（如女性代表、少数民族代表及社会各阶层代表等）等问题，确定了国会、各级人民议会选举程序、宣传方式及选举日期等相关问题。根据越南2013年《宪法》及现行的《选举法》规定，2021年越南第十五届国会代表及2021~2026年任期各级人民议会代表选举在5月23日举行。这也是越南第三次实施《越共中央十届四中全会关于国会代表及各级议会代表选举同时进行的决议》。[2]

---

① 《越共中央总书记、国家主席阮富仲在十二中全会闭幕式上的致辞：第十三届中央委员会必须是一个集智慧、战斗性、纪律性于一体的集体》，越南《人民报》2020年5月15日，第4版。
② 《公布越南共产党第十三次全国代表大会各文件草案》，越南共产党第十三次全国代表大会网站，2020年10月20日，https://daihoi13.dangcongsan.vn/gop-y-van-kien-dai-hoi/du-thao-van-kien/cong-bo-du-thao-cac-van-kien-dai-hoi-xiii-cua-dang-de-lay-y-kien-nhan-dan-2419。

2020 年 10 月 5 ~ 9 日, 越共十二届十三中全会召开, 与会的中央委员会委员按照程序对越共中央第十三届中央委员会、中央检查委员会的正式委员、候补委员推荐人选进行投票。此后, 越共中央政治局和人事组根据越共十二届十三中全会决议、《第十三届中央委员会人事推荐结果的报告》及中央全会提出的相关意见和建议, 继续补充和完善各项人事工作方案。在 12 月 14 ~ 18 日召开的越共十二届十四中全会上, 与会人员对越共第十三届中央政治局、书记处候选人进行了投票表决。但越共十二届十三中全会、十四中全会都还没有解决人们关注的总书记职务任职人选问题。

2021 年 1 月 16 ~ 17 日, 越共十二届十五中全会召开, 对第十三届中央委员会、政治局、书记处人选再次进行投票表决, 并就 "特殊情况" 提名人选、越南国会和国家主要领导人人选提名进行了研究。会议还讨论通过了越共第十三次全国代表大会主席团、秘书处人选和越共中央检查委员会的提名人选。至此, 越共十三大人事筹备工作基本尘埃落定。阮富仲总书记在越共十二届十五中全会闭幕讲话中表示 "越共十三大准备工作按照计划、要求、目标圆满完成"①。

（三）按照越共中央要求和部署, 各级党代会陆续召开

各级党代会的召开是越共十三大会议顺利召开的重要前提, 也是越南政治生活、政治发展的重要表现。通过各级党代会的召开, 特别是越共十三大代表的推选, 直接关系到越共中央关于越共十三大战略意图的实现。为开好各级党代会, 越共中央提前布局、反复研究并做出细致安排。

2019 年 5 月 30 日, 越共中央政治局颁布了《关于召开各级党代会为党的第十三次全国代表大会做好准备的指示》（第 35 – CT/TW 号指示）。该指示明确了各级党代会的主要任务: 一是总结 2015 ~ 2020 年任期党委会决议的实行情况及确定 2020 ~ 2025 年任期党委会决议的方向、目标、任务及措

---

① 《越共中央十二届十五中全会闭幕》, 越南《人民报》电子版, 2021 年 1 月 17 日, https: //nhandan. com. vn/daihoixiii/be – mac – hoi – nghi – lan – thu – 15 – ban – chap – hanh – trung – uong – dang – khoa – xii – 632049/。

施；二是对越共十三大各项文件草案、上级党委会文件草案进行讨论，提出意见和建议；三是选举产生 2020～2025 年任期的党委会；四是选出参加上级党委会的代表团。① 为了指导各级党委贯彻落实该指示精神，同年 6 月，越共中央总书记阮富仲发表了题为《切实准备和组织好面向党的十三次全国代表大会的各级党代会》的文章，对召开各级党代会的工作做出具体阐述。

为了配合各级党代会的召开，便于统一各级党委认识，更好地落实越共十二大决议，2020 年 2 月 18 日，越共中央宣教部颁布第 369 – KH/BTGTW 号指示②，对从各级党代会召开再到越共十三大召开后一个时期的宣传工作做出安排，要求加强对越共党史、越共在过去 90 年经验的宣传，结合越共十三大和各级党代会文件草案征询意见和建议工作的开展，针对敌对势力散布的谬论和社会上传播的一些错误观点开展斗争。

在组织各级党代会的过程中，越共中央还陆续颁布了关于 2020～2025 年任期地方各级党委人事安排的年龄、专业和政治理论水平要求（第 60 号结论）及其他一些关于第 35 – CT/TW 号指示具体说明的文件，阮富仲也发表了有关文章。越共中央书记处组织了 12 个检查团到各中央直属党委进行监督和检查工作。

各级基层党代会成功召开后，自 2020 年 9 月 20 日至 10 月 28 日，越共全部 67 个中央直属党委也陆续召开了 2020～2025 年任期党代会，共选举出 1381 名正式代表和 131 名候补代表参加越共十三大。

为了便于更好地筹备越共十三大，2020 年 11 月 19 日，越共中央政治局组织召开了 2020～2025 任期各级党代会工作总结全国干部大会。此次会

---

① 《越共中央颁布关于面向党的十三次全国代表大会的各级党代会的第 35 号指示》，越南法律图书馆网站，2019 年 5 月 30 日，https：//thuvienphapluat. vn/van – ban/bo – may – hanh – chinh/Chi – thi – 35 – CT – TW – 2019 – dai – hoi – dang – bo – cac – cap – tien – toi – Dai – hoi – dai – bieu – toan – quoc – lan – thu – XIII – 417004. aspx。

② 《党的十三大会议及各级党代会宣传》，越南《人民报》电子版，2020 年 2 月 22 日，https：//nhandan. com. vn/tin – tuc – su – kien/tuyen – truyen – dai – hoi – dang – bo – cac – cap – va – dai – hoi – xiii – cua – dang – 450157/。

议有 500 多名代表参加,为第十二届任期内规模最大的全国干部会议。阮富仲在会议上对越共各级党代会所取得成果给予了充分肯定。

二 越共通过各次会议、颁布文件规定提出
经济社会发展的战略目标、任务,
引领越南经济和社会发展

第十二届中央委员会任期内,越共中央为了继续完善社会主义定向市场经济体制颁行了一系列决议,领导推动了三次较大的行政改革浪潮:一是 2016 年废除国家管理部门管理规定中的上千项"子许可证";二是 2018 年削减、简化 50% 的经营审批及专业检查行政手续;三是 2020 年提出继续削减、简化 20% 的有关经营行政及民众、企业费用等规定。① 越南稳定的政治、社会环境和越共倡导的一系列改革措施使得越南的营商环境和在国际经济中的竞争力得到了提高。

在革新开放 30 多年经济社会发展取得显著成就的基础上,越共中央和越南政府领导人也在谋划越南中长期经济社会发展的战略目标。2019 年 2 月 19 日,越南政府总理阮春福在视察计划投资部时初步提出经济社会发展"两个百年"的远景目标。第一步,到 2030 年建党 100 周年时,越南进入中等偏高收入水平国家行列,争取实现五项主要指标:第一,人均 GDP 达到 18000 美元以上(按 2011 年购买力平价);第二,全国大部分(50% 以上)的人口成为城镇居民;第三,工业与服务业占 GDP 比重达 90% 以上,并提供 70% 以上的就业岗位;第四,私营经济占 GDP 比重达 80% 以上;第五,联合国人类发展指数达 0.7 以上。第二步,到 2045 年建国 100 周年时,越南建成一个"繁荣的发达国家"。具体指标:第一,步入世界上生活最幸福的高收入国家行列,成为一个繁荣、幸福的国家;第二,在全球竞争力指

---

① 《双重成就下的黄金任期》,越南共产党电子报,2020 年 12 月 28 日,https://dangcongsan.vn/kinh-te/nhiem-ky-vang-cua-nhung-thanh-tuu-kep-571850.html。

数和营商环境指数方面，成为全球前 20 名最具知识经济竞争力的国家，收入较高且收入来源多样化，工业按现代化方向发展，农业比重降到 10% 以下且不再是纯农业；第三，成为亚太地区教育质量最高的国家之一。① 这一雄心勃勃的发展规划被写入越共十三大文件草案中，并在 2020 年越共中央召开的全会上进行了初步的讨论，为 2021 初举行的越共十三大最终确定越南中长期发展战略目标奠定了基础。

2020 年，面对突如其来的新冠肺炎疫情，全球经济发展遭受重大冲击，越南同样不能例外。面对各种巨大的考验和挑战，在越共中央和总书记、国家主席阮富仲的领导下，越共中央提出"防疫如防敌"的要求，发挥社会主义制度统一领导的优势，较好地应对了疫情复杂衍变。同时，大力恢复和发展经济社会，保障人民生活。2020 年越南 GDP 增长率达到 2.91%，成为全球为数不多的保持经济正增长的国家之一，增长速度位居全球前列。2020 年，越南人均 GDP 约为 2779 美元；居民消费价格指数同比增长 3.23%；进出口总额达 5439 亿美元，自 2016 年以来连续 5 年实现贸易顺差且顺差额为 5 年来最高。② 这些成绩的取得与越南保持政局稳定、越共的领导为经济社会发展提供强大政治保障是密不可分的。

为了统筹应对疫情和恢复经济，越共中央政治局、书记处颁布了一系列文件规定，如 2020 年 6 月 5 日政治局颁布的《关于克服疫情影响、恢复经济社会发展的意见》，要求除防疫外，还要集中同步实施各项长期措施来恢复发展经济，包括促进经济结构重组，加快发展数字政府、数字经济，利用科技进行革新，保障社会安全，解决就业问题。11 月 20 日，书记处颁布了关于继续实施 2010 年 4 月越共第十届中央政治局《在推动国家工业化、现代化时期继续革新，提高越南科技协会的活动效果及质量的第 42 - CT/TW

---

① 中国社会科学院 A 类创新工程项目"当代世界社会主义思潮与运动新进展研究"课题组、潘金娥：《百年未有之大变局背景下国际共产主义运动的新机遇——2019～2020 年国际共产主义运动发展报告》，《世界社会主义研究》2020 年第 6 期，第 26 页。

② 《2020 年第四季度及年度经济社会发展报告》，越南统计总局网站，2020 年 12 月 27 日，https：//www. gso. gov. vn/du - lieu - va - so - lieu - thong - ke/2020/12/baocao - tinh - hinh - kinh - te - xa - hoi - quy - iv - va - nam - 2020/。

号指示》，强调依靠科技革新发展经济，推进工业化、现代化建设。

2020年8月28日，越共中央政治局委员、越南政府总理、越共十三大经济社会组组长阮春福主持召开政府第六次会议，继续征求经济社会组成员、专家和管理工作者对越共十三大文件草案的意见和建议。阮春福表示，两年来该组已召开6次全体会议和各种专题会议，研究制定未来10年（2021~2030年）经济社会发展战略和未来5年（2021~2025年）经济社会发展方向和任务，征求党的各级代表会议的意见。阮春福表示，在越南共产党的领导下，政府正全力实现双重目标，严格防疫，保护人民健康，同时把推动经济社会复苏发展作为第一优先任务。①

2020年5月中旬，越共十二届十二中全会召开，除研究越共第十三届中央委员会人事工作的方向原则和部署方案外，还着重研究了越南第十五届国会代表和各级人民议会代表选举工作方案，高度评价越共领导下的抗击新冠肺炎疫情斗争，并号召全国人民在防控疫情的同时要尽快恢复发展生产。②

2020年10月上旬召开的越共十二届十三中全会认为：2020年前9个月，新冠肺炎疫情快速变化，全球经济陷入严重衰退和负增长；世界贸易大幅下滑；金融市场异常动荡，越南经济社会发展遭受巨大影响，难以完成2020年与2016~2020年5年既定目标和指标。然而，在越共中央领导下，越南被外界视为新冠肺炎疫情防控、经济社会发展亮点，获得国际上的好评。2020年前9个月，越南经济保持2%以上的增长速度，被认为是世界上最成功的16个经济体之一。关于2021年经济社会发展计划，越共中央认为需将2021年经济社会发展计划置于2021~2025年五年经济社会发展框架内，确定主要目标和任务③，为2021年度越南经济社会明确发展方向。

---

① 《政府总理阮春福：借助外力 发挥内力 推动国家快速可持续发展》，越南《人民报》中文版，2020年8月28日，https：//cn.nhandan.com.vn/political/item/8078301 - 政府总理阮春福：借助外力 - 发挥内力 - 推动国家快速可持续发展.html。

② 于向东：《从越共十三大筹备工作看越南政治发展走向》，《当代世界社会主义问题》2020年第2期，第82页。

③ 〔越南〕阮富仲：《秉承责任精神，落实党十二届十三中全会精神，圆满完成本届任期各项任务》，越南《人民报》2020年10月10日，第1、3版。

2020 年 12 月中旬召开的越共十二届十四中全会对越共第十二届中央委员会包括政治局、书记处的工作进行了总结与评价，总体上给予了充分肯定，认为越共中央的领导体现出团结、统一、智慧与本领，落实越共十二大决议，在复杂多变的国际国内形势下做出正确决策，解决经济社会、国防安全、内政外交面临的各种问题，带领全党、全民、全军克服困难和挑战，发挥民族大团结的优势，继续推进越南的革新开放事业，取得显著成就。

三 越南第十四届国会召开第九、第十次会议，加强立法和监督工作，继续完善法治国家建设

2020 年，按照越共十二届十二中全会关于越南第十五届国会代表和各级人民议会代表选举工作方案的部署建议与工作惯例，越南国会分别于上半年和下半年召开越南第十四届国会第九、第十两次全体会议，具体落实国会工作计划，推进立法和监督工作。

（一）越南第十四届国会第九次会议

2020 年 5 月 20 日至 6 月 19 日，越南第十四届国会第九次会议在首都河内的国会大厦开幕。由于受疫情影响，本次国会以线上视频会议和线下集中会议相结合的方式召开。会议分为两个阶段。第一阶段：5 月 20～29 日，国会大厦主会场与各省市国会代表团 63 个分会场通过视频方式召开会议。第二阶段：6 月 8～19 日，在河内国会大厦进行线下集中开会，越共中央政治局委员、越南国会主席阮氏金银主持开幕式和闭幕式并发表致辞。

此次会议审议通过了 10 部法律、21 项决议，并对 6 部法律议案进行深入讨论，提出了一些修改完善意见。① 会议还审议了国家财政预算、经济社

---

① 《第十四届国会第九次会议成功闭幕》，越南《人民报》2020 年 6 月 20 日，第 1、2、4 版。

会发展的报告及其他一些报告。具体内容包括以下几个方面。

1. 聚焦立法工作

此次会议审议通过的 10 部法律是:《投资法（修订案）》《企业法（修订案）》《PPP 模式投资法》《国会组织法（修正案）》《法律规范颁布法（修正案）》《法院调节与对话法》《司法鉴定法（修正案）》《青年法（修订案）》《自然灾害防治法和堤坝法（修正案）》《建筑法（修正案）》。

会议通过的决议主要有:《关于批准〈欧盟－越南自由贸易协定〉的决议》《有关根据〈欧盟－越南投资保护协定〉的规定承认和执行争端解决机构判决的决议》《关于加入国际劳工组织第 105 号〈废除强迫劳工公约〉的决议》《关于河内试行若干特殊财政预算机制和政策的决议》《关于岘港试行市政府模式及若干特殊发展机制和政策的决议》《关于延长农业用地免税期限的决议》《关于对企业、合作社、事业单位及其他组织降低 2020 年企业所得税的决议》《关于调整国会第 52/2017/QH14 号决议中有关 2017～2020 年东部北南高速公路部分路段建设项目投资方式的决议》《批准 2021～2030 年少数民族地区和山区经济社会发展国家目标计划投资主张的决议》《继续增强"防止虐待儿童政策法律执行情况"的效力、效果的决议》《关于无偿援助分配、调整国家财政预算支出及批准 2018 年国家财政预算决算的决议》《关于成立国家选举委员会的决议》等，这些法律的制定和决议的通过，为越南进一步推进革新开放和经济社会发展提供了法律基础。

会议集中讨论并提出修改建议的 6 部法律议案包括:《越南边防法议案》《国际协议法议案》《环境保护法（修正案）议案》《居住法（修正案）议案》《越南输外劳工法（修正案）》《行政违法处理法（修正案）》。会议要求，根据国会提出的意见和建议，进一步完善这些法律议案后再行研究讨论。

2. 履行监督职责

此次会议审议并通过了经济社会发展及国家财政预算相关文件，包括 2019 年经济社会发展规划及国家财政预算实施情况的补充评价报告和 2020 年前几个月的执行情况报告；批准了 2018 年国家财政预算决算。

3. 选举成立第十五届越南国家选举委员会及通过其他一些人事任免事项

越南第十五届国会换届选举工作将在2021年举行。为了使国会选举能顺利进行，此次会议通过投票方式选举成立了新的国家选举委员会。国家选举委员会共有21名成员，设1名主席、4名副主席及16名委员。越南国会主席阮氏金银高票当选为国家选举委员会主席，国家选举委员会设立了主席团。① 此次会议上，国会还批准免去王庭惠政府副总理、阮青海国会常务委员会委员的职务；选举杨青平为国会常务委员会委员。

越南第十四届国会第九次会议值得注意的有以下几点。

第一，2019年越南第十四届国会第八次会议上，越南国会高票通过了《2021~2030年少数民族地区、山区经济社会发展总体提案》，此次会议还通过了《批准2021~2030年少数民族地区和山区经济社会发展国家目标计划投资主张的决议》，标志着越南少数民族政策在立法层面的重要发展，惠及越南少数民族地区、山区的个人、家庭、企业、合作社及各种经济社会组织，为这些地区的进一步发展提供了有力的法律保障。

第二，2019年越南第十四届国会第七次会议上，国会以高票通过了《关于成立"防止虐待儿童政策法律执行情况"监督组的决议》，此次国会会议在监督"防止虐待儿童政策法律执行情况"结果的基础上，通过了《继续增强"防止虐待儿童政策法律执行情况"的效力、效果的决议》。越南国会对政府所做出的成绩给予了高度肯定，同时也要求各级政府及相关部门克服困难，提高责任心，防止虐待儿童行为的发生。

第三，此次会议虽然没有进行现场质询，但是国会代表仍通过文本形式就选民及群众关心的问题向政府官员、各部委负责人进行质询。政府官员及各部委负责人也按照法律程序进行了答复。

此次会议第一次采用线上线下相结合的方式召开，并按计划完成了所有议程，得到了越南国会代表、选民及社会舆论的较高评价，也为以后的越南国会会议召开和国会革新活动方式提供了可借鉴的经验。

---

① 《第十四届国会第九次会议第15号公报》，越南《人民报》2020年6月22日，第1、2版。

（二）越南第十四届国会第十次会议

2021 年 10 月 20 日，越南第十四届国会第十次会议在河内的国会大厦开幕。受疫情影响，此次国会仍采用线上视频会议和线下集中会议相结合的方式召开。会议共分为两个阶段。第一阶段：10 月 20～27 日，国会大厦主会场与各省市国会代表团 63 个分会场通过视频方式召开会议。第二阶段：11 月 2～17 日，在河内国会大厦进行线下集中开会。越南国会主席阮氏金银主持开幕式和闭幕式并发表致辞。

此次会议对越共十三大的文件草案进行讨论，表决通过了 7 部法律、13 项决议，并对 4 部法律草案提出了意见和建议。对有关经济社会、金融银行、选民的建议、司法工作、反腐工作等方面的报告进行审议。

第一，发挥最高立法机关的权力，为革新发展提供法律保障。会议通过的 7 部法律分别为：《越南边防法》《国际协议法》《越南输外劳工法（修订案）》《环境保护法（修订案）》《居住法（修订案）》《行政违法处理法（修正案）》《艾滋病防治法（修正案）》

通过的 13 项决议分别为：《关于参加联合国维和部队的决议》《关于调整胡志明市政府组织机构的决议》《关于试点破除管理、使用国防用地与劳动生产、经济建设活动结合障碍相关政策的决议》《关于继续落实第十四届国会专项监督、质询决议及第十三届国会一些重要决议的决议》《关于 2021 年经济社会发展规划的决议》《关于 2021 年国家财政预算计划的决议》《关于 2021 年中央财政预算分配的决议》《关于第十五届国会代表及 2021～2026 年任期各级人民议会代表选举日的决议》《关于批准政府总理免除 2016～2021 年任期越南国家银行行长、科学技术部部长职务建议的决议》《关于批准政府总理补选 2016～2021 年任期科学技术部部长、卫生部部长、越南国家银行行长建议的决议》《关于批准最高人民法院院长补选最高人民法院法官建议的决议》《关于罢免国会代表范富国的决议》《第十四届国会第十次会议决议》。会议集中讨论并提出意见和建议的 4 项法律议案分别为：《道路交通法（修正案）》《保障道路交通安全秩序法》《基层安全保护法》《打击毒品法（修正案）》。

第二，通过政府的各项报告并对政府工作给予高度评价。会议审议通过了《2020年经济社会发展规划实施情况及2021年经济社会发展方向和任务报告》《2016～2020年关于经济社会发展、经济结构重组、国家财政、中期公共投资五年计划实施情况结果报告》。

此外，会议还审议了此次会议收集到的选民和人民意见建议的综合报告，关于解决、答复国会第九次会议征询的选民和人民意见建议结果的报告，一些相关组织、机关的其他报告。

第三，会议表决通过了将2021年5月23日确定为越南第十五届国会代表及2021～2026年任期各级人民议会代表的全国选举日的决议。

第四，质询及答复质询。按照惯例，此次国会会议安排了国会代表质询及答复质询。时间从2020年11月8日至11月10日上午，为期两天半。质询内容主要与《关于继续落实第十四届国会专项监督、质询决议及第十三届国会一些重要决议的决议》实施情况相关的一些问题。公安部、教育培训部、司法部、农业与农村发展部、工贸部、内务部、建设部、通信传媒部、文化体育旅游部、财政部、劳动荣军与社会部、计划投资部、资源环境部、交通运输部14个部门的部长及3名政府副总理、政府办公厅主任、政府监察总署总监察长、最高人民检察院检察长、民族委员会主任、最高人民法院院长分别就相关问题进行了现场答复。

越南政府总理阮春福就一些属政府责任相关的问题进行了补充说明，并就国会代表关心的问题进行了长达两小时的现场回答，主要涉及经济竞争力、文化建设等方面内容。阮春福表示，鉴于2020年的低增长水平，越南政府已指导制定不同增长方案和行动措施，保障在任何情况下都处于主动，努力完成经济社会发展目标和计划任务，推动越南成为活跃、创新、快速和可持续发展的经济体。①

---

① 《越南第十四届国会第十次会议十三号公报》，越南国会门户网站，2020年11月10日，https：//quochoi. vn/hoatdongcuaquochoi/cackyhopquochoi/quochoikhoaXIV/kyhopthu10/Pages/thong－cao. aspx？ItemID＝49775。

越南国会长期实行的质询和答复质询活动是国会发挥监督作用的重要形式，也是通过国会代表实行人民群众政治参与的重要形式，得到了广大选民及人民群众的认可与较好评价。

第五，听取关于国会担任 2020 年东盟议会联盟轮值主席国期间的对外活动报告。2020 年，越南国会以视频形式成功举办第 41 届东盟议会联盟大会，有助于巩固和提高越南在国际舞台上的地位。

2020 年，越南第十四届国会任期即将结束，新一届国会即越南第十五届国会的选举组建工作已开始筹备。2020 年越南国会共通过了 17 部法律、34 项决议。[①] 这些法律和决议的通过关系到越南经济社会发展和人民生活的方方面面，有助于改善经济社会生活的法制环境，提高国家管理和行政效率，保障法律制度的规范性和统一性，有助于推进法治国家建设，提高国家治理能力的现代化，推动越南经济社会的进一步发展。

四　越共继续加强党的建设及整顿工作，加大反腐工作力度，提升越共在人民心目中的地位

（一）继续加强整党建党工作，提高越共的战斗力

越共十二大以来，在越共总书记阮富仲领导下，越共第十二届中央委员会、政治局、书记处一直致力于加强党的建设及整顿工作，初步遏制了腐败和消极现象，提高了越南共产党的领导力和战斗力。

加强党建工作，首先是加强党的政治、思想建设，牢牢把握党的政治路线与方向，与错误思想和观点做斗争。越共十二届四中全会通过了《关于加强建设和整顿党，制止和打击思想政治、道德、生活作风蜕化以及内部

---

① 《越南第十四届国会第十次会议胜利闭幕》，越南《人民报》电子版，2020 年 11 月 17 日，https：//nhandan.com.vn/tin－tuc－su－kien/ky－hop－thu－10－quoc－hoi－khoa－xiv－thanh－cong－va－be－mac－624819/。

"自我演变""自我转化"等现象的决议》。根据此决议精神,越共中央还颁布了具体的指示与规定推进该决议的贯彻实施。越共各级党委通过广泛开展批评与自我批评,对党内存在的利己主义、机会主义、享乐主义、违反民主集中原则、脱离群众等问题,进行严格的对照检查。2020年2月,阮富仲在纪念越南共产党成立90周年大会上发表讲话表示,这些"顽疾"的存在严重影响党在人民群众中的威信,正如胡志明主席当年曾警告的:"一个政党和一个人,昨天伟大和充满魅力,但如果心地不再纯洁、陷于个人主义,就不等于今天和明天仍然会获得所有人的爱戴与推崇。"[1]

越共加强党建工作的一个重要方面是加强越共的干部队伍建设。在2020年推进越共十三大人事筹备工作中,越共中央把越共第十三届中央委员会领导层干部的推荐选拔和地方各级党委换届与战略级干部队伍建设密切结合,采取一系列措施,确保领导干部的质量标准,确保实现胡志明主席遗嘱"要想领导人民,首先必须成为人民效仿的榜样"要求的落实。

切实开展党的纪律检查、监督工作也是越共加强党的建设的重要体现。越共第十二届中央委员会不断强化党的纪律检查、监督工作,各级党组织严肃处理违反党纪法规的党员,及时对一些政治思想衰退、生活作风和道德品质出现问题的党员干部包括已退休党员干部进行纪律处分,追责到底。近年来,越共中央政治局、书记处处理了一批涉及经济问题、造成严重后果的要案大案,一些高级官员受到严肃处理。[2]越共十二届十二中全会决定对越共原中央委员、国防部原副部长阮文献给予开除党籍处分;在十二届十四中全会上,越共原中央委员、河内市委原副书记、河内市人民委员会原主席阮德钟因严重违反纪律,受到开除党籍处分。2020年11月6日,越共中央总书记、国家主席阮富仲主持中央政治局会议,对政治局委员、书记处

---

① 〔越南〕阮富仲:《发扬光荣传统,增强党的革命性、先锋性》(阮富仲在越南共产党成立90周年纪念会上的发言),越南《人民报》2020年2月4日,第1、2版。

② 《党的建设、整顿工作有了积极、全面转变》,越南《人民报》电子版,2021年1月17日,https://nhandan.com.vn/chinhtri/tao-chuyen-bien-sau-sac-tich-cuc-toan-dien-doi-voi-cong-tac-xay-dung-chinh-don-dang-632009/。

书记、中央经济部部长阮文平给予警告处分。阮文平在担任越共中央委员，越南国家银行党组书记、行长等岗位上，违反民主集中制原则和工作规则，失职失责、管理不严、检查监督不到位，在一些银行信贷业务中有违法违规行为，造成严重后果。其他相关多名越南国家银行领导干部还受到刑事处罚。①

在加强党建工作中，越共中央还非常重视越共的各级组织建设和对违纪党组织的处理。2020年3月20日，由中央检查委员会提议，越共中央政治局、书记处针对2010~2015年任期胡志明市常务委员会违反民主集中制原则和市委工作规则的行为予以惩戒处分。免除黎青海胡志明市委原书记（2010~2015年任期）职务，并给予原中央委员、胡志明市委原副书记、胡志明市原市长黎黄军（2010~2015年任期）警告处分。同年9月3日，中央政治局全体成员与胡志明市委常委举行了工作会谈，中央政治局认为经过半年来的整顿，胡志明市党建和政治体系建设工作呈现新气象。

（二）继续强力反腐，加强党风廉政建设，提升越共的威信

阮富仲担任越共中央总书记以来，越共反腐败工作越来越受到重视。越共一直把腐败问题视为"国家的四大危机之一"，建立中央反腐败指导委员会，不断加强反腐败工作机构和机制制度建设，落实"没有禁区""没有例外""没有特权"的工作方针，强力推进反腐败工作，查处腐败大案要案，产生了巨大震慑作用。

据统计，2013~2020年，越南中央及地方相关机关共调查、起诉了14300起涉及贪污腐败案件及违纪事件，涉案人数达24410名，并对11700起腐败案件、违纪事件进行了初审，涉及被告人总数约22600人。仅中央反腐败指导委员会、中央内政部、省市委3个层面跟踪指导处理的重大复杂案件超过800起。其中，中央反腐败指导委员会直接跟踪指导了133起贪污腐

---

① 《政治局对阮文平进行警告处分》，越南政府电子报，2020年11月8日，http://baochinhphu. vn/Phap - luat/Bo - Chinh - tri - ky - luat - canh - cao - dong - chi - Nguyen - Van - Binh/413338. vgp。

败案件、94 起违纪事件，已经对 86 起案件约 814 名被告进行了初审。① 这些数据体现了越共开展反腐败斗争的决心和成果。

2020 年 12 月 12 日，越共中央反腐败指导委员会召开 2013～2020 年全国反腐败工作总结会议。越共中央总书记、国家主席、中央反腐败指导委员会主任阮富仲主持会议。在会前的新闻发布会上，越共中央内政部常务副部长武文勇强调，越共中央反腐败指导委员会提出了采取多级配合机制来确保一些大案、要案的处理进度。当查处某部门的大案、要案遇到困难时，首先由该部门领导召开联席会议研究解决；未能解决的，由中央内政部部长召开联席会议来解决；意见难于统一的，由中央书记处常务书记召开联席会议研究；无法解决的，由中央反腐败指导委员会常委会讨论解决；仍然无法统一的，由中央反腐败指导委员会集体开会讨论；如果还不能解决问题，最后由中央政治局、书记处共同研究决定。②

此次会议上，阮富仲针对反腐败工作总结出一些经验和教训。一是在反腐败工作中，首先要有高度的政治决心，必须坚持越共的统一和直接领导。在中央反腐败指导委员会的直接领导下，将政治决心转化为实际行动，越共和政府领导干部必须言行一致，起到模范带头作用。二是反腐败是一项重要、长期、迫切、充满困难和复杂性的工作，必须坚决、坚持、持续推进，实现政治、思想、组织、行政等各方面措施的相互配合，积极、主动、稳步、有重点地推进反腐工作。要努力建立一个紧密的预防机制使之"不能腐"，建立一个具有威慑力的惩治机制使之"不敢腐"以及建立一个保障机制使其"不必腐"。三是在反腐败工作中，要实现积极预防、主动发现、及时处理相结合，预防是基本、长期的任务，发现处理是重要步骤。四是要将反腐败工作与倡导节约、反对浪费工作相结合，学习践行胡志明思想和道德

① 《2013～2020 年反腐工作全国总结会议》，越南《人民报》电子版，2020 年 12 月 12 日，https：//nhandan.com.vn/tin－tuc－su－kien/hoi－nghi－toan－quoc－tong－ket－cong－tac－phong－chong－tham－nhung－giai－doan－2013－2020－－627926/。
② 《即将召开反腐工作总结会议》，越通社，2020 年 12 月 9 日，https：//www.vietnamplus.vn/sap－dien－ra－hoi－nghi－toan－quoc－tong－ket－cong－tac－chong－tham－nhung/681362.vnp。

品格，反对政治思想、道德、生活作风蜕化；防止党内"自我演变"及"自我转化"，发动全社会的力量来预防腐败。五是保障监督权力的行使、中央反腐败指导委员会的领导及统一指导，发挥各反腐职能部门的主要作用，同步有效地配合开展反腐败工作。六是反腐措施必须符合越南社会主义定向市场经济及民族文化传统，有选择地吸收外国的经验，建设越南的"公务文化"。①

越共反腐败的"熔炉"是否会继续燃烧？反腐败之"火"是否会越烧越旺？对此阮富仲多次表示，反腐败工作"永不停止"和"永不停歇"，反腐之火只会越烧越旺。今后可以预见的时期，越共反腐败工作将会继续深入推进，将会更加重视廉政宣传教育和文化机制建设，更加重视权力监督、纪律整顿和案件查处机制建设，进一步提升反腐败斗争的成效。

五　结合越共十三大文件起草修订和征求意见，不断加强思想舆论宣传引导，高度重视意识形态领域的工作

革新开放以来，每次越共全国党代会召开前，都是越南思想理论界和社会舆论比较活跃的时期，各种思想倾向的观点和社会舆论都会有所表现。特别是在网络媒体越来越发达的背景下，如何做好意识形态工作，加强对其党员干部的思想引导和社会宣传舆论是 2020 年越共面临的艰巨任务。

随着越共十三大会期的临近，在会议文件草案的反复修订和不断征求意见的过程中，越南共产党各级党委和各社会团体组织党员干部、社会各界人士积极参与文件草案的修订，提出负责任的修改意见和建议。但也有极少数人利用这一时期，对越共十三大文件草案提出的理论观点和发展道路表示不赞成或不接受，甚至还有极个别别有用心的人企图利用越共十三大准备召开

---

① 《2013～2020 年反腐工作全国总结会议》，越南《人民报》电子版，2020 年 12 月 12 日，https：//nhandan. com. vn/tin - tuc - su - kien/hoi - nghi - toan - quoc - tong - ket - cong - ta c - phong - chong - tham - nhung - giai - doan - 2013 - 2020 - - 627926/。

的最后时期，发表各种不同观点和不和谐的声音，与越南共产党的纲领、路线、方针相悖，违反越南宪法和法律，带来思想的混乱，试图影响越共政治方向及越南未来发展道路的选择。越南通信传媒部部长表示，越共十三大前网上的各种不良和错误信息比平时增加了50%。① 国外的敌对势力也趁机发动对越南的舆论宣传攻势，鼓动越南"变色"。针对这些情况，越共中央保持高度警惕，给予坚决回击。② 对于各种错误的思想观点和敌对势力的攻击，越南通过主流媒体进行了及时反驳和回击。③

越南十三大召开前后，越南的一些社交媒体以及博客（Blog）、个人脸书（Facebook）上出现很多质疑"社会主义定向市场经济"体制的舆论，宣称"市场经济是不可能有社会主义方向的"，认为"市场经济规律与社会主义方向是两个相互对立、相互排斥的概念，把市场经济与社会主义方向强加在一起，只不过是越南共产党'迷惑人心'的做法，是违背客观规律、毫无科学基础的，是一种主观的、唯心的表现"；宣扬如果"删除社会主义方向，越南的市场经济将会发展得更快更好"，声称越共十三大文件草案提出的各项目标"过高"，是"主观的、唯心的"，是"毫无科学根据的"。2021年3月12日，越共中央理论委员会网站发表题为《越共十三大的主要目标是现实的、客观的，符合国家发展要求》的署名文章，专门对这些错误观点给予批判和回击。④

---

① 《十三大会期临近，错误论调不良信息增加50%》，越南共产党第十三次全国代表大会网站，2021 年 1 月 22 日，https：//daihoi13. dangcongsan. vn/tin－moi/gan－dai－hoi－xiii－tin－xau－doc－luan－dieu－xuyen－tac－tang－50－3903。

② 潘金娥：《关于越南政治民主化等网络传言的求证》，《世界社会主义研究》2020 年第 8 期，第 52 页。

③ 《提高责任精神，集中研究、讨论党的十三大组织和准备工作内容》，越南《人民报》电子版，2020 年 12 月 14 日，https：//nhandan. com. vn/tin－tuc－su－kien/neu－cao－tinh－than－trach－nhiem－tap－trung－nghien－cuu－thao－luan－nhung－noi－dung－chuan－bi－va－to－chuc－thanh－cong－dai－hoi－xiii－cua－dang－－628098/。

④ 〔越南〕阮文雄：《越共十三大的主要目标是现实的、客观的，符合国家发展要求》，越共中央理论委员会网站，2021 年 3 月 12 日，http：//hdll. vn/vi/nghien－cuu－－－trao－doi/cac－muc－tieu－chinh－cua－dai－hoi－xiii－la－hien－thuc－khach－quan－dap－ung－trung－doi－hoi－phat－trien－cua－dat－nuoc－－%E2%80%8B. html。

2020 年，越共中央继续积极开展意识形态工作，高度警惕敌对势力的"和平演变"和越南共产党内部的"自我演变""自我转化"倾向，防范可能出现的"颜色革命"。落实越共十二届四中全会的决议，越共中央明确要求加强越共的领导和党内团结、统一，挫败敌对势力和政治异见分子破坏越南社会主义制度和共产党领导的各种图谋阴谋，努力保持思想稳定、政治稳定和社会稳定。

一些网络媒体如 BBC 越南语网站、自由亚洲电台的越南语网站刊登对越共十三大人事部署进行恶意臆测，编造谎言对越南共产党进行中伤、诽谤的文章，还有假冒越南国会的网站利用将要举行的越南第十五届国会选举发表煽动性言论，煽动在越南进行"自由民主选举"。此外，还有些文章有目的性地抹黑越南现任党和国家领导干部的名誉和私生活，贬低他们对革命事业的功劳和贡献；故意抛出一些"证据"，来"揭示"在越共党代会召开的前夕以及将来的会议期间，党内所形成的派别分歧和各种对立路线的斗争。对此，越共主流媒体都及时给予了揭露和批驳。

2020 年 10 月 13 日，越共中央机关报《人民报》发表评论文章，揭露敌对势力的各种伎俩和企图颠覆越共政权的险恶用心，指出他们用各种方法来破坏越共内部团结，煽动人们对越共和社会主义道路的怀疑。文章提出，在越共十三大召开前夕，必须要提高警惕，警惕敌对势力的内外勾结，发挥党的智慧与本领，维护党的思想基础，防止党员干部政治思想、道德、生活作风的蜕化，防止内部"自我演变""自我转化"，同时坚决与贪腐、浪费、消极现象做斗争。①

为了做好越共十三大召开前的宣传舆论工作，2020 年 10 月 30 日，越共中央宣教部组织了关于越共十三大宣传工作的记者集训会，强调要特别重视宣传舆论工作，其中传统媒体报纸仍起着至关重要作用，各种报刊要大力宣传越共的十三大筹备工作和各级党代会提出的主张和方向，从而促成党的政治、思想、行动上的统一，鼓舞全党、全民、全军发扬爱国、自立自强、

① 《一项长期急迫的任务》，越南《人民报》2020 年 10 月 13 日，第 7、8 版。

民族大团结精神，增强人民对越南共产党、对越南社会主义制度的信心。会议同时还强调要很好地把握一些复杂、敏感问题，确保宣传工作的正确政治方向。

2021年1月15日，越共中央机关报《人民报》刊登评论文章指出，一些敌对势力利用网络及西方媒体来攻击、扭曲、抹黑越南共产党，宣扬西方的"民主""人权""多元政治"，否认马列主义和胡志明思想，诋毁、污蔑越共十三大文件草案，妄图改变越南的政治体制，挑拨党、国家和人民之间的关系，瓦解越南共产党和越南社会主义制度，对此，必须迅速揭露其险恶用心，进行顽强坚决的斗争。①

2020年2月3日，越共中央总书记、国家主席阮富仲在纪念越南共产党成立90周年大会上强调："除了越南共产党，没有任何政治力量能够拥有足够的本领、智慧、经验、威望和能力来领导越南克服一切困难和挑战，从而推动越南民族革命事业取得一次又一次的成功。"可以说，2020年越南政治的发展和2021年初越共十三大的成功召开，也再次证明了越南共产党有信心有能力领导越南人民继续沿着社会主义道路，朝着实现既定的国家发展目标坚定前行。

六 越共十三大的成功召开与越南发展展望

2020年，在应对全球新冠肺炎疫情冲击的大环境下，越共中央和总书记、国家主席阮富仲领导越南取得了疫情防控与经济社会发展的双重成果，越共十二大精神继续得到贯彻落实，越共十三大筹备工作顺利推进，越南政治平稳发展。年内越南政治发展的总趋势是越共的领导地位和执政地位不断提升，越共中央和总书记、国家主席阮富仲的集中统一领导逐步加强，为越共第十二届中央委员会向第十三届中央委员会的平稳过渡打下了坚实基础。

---

① 〔越南〕阮伯阳：《迅速识别及揭露敌对势力的黑暗本质》，越南《人民报》电子版，2021年1月15日，https：//nhandan.com.vn/binh-luan-phe-phan/nhanh-chong-nhan-dien-vach-tran-ban-chat-den-toi-cua-cac-the-luc-thu-dich-631825/。

2021 年 1 月 25 日至 2 月 1 日，越南共产党第十三次全国代表大会在位于河内市的国家会议中心隆重举行，参加大会的代表共 1587 人。1 月 30 日，大会选举出 200 名越共第十三届中央委员会委员，其中 180 名正式委员，20 名候补委员。1 月 31 日，阮富仲再次当选越共中央总书记。原计划会议于 2 月 2 日结束，但因越南多地出现突发疫情，越共十三大在 2 月 1 日提前一天闭幕。

越共十三大是事关越南共产党和国家各项事业发展的一次重要会议，是越南共产党和人民政治生活中的大事，将会对越南未来的政治、经济和社会产生深远影响。这次大会的召开，再次表明越南共产党是领导越南人民进行社会主义建设和推进革新事业的核心力量和坚强保证。阮富仲再次以"特殊情况"提名、第三次当选越共中央总书记，表明他在党内享有崇高威望。

中共中央总书记、中国国家主席习近平在祝贺阮富仲当选越共中央总书记的贺信中指出，"越共十三大成功召开，开启了越南社会主义现代化建设新征程"①。从越共十三大正式确定的发展战略目标规划看：到 2025 年越南将跨过中等偏下收入门槛，人均 GDP 达到 4700 ~ 5000 美元，成为具有面向现代化工业的发展中国家；到 2030 年越共建党 100 周年，建成具有现代化工业、中等偏上收入水平的发展中国家；到 2045 年建国 100 周年，建成高收入的发达国家。② 今后，越共将会领导越南开启新的征程，为实现社会主义现代化国家的战略目标不懈奋斗，在保持政治和社会稳定的基础上，努力推动越南快速发展，实现到 21 世纪中叶跻身世界发达国家的宏伟蓝图。

---

① 《习近平致电祝贺阮富仲当选越共中央总书记》，中华人民共和国外交部网站，2021 年 1 月 31 日，https：//www.mfa.gov.cn/web/zyxw/t1849907.shtml。

② 《党的第十三次全国代表大会决议》，越南共产党第十三次全国代表大会网站，2021 年 2 月 26 日，https：//daihoi13.dangcongsan.vn/tin – moi/nghi – quyet – dai – hoi – dai – bieu – toan – quoc – lan – thu – xiii – cua – dang – 4675。

2020年越南经济：逆势增长，精心谋划

阳 阳 李宏伟*

摘　要：　2020年，在新冠肺炎疫情肆虐全球，严重影响世界经济的背景下，越南通过采取严格的抗疫措施、及时的疫情纾困和经济刺激措施，完成了既要控制疫情又要保证经济增长的"双重目标"，经济实现复苏，GDP同比增长2.91%，宏观经济稳定，通货膨胀得到有效抑制，国内消费旺盛，对外贸易继续增长，贸易顺差再创新高，经济增长方式与增长质量有所改善，取得了较好的发展成绩。2021年1月召开的越共十三大谋划了越南今后较长时期的发展规划，为越南设定了到2045年成为社会主义发达国家的宏伟目标。

关键词：　越南经济　越共十三大　新规划

　　2020年，越南的国内生产总值增长2.91%①，不仅未能延续前两年超过7%的高速增长势头②，而且还成为越南自1986年实施革新开放以来的历史低点。但是，在新冠肺炎疫情肆虐全球、国际局势动荡不安、贸易保护主

---

* 阳阳，博士，广西民族大学东盟学院副研究员，硕士研究生导师，主要研究方向为东南亚政治、经济；李宏伟，博士，战略支援部队信息工程大学洛阳校区讲师，主要研究方向为日本与东盟关系。
① 越南统计总局网站，http：//www.gso.gov.vn/，更精确的数值是2.906%。
② 2018年、2019年的GDP增长率分别为7.08%和7.02%，是自2008年国际金融危机以来连续两年超过7%的高速增长。

义抬头与贸易摩擦加剧等背景下，世界经济遭受重创，而在少数实现经济正增长的国家中，越南的成绩位居东盟前列，也稳居世界经济高速增长国家之列。[①] 越共中央总书记、国家主席阮富仲评价："虽然没有完成 2020 年初所提出的若干发展指标，但这主要是出于客观原因，2020 年仍被视为是比 2019 年更成功的一年，也是过去 5 年中最成功的一年。"[②] 越南之所以能够克服困难实现逆势增长，有其内外因素。内因是越南政府始终贯彻"在防控好新冠肺炎疫情的同时推动经济复苏"的"双重目标"，既做好疫情防控，又及时出台一系列经济纾困与刺激政策；外因则是主要受益于中美经贸摩擦加剧引起的贸易、投资与价值链转移所带来的发展机遇以及签订《欧盟－越南自由贸易协定》等加强融入国际经济带来的利好。同时，2020 年是越南上承越共十二大，完成其制定的 2016～2020 年经济社会发展目标的收官之年，也是下接越共十三大，制定 2021～2025 年乃至 2030 年、2045 年各项经济社会发展目标的启航之年。以《至 2025 年越南国家数字化转型计划暨 2030 年远景》等为代表，一系列中长期经济社会发展规划在 2020 年内出台，特别是 2021 年 1 月召开的越共十三大，为越南勾画出到 2045 年成为社会主义发达国家的宏伟蓝图。2021 年 1 月召开的越共十三大选出了越南新一届中央领导集体，呈现"以老带新，扎实稳进"的特点，势必会延续以往的经济社会发展理念与政策，这为越南今后的经济发展奠定了良好的政治基础。从 2021 年第一季度越南经济的强劲复苏来看，越南国内外对越南经济的持续增长充满信心。

一 2020年越南经济运行情况

2020 年是越共十二大提出的《2016～2020 年经济社会发展五年计划》

---

① 国际货币基金组织：《世界经济展望》，2021 年 4 月，https：//www. imf. org/en/Publications/WEO/Issues/2021/03/23/world－economic－outlook－april－2021。

② 《成功实现"双重目标"》，越南《当代报》网站，2021 年 3 月 26 日，https：//nhandan. vn/baothoinay－kinhte/thuc－hien－thanh－cong－muc－tieu－kep－639872/。

的终局之年，越南政府高度重视经济工作，希望能延续 2018 年、2019 年的高速增长，为越共十二大以来的经济工作完美收官，为 2021 年越共十三大之后的经济工作取得良好开局。为此，2019 年 11 月 11 日召开的越南第十四届国会第八次会议通过了《关于 2020 年经济社会发展计划的决议》，提出了 GDP 增长 6.8%、居民消费价格指数控制在 4% 以内、出口增长 7%、贸易逆差额占出口总额的比重低于 3% 等 12 项经济社会发展目标，并确定了"保持宏观经济稳定，抑制通货膨胀，提高经济产能、质量、效率、自主性和竞争能力，完善相关机制，营造平等、畅通的经营投资环境，加大经济结构重组，发挥各重点经济区和各大城市的作用"等具体措施。[①]

然而，新冠肺炎疫情的蔓延和中美经贸摩擦的不断激化给 2020 年世界各个经济体的经济发展带来了严重影响，世界经济严重衰退，世界贸易量也因疫情防控措施而严重下滑。在此不利条件下，越南还遭遇洪灾、台风等严重自然灾害，经济下行压力前所未有。但是，在"双重目标"的指引下，越南积极采取各项措施在严控疫情的同时力促经济增长，在出口、消费、投资尤其是公共投资等因素的推动下，越南国会提出的 12 项发展目标中达成了 10 项[②]，宏观经济整体保持稳定，通货膨胀得到有效控制，出口大幅增加，贸易顺差再创新高，经济增长质量不断改善，一些重要经济领域的增长有所改观，经济恢复势头强劲，取得了突出的经济社会发展成绩。

（一）GDP 增长 2.91%，实现抗击疫情与经济增长"双重目标"

根据国际货币基金组织 2021 年 4 月的统计数据，2020 年越南名义 GDP 为 7912.12 万亿越南盾（合 3408.21 亿美元），人均名义 GDP 为 8122.82 万

---

① 《国会通过 2020 年经济社会发展决议》，越南国会门户网站，2019 年 11 月 11 日，http：//quochoi. vn/tintuc/pages/tin - hoat - dong - cua - quoc - hoi. aspx？ ItemID = 42808。

② 《成功实现"双重目标"》，越南《当代报》网站，2021 年 3 月 26 日，https：//nhandan. com. vn/baothoinay - kinhte/thuc - hien - thanh - cong - muc - tieu - kep - 639872/。

越南盾（合 3498.98 美元，较 2019 年微增 83.52 美元）；根据 2010 年比较价格计算，2020 年越南 GDP 总量为 4973.70 万亿越南盾（合 2142.46 亿美元），较 2019 年增长 2.91%（以上数据均是按新方法的核算结果，见表 1）。① 尽管较 2019 年 7.02% 的增长率大幅降低，未能完成越南国会制定的 6.8% 的增长目标，但是在新冠肺炎疫情等不利因素重挫世界经济的背景下，这一经济增长成绩使越南依旧跻身本地区和世界上经济增速最高的国家之一，是东南亚 3 个实现经济正增长的国家之一（依次为缅甸 3.2%、越南 2.91%、文莱 1.2%）。② 凭借 2020 年 3408.21 亿美元的经济总量，越南超越新加坡（3399.81 亿美元）、马来西亚（3382.76 亿美元），成为继印度尼西亚（10596.4 亿美元）、泰国（5018.88 亿美元）、菲律宾（3622.43 亿美元）之后东南亚地区的第四大经济体。③ 在经济保持增长的同时，越南新冠肺炎疫情防控效果突出，成为世界为数不多的"防疫典范"。④

---

① 国际货币基金组织：《世界经济展望》，https：//www. imf. org/en/Publications/WEO/Issues/ 2021/03/23/world – economic – outlook – april – 2021。说明：2019 年 12 月 13 日，越南统计总局依据国际统计惯例，采取新的核算方法对 2010～2017 年越南 GDP 总量进行重新核算，其结果是把 2010～2017 年的年 GDP 总量平均上调了 25.4%，调整幅度巨大。2020 年 6 月，该局又对 2018～2019 年的 GDP 总量了进行重新核算，以 2019 年为例，新核算的名义 GDP 为 7654.26 万亿越南盾（合 3295.37 亿美元），较 2020 年初按旧方法核算的 2019 年 GDP 总量 6037.35 万亿越南盾（合 2619.24 亿美元）大幅提高了 26.782%。但是，2020 年 12 月底越南统计总局公布的 GDP 数据却依旧按照旧的核算方法，其中依照现行价格 2020 年 GDP 总量为 6293.145 万亿越南盾（合 2710.82 亿美元），人均 GDP 为 6449.038 万越南盾（合 2777.97 美元，较 2019 年微增 55.52 美元），依照 2010 年比较价格 GDP 总量为 3847.182 万亿越南盾（合 1657.20 亿美元）。但是在 2021 年 4 月公布 2021 年第一季度经济数据时，该局提供的数据却又是根据新标准核算的数据。在此，本文采用 IMF 于 2021 年 4 月公布的 GDP 数据，该数据是按照新方法核算的结果，而其他有关经济数据则采用越南统计总局 2020 年 12 月底公布的数据。

② 国际货币基金组织：《世界经济展望》，2021 年 4 月，https：//nhandan. vn/baothoinay – kinhte/thuc – hien – thanh – cong – muc – tieu – kep – 639872/。

③ 国际货币基金组织：《世界经济展望》，2021 年 4 月，https：//nhandan. vn/baothoinay – kinhte/thuc – hien – thanh – cong – muc – tieu – kep – 639872/。

④ 《在改革创新的基础上促进越南经济增长》，越南共产党电子报，2021 年 1 月 19 日，https：// dangcongsan. vn/kinh – te/thuc – day – tang – truong – kinh – te – viet – nam – dua – tren – doi – moi – sang – tao – 573131. html。

表1　2011～2020年越南GDP增长率（按照2010年比较价格）

单位：%

	2011年	2012年	2013年	2014年	2015年	2016年	2017年	2018年	2019年	2020年
GDP增长率	6.24	5.25	5.42	5.98	6.68	6.21	6.81	7.08	7.02	2.91

资料来源：越南统计总局，http://www.gso.gov.vn/。

从全年的产业分布情况来看，虽然受到洪水、台风等自然灾害的侵袭，但是得益于农作物、畜产品以及虾产量的大幅增加，农林水产业（第一产业）产值总体增长2.68%，较2019年提高0.67个百分点，增幅比较明显。其对经济增长的总体贡献率达到13.5%，大幅超过2019年4.6%的贡献率。具体来看：种植业产值增长2.55%，大大超过2019年0.6%的增速，加之其在第一产业中所占比重达73%，对经济增长的促进作用明显；林业产值增长2.82%，较2019年4.98%的增速大幅收窄；水产业产值增长3.08%，较2019年6.3%的增速也大幅收窄。

工业和建筑业（第二产业）中除采矿业出现负增长外，其他产业产值均呈增长势头，整体增长3.98%，虽较2019年8.9%的增长率大幅下滑，但却是三大产业中增幅最大的产业，其在GDP中所占比重为33.72%，较2019年的36.2%小幅降低，对经济增长的贡献率达53%，高于2019年50.4%的贡献率。其中：加工制造业产值增长5.82%，增幅仅次于建筑业6.76%的增长率，因其在第二产业中整体占比高达5成，对经济增长的拉动作用明显，是经济增长的"主要支撑"和"增长引擎"；[1] 电力、燃气等能源产业产值增长3.92%；供水，垃圾、污水管理及处理行业产值增长5.51%；采矿业产值下降5.62%，其中原油产值下降12.6%，天然气产值下降11.5%。[2]

---

[1]　《2021年越南提出国内生产总值增长约6%的目标》，越通社，2020年12月28日，https://zh.vietnamplus.vn/2021年越南提出国内生产总值增长约6%的目标/133132.vnp。

[2]　越南统计总局，"Socio-economic Situation in the Fourth Quarter and the Whole Year 2020," 2020年12月27日，https://www.gso.gov.vn/en/data-and-statistics/2021/01/socio-economic-situation-in-the-fourth-quarter-and-the-whole-year-2020/。

服务业（第三产业）是受新冠肺炎疫情影响最大的产业，在统计的14个行业部门中，有5个产值出现负增长，其中住宿与餐饮服务业产值降幅最大，下降达14.68%，其次是企业管理与商务服务业、运输与仓储业、艺术与休闲娱乐业等；而卫生与保健业产值大幅增长10.58%；第三产业中占主要比重的批发零售与车辆维修业、金融与保险业产值分别增长5.53%和6.87%，成为服务业中推动经济增长的主要力量，内需对经济增长的拉动作用越来越大。从产业总体看，服务业产值总体增长2.34%，与2019年7.3%的增长率相比下滑严重，达到2011年以来新低，其在GDP中所占比重为41.63%，较2019年38.9%的占比有所增加，对经济增长的贡献率为33.5%，较2019年45%的贡献率下滑明显。另外，生产税净额在GDP中占比为9.8%，比2019年降低0.11个百分点。[①]

（二）为应对疫情放宽货币政策，CPI上涨3.23%

2020年，受新冠肺炎疫情影响，世界经济出现严重衰退，世界金融市场出现较为剧烈的波动，再加上越南遭遇严重的自然灾害，出现物价上涨、金融市场不稳、企业融资困难等严峻挑战。对此，越南国家银行及时采取宽松而灵活的货币政策以刺激经济增长，提高信贷体系资金流动性，降低个人与企业的融资成本，保持货币、外汇等金融市场的稳定。2020年2月14日，越南政府下发了《关于2020年1月例会的第11号决议》，要求越南国家银行指导各金融机构通过贷款展期、下调贷款利率、续贷等方式帮助企业和个人应对疫情影响。2月24日，越南国家银行发布《关于对受新冠肺炎疫情影响暂遇困难企业和客户进行帮扶的第1117号文件》，要求各金融机构推行相应帮扶措施。年内，越南国家银行连续3次下调政策利率，降幅达

---

① 越南统计总局，"Socio-economic Situation in the Fourth Quarter and the Whole Year 2020," 2020 年 12 月 27 日，https://www.gso.gov.vn/en/data – and – statistics/2021/01/socio – economic – situation – in – the – fourth – quarter – and – the – whole – year – 2020/。

1.5～2个百分点，为当时东盟内部最高水平;[1] 存款利率上限下调0.6～1.0个百分点，贷款利率下调1.5个百分点。[2] 越南外贸股份商业银行等金融机构也积极响应政府与央行的号召，其中越南外贸股份商业银行年内连续5次降息，成为越南年内降息最多的金融机构。截至2020年底，该行优惠利率支持的未偿贷款总额达44.18万亿越南盾。[3] 越南国家银行的宽松货币政策为抗击疫情、推动经济增长创造了条件，截至2020年12月21日，广义货币供应量（M2）较2019年末增长12.56%[4]，信贷机构筹措资金同比增长12.87%，经济类信贷同比增长10.14%，金融市场获得稳定而安全的发展。[5] 总体来看，尽管采取了宽松的货币政策，但是越南国家银行的态度还是相对谨慎的，并注重把宽松的货币政策与财政政策等其他宏观经济调控政策结合起来，不但保证了宏观经济的稳定，为生产经营活动助力、纾困，而且还有效抑制了通货膨胀。

根据越南统计总局的统计，2020年的CPI较2019年上涨3.23%。从月度上涨情况看，在疫情暴发和农历新年到来的1月，CPI涨幅达到全年最高的6.43%，此后，随着各种疫情控制措施和经济增长刺激政策的实施，CPI的涨幅逐渐回落，最终达到年均3.23%的较低水平，其中城市上涨2.91%，农村上涨3.53%，全年平均核心通胀率同比上涨2.31个百分点。2020年越南的CPI与核心通胀率之所以能够得到良好控制，得益于物价上涨因素与物

---

① 《2020年国家银行下调贷款利率1.5个百分点》，越通社，2020年12月16日，https：//www.vietnamplus.vn/nam–2020–nganh–ngan–hang–da–giam–15–lai–suat–cho–vay/682586.vnp。

② 《2020年度越南十大经济事件》，越通社，2020年12月23日，https：//www.vietnamplus.vn/diem–lai–10–su–kien–noi–bat–cua–kinh–te–viet–nam–trong–nam–2020/683897.vnp。

③ 《新冠肺炎疫情越南外贸股份商业银行继续为帮助客户下调年贷款利率》，越通社，2021年2月22日，https：//zh.vietnamplus.vn/新冠肺炎疫情越南外贸股份商业银行继续为帮助客户下调年贷款利率/135599.vnp。

④ 《回顾2020年越南金融市场》，越南《人民报》网站，2020年12月31日，https：//cn.nhandan.com.vn/economic/item/8397801–回顾2020年越南金融市场.html。

⑤ 越南统计总局，"Press Release Socio–economic Situation in the Fourth Quarter and the Whole Year 2020," 2020年12月27日，https：//www.gso.gov.vn/en/data–and–statistics/2021/01/press–release–socio–economic–situation–in–the–fourth–quarter–and–the–whole–year–2020/。

价下跌因素的相互抵消作用。受疫情的影响，大米等粮食价格同比上涨4.51%，生猪等副食品价格同比上涨12.28%，药品与卫生服务价格同比上涨2.15%，教育服务价格同比上涨4.32%；而国际油价同比大降23.03%，天然气价格同比下降0.95%，受疫情影响居民出行和旅游需求下降使得旅行相关价格同比下降6.24%，加之政府年内两次减免电价，这些都对2020年的物价上涨起到了良好的抑制作用。值得关注的是，核心通胀率低于CPI近1个百分点，说明其主要由粮食、副食品、能源、医疗、教育服务等领域的价格波动所致，通胀压力主要来自货币超发以及外部经济因素传导引发的货币贬值与输入型通胀，原有的成本推动型通胀、需求拉动型通胀等结构性通胀压力有所缓解。2020年，美国采取宽松货币政策以刺激受疫情重挫的本国经济，造成美元贬值、黄金价格上涨的趋势明显，全年越南国内黄金价格同比上涨高达28.05%，美元平均价格指数则同比下降0.02%。①

进入2021年，越南第一季度的平均CPI同比仅增长0.29%，是20年来同期最低水平②，这将进一步鼓舞越南国家银行继续采取宽松货币政策以应对疫情反弹等不利影响刺激经济增长，并为达成2021年全年CPI水平控制在4%以内的年度目标奠定了良好基础。

（三）商品进出口逆势双增，贸易顺差再创新高

尽管在新冠肺炎疫情影响下世界贸易活动受到重创，但是根据越南海关总局的统计③，2020年越南的货物进出口贸易活动逆势实现双增。货物进

---

① 越南统计总局，"Consumer Price Index, Gold and Usd Price Indexes, December 2020," 2020 年 12 月 27 日，https://www.gso.gov.vn/en/data - and - statistics/2020/12/consumer - price - index - gold - and - usd - price - indexes - december - 2020/。

② 《2021 年第一季度越南 CPI 增长率创 20 年来新低》，越通社，2021 年 3 月 29 日，https://www.vietnamplus.vn/cpi - quy - 1 - tang - 029 - la - muc - tang - thap - nhat - trong - 20 - nam - qua/701973.vnp。

③ 越南海关总局，"Preliminary Assessment of Vietnam International Merchandise Trade Performance in Whole Year 2020," 2021 年 1 月 26 日，https://www.customs.gov.vn/Lists/EnglishStatistics/ViewDetails.aspx? ID = 1463&Category = Scheduled% 20analysis&Group = Trade% 20news% 20&% 20Analysis&language = en - US。

出口总额达 5453.56 亿美元，同比增长 5.35%，较 2019 年同期下降 2.37 个百分点。其中，货物出口总额 2826.55 亿美元，同比增长 7.0%，较 2019 年同期下降 1.4 个百分点，货物进口总额 2627.01 亿美元，同比增长 3.7%，较 2019 年同期下降 3.1 个百分点；连续 5 年实现贸易顺差，且再次创历史新高，达 199.54 亿美元。[①] 另据世界贸易组织统计，2020 年越南服务贸易出口总额为 71.55 亿美元，同比增长 -57.0%，服务贸易进口总额为 163.28 亿美元，同比增长 -14.0%，服务贸易逆差总额为 91.73 亿美元。商品与服务贸易合计，整体出口同比增长 3.17%，进口同比增长 2.44%。[②]

在 10 个主要出口商品类别中，出口额位居前三的分别是电话及其配件、计算机及其配件和纺织品服装，出口额分别为 511.84 亿美元（同比下降 0.4%）、445.76 亿美元（同比大幅增长 24.1%）、298.98 亿美元（同比下降 9.2%）。增长幅度最大的是机械、设备与工具、仪器，出口额达 271.93 亿美元，同比增长 48.6%；钢铁出口增幅位居第二，出口额为 52.58 亿美元，同比增长 25.1%；计算机及其配件增幅位居第三；木材及其制品增幅位居第四，出口额为 123.72 亿美元，同比增长 16.2%。在出口结构上：出口额 10 亿美元以上的商品大类 31 个，占出口总额的 91.9%；出口额 60 亿美元以上的商品大类 8 个，占出口总额的 70.5%；出口额 100 亿美元以上的商品大类 6 个，占出口总额的 64.3%；重工业产品和矿产品出口额达 1525 亿美元，同比增长 11.3%，轻工业及手工业品出口额达 1003 亿美元，同比增长 2.4%，农林产品出口额达 203 亿美元，同比增长 1.9%，水产品

---

① 说明：目前关于越南 2020 年贸易情况有两套统计数据。其一为越南统计总局 2020 年 12 月 27 日发布的初步统计结果，其结果显示 2020 年越南的货物出口总额为 2814.71 亿美元，同比增长 6.5%；货物进口总额为 2624.07 亿美元，同比增长 3.6%；贸易顺差总额为 190.64 亿美元。其二为越南海关总局 2021 年 1 月 26 日发布的初步统计结果。由于 2021 年 3 月 24 日越南第十四届国会第十一次会议的政府工作报告中采用的贸易数据与越南海关总局 2021 年 1 月 26 日发布的数据相同，除特别说明外，本文采用越南海关总局的数据。

② 世界贸易组织：https://www.wto.org/，数据采集时间为 2021 年 4 月 30 日。

出口额达 84 亿美元，同比下降 1.8%。①

受疫情影响，一些产品生产链断裂导致价格上涨，从而推高了越南
2020 年的商品进口额。进口额位居前三的分别是计算机及其配件、机械设
备及其配件、电话及其配件，进口额分别为 639.71 亿美元（同比增长
24.6%）、372.51 亿美元（同比增长 1.4%）、166.45 亿美元（同比增长
13.9%）。从进口结构上看，进口额 10 亿美元以上的商品大类有 35 个，占
进口总额的 89.6%，进口额 100 亿美元以上的商品大类为 4 个，占进口总
额的 49.4%。②

从越南的主要商品贸易关系来看，2020 年，美国依旧是越南最大的
出口市场，出口额达 770.77 亿美元，同比大幅增长 25.7%，略低于 2019
年同期 29.0% 的增幅。除了鞋履、服装等纺织相关商品出口额下挫外，
以计算机及其配件为代表的出口商品对美国出口依旧维持很大增幅，中美
经贸摩擦引起的贸易替代与生产链转移大大促进了越南对美国的出口活
动。中国依旧为越南第二大出口国，且出口额同比增长 17.9%，达
489.05 亿美元；日本依旧为越南第三大出口国，出口额达 192.84 亿美
元，但是同比下降 5.2%。从越南的商品进口来源国看：中国继续是越南
最大的进口来源国，进口额达 841.87 亿美元，同比大幅增长 11.5%；韩
国居第二位，进口额为 468.95 亿美元，同比微降 0.3%；日本依旧为第
三大进口来源国，进口额为 203.41 亿美元，同比增长 4.1%。在商品贸
易收支方面：美国贡献了最大的贸易顺差，达 633.64 亿美元，同比大幅
增长 35.1%；而中国依旧保持越南最大贸易逆差国地位，贸易逆差达
352.82 亿美元，同比增长 3.7%。进出口合计，中国、美国、韩国依旧是

---

① 《2020 年越南贸易顺差达 191 亿美元 创 5 年来新高》，越南《人民报》网站，2020 年 12 月
27 日，https：//nhandan. com. vn/tin - tuc - kinh - te/ - infographic - xuat - sieu - 19 - 1 - ty -
us d - muc - cao - nhat - trong - 5 - nam - 629691/。说明：因越南海关总局披露数据有限，
此部分数据暂时采用越南统计总局 2020 年 12 月 27 日发布的数据。
② 《2020 年越南贸易顺差达 191 亿美元 创 5 年来新高》，越南《人民报》网站，2020 年 12 月
27 日，https：//nhandan. com. vn/tin - tuc - kinh - te/ - infographic - xuat - sieu - 19 - 1 - ty -
us d - muc - cao - nhat - trong - 5 - nam - 629691/。

越南 2020 年的前三大贸易伙伴，双边贸易额分别为 1330.92 亿美元（同比增长 13.82%）、907.90 亿美元（同比增长 19.83%）、660.02 亿美元（同比下降 1.13%）（见表 2）。

表 2　2020 年越南与主要国家、地区或国际组织的商品贸易关系

单位：百万美元，%

国家、地区或国际组织		2019 年	2020 年		
		金额	金额	占比	增幅
出口	美国	61332	77077	27.3	25.7
	中国	41463	48905	17.3	17.9
	欧盟	42428	40137	14.2	-5.4
	东盟	25111	23178	8.2	-7.7
	日本	20334	19284	6.8	-5.2
	韩国	19735	19107	6.8	-3.2
	中国香港	7154	10437	3.7	45.9
	总计（含其他国家和地区）	264267	282655	100.0	7.0
进口	中国	75472	84187	32.0	11.5
	韩国	47021	46895	17.9	-0.3
	东盟	32247	30473	11.6	-5.5
	日本	19540	20341	7.7	4.1
	中国台湾	15152	16701	6.4	10.2
	欧盟	14807	15237	5.8	2.9
	美国	14434	13713	5.2	-5.0
	总计（含其他国家和地区）	253393	262701	100.0	3.7

资料来源：越南海关总局，"Preliminary Assessment of Vietnam International Merchandise Trade Performance in Whole Year 2020," 2021 年 1 月 26 日，https：//www. customs. gov. vn/Lists/EnglishStatistics/ViewDetails. aspx? ID = 1463&Category = Scheduled% 20analysis&Group = Trade% 20news% 20&% 20Analysis&language = en – US。

在区域贸易伙伴中，2020 年欧盟超越东盟成为越南最大的贸易伙伴，双边贸易额为 553.74 亿美元（同比下降 3.25%）；东盟退居第二位，双边贸易额为 536.51 亿美元（同比下降 6.46%）。可见，2020 年 8 月 1 日《欧盟－越南自由贸易协定》生效后，尽管受到疫情影响，但是越欧经贸方面确实收到了实惠。越南工贸部统计，《欧盟－越南自由贸易协定》生效后，

在 5 个月的时间内，越南对欧盟的出口同比增长 1.6%，达到 154 亿美元。①

2020 年，尽管受到新冠肺炎疫情的严重影响，越南的对外贸易，特别是商品出口增幅依然达到 7.0%，位居世界出口增长最高的经济体行列。②越南的出口市场也在不断扩大，其中出口额达 10 亿美元以上的市场已达 31 个，达到 100 亿美元以上规模的市场也已达 5 个（美国、中国、日本、韩国和中国香港）。进入 2021 年，虽然疫情时有反复，但是对外贸易的增长势头得以延续，在第一季度，越南的商品出口和进口额分别达到 773.4 亿美元和 753.1 亿美元，同比分别大幅增长 30.90% 和 33.86%，创近年来同比最大涨幅，贸易顺差达 20.3 亿美元。③

（四）国家投资增幅提高，到位速度加快，外国直接投资小幅降低

2020 年，受到新冠肺炎疫情的影响，越南既定的国家投资计划受到干扰，各类企业经营面临困难，国家计划投资与国有企业投资严重受挫，外国投资和私人投资信心不足。对此，越南政府通过加大国家预算内投资规模，加快国家预算内投资资金到位速度以刺激各类投资需求，创造就业机会，支持经济增长。全年实现的全社会投资总额增长 5.7%，这虽是近 10 年来的最低增幅，但是国家预算内投资资金涨幅与到位速度却达到近 10 年来最高，在国家投资的推动下，外国投资跌幅收窄，私人投资逆势增长，信心有所恢复，为保持经济增长发挥重要作用。具体来说，按现行价格计算，2020 年

① 越南海关总局，"Viet Nam Economy in 2020 the Growth of a Year with Full of Bravery," 2021 年 1 月 14 日，https：//www. gso. gov. vn/en/data – and – statistics/2021/01/viet – nam – economy – in – 2020 – the – growth – of – a – year – with – full – of – bravery/。
② 《2020 年东盟 6 国出口减少 2.2%》，越南新河内网，2021 年 2 月 13 日，http：//www. hanoi moi. com. vn/tin – tuc/The – gioi/991147/xuat – khau – cua – 6 – nuoc – asean – giam – 22 – trong – nam – 2020。
③ 《第一季度出口：主力产品引领增长》，越通社，2021 年 3 月 31 日，https：//www. vietnamp lus. vn/xuat – khau – quy – 1 – cac – nhom – hang – chu – luc – dan – dat – tang – truong/ 702313. vnp。

越南实现全社会投资总额 2164.5 万亿越南盾，同比增长 5.7%，占 GDP 的 34.39%。① 其中国有部门投资总额为 729 万亿越南盾，在总投资额中占比为 33.7%，同比增长 14.5%；非国有部门投资总额为 972.2 万亿越南盾，占比为 44.9%，同比增长 3.1%；外国直接投资 463.3 万亿越南盾，占比为 21.4%，同比下降 1.3%。②

与央行降息一样，国家投资也是宏观经济调控的重要手段之一。在 2020 年新冠肺炎疫情暴发之初，越南政府就确定了以国家投资作为经济增长的主要资源，并采取加快国家投资资金到位速度的措施，从实际效果看，这无疑是成功的。2020 年，国家计划投资与国有企业投资等国家投资门类受新冠肺炎疫情影响大幅下挫，如国家计划投资下降 19.5%，国有企业投资下降 19.9%。作为应对措施，越南政府加大国家预算内投资，实现投资额 466.6 万亿越南盾，占总投资额的 21.6%，涨幅高达 34.5%，而且年内已有 91.1% 的资金到位，远高于 2019 年 76.8% 的到位率。同时，加大国债发行，融资 36.8 万亿越南盾，涨幅达 8.7%。由于国家投资资金主要流向基础设施建设、医疗卫生等公共服务领域，这不仅推动了建筑业、卫生与保健业的增长，其对就业、消费等的间接推动作用也有力保证了经济增长。此外，新的《投资法》于 2020 年 1 月 1 日生效，其对提高国家对公共服务领域的投资也起到了积极的促进作用。作为国家投资的主要支撑，2020 年越南国家财政收入达 1507.8 万亿越南盾，基本完成年度计划③，截至 2020 年 12 月 15 日，财政支出 1432.5 万亿越南盾，财政赤字占 GDP 的比重维持在较低水平。④

---

① 说明：此处 GDP 为按照现行价格核算，为 6293.145 万亿越南盾。
② 越南统计总局，"Socio – economic Situation in the Fourth Quarter and the Whole Year 2020," 2020 年 12 月 7 日，https：//www. gso. gov. vn/en/data – and – statistics/2021/01/socio – economic – situation – in – the – fourth – quarter – and – the – whole – year – 2020/。
③ 《成功实现"双重目标"》，越南《当代报》网站，2021 年 3 月 26 日，https：//nhandan. vn/baothoinay – kinhte/thuc – hien – thanh – cong – muc – tieu – kep – 639872/。
④ 《回顾 2020 年越南金融市场》，越南《人民报》网站，2020 年 12 月 31 日，https：//cn. nhandan. com. vn/economic/item/8397801 – 回顾 2020 年越南金融市场. html。

据越南计划投资部外国投资管理局 2020 年 12 月 20 日的统计数据①，2020 年外国对越南直接投资的新增项目和调整注册资本项目共计 3663 项，同比大幅下降 32.8%，新增注册资本与调整注册资本总额为 210.61 亿美元，同比减少 9.9%。其中：新增项目 2523 个，项目数同比减少 35%，总注册资本 146.16 亿美元，同比减少 12.5%；注册资本调整项目 1140 个，新增注册资本 64.14 亿美元，同比增长 10.6%。与 2019 年一样，新增项目和调整注册资本项目主要集中在制造业和批发零售业，但注册资本主要流向制造业、能源业与房地产业（见表 3）。从外资来源看，新加坡以 68.28 亿美元居首，同比增加 3.8 倍，其中该国出资 40 亿美元在越南薄辽省建设的液化天然气发电项目成为年度新增投资额最大的外资项目。韩国和中国分别居第二和第三位，新增与调整注册资本总额分别为 29.46 亿美元和 20.70 亿美元，同比分别减少 47.8% 和 32.1%。此外，境外投资者出资新增注册资本和购买股票合计 74.69 亿美元，同比大幅减少 52.0%。新增、调整注册资本与出资购股等所有外资合计起来，2020 年越南共计吸引外资 285.3 亿美元，同比大幅下降 25.0%。但是，随着疫情逐步得到控制，外资的实际到位资金不断增加，截至 2020 年底，实际到位资金 199.8 亿美元，同比微减 1.96%②，表明在成功控制疫情后，越南对外国投资依旧保持着良好的吸引力。

表 3　2020 年越南 FDI 行业分布情况（新增项目与调整注册资本项目）

单位：项，百万美元，%

行业分布		新增项目		调整项目		合计			
		数量	注册资本	数量	注册资本	数量	同比	注册资本	同比
1	制造业	800	7197	680	4594	1480	-34.5	11785	-34.6
2	能源业	20	5081	8	-137	28	64.7	4943	598.5
3	房地产业	70	987	32	1256	102	-34.2	2243	98.9
4	批发零售业	704	431	164	234	868	-34.5	665	-43.2

① 越南计划投资部外国投资管理局网站，http://fia.mpi.gov.vn/。
② 说明：可能是使用了美元与越南盾不同时期的不同汇率，依据美元算出的外资到位跌幅（1.96%）比前述依据越南盾算出的外资到位跌幅（1.30%）高了 0.66 个百分点。

续表

行业分布		新增项目		调整项目		合计			
		数量	注册资本	数量	注册资本	数量	同比	注册资本	同比
5	建筑业	79	237	29	79	108	41.3	316	-22.3
	合计（含其他行业）	2523	14616	1140	6414	3663	-32.8	21061	-9.9

资料来源：越南统计总局，"Socio – economic Situation in the Fourth Quarter and the Whole Year 2020,"2020 年 12 月 27 日，https：//www. gso. gov. vn/en/data – and – statistics/2021/01/socio – economic – situation – in – the – fourth – quarter – and – the – whole – year – 2020/。

进入 2021 年，第一季度外国直接投资同比增长 18.5%，达 101.3 亿美元，是 2020 年疫情暴发以来的首次正增长，到位资金 41 亿美元，同比增长 6.5%，可见外国投资者对越南经济的恢复和持续增长充满信心。①

（五）其他重要经济指标与经济领域和行业运行情况

1. 其他重要经济指标

2020 年，越南的平均劳动生产率按现行价格计算为 1.179 亿越南盾/人（合 5081 美元/人），同比增加 290 美元/人。② 按 2010 年比较价格计算，2020 年的劳动生产率较 2010 年增长 5.4%，增长速度居东盟各国首位。③ 虽然该指标增速较快，但绝对值还比较低，据国际劳工组织的统计，越南 2020 年的劳动生产率仅为中国的 25%、泰国的 33%、菲律宾的 50%。④

---

① 《越南经济呈现可喜信号》，越南之声网站，2021 年 4 月 7 日，https：//vovworld. vn/vi – VN/binh – luan/nhieu – dau – hieu – kha – quan – cho – kinh – te – viet – nam – 970189. vov。

② 越南统计总局，"Press Release Socio – economic Situation in the Fourth Quarter and the Whole Year 2020"，2020 年 12 月 27 日，https：//www. gso. gov. vn/en/data – and – statistics/2021/01/press – release – socio – economic – situation – in – the – fourth – quarter – and – the – whole – year – 2020/。

③ 《越南是东盟地区劳动生产率保持高速度增长的国家》，越通社，2020 年 10 月 18 日，https：//www. vietnamplus. vn/viet – nam – co – toc – do – tang – nang – suat – lao – dong – cao – trong – asean/669924. vnp。

④ 《要改善越南的劳动生产率》，越南《金融时报》网站，2021 年 4 月 28 日，http：// thoibaotaichinhvietnam. vn/pages/kinh – doanh/2021 – 04 – 28/can – giai – phap – tang – nang – suat – lao – dong – o – viet – nam – 103172. aspx。

工业生产指数（IIP）是衡量工业发展速度的重要指标。2020年，越南的工业生产指数全行业同比增长3.36%，其中加工制造业增长最快，同比增长5.82%，对整体经济增长的贡献率达到1.25个百分点，反映了加工制造业对工业全行业增长以及经济整体增长发挥了关键性的引领作用。[①] 生产者价格指数（PPI）方面，2020年，农林水产业产品同比上涨8.24%，工业产品同比下降0.6%，服务业产品同比下降0.73%；进出口商品价格指数（Price Index of Im/Ex Goods）方面，2020年，出口指数同比下降1.32%，进口指数同比下降0.59%。[②]

2020年，越南新注册企业减少但注册资本增加了，复工复产企业与退出市场企业出现同时增长。全年越南新注册成立企业13.49万家，同比下降2.3%，注册资本2235.6万亿越南盾，同比增长29.2%，新雇用员工10.43万人，同比减少16.9%；同时，另有3.95万家企业追加注册资本3341.9万亿越南盾，与新成立企业注册资本合计达5577.5万亿越南盾，同比大幅增长39.3%；复工复产企业4.41万家，同比增长11.9%，与新成立企业合计达17.9万家，较2019年微增0.8%；全年停业整顿企业4.66万家，同比增长62.2%，临时停业整顿企业3.77万家，下降13.8%，破产解散企业1.75万家，增长3.7%，三类合计有10.17万家退出市场，同比增长13.9%。[③]另据2021年3月公布的一份关于2020年越南企业受新冠肺炎疫情影响情况的评估报告，近90%的受访企业表示受到疫情的消极影响，所涉行业几乎囊括所有领域，住宿、餐饮、旅游等行业尤甚，而小微企业和成立时间不长

① 越南统计总局，"Index of Industrial Production in 2020," 2020年12月27日，https://www.gso.gov.vn/en/data－and－statistics/2020/12/index－of－industrial－production－in－2020－2/。

② 越南统计总局，"Socio-economic Situation in the Fourth Quarter and the Whole Year 2020," 2020年12月27日，https://www.gso.gov.vn/en/data－and－statistics/2021/01/socio－economic－situation－in－the－fourth－quarter－and－the－whole－year－2020/。

③ 越南统计总局，"Socio-economic Situation in the Fourth Quarter and the Whole Year 2020," 2020年12月27日，https://www.gso.gov.vn/en/data－and－statistics/2021/01/socio－economic－situation－in－the－fourth－quarter－and－the－whole－year－2020/。

的企业受影响最大。① 出现这种冰火两重天的现象，反映出市场对越南抗疫成果的肯定，而且经过疫情的洗礼，企业的韧性也得到大大加强，同时在出口稳步增长的条件下，越南企业在拓展替代市场的过程中嗅到了新的商机。

根据越南统计总局于 2021 年 1 月 6 日公布的数据，2020 年，在近 5500 万 15 岁及以上劳动力人口中，有近 3210 万人受到新冠肺炎疫情的影响，占比达 58.4%，其中有 69.2% 的劳动力收入减少，39.9% 的劳动力劳动时间减少，14.0% 的劳动力受到停工停产的影响。从产业分布看，71.6% 的服务业从业者、64.7% 的加工制造业与建筑业从业者和 26.4% 的农林水产业从业者受到疫情影响。失业率为 2.5%，同比增加 0.3 个百分点，其中，城镇失业率为 3.8%，农村失业率为 1.8%。15 ~ 24 岁劳动力失业率达 7.1%，其中，城镇失业率为 10.6%，农村失业率为 5.5%。劳动力的月平均工资为 550 万越南盾，同比减少 12.8 万越南盾，其中，服务业同比减少 21.5 万越南盾，农林水产业同比减少 15.6 万越南盾，加工制造业与建筑业同比减少 10 万越南盾。② 由于疫情的影响，2021 年 1 月 1 日越南政府维持 2020 年的最低工资标准，而未像往年一样每年调高最低工资标准。

另据越南统计总局数据，2020 年，越南人口为 9758 万人，饥饿家庭为 1.65 万户次，同比下降 75.9%，多维贫困指数为 4.7%，同比下降 1 个百分点③，参加医保人口比例达 90.85%④，全球幸福指数排名由第 83 位上升至

---

① 参见：《越南工商会：近九成企业受到疫情消极影响》，越通社，2021 年 3 月 12 日，https：//www. vietnamplus. vn/vcci - gan - 90 - doanh - nghiep - bi - anh - huong - tieu - cuc - boi - COVID19/699210. vnp；《近九成企业受到疫情消极影响》，越通社，2021 年 3 月 13 日，https：//www. vietnamplus. vn/infographics - gan - 90 - doanh - nghiep - viet - bi - tac - dong - tieu - cuc - vi - dich/699325. vnp。

② 越南统计总局，"COVID-19 Impacts on Labour and Employment Situation in Quarter Iv - 2020," 2021 年 1 月 16 日，https：//www. gso. gov. vn/en/data - and - statistics/2021/01/COVID - 19 - impacts - on - labour - and - employment - situation - in - quarter - iv - of - 2020/。

③ 越南统计总局， "Socio-economic Situation in the Fourth Quarter and the Whole Year 2020," 2021 年 12 月 27 日，https：//www. gso. gov. vn/en/data - and - statistics/2021/01/socio - economic - situation - in - the - fourth - quarter - and - the - whole - year - 2020/

④ 《成功实现"双重目标"》，越南《当代报》网站，2021 年 3 月 26 日，https：//nhandan. vn/baothoinay - kinhte/thuc - hien - thanh - cong - muc - tieu - kep - 639872/。

第79位。①

2. 其他重要经济领域和行业运行情况

（1）证券市场

2020年7月28日，越南证券市场运行满20周年。20年来，越南证券市场的规模和质量均取得显著提升，业已成为越南重要的中长期融资渠道，对越南经济社会发展发挥了重要作用。纵观2020年，在3月受新冠肺炎疫情影响越南证券市场大幅下跌之后，随着疫情逐渐得到控制，在越南央行下调贷款利率降低融资成本以及资金由服务业、房地产和黄金、外汇等受疫情影响较大的市场向证券市场流动下，越南证券市场迅速恢复并呈现爆发性增长，成交额创历史新高，新增投资者数量猛增。截至2020年12月17日，越南证券市场完成融资383.6万亿越南盾，同比增长20%，股票市场、债券市场、期货市场的日均交易额均呈现大幅增长；截至11月底，新增投资者账户达33.3万个，创历史新高，其中98.97%是个人投资账户。②

股票市场方面，截至2020年12月24日，VN-Index股指达到1067.52点，同比上涨11.1%，总市值近5000万亿越南盾，同比增长14%。③ 进入2021年，越南股市持续走高，4月1日的VN-Index股指收于1216.1点，创20年来的新高。④ 同时，越南正谋求把股市由"前沿市场"（FM）升级为"新兴市场"（EM），这也将刺激股市的增长。债券市场方面，共有481只债券，总市值近1350万亿越南盾，同比增长13.5%。⑤ 2021年，越南计

① 《越南经济呈现可喜信号》，越南之声网站，2021年4月7日，https：//vovworld.vn/vi-VN/binh-luan/nhieu-dau-hieu-kha-quan-cho-kinh-te-viet-nam-970189.vov。
② 《回顾2020年越南金融市场》，越南《人民报》网站，2020年12月31日，https：//cn.nhandan.com.vn/economic/item/8397801-回顾2020年越南金融市场.html。
③ 越南统计总局，"Press Release Socio-economic Situation in the Fourth Quarter and the Whole Year 2020," 2020年12月27日，https：//www.gso.gov.vn/en/data-and-statistics/2021/01/press-release-socio-economic-situation-in-the-fourth-quarter-and-the-whole-year-2020/。
④ 《VN-Index创历史新高》，越通社，2021年4月2日，https：//www.vietnamplus.vn/dong-tien-lon-ho-tro-vnindex-thiet-lap-dinh-lich-su-vuot-1200-diem/703667.vnp
⑤ 越南统计总局，"Press Release Socio-economic Situation in the Fourth Quarter and the Whole Year 2020," 2020年12月27日，https：//www.gso.gov.vn/en/data-and-statistics/2021/01/press-release-socio-economic-situation-in-the-fourth-quarter-and-the-whole-year-2020/。

划成立企业私募债券二级市场，这将进一步推高债券市场规模。另外，新的《企业法》《投资法》《证券法》已于 2021 年 1 月 1 日生效，河内证券交易所与胡志明市证券交易所也已于 2021 年 1 月 17 日进行重组，并开始按母子公司的模式运营新的越南证券交易所，这些对证券市场进一步发展都是利好消息。

（2）信贷市场

2020 年，越南央行下调基准利率，使得越南信贷市场也获得迅猛发展，为疫情后促进恢复生产经营活动和保持经济增长发挥了重要作用。截至 2020 年 12 月 31 日，越南信贷余额达到近 9200 万亿越南盾，同比增长 12.13%，较 2019 年同期 13.65% 的增幅小幅收窄。进入 2021 年，越南银行系统为防止信贷市场过热，把年度信贷增长规模定为 12%，维持 2020 年的信贷增长水平。① 2021 年第一季度，越南信贷增长 2.3%，实现全年增长 12% 的目标难度不大。②

（3）能源产业

越南减免电费也成为抗疫的一项措施，原因是近年来越南的电力缺口越来越大导致电价上涨，目前越南对电力短缺的担心与日俱增，有判断认为，2021 年越南仍面临电力短缺问题。不仅是电力，越南对油气能源的需求也不断增加，已成为油气进口国。为缓解能源短缺，越共中央政治局于 2020 年 2 月 11 日通过了《越南至 2030 年和展望 2045 年国家能源发展战略》的第 55 号决议。目前采取的主要措施是加强自身发电能力，大力开发绿色能源和扩大对外能源合作等。2020 年，越南最大的风力发电厂在越南宁顺省顺北县投产；越南电力集团（EVN）年内完成 165 个电力工程项目；③ 越南与老挝签订三项关于电站建设和电力进口的备忘录；等等。

---

① 《2021 年越南信贷增长目标约为 12%》，越南经济电子杂志，2021 年 1 月 8 日，https：// vneconomy. vn/muc－tieu－tang－truong－tin－dung－2021－khoang－12. htm。

② 《信贷积极增长》，越南《人民报》网站，2021 年 4 月 12 日，https：// nhandan. com. vn/tin－tuc－kinh－te/tin－dung－tang－truong－kha－quan－641650/。

③ 《2021 年越南电力集团将开建和完工多项重要电力工程》，越通社，2021 年 1 月 12 日，https：// zh. vietnamplus. vn/2021 年越南电力集团将开建和完工多项重要电力工程/133767. vnp

（4）商品零售和消费服务市场

尽管受到新冠肺炎疫情的影响，越南 2020 年的商品零售与消费服务市场却并未发生严重下滑，营业收入总额达 5059.8 万亿越南盾，同比增长 2.6%，扣除物价上涨因素，仅同比下降 1.2%，其中商品零售总额达 3996.9 万亿越南盾，占总额的 79%，同比大幅增长 6.8%①，对经济增长发挥了良好推动作用。疫情对零售市场的转型起到极大促进作用。消费者购物习惯发生明显变化，线上购物呈现爆发式增长，以河内为例，虽然原有购物模式的销售额下降 50% 以上，但同期的线上购物的销售额却大幅增长 30%。②另据越南工贸部电子商务和数字经济局统计，2020 年线上零售总额达 120 亿美元，同比增长 18%，占商品零售与消费服务总额的 5.5%。③除了线上销售迅速发展外，多渠道零售、销售企业整合并购、无接触支付、迷你超市等也是 2020 年越南零售市场出现的新发展趋势。

（5）旅游业和航空业

2020 年，越南受疫情影响最严重的行业是旅游业与航空业。旅游业结束了连年增长的态势，国内与国际游客数量双双急剧减少，关联行业亏损明显。据统计：全年接待国内游客约 5000 万人次，同比下降约 50%，接待国际游客约 380 万人次，同比下降 78.7%，且主要集中在第一季度；旅游业相关住宿与餐饮服务收入 61.8 万亿越南盾，同比下降 43.2%。④航空业方

---

① 越南统计总局，"Press Release Socio-economic Situation in the Fourth Quarter and the Whole Year 2020," 2020 年 12 月 27 日，https：//www.gso.gov.vn/en/data – and – statistics/2021/01/press – release – socio – economic – situation – in – the – fourth – quarter – and – the – whole – year – 2020/。

② 《在线购物出现爆发式增长》，越南《人民报》网站，2021 年 3 月 26 日，https：//nhandan.com.vn/nhan – dinh/bung – no – mua – sam – online – 453229。

③ 《越南零售业需实现新突破》，越南《人民报》网站，2021 年 3 月 18 日，https：//nhandan.com.vn/tin – tuc – kinh – te/nganh – ban – le – viet – nam – can – dot – pha – moi – 637967/。

④ 参见：越南统计总局，"Press Release Socio-economic Situation in the Fourth Quarter and the Whole Year 2020," 2020 年 12 月 27 日，https：//www.gso.gov.vn/en/data – and – statistics/2021/01/socio – economic – situation – in – the – fourth – quarter – and – the – whole – year – 2020/；越南统计总局，"Vietnam Tourism 2021：Needs Determination and Effort to Overcome Difficulties," 2021 年 2 月 9 日，https：//www.gso.gov.vn/en/data – and – statistics/2021/01/socio – economic – situation – in – the – fourth – quarter – and – the – whole – year – 2020/。

面，越南国家航空公司亏损超15万亿越南盾，越捷、越竹、太平洋等航空公司也分别亏损在10万亿越南盾左右。① 约90%的旅游业从业者失业或暂时失业，约60%的旅游企业停止经营活动，酒店入住率最低仅为10%，旅游业整体亏损达530万亿越南盾。②

（6）电信业

据越南通信传媒部统计，2020年，越南电信业收入130万亿越南盾，同比增长0.3%，移动电话用户达1.314亿户，同比增长4.2%，固定宽带用户达1660万户，同比增长12.3%，光缆通信网络实现全覆盖，移动网络覆盖率达99.81%，3G与4G网络覆盖率达98%，5G网络开始商用测试。据统计，2016~2020年，越南固定宽带用户年均增长15%，移动宽带用户年均增长22%。

（7）电子商务

据越南工贸部统计，2020年，受新冠肺炎疫情影响，越南有53%的人口参与到线上购物之中，全年电子商务交易总额达118亿美元，同比大幅增长25%，约占越南全国消费品与服务零售总额的5.5%。③ 另据越南电子商务协会（VECOM）的统计数据，电子商务交易中的线上购物增长46%，线上打车和食品交付增长34%，网上营销、网上娱乐增长18%，线上旅游服务则下降28%。④ 同时，越南也是2020年东盟电子商务增速最快的国家，随着近年来中国阿里巴巴集团、美国亚马逊等跨境电商进入越南市场和越南国内对电子商务的重视，到2025年，越南电子商务规模将达520亿美元，

---

① 《2020年度越南十大经济事件》，越通社，2020年12月23日，https://www.vietnamplus.vn/diem - lai - 10 - su - kien - noi - bat - cua - kinh - te - viet - nam - trong - nam - 2020/683897.vnp。
② 《越南企业抓住时机 克服新冠疫情》，越南之声网站，2021年1月10日，https://vov.vn/kinh - te/doanh - nghiep - viet - nam - bat - co - hoi - vuot - qua - kho - khan - dich - covid - 19 - 829270.vov。
③ 《2021年越南电子商务行业继续蓬勃发展》，越通社，2021年1月10日，https://www.vietnamplus.vn/thuong - mai - dien - tu - se - tiep - tuc - tang - truong - manh - trong - nam - 2021/688889.vnp。
④ 《2021年越南电子商务行业继续稳步发展》，越通社，2021年4月20日，https://www.vietnamplus.vn/thuong - mai - dien - tu - se - tiep - tuc - tang - truong - vung - chac - trong - nam - 2021/706913.vnp。

稳居东盟第三的位置。[①] 从数字经济整体情况看，2020 年越南数字经济增长率高达 16%[②]，其数字生活质量全球排第 54 位。[③]

二 2020年越南经济发展的特点

2020 年越南经济发展最突出的特点是在新冠肺炎疫情重挫世界经济的背景下逆势而上，实现了相对较快的增长。就其增长动力而言，既有出口、投资等传统因素的加持，也有近年来制造业提质升级等新兴因素的驱动，同时，行政手续改革等营商环境改善的促进作用也不容忽视。这一良好成绩的取得，既充分肯定了越共十二大以来采取的各项经济社会发展政策，也为越南谋划越共十三大之后经济社会的发展奠定了坚实的基础。

（一）经济增长动力日趋多元，增长质量继续改善

在评价 2020 年经济增长的推动力时，时任越南政府总理阮春福强调，出口、投资与消费"三驾马车"发挥了重要作用。[④] 越南智库学者也认为生产、出口与国家投资和外国直接投资是越南经济在疫情下得以快速恢复并实现增长的"三大杠杆"。[⑤] 除了这些传统因素外，加工制造业的转型升级、投资质量的提高、私营经济特别是集体经济的发展、证券市场的快速扩大等

① 《2021 年越南电子商务行业继续稳步发展》，越通社，2021 年 4 月 20 日，https：//www. vietnamplus. vn/thuong – mai – dien – tu – se – tiep – tuc – tang – truong – vung – chac – trong – nam – 2021/706913. vnp。

② 《印尼高度评价越南数字经济》，越通社，2021 年 3 月 8 日，https：//www. vietnamplus. vn/bo – truong – indonesia – danh – gia – cao – nen – kinh – te – so – cua – viet – nam/698518. vnp。

③ 《越南的数字生活质量排名全球第 54 位》，越通社，2020 年 8 月 19 日，https：//infographics. vn/viet – nam – dung – thu – 54 – the – gioi – ve – chat – luong – cuoc – song – so/17336. vna。

④ 《创造良好的生产经营环境》，越通社，2021 年 1 月 7 日，https：//www. vietnamplus. vn/thu – tuong – tao – moi – truong – tot – hon – nua – trong – san – xuat – kinh – doanh/688359. vnp。

⑤ 《2021 年经济展望：越南成为外国投资商的可靠的投资目的地》，越通社，2021 年 2 月 15 日，https：//zh. vietnamplus. vn/2021 年经济展望越南成为外国投资商的可靠的投资目的地/135336. vnp。

新兴因素的驱动作用也不容忽视。总体来看，2020年越南经济的增长质量持续得到了改善。

1.传统推动力：出口、投资与消费"三驾马车"

如前所述，在新冠肺炎疫情下越南消费逆势增长，对外国投资的吸引力未受较大影响，这充分说明了越南国内消费市场的健康发展和国外对越投资信心对越南经济增长的推动作用。除了消费与投资外，2020年对越南经济增长贡献最大的是出口活动。

出口对经济增长的促进作用主要体现在出口市场不断扩大、出口结构不断优化、贸易顺差不断增加三个方面。在出口结构方面，越南的出口结构正从以农林水产业为主向以加工制造业为主转变，从以生产劳动密集型粗加工产品为主向以生产精密机械、电子产品等高技术、高附加值的工业产品转变，这使得越南出口产品的价值提升，市场可替代性减弱，抗风险能力提高。

在出口市场方面，2020年，中越、越美贸易关系不断加强，随着11月《区域全面经济伙伴关系协定》和12月《英国－越南自由贸易协定》的签订、8月《欧盟－越南自由贸易协定》的生效和2021年1月《英国－越南自由贸易协定》的临时生效，越南参加和正在谈判的17项自由贸易协定中已有15项获得签署，14项已经生效，而这17项自由贸易协定涵盖了世界上的近60个经济体，约占全世界GDP总量的90%。2020年是中越建交70周年，越南首次超过澳大利亚、德国成为中国第六大贸易伙伴，并保持为中国在东盟的最大贸易伙伴，中国则是越南最大贸易伙伴，两国进出口贸易的增速分别达11.5%和17.9%，进一步增长的趋势强劲。2020年也是越美建交25周年，25年来，越美双边贸易额增长了160多倍[①]，美国成为越南最大的出口市场和第三大贸易伙伴，2020年越南对美出口大增24.5%，是越南保持贸易顺差增长的基础。作为越南第四大出口市场，《欧盟－越南自由

---

① 《图表新闻：越美双边贸易额25年后增长160多倍》，越通社，2020年7月11日，https：//infographics.vn/kim－ngach－thuong－mai－viet－nam－hoa－ky－tang－hon－160－lan－sau－25－nam/16886.vna。

贸易协定》的生效大大提升了越南对欧出口，到 2020 年底《欧盟－越南自由贸易协定》生效仅 4 个月，越南对欧盟的出口就增长了 4%[①]，2021 年第一季度甚至同比增长高达 18%，出口额接近 100 亿美元[②]，而欧盟的贸易高标准要求也倒逼越南贸易体制升级，对越南对外贸易的可持续发展大有裨益；《英国－越南自由贸易协定》临时生效 2 个月后，越英双边贸易额就达 10.24 亿美元，同比大增 20.05%。[③] 越南高度评价成为《区域全面经济伙伴关系协定》这一世界最大自贸区的创始成员国，并对其寄予厚望。世界银行则预测认为，《区域全面经济伙伴关系协定》生效后，到 2030 年，其可每年助推越南 GDP 增长 0.4%。[④] 生效已 2 年的《全面与进步跨太平洋伙伴关系协定》在吸引外资上成效可观，仅 2020 年越南从 CPTPP 成员国吸引投资达 118 亿美元，同比增长 24.4%，2 年来共吸引投资 213 亿美元。[⑤] 2020 年可以说是越南进一步融入国际经济的重要里程碑，对越南经济的持续增长提供了动力，不仅扩大了市场，而且还增强了越南对参与制定新合作机制及区域规则的话语权，今后对越南经济结构调整、增长模式转变和经济竞争力的提升必将产生巨大推动作用。

2. 新兴推动力：外资质量的提升、加工制造业的发展、私营经济的促进与证券市场的助推

2019 年 8 月，越共中央政治局首次就吸引外资问题通过了《关于到 2030 年完善体制政策，提升外国投资合作质量成效的第 50/NQ/TW 号决

---

① 《越南商品满怀信心走上"高速公路"》，越南《人民报》网站，2021 年 2 月 22 日，https：//nhandan. com. vn/nhan － dinh/hang － viet － tu － tin － tren － cao － toc － 634139/。

② 《对欧盟出口近 100 亿美元》，越南《投资报》网站，2021 年 3 月 31 日，https：//baodautu. vn/xua t － khau － hang － hoa － sang － eu － dat － xap － xi － 10 － ty － usd － d140308. html。

③ 《UKVFTA 将于 2021 年 5 月 1 日生效》，越通社，2021 年 3 月 29 日，https：//www. vietnam plus. vn/hiep － dinh － thuong － mai － tu － do － viet － namanh － se － co － hieu － luc － tu － 15/ 702047. vnp。

④ 《越南商品满怀信心走上"高速公路"》，越南《人民报》网站，2021 年 2 月 22 日，https：//nhandan. com. vn/nhan － dinh/hang － viet － tu － tin － tren － cao － toc － 634139/。

⑤ 《越南从 CPTPP 吸引近 213 亿美元 FDI 资金》，越南《国际报》网站，2021 年 4 月 9 日，https：//baoquocte. vn/viet － nam － don － gan － 213 － ty － usd － von － fdi － tu － khoi － cptpp － 141794. html。

议》，此后，越南吸引外资的提质升级工作不断得到加强。据统计，2020年，在得到外国投资的 19 个行业大类中，加工制造业占了大多数[①]，并在助推经济增长中发挥了重要作用。加工制造业的发展促进了越南创新创业生态系统的发展，其创新指数 2020 年已经居东南亚第三位，仅次于新加坡和印度尼西亚。同时，越南还于 2021 年初开工建设"国家创新中心"，2020年用于科技领域的国家投资达到 GDP 的 0.44%。[②] 为进一步优化投资环境，2021 年修订后的《投资法》正式生效，进一步加大了对高质量外资的引进力度；4 月初又公布了《限制外商投资产业目录》，规定国家垄断经营行业、媒体等 25 个产业禁止外国投资，水产、财产评估等 59 个产业限制外国投资，这些措施进一步加强了对外资的限制和引导工作。另外，2020 年，越南国内投资者对国外的投资也大幅增长，新注册和追加投资总金额达 5.9 亿美元，同比增长 16.1%，投资目的地主要是老挝、俄罗斯、柬埔寨等国；[③]前述证券市场的爆发式增长，也对企业融资发挥了越来越重要的作用。

据统计，2020 年以合作社为代表的集体经济对越南 GDP 的直接贡献率已达 4.8%，而通过成员经济户附加值产生的对 GDP 的间接贡献率则高达30%[④]，私营经济对经济增长的促进作用越来越大。截至 2020 年，越南共有合作社 26040 个，合作社联盟 100 个，合作组 11.9 万个，成员 810 万个，每年创造 4 万个新工作岗位，对近 3000 万人的收入和消费产生直接影响。[⑤]

---

① 《2021 年越南经济：多个突破点》，越南经济 – 金融实时频道，2021 年 2 月 14 日，http：// vitv. vn/tin – video/14 – 02 – 2021/kinh – te – viet – nam – nam – 2021 – nhieu – tien – de – de – but – pha/275966。

② 《越南国家中心开工，成为创新工作的核心机构》，日本贸易振兴机构网站，2021 年 1 月 20 日，https：//www. jetro. go. jp/biznews/2021/01/00d801252fb328da. html。

③ 《回顾 2020 年越南金融市场》，越南《人民报》网站，2020 年 12 月 31 日，https：// cn. nhandan. com. vn/economic/item/8397801 – 回顾2020 年越南金融市场 . html。

④ 《集体经济、合作社对全国 GDP 的直接贡献率达 4.8%》，越南《投资报》网站，2020 年 12 月 27 日，https：//baodautu. vn/infographic – khu – vuc – kinh – te – tap – the – hop – tac – xa – dong – gop – truc – tiep – khoang – 48 – vao – gdp – cua – ca – nuoc – d135574. html。

⑤ 《集体经济、合作社对全国 GDP 的直接贡献率达 4.8%》，越南《投资报》网站，2020 年 12 月 27 日，https：//baodautu. vn/infographic – khu – vuc – kinh – te – tap – the – hop – tac – xa – dong – gop – truc – tiep – khoang – 48 – vao – gdp – cua – ca – nuoc – d135574. html。

3. 越南经济发展面临的问题

除了新冠肺炎疫情对越南经济造成的持续不良影响外，越南 2020 年的经济发展中还存在两个比较突出的问题，一是以外资为主的对外贸易结构未取得积极变化，二是国有企业改革推进缓慢。

2020 年，越南以外资为主的对外贸易结构未出现积极变化，国内企业进出口额均出现下降，而外资企业的进出口额则出现双增。出口方面，与 2019 年同期 12.7% 的增长率比，2020 年越南国内企业的出口下降 1.6%，而外资企业大幅增长 10.7%，远远高于 2019 年同期 6.7% 的增幅（见表 4）。由此可见，在面对新冠肺炎疫情这种不可抗因素时，出于产品结构、技术实力等原因，越南国内企业的抗压能力远不及外资企业。要想改变这种状况，越南国内企业就要在深入参与全球生产链的同时，通过发掘自身产品的越南特色来提高其国际竞争力。目前越南正在推行的"越南品牌""一村一品"等活动的目标也在于此。

表 4　2020 年越南国内企业与外资企业贸易参与情况

单位：百万美元，%

企业类别		2019 年	2020 年		
		金额	金额	占比	增幅
出口	国内企业	81035	79769	28.2	-1.6
	外资企业	183232	202886	71.8	10.7
	总计（出口）	264267	282655	100.0	7.0
进口	国内企业	103982	93687	35.7	-9.9
	外资企业	149411	169014	64.3	13.1
	总计（进口）	253393	262701	100.0	3.7

资料来源：越南海关总局，https：//www.customs.gov.vn/。

据统计，2020 年，越南国有企业结构重组工作虽然仍在继续推进，但是进展缓慢，以政府撤资等工作为例，截至 2020 年 12 月底，全年完成的撤资仅为 2.5 万亿越南盾，收回的资金仅为 5.9 万亿越南盾，上缴国家财政 12.3 万亿越南盾，仅完成了年度计划的 27.3%，未达到既定目标。① 国有企业改革的滞后势必影响国有企业对经济增长的核心推动作用。

（二）新冠肺炎疫情既带来挑战，也带来机遇

2018 年以来，虽然中美经贸摩擦的加剧延缓了全球贸易的增长，但是越南却借其带来的贸易替代、投资转移与生产链转移，搭上了产业转型升级、对外贸易大发展的快车。2020 年初暴发的新冠肺炎疫情对越南的影响也具有两面性，在纺织服装鞋履行业、商场、超市等线下零售业受到严重影响的同时，电子商务等线上零售行业则实现了逆势增长，可谓是冰火两重天。2020 年 5 月，在越南控制住疫情之际，越南媒体高调评价新冠肺炎疫情是越南"实现生产方式转变和吸引高质量外资的机会"②。

1. 促进了生产链的转移

越南认为，新冠肺炎疫情的一个后果就是各国会逐步减少对中国产品的依赖以分散风险，而其主要实现方式就是把生产链转出中国，而越南则是各国可选的落脚点之一。2020 年，很多跨国企业加大或者计划加大对越生产链转移力度。如：三星集团在韩国暴发疫情时就把智能手机生产线转到了越南，同时还投资 2.2 亿美元在河内建设东南亚规模最大的研发中心；③ 富士康集团、英特尔集团也宣布各投资 2.7 亿美元和 4.75 亿美元在越南兴建或增设工厂。④ 需要关注的是，在越南这一轮承接生产链转移的过程中，配套

---

① 《成功实现"双重目标"》，越南《当代报》网站，2021 年 3 月 26 日，https：//nhandan. vn/baothoinay – kinhte/thuc – hien – thanh – cong – muc – tieu – kep –639872/。

② 《后疫情时代吸引投资并参与供应链》，越通社，https：//special. vietnamplus. vn/chuoicungung_ haucovid19/。

③ 《三星开始在越南建设东南亚最大研发中心》，越通社，2020 年 3 月 3 日，https：//www. vietnamplus. vn/samsung – xay – trung – tam – rd – lon – nhat – dong – nam – a – dat – tai – ha – noi/626051. vnp。

④ 《助力越南成为科技中心的要素》，越通社，2021 年 2 月 3 日，https：//www. vietnamplus. vn/nhung – yeu – to – giup – viet – nam – tro – thanh – trung – tam – khoa – hoccong – nghe/693402. vnp。

工业成了重点。

2. 促进了数字化合作水平

受疫情影响，越南原定于 2020 年开展的 50 多个国家级大型贸易促进活动被迫取消或推迟，这对越南的对外贸易和整体经济势必造成严重影响。为实现"双重目标"，越南及时改变了既有贸易交流形式，采用视频会议等线上方式举办。截至 2020 年底，越南举办了 500 多场线上国际贸促活动，2000 多家越南企业从中受益。同时，作为 2020 年东盟轮值主席国，许多原定的各层级会议也由线下转移到线上。这些线上交流活动的快速发展促进了越南与东盟乃至全世界的数字化合作水平，其对越南数字化转型战略的推动作用巨大。

（三）继续推进改善营商环境

2020 年，为克服疫情的不利影响，越南加大了营商环境的建设力度，取得了一定成效。截至 2020 年，越南的经商容易度指数已由 10 年前的世界第 98 位上升到第 70 位，营商环境指数上升了 20 个位次，国家竞争力指数上升了 10 个位次。年内，事关个人和企业经济活动的行政手续有 20% 被取消或简化①，电子政务发展迅速，《投资法》《企业法》《公私合作模式投资法》《证券法》等法律得以制定和补充完善。

行政手续简化方面的突出表现是税务行政审批事项的改革。越南政府公布的《2020 年制度性交易成本评估报告》（ACPI 2020）显示，2020 年，越南的经营条件、专项检查、环境审批与办税等行政审批事项的改革取得明显成效，其得分较 2019 年有所提高。特别是办税方面，通过把事前审批改为

---

① 参见：《国运与渴望富强》，越南《当代报》网站，2021 年 2 月 5 日，https：//nhanda n. com. vn/thoinayxuan－gocnhinthoinay/van－nuoc－khat－vong－hung－cuong－634565/；《2021 年经济展望：越南成为外国投资商的可靠的投资目的地》，越通社，2021 年 2 月 15 日，https：//zh. vietnamplus. vn/2021 年经济展望越南成为外国投资商的可靠的投资目的地/135336. vnp。

事后审批，办税时间和费用大幅下降。但是，受到疫情影响，公司设立、投资、营建、土地交易与跨境贸易的审批情况有所恶化，审批时间较2019年有所延长。

电子政务建设的快速发展也对行政手续改革起到了巨大的促进作用。为了应对疫情，越南及时把行政手续改革的重心放在了消减手续和加强后端管理上，以使贸易、投资等手续便利化，支持企业和个人防控疫情。在控制疫情关键时期的3月、4月，越南国家公共服务门户网站公开了近7000种行政手续并为近230项公共服务提供在线办理。同时，越南工贸部在电力、食品、药品等多个领域削减了200多项经营条件限制，农业与农村发展部也削减了一些行政审批手续以促进农业生产经营活动的恢复。国家公共服务门户网站更多地提供在线公共服务，是越南行政手续改革和电子政务建设的重要领域，目前全部地方与国家机构已完成文本数据对接，提供的在线服务越来越多。当前，越南电子政务发展指数的世界排名是第88位，取得了一定的进展。①此外，为了实现贸易便利化，2020年12月23日，越南工贸部开通了"越南自由贸易协定信息门户网站"（FTAP）。

（四）总结既有成绩，精心谋划未来

2020年，越南评价越共十二大以来的5年及2011年越共十一大以来10年的经济社会发展情况，为制定越共十三大之后未来5年乃至到2030年、2045年的中长期发展规划提供依据。

1. 对2016～2020年的经济社会发展进行总结

越南2011～2015年、2016～2020年一些关键经济社会发展指标如下（见表5）。

---

① 《加大行政手续改革力度 为生产创造条件》，越通社，2020年4月9日，https：//zh. vietnamplus. vn/加大行政手续改革力度－为生产创造条件/112316. vnp。

表5 2011~2015年、2016~2020年越南经济社会发展关键指标

单位：%

年份	GDP年均增速	全要素生产率增长对GDP的贡献率	劳动生产率年均增速	年均通胀率
2011~2015	5.91	33.6	4.3	5.15
2016~2020	5.99	45.2	5.8	3.2

资料来源：《越南政府2016~2021年任期经济社会发展亮点》，越通社，2021年3月29日，https：//infographics. vn/nhung - diem - sang - kinh - te - xa - hoi - trong - nhiem - ky - 2016 - 2021 - cua - chinh - phu/19628. vna；《2011~2020年经济社会发展战略实施10周年》，越通社，2021年2月1日，https：//infographics. vn/10 - nam - thuc - hien - chien - luoc - phat - trien - kinh - te - xa - hoi 2011 - 2020 - nganh - cong - nghiep - che - bien - che - tao - tang - truong - cao - hon - muc - tang - chung - cua - nganh/19140. vna.

除表5数据外，截至2020年，越南GDP位居东南亚第4位、世界第37位；连续5年贸易实现增长并保持高顺差；贫困户比率持续下降至2.75%；公共债务持续降低至55.3%；签订CPTPP、AHKFTA（《东盟-中国香港自由贸易协定》）、EVFTA、RCEP、UKVFTA，拓展了同近50个国家和地区的贸易关系；经济结构发生重大转变，私营经济对GDP的贡献率超过40%，成为经济增长重要驱动力；增长模式转变取得成效，加工制造业与服务业在GDP中所占比重越来越高，数字技术在经济中的作用日趋重要。

2. 以越共十三大为契机精心谋划未来发展

在2021年1月底召开越共十三大前后，越南密集出台了各类中长期发展计划、规划，对未来发展进行精心谋划。

越共十三大拟定了中长期经济发展目标：到2025年，使越南工业朝着现代化方向发展、超越中等偏低收入的发展中国家；到2030年，越共建党100周年时成为拥有现代化工业的中高收入发展中国家；到2045年，越南建国100周年时成为高收入的发达国家。一些到2025年的具体发展目标包括：年均GDP增长率为6.5%~7%，人均GDP达到4700~5000美元（按照新算法），全要素生产率对经济增长的贡献率达到45%，劳动生产率年均增长超过6.5%，城市化率达到45%，加工制造业在GDP的占比达到25%，数字经济的 GDP 占比达到 20%，等等。^① 关于实现发展目标的策略问题，越共十三大在继续强调"三大突破口"的基础上，提出要把经济建设关注的重心放在吸引高质量外资、推动工业现代化与科技创新和实现数字化转型上，而且还特别强调了发展数字经济，实现数字化转型的重要作用。

在总体谋划的基础上，越共十三大召开前后还针对各产业和各经济领域制定了很多具体的发展计划。在数字经济发展与数字化转型方面，越南提出了世界首个国家级数字化转型计划——《至 2025 年越南国家数字化转型计划暨 2030 远景》，以建设数字经济、数字社会与数字政府为重点，把越南建设成为先进的数字国家。作为配套计划，越南进一步推出了《2021～2025 年国家电子商务发展总体方案》《促进越南数字技术企业发展行动计划》《到 2030 年人工智能研发、应用国家战略》等具体计划。为进一步促进海洋经济发展，批准了《到 2030 年越南海洋经济可持续发展国际合作提案》；为提高劳动生产率，批准了《利用科技资源与革新创新提升劳动生产率总体计划（2021～2030 年)》；为进一步吸引外资，制定了《关于落实越共中央政治局第 50 号决议的政府行动计划》；制定了《到 2030 年国家工业政策方向》，力争工业实力进入东盟前三名；制定了《2021～2030 年阶段远景展望至 2050 年各种矿产的勘探、开采、加工和使用规划》，规范矿产开采，保证可持续发展；此外还制定了《越南至 2030 年和展望 2045 年国家能源发展战略》《到 2030 年和远景展望至 2045 年越南水产业发展战略》《2021～2030 年和远景展望至 2045 年养殖业发展战略》等一系列产业发展规划。

三 2021年越南经济发展预测

2021 年，作为越共十三大后未来 5 年、10 年乃至 25 年经济社会发展的开局之年，其对越南是极具意义的重要一年。

---

① 《未来 5 年、10 年经济发展目标》，越通社，2021 年 4 月 6 日，https://infographics. vn/cac - chi - tieu - chu - yeu - ve - phat - trien - kinh - te - 5 - nam - 2021 - 2025 - va - 10 - nam - 2021 - 2030/19709. vna。

根据已经发布的 2021 年第一季度经济数据，紧接 2020 年第四季度，越南经济在 2021 年第一季度继续表现出较为明显的向好发展趋势。GDP 同比增长 4.48%，除纺织品服装鞋履行业外，其他行业均表现出良好的复苏迹象；宏观经济总体稳定，通货膨胀得到有效控制，货币与外汇市场稳定，证券市场连续走高，新设立企业与复工复产企业大幅增加，居民收入增加，消费需求旺盛；对外贸易增长强劲，吸引外国投资自 2020 年以来首次出现正增长。2020 年 11 月，越南第十四届国会第十次会议通过了《关于 2021 年经济社会发展计划的决议》，提出 GDP 增长 6%、人均 GDP 达到 3700 美元（按照新算法）、CPI 控制在 4% 以内等 13 项具体目标。① 许多国际机构对越南的经济增长也持乐观态度，亚洲开发银行（ADB）预测越南 2021 年经济增长 6.1%，国际货币基金组织预测其增长 6.5%，世界银行预测其增长 6.7%，标普的预测甚至高达 10.9%。② 不管是越南自身制定的计划，还是其他国际组织的预测，都是建立在疫情得到控制、越南经济顺利复苏的背景之下。为此，越南政府表示，越南 2021 年的经济发展依旧延续 2020 年的"双重目标"策略，把防控新冠肺炎疫情作为优先事项，同时采取措施促进经济增长。具体包括：综合运用货币政策、信贷政策、财政政策等各种调控政策确保宏观经济稳定，控制通胀，改善营商环境，引导投资，扩大对外贸易，促进增长方式转变，推动数字化转型，为企业解决困难，支持企业的生产经营活动，增加居民收入，等等。

2021 年的越南经济能否实现既定发展目标，还存在很多不确定因素。一是疫情能否在世界范围得到一定程度的控制还是个未知数。2021 年 2 月初，越南认可并明确使用英国产阿斯利康新冠病毒疫苗。2 月 9 日确定接受新冠肺炎疫苗实施计划（COVAX）提供的疫苗，并公布了疫苗接种计划。2

---

① 《2021 年经济社会目标》，越通社，2021 年 1 月 1 日，https：//www. vietnamplus. vn/infographics – cac – chi – tieu – kinh – texa – hoi – chu – yeu – nam – 2021/687452. vnp。

② 《各国际组织对越南 2021 年经济前景做出预测》，越通社，2021 年 1 月 12 日，https：//www. vietnamplus. vn/infographics – cac – to – chuc – quoc – te – du – bao – ve – kinh – te – viet – nam – nam – 2021/689117. vnp。

月 24 日，越南首次进口阿斯利康疫苗，3 月 8 日开始为医护人员接种。但是 2021 年 3 月以来越南的疫情有所反复，特别是 4 月以来印度疫情急转直下并向东南亚蔓延。如果疫情得不到有效控制，越南经济将难以达成既定发展目标。二是当前国际形势复杂多变，特别是中美经贸摩擦不断激化对世界形势的影响难以预测，一旦出现突发事件，势必会使本已严重衰退的世界经济雪上加霜，而越南很难独善其身。

B.4
2020～2021年越南外交评析

潘金娥　韦丽春*

摘　要：　2020年，越南继续实行全方位、多样化的外交，在维护和平
　　　　　衡大国关系、加强与传统友好国家关系的同时，在国际舞台
　　　　　上积极发挥作为东盟轮值主席国和联合国安理会非常任理事
　　　　　国的国际角色作用，实现了外交服务于经济社会发展的总体
　　　　　目标，同时提升了越南在国际上的地位和影响力。

关键词：　越南外交　东盟轮值主席国　联合国安理会非常任理事国
　　　　　中越关系　越美关系

2020年，世界被新冠肺炎疫情所笼罩，很多外交活动受到了限制，但越南的外交在这一年不仅没有停歇，反而更加活跃。2020年，越南与世界各国开展了多层级的视频会议和电话交流，其中高层领导人的交流就有30多次，相较于以往每年平均20多次的高层互访，2020年交流的频率明显增加了。2020年越南外交重点与往年有所不同，那就是，以往的外交重点放在双边交流以服务于国内经济的发展，而这一年越南外交的着力点放在多边舞台上，凸显了越南越来越注重发挥国际影响力的趋势。

* 潘金娥，中国社会科学院马克思主义研究院国际共产主义运动研究部主任、研究员，研究方向为越南问题、世界社会主义；韦丽春，中国社会科学院大学马克思主义研究系2019级博士研究生，研究方向为越南问题。

一　越南外交总体情况

2020 年，越南外交工作的着力点放在多边外交上，这是落实越共中央对外工作指导精神的结果。年初，越共中央总书记、国家主席阮富仲就发出指示，强调越南担任 2020 年东盟轮值主席国和 2020～2021 年联合国安理会非常任理事国是 "一个莫大的荣誉，是 2020 年党和国家的首要政治任务之一"①。越共中央政治局委员、政府副总理兼外交部部长范平明在接受媒体采访时补充了 2020 年越南外交工作的其他任务，即继续执行全方位外交政策，继续保持和加强越南与各个伙伴国之间的关系，尤其是与重要伙伴国、邻国之间的关系。②年末，在总结当年越南外交工作的成绩时，范平明表示，2020 年越南外交工作成绩突出，主要体现在三个方面：一是圆满完成了抗击新冠肺炎疫情和维护经济社会稳定发展的双重任务；二是成功完成了担任东盟轮值主席国、第 41 届东盟议会联盟大会主席和联合国安理会非常任理事国 2020 年任期内的任务；三是推动签署《欧盟－越南自由贸易协定》、《区域全面经济伙伴关系协定》和《英国－越南自由贸易协定》等合作协议。③范平明还发表了题为《2020 年越南外交：新本领和新姿态》的文章，指出在地区和国际环境存在许多不确定因素的背景下，越南积极、主动、高

---

① 《越共中央总书记、国家主席阮富仲对越南担任 2020 年东盟轮值主席国和 2020～2021 年任期联合国安理会非常任理事国的致辞》，越南《人民军队报》网站，2020 年 1 月 1 日，https：//www. qdnd. vn/chinh－tri/tin－tuc/thong－diep－cua－tong－bi－thu－chu－tich－nuoc－nguyen－phu－trong－nhan－dip－viet－nam－dam－nhiem－trong－trach－chu－tich－asean－2020－va－uy－vien－khong－thuong－truc－hoi－dong－bao－an－lien－hop－quoc－nhiem－ky－2020－2021－606682。

② 《范平明副总理就 2019 年越南外交及 2020 年外交工作方向答记者问》，越南外交部网站，2020 年 1 月 14 日，http：//www. mofa. gov. vn/vi/nr040807104143/nr111027144142/ns200115100436。

③ 《2020 年越南外交：当引领作用 "遇到" 共同关切及对实际情况的适应》，越南《世界与越南报》网站，https：//baoquocte. vn/ngoai－giao－viet－nam－2020－khi－vai－tro－dan－dat－gap－quan－tam－chung－va－su－thich－ung－voi－tinh－hinh－thuc－te－132849. html。

效、灵活地开展对外工作，维护了良好的发展势头并促进了与各伙伴国之间的关系，提升了新形势下越南的地位。[①] 该文体现了范平明对2020年越南外交工作的充分肯定和自信。

除了政府外交以外，越共中央对外部部长黄平君在总结过去5年越南党际外交工作时表示："目前，越南共产党与世界上111个国家的247个政党建立了关系。越南共产党在与社会主义国家及邻国政党的关系中继续发挥核心作用；越南与多个重要伙伴国家的政党之间的关系得到推动、扩大并取得新的突破，为巩固与其他国家的稳定和可持续关系做出了贡献。"[②]

在这样的背景下，2021年1月底越南共产党召开了十三大。大会在总结过去5年越南外交工作经验得失的基础上，结合新的国际背景，提出了未来中长期对外工作的目标、任务，提出建设"党际外交、国家外交和人民外交"三位一体外交工作的新思路。越共十三大后，越南调整了主管外交部门的主要领导岗位，外交部原副部长黎怀忠被任命为越共中央对外部部长，外交部原副部长裴青山出任外交部部长，分别主持越南的党政系统外交。在新的指导精神和新的领导班子的带领下，预计越南外交路线将有所调整。

二　2020年越南双边外交的发展情况

（一）对华关系：总结建交70年经验，寄望两国关系迈上新的历史起点

中国是世界上较早与越南建交的国家，2020年1月18日是中越建交70周年纪念日。中越双方原计划举办多场活动庆祝中越建交70年，以推动"两党两

---

① 《2020年越南外交：新本领和新姿态》，越南共产党第十三次全国代表大会网站，2021年1月5日，https：//cn - daihoi13. dangcongsan. vn/numbers - and - events/story - 1221。

② 《越南外交在越共2016～2020年任期内留下的烙印》，越南共产党电子报，2021年1月21日，https：//cn. dangcongsan. vn/news/% E8% B6% 8A% E5% 8D% 97% E5% A4% 96% E4% BA% A4% E5% 9C% A8% E8% B6% 8A% E5% 85% B120162020% E5% B9% B4% E4% BB% BB% E6% 9C% 9F% E5% 86% 85% E7% 95% 99% E4% B8% 8B% E7% 9A% 84% E7% 83% 99% E5% 8D% B0 - 568381. html。

国关系迈上新的历史起点"。但出于疫情原因，多项活动未能成功举办。与此同时，两国高层互访也受到影响，主要通过电话、视频、贺电等方式进行了沟通。

2020年，中越关系体现出以下特点。

一是双边保持高层互动。2020年1月18日，在中越两国建交70周年之际，中共中央总书记、中国国家主席习近平同越共中央总书记、越南国家主席阮富仲互致贺电。习近平在贺电中再次强调两国是社会主义友好邻邦、是具有战略意义的命运共同体。阮富仲表示，发展好越中关系符合两国人民的共同愿望，越方始终把发展对华关系置于外交政策的头等优先，希望将双方全面战略合作伙伴关系不断提高到新的水平。① 9月29日，习近平同阮富仲通电话。习近平说，中越两党两国相互支持、共克时艰，用实际行动诠释了"同志加兄弟"的深厚情谊，充分体现了共产党领导和社会主义制度的独特优势，中国愿同各国一道推动构建人类卫生健康共同体。阮富仲表示，当前世界形势快速复杂变化，越方愿意推动两党两国关系取得新的历史性发展。② 两党总书记和两国国家元首之间的交流，高度肯定了中越两国建交70年来所取得的成就和宝贵经验，同时结合当前国际环境对未来两国关系前景提出了新的寄望。中方明确表示希望推动构建中越具有战略意义的命运共同体；在疫情蔓延背景下，中方希望与各国一道推动构建人类卫生健康共同体。对于中方的提议，越方的回应是愿意推动双方关系取得新的历史性发展。

此外，两国政府总理和其他部门高级官员也多次进行沟通交流。2020年1月18日，两国总理就两国建交70周年互致贺电。4月2日，两国总理通电话，就疫情防控及合作等问题进行交谈。③ 4月29日，中国国务委员兼国防部部长魏凤和同越南国防部部长吴春历通电话。7月21日，中越双边

---

① 《习近平就中越建交70周年同越共中央总书记、国家主席阮富仲互致贺电 李克强同越南政府总理阮春福互致贺电》，新华网，2020年1月18日，http：//www.xinhuanet.com/politics/leaders/2020-01/18/c_1125477793.htm。

② 《习近平同越共中央总书记、国家主席阮富仲通电话》，新华网，2020年9月29日，http：//www.xinhuanet.com/politics/leaders/2020-09/29/c_1126560079.htm。

③ 《李克强同越南政府总理阮春福通电话》，中国政府网，2020年4月2日，http：//www.gov.cn/xinwen/2020-04/02/content_5498377.htm。

合作指导委员会第十二次会议在北京举行，双方一致同意以庆祝建交 70 周年为契机，继续加强战略沟通，推进抗疫等各领域合作。① 8 月 23 日，两国共同纪念陆地边界划界 20 周年和勘界立碑 10 周年，中国国务委员兼外长王毅在广西东兴同越南副总理兼外长范平明举行会谈。② 9 月 9 日，中越两国以视频形式举行中越北部湾湾口外海域工作组第 13 轮磋商和中越海上共同开发磋商工作组第 10 轮磋商。

二是两党关系对两国关系发挥引领作用。一方面，两党总书记经常保持沟通，为两国关系全面健康稳定发展把握航向，定下基调；另一方面，两党各层级之间也开展密切的交往互动，共同推动双边关系全面发展。2020 年 1 月 13～15 日，中共中央对外联络部部长宋涛率中共代表团访问越南，会见了越共中央政治局委员、中央书记处常务书记陈国旺和越共中央对外部部长黄平君。宋涛表示，中越关系的实质是共产党领导的社会主义国家关系。中方始终从命运共同体的战略高度看待中越关系，愿同越方以两国建交 70 周年为契机，巩固和发展好中越传统友谊，落实好两党两国最高领导人重要共识，推动新时代中越关系更好发展。陈国旺表示，越方愿同中方一道，发挥两党关系对两国关系的政治引领作用，巩固传统友谊，深化交流合作，造福两国人民。③

2020 年 2 月 3 日是越南共产党成立 90 周年纪念日，中共中央向越共中央发去贺电。贺电说：中国共产党始终高度重视发展同越南共产党的友好合作关系，愿同越南共产党加强战略沟通，增进政治互信，深化治党治国理论与实践经验交流，在探索具有自身特色社会主义道路上相互借鉴、相互支持，共同引领中越关系健康稳定发展，推动社会主义事业不断发展，为人类进步事业做出贡献。④ 7 月 29 日，中共中央对外联络部同越共中央对外部举

---

① 《中越双边合作指导委员会举行第十二次会议》，《人民日报》2020 年 7 月 22 日，第 3 版。
② 《王毅同越南副总理兼外长范平明举行会谈》，中华人民共和国外交部网站，2020 年 8 月 23 日，http://new.fmprc.gov.cn/web/wjbzhd/t1808447.shtml。
③ 《宋涛率中共代表团访问越南》，中国共产党新闻网，2020 年 1 月 15 日，http://cpc.people.com.cn/n1/2020/0115/c117005-31549713.html。
④ 《中共中央致电祝贺越南共产党成立 90 周年》，《人民日报》2020 年 2 月 4 日，第 1 版，http://paper.people.com.cn/rmrb/html/2020-02/04/nbs.D110000renmrb_01.htm。

行视频会议。中共中央对外联络部部长宋涛表示，中越都是共产党领导的社会主义国家，习近平总书记和阮富仲总书记保持密切往来，为两党两国关系提供重要引领。两国携手抗疫并取得疫情防控重大成果，彰显了两党中央的坚强领导和社会主义制度的独特优势。越共中央对外部部长黄平君表示，越方视中国为越南对外头等优先发展方向，支持一个中国原则和"一国两制"方针，将积极借鉴中共最新理论发展成果。① 11 月 30 日，中共中央对外联络部部长宋涛受中共中央指派，以视频会议方式向越南共产党通报中共十九届五中全会精神，越共中央对外部部长黄平君等越方党政干部参加，黄平君通报了越共十三大的筹备情况。②

三是两国经贸关系逆势上扬，体现出两国经贸合作具有强大的潜力和韧性。2020 年，在全球经济下滑背景下，中越两国进出口贸易仍然保持逆势增长。中国继续保持越南最大贸易伙伴地位，也是越南最大进口市场、第二大出口市场。越南海关总局公布的数据显示，2020 年，中越双边贸易额达1330.92 亿美元，同比增长 13.82%。其中：越南对华出口 489.05 亿美元，增长 17.9%；对华进口 841.87 亿美元，增长 11.5%。越南对华贸易逆差352.82 亿美元，同比增长 3.74%。投资方面，2020 年，中国对越南投资额达到 24.6 亿美元，在对越南投资的国家和地区中位列第三；投资的项目有342 个，仅次于韩国。③ 而据中国海关统计，2020 年，中越贸易额超过 1920亿美元，越南成为东盟对华最大贸易伙伴、世界对华第六大贸易伙伴，也是中国第八大进口市场和第五大出口市场。疫情背景下，中越两国经贸关系不降反升，表明两国经济合作具有很强的韧性和巨大潜力。

---

① 《中越两党举行中央对外部门视频会议》，《人民日报》2020 年 7 月 31 日，第 3 版。http://paper.people.com.cn/rmrb/html/2020-07/31/nbs.D110000renmrb_03.htm。
② 《宋涛向越南共产党通报十九届六中全会精神》，中共中央对外联络部网站，https://www.idcpc.gov.cn/bzhd/wshd/202111/t20211124_147731.html。
③ 《2020 年 122 个国家在越南投资》，越南《劳动报》网站，2021 年 1 月 2 日，https://laodong.vn/kinh-te/122-quoc-gia-dau-tu-vao-viet-nam-trong-nam-2020-867286.ldo。

（二）越美关系：建交25年，从敌人到潜在盟友

1995年7月11日，越美两国正式建交。历经25年后，彼此对双方关系的满意度达到了历史最高水平。2020年7月，越共中央总书记、国家主席阮富仲与美国总统特朗普就越美建交25周年互致贺信。阮富仲在贺信中写道："25年来，越南与美国关系已跨越了空间距离，消除分歧，美国已成为越南在许多领域上的头等重要合作伙伴。越南本着搁置过去、化解分歧、发挥合力、面向未来的精神，推动越美全面伙伴关系日益深入、务实和可持续发展。"[①]越南驻美国大使何金玉在接受记者采访时强调，越南与美国在合作范围和合作水平上均取得了25年前谁都无法想象的成就。[②]

在经贸关系方面，美国已成为越南最大的出口市场，越南则是美国的第十二大贸易伙伴，双边贸易额从1995年的4.5亿美元增加到2019年的757亿美元。投资方面，在越南外资来源国中，美国排第十一位。[③] 在人文交流方面，1995年两国关系正常化以来，美国国会为此成立了越南教育基金会（VEF），每年向该基金会提供500万美元的援助资金，促进了两国教育合作领域的强劲发展。25年来，在美国学习的越南学生人数从1995年的大约800人增加到2020年的3.09万余人，越南在美国留学人数居世界各国在美留学人数的第八位，居东盟各国第一位。[④]

2020年，越美关系在以下几个方面取得重要进展。

一是从越方来看，越南对加强越美双方经贸合作意愿强烈。2月，越南农业与农村发展部副部长黎国营率团对美国进行考察访问，意在加强两国农

---

① 《越南与美国建交25周年：两国领导人互致贺信》，越南《人民军队报》网站，2020年7月11日，https://cn.qdnd.vn/cid - 6123/7183/nid - 573188.html。

② 《越美关系25周年：两国的合作关系取得重要成就》，越南《人民军队报》网站，2020年7月9日，https://cn.qdnd.vn/cid - 6123/7183/nid - 573113.html。

③ 《越工贸部称越美贸易25年来大幅增长》，中华人民共和国商务部网站，2020年11月26日，http://www.mofcom.gov.cn/article/i/jyjl/j/202011/20201103018609.shtml。

④ 《越美建交25周年：越美双边关系的"黏合剂"》，越南《人民军队报》网站，2020年7月10日，https://cn.qdnd.vn/cid - 6123/7183/nid - 573151.html。

产品贸易合作交流。3月，美国－东盟商务理事会（US－ABC）企业代表团访问越南，意在寻找在越南的合作商机，双方签署了"加强越美工业和贸易"合作备忘录。10月，越南美国商会、美国商会（USCC）和越南工商会在河内联合举行越南－美国商务峰会，为了推动越美双边关系迈上新台阶，越南工商会与越南美国商会联合公布成立越美企业联合理事会。11月，美国国家安全顾问罗伯特·奥布莱恩访问越南，越南政府总理阮春福在会见奥布莱恩时强调，越南将贸易合作视为越美关系发展的核心和主要动力，欢迎双方为两国企业发展创造便利条件。2020年，美国成为越南最大的出口市场，出口额达770.77亿美元，同比增长25.7%。目前越南是美国第十六大贸易伙伴，而美国是越南第三大贸易伙伴。

二是从美方来看，美国更希望越南加入其"印太战略"以共同遏制中国。2020年10月6日，由美国、日本、印度和澳大利亚四国外长共同参加的"四方安全对话"会议在日本东京召开。这是"四方安全对话"第二次部长级会议，四国外长同意在海上安全、网络以及基础设施建设方面加强合作。"四方安全对话"针对中国的意图明显，目的是加强该地区各国的合作，调整供应链，以减少对中国的依赖，并在印太地区建立防范中国的集体性安全联盟。美国邀请韩国、新西兰和越南三国加入，形成所谓"4+3"机制，但越南对此态度较为含糊。

三是双方在防务合作方面进一步推进。2020年9月23日，越南外交部副部长阮明武和美国国务院负责政治军事事务的助理国务卿 R. 克拉克·库珀（R. Clarke Cooper）主持召开第十一次越美政治、安全、国防视频对话，双方讨论的主题包括安全与防务合作、航行安全、维和、人道主义等，也包括搜寻战俘和失踪人员遗骸以及处理战争遗留问题等。11月24日，越美两国以视频形式召开2020年越美国防政策对话会。越南国防部副部长黄春战上将和美国国防部负责印度太平洋安全事务的代理助理部长戴维·赫尔维（David Helvey）共同主持对话会。此外，双方还在联合国维和行动和提高越南海警执法能力等领域保持高效的合作关系。

此外，在抗击新冠肺炎疫情方面，两国合作密切。越美在疫情防控、诊

疗方案、检测试剂、疫苗和药物研发生产等方面开展了广泛合作。美国为越南提供了技术援助和财政支持，帮助越南政府准备实验室系统，启动病例追踪和事件监测，为越南15家医院提供培训等，双方还互赠一批防疫物资。

值得注意的是，在2019年美国把越南列入汇率操纵国观察名单之后，2020年12月，美国财政部将越南确定为"汇率操纵国"。2021年4月16日，美国财政部发布宣布取消此前对越南"汇率操纵国"的认定。有分析认为，美国对越南实施经济制裁的警告而后取消，是越方做出了某些承诺和让步，是双方做了某些利益交换的结果。

（三）越日关系：高层互访热络，经贸合作密切

越南将日本视为值得信赖的长期重要伙伴。2020年10月18～20日，日本首相菅义伟对越南进行正式访问，这是菅义伟上任之后的首次出访，也是日本新任首相连续第二次选择越南作为首访国家，可见日本对越南的重视程度。菅义伟访越期间，双方就进一步深化越日广泛深入的战略伙伴关系达成一致。双方同意在东盟、湄公河次区域合作、联合国等地区和国际场合上保持密切配合，推动《全面与进步跨太平洋伙伴关系协定》和《区域全面经济伙伴关系协定》等经济合作机制。双方再次强调在海洋活动中维护"东海①和平、安全、航行与飞越自由"等。

2020年初，日本组织了由国会议员、政府部门、地方领导、企业和民间人士共1000多人组成的规模空前的代表团对越南进行访问，日本自由民主党秘书长、日越友好议员小组主席二阶俊博（Nikai Toshihiro）任代表团团长。越南政府总理阮春福会见二阶俊博时，双方一致同意增进两国各级领导尤其是高层领导的交流与接触，密切民间交流，提出应进一步促进两国经贸、劳务和旅游合作，并加强在多边论坛上的协调以及在共同关心的国际和地区问题中的合作。

越日两国保持着密切的经贸关系。日本是越南最重要经济伙伴之一，同

---

① 中国称"南海"。

时也是承认越南市场经济地位的第一个 G7 国家。两国于 1999 年相互给予对方最惠国待遇，两国都是《全面与进步跨太平洋伙伴关系协定》的成员国。据日本贸易振兴机构（JETRO）对 3563 家日本企业进行的调查结果，在计划对外投资的日本企业中，41% 的受访企业将越南选为投资目的地。[①]日本是越南官方开发援助最大提供国、越南第二大投资来源地。由于新冠肺炎疫情，越南对日本进出口受到一定影响，2020 年，越南对日本出口额为192.84 亿美元，同比下降 5.2%，进口额为 203.41 亿美元，同比增长4.1%，2020 年日本是越南第五大出口市场和第四大进口市场。

（四）越俄关系：回顾建交70年，重启战略与安全合作

2020 年是越俄两国建交 70 周年，以此为契机，双方关系得以加强。主要体现在以下几个方面。

一是继续加强双方全面战略伙伴关系。2020 年 1 月，为庆祝两国建交70 周年，两国领导人互致贺电，表示希望推动越俄全面战略伙伴关系日益走向纵深和务实发展。

在俄罗斯纪念卫国战争暨世界反法西斯战争胜利 75 周年之际，越共中央总书记、国家主席阮富仲向俄罗斯总统普京致贺信。2020 年 5 月 29 日，越南政府副总理兼外长范平明同俄罗斯外长拉夫罗夫通话，就加强双方合作和彼此在联合国安理会的配合进行交流。6 月 11 日俄罗斯国庆节之际，阮富仲同普京举行电话会谈，双方强调国防安全和能源是两国合作的重要支柱之一，继续支持和鼓励两国石油公司参与在越南和俄罗斯的新项目。双方将继续为贸易和投资合作创造便利条件，尽早达到把双边贸易额提升至 100 亿美元的目标。

二是防务安全合作是主要领域。2020 年 2 月 3～9 日，越南国防部部长吴春历大将率领越南高级军事代表团对俄罗斯进行正式访问。此访旨在加强

[①]《日本企业继续选择越南的 5 个理由》，越南《世界与越南报》网站，2020 年 4 月 24 日，https：//baoquocte. vn/doanh – nghiep – nhat – ban – tiep – tuc – chon – viet – nam – vi – 5 – ly –do – 114379. html。

越南与俄罗斯传统友谊和两国全面战略伙伴关系，继续巩固两国长期战略互信、加强防务关系和军事技术合作。双方一致同意继续加强防务合作关系，进一步推进两国防务合作全面务实发展。双方还签署了2020~2025年越南与俄罗斯联邦防务合作关系的共同愿景声明。3月6日，俄罗斯外交部第一副部长弗拉基米尔·季托夫对越南进行访问，并出席第11届越俄外交国防与安全战略对话会。8月15日至9月5日，应俄罗斯国防部的邀请，越南人民军首次派代表团参加在俄罗斯举办的"国际军事比赛-2020"暨"军队2020"国际军事技术论坛。

此外，双方在抗疫方面也有一些合作。2020年4月21日，越南政府总理阮春福与俄罗斯总理米哈伊尔·米舒斯京通电话，双方就新冠肺炎疫情背景下越俄合作相关问题进行讨论。越俄双方还互赠医用口罩、药品等防疫物资。越南还向俄罗斯订购了新冠病毒疫苗。

（五）越印关系：开辟新纪元

2020年12月21日，越南和印度共同发表了《关于和平、繁荣和人民的共同愿景宣言》。越印两国总理认为，这将开辟越印全面战略伙伴关系的新纪元。宣言就促进双边、地区和世界和平以及两国的经济社会繁荣、两国民间交往提出了新的目标。①

近年来，防务合作一直是越印两国关系的支柱之一。2020年是两国落实《2015~2020年越印国防合作共同愿景声明》的收官之年，两国防务合作进一步加强。2020年2月，越南人民军青年军官代表团与印度军队青年军官代表团举行座谈，意在加强两国军队青年军官乃至两军友谊与务实合作，丰富越南与印度全面战略伙伴关系的内涵。11月，越南国防部部长吴春历与印度国防部部长拉吉纳特·辛格进行视频通话，双方拟在疫情之后尽早开展双方防务合作内容，将大力推进双方在军医、联合国维和行动、国防

---

① 《越南-印度关系的新纪元》，越南《劳动者报》网站，2020年12月22日，https://nld.com.vn/thoi-su-quoc-te/ky-nguyen-moi-trong-quan-he-viet-nam-an-do-20201222215314996.htm。

工业、人力资源培训等方面的合作。12月两国总理会谈之际，印度向越南提供了1亿美元的国防信贷额度，并向越南交付1艘高速巡逻艇，这是越南向印度订购的12艘高速巡逻艇中的第一艘。

（六）与老挝、柬埔寨传统友好国家关系：继续稳步推进

1. 越老特殊传统友好关系继续发展

2020年，尽管各国因新冠肺炎疫情而暂停了许多对外活动，但越老双方仍保持高层互访、接触和合作机制。7月5～6日，在越老两国初步成功抑制新冠肺炎疫情的情况下，老挝总理通伦·西苏里应越南政府总理阮春福的邀请，率领老挝政府高级代表团对越南进行访问，双方互相分享疫情防控信息和经验，就开展推进各领域的具体合作进行讨论。12月4～6日，通伦·西苏里再次应邀，率领老挝政府高级代表团对越南进行访问，并共同主持召开老挝与越南政府间联合委员会第43次会议，双方表示将继续深化投资、教育培训等领域的合作。防务安全合作是两国关系的重要支柱之一。投资合作方面，2020年越南是老挝第三大投资来源国。两国在疫情防控工作中密切配合，为人员往来和物资通过主要口岸流通创造有利条件。

在地区和国际论坛上，老挝与越南密切协调，并支持越南担任2020年东盟轮值主席国和2020～2021年联合国安理会非常任理事国。

2. 越柬全面友好合作关系保持积极发展

越柬在两国高级领导人所达成的"睦邻友好、传统友谊、全面合作、长期稳定"的共识精神之下，双方通过高层通话、网络会谈和双边合作机制不断巩固两国政治互信和双边合作机制。越柬两国长期存在边界争议，两国解决陆地边界问题已历时30多年之久。2020年12月22日，越柬经济、文化和科技联合委员会第18次会议暨关于越南与柬埔寨陆地边界勘界立碑成果的两项法律文件批准文件交换仪式以视频方式举行。两国正式交换《1985年国家边界划分条约》和《2005年补充条约》的补充条约（2019年补充条约）以及《越南社会主义共和国与柬埔寨王国陆地边界勘界议定书》

地图附件批准文件，这对两国关系发展具有重要历史意义。两国各部委和地方之间的合作不断推进，在抗疫工作中相互支持，保持两国边境贸易正常开展。经贸合作方面，2020 年两国双边贸易额达到 50 亿美元。目前，柬埔寨在越南对外投资的 78 个经济体中排名第三。

三　2020年越南多边外交的发展情况

多边外交是 2020 年越南外交工作的重点。越南以东盟轮值主席国身份和联合国安理会非常任理事国身份在国际舞台上发挥国际影响力。2020 年年初，越共中央总书记阮富仲提出了越南担任东盟轮值主席国和联合国安理会非常任理事国两大任务的重点方向：一是维护地区和国际社会的共同利益，即和平、合作和发展；二是促进多边主义、《联合国宪章》和国际法基本原则的作用，以建立一个更加和平、公平和美好的世界，并值此之际加强东盟与联合国之间的合作和全面伙伴关系，为东盟各国和国际社会的共同利益做贡献；三是积极主动为解决全球和区域的共同挑战做贡献，特别是对各国和区域产生直接影响的问题，如和平、安全、稳定、可持续发展、气候变化、海平面上升、克服战争后果、冲突后重建等问题。[①]

（一）以东盟轮值主席国身份，主导地区多边合作框架

2020 年不仅是越南担任东盟轮值主席国的重要一年，也是越南加入东盟 25 周年。接任东盟轮值主席国以来，越南一方面致力于推动东盟作为一个整体在亚洲地区事务中发挥核心作用，另一方面努力提升越南在东盟的地位和影响力。

---

① 《越共中央总书记、国家主席阮富仲就越南担任 2020 年东盟轮值主席国和 2020～2021 年任期联合国安理会非常任理事国的致辞》，越南《人民军队报》网站，2020 年 1 月 1 日，https：//www. qdnd. vn/chinh – tri/tin – tuc/thong – diep – cua – tong – bi – thu – chu – tich – nuoc – nguyen – phu – trong – nhan – dip – viet – nam – dam – nhiem – trong – trach – chu – tich – asean – 2020 – va – uy – vien – khong – thuong – truc – hoi – dong – bao – an – lien – hop – quoc – nhiem – ky – 2020 – 2021 – 606682。

越南提出东盟 2020 年的主题是"齐心协力与主动适应"。越南提出了五大优先事项如下：第一，加强东盟在维护地区和平、安全与稳定环境中的地位和作用；第二，促进地区对接沟通并利用好机会，提高对第四次工业革命的适应能力；第三，加强东盟共同体意识、发挥东盟共同体的特点；第四，推动全球和平与可持续发展的伙伴关系，在国际社会中发挥东盟的作用；第五，通过体制改革，提高东盟活动效率和适应能力。越南在担任东盟轮值主席国期间，推动内部通过了疫情防控、恢复经济、可持续发展等方面的议题。其中，越南在推动东盟 10 国与中国、日本、韩国、澳大利亚、新西兰成功签署《区域全面经济伙伴关系协定》中发挥了积极作用。《区域全面经济伙伴关系协定》的签署，对深化区域经济一体化、稳定全球经济具有重要意义。

2020 年，越南以东盟轮值主席国身份，组织召开了 550 多场线上会议，包括第 36 届、第 37 届东盟峰会，20 场定期和年度高级别会议，70 多场部长级会议等，推动签署了 80 多项合作文件，包括《东盟全面复苏框架》（ACRF）及其实施计划、《东盟旅行走廊安排框架》等，特别是《区域全面经济伙伴关系协定》的签署。在应对新冠肺炎疫情方面，越南发起组织了多项专题会议，提出了四个倡议，包括设立东盟应对新冠肺炎疫情基金、设立必需医疗物资储备库、制定东盟应对疫情的统一流程、后疫情时代东盟经济复苏总体计划等。

对于担任东盟轮值主席国的评价，越南外交部副部长阮明武在总结越南担任东盟轮值主席国的成绩时认为，"在组织方面，在保持社交距离的情况下，我们很快就适应了新冠肺炎疫情形势。从去年就开始策划的会议计划，我们都完成了……在内容方面，我们做出了许多与成员国的关切和利益密切相关的实质性贡献。越南的很多倡议和理念都成了东盟的倡议和理念"[1]。

---

① 《2020 年多边外交印记》，越南之声广播电台网站，2020 年 12 月 23 日，https：//vovworld. vn/vi－VN/binh－luan/dau－an－ngoai－giao－da－phuong－nam－2020－934498. vov。

（二）充分发挥联合国安理会非常任理事国角色的作用

越南作为 2020～2021 年联合国安理会非常任理事国，通过"越南：为了实现可持续和平的可靠伙伴"的主题强调其对促进多边主义的承诺。

担任联合国安理会非常任理事国期间，越南积极主动参与安理会事务，推动联合国安理会发表关于遵守《联合国宪章》的主席声明；举行东盟与联合国对话。

2020 年 8 月，联合国举办《联合国宪章》签署 75 周年在线纪念活动，越南外长范平明主持了关于《联合国宪章》的公开对话会。越南还就伊朗核问题、朝鲜半岛、巴以关系、也门人道主义危机和中东等世界和地区安全问题提出了相应的解决方案。在越南的提议下，第 75 届联合国大会批准将每年 12 月 27 日定为防范流行病国际日，体现了面对新出现的全球性挑战的国际共识。

与此同时，越南希望利用同时担任联合国和东盟两个舞台上的重要角色这一机会促进联合国和东盟在内的国际和地区组织在预防冲突、化解危机上加强团结合作。越南同时在东盟和联合国安理会担任"双重角色"是有优势推动这一目标的实现的。而且，东盟国家中还有印尼也同时担任联合国非常任理事国。2020 年 1 月，越南首次举行了东盟与联合国之间的讨论会，与东盟国家共同推动联合国大会通过第一个关于联合国－东盟合作的决议。

四　2020年越南外交工作的成效

2020 年，越南继续按照越共十二大提出的"独立自主、多样化、多边化国际关系"的外交路线，以政治安全、经济、文化为三大支柱，实行全方位、多样化的外交，努力平衡大国关系，继续维护传统友好国家关系，积极发挥担任东盟轮值主席国和联合国安理会非常任理事国的国际角色作用，实现了外交服务于经济社会发展的总体目标，同时提升了越南在国际上的地位和影响力。

在政治与安全外交方面。2020 年，越南继续巩固和加强防务合作，落实已签署的各项合作计划。截至 2020 年底，越南已同世界上 80 多个国家建立了防务合作关系。在 2020 年全军军政会议上，越共中央总书记、国家主席阮富仲对越南的防务外交工作给予充分肯定："防务外交充分发挥了综合协调作用，得以积极主动、创造性和深入开展，并成为党和国家外交工作的重要支柱，为及早及远保卫祖国做出了贡献，为国家建设和发展争取了和平环境。"①

在经济外交方面。2020 年，在积极主动全面融入国际的路线指导下，越南经济全面融入国际取得了长足进展。年内，越南推动落实《全面与进步跨太平洋伙伴关系协定》《欧盟－越南自由贸易协定》，通过《欧盟－越南保护投资协定》，签订《英国－越南自由贸易协定》《区域全面经济伙伴关系协定》等，使越南缔结的双边和多边经济合作框架达到了 16 个。在新冠肺炎疫情蔓延和全球经济下滑的背景下，越南积极主动的全方位开放姿态，让国际投资者普遍看好越南的发展前景而纷纷增加对越南的投资，这为越南经济注入了新的活力，最终全年 GDP 增长 2.91%，成为全球新兴经济体中增长率最高的国家。

在文化外交方面。2020 年，越南有效开展了文化外交工作和对外宣传工作。越南利用数字技术向世界推广各种创意产品，向世界展示了一个和平、稳定、安全、前景广阔、富有韧性、有效应对各种挑战的越南国家形象。

五　越南外交走向展望

2021 年 1 月，越南共产党召开了十三大。十三大报告在阐释越南共产党对当前国际局势判断的基础上，提出了未来越南外交路线的指导思想和工

---

① 《总书记、国家主席在 2020 年全军军政会议上的讲话》，越南社会主义共和国政府门户网站，2020 年 12 月 7 日，http://baochinhphu.vn/Thoi－su/Phat－bieu－cua－Tong－Bi－thu－Chu－tich－nuoc－tai－Hoi－nghi－Quan－chinh－toan－quan－nam－2020/416337.vgp。

作思路，同时改选了主管越南外交工作的主要领导。这些新情况将决定未来5年越南外交的基本走向。

（一）外交总体目标和发展方向

越南共产党认为：世界形势正在快速发生巨大而复杂的变化；和平、合作和发展仍然是主要趋势，与此同时面临许多障碍和困难；大国之间的战略竞争、局部冲突复杂多变，导致国际政治安全和经济增长的风险增加。世界格局延续多极化、多中心发展趋势；大国之间继续在合作中妥协，与此同时相互遏制的斗争更加激烈；发展中国家，尤其是小国面临许多困难和新的挑战。在亚太地区，大国竞争更加激烈，潜在很多不稳定因素；领土主权、海洋和岛屿主权争端更加紧张、复杂和尖锐；东海的和平、稳定和航行自由安全面临重大挑战，面临潜在冲突的可能；东盟在维护地区和平、稳定和推动合作等方面面临许多困难。[①]

根据上述判断，越共十三大政治报告提出越南外交的发展方向将"始终奉行独立自主、和平友好、合作发展、对外关系多样化和多边化的外交路线；遵守《联合国宪章》和国际法基本原则，在平等、合作、互利的基础上保障国家的最高利益；将民族力量和时代相结合，积极主动全面广泛深入地融入国际；成为国际社会的可靠的朋友、合作伙伴和积极负责的成员"[②]。

越共十三大报告提出，要构建以党际外交、国家外交和人民外交为三大支柱的全面现代化外交体系。这是越南共产党首次在党的文件中明确越南外交的三大支柱。构建全面现代化的外交体系将是今后越南外交工作的重点。越南外交部部长裴青山指出，这既是一项长期的战略任务，又是一项紧迫而

---

① 参阅越共十三大报告，https：//tulieuvankien. dangcongsan. vn/ban – chap – hanh – trung – uong – dang/dai – hoi – dang/lan – thu – xiii/bao – cao – chinh – tri – cua – ban – chap – hanh – trung – uong – dang – khoa – xii – tai – dai – hoi – dai – bieu – toan – quoc – lan – thu – xiii – cua – 3669。

② 参阅越共十三大报告，https：//tulieuvankien. dangcongsan. vn/ban – chap – hanh – trung – uong – dang/dai – hoi – dang/lan – thu – xiii/bao – cao – chinh – tri – cua – ban – chap – hanh – trung – uong – dang – khoa – xii – tai – dai – hoi – dai – bieu – toan – quoc – lan – thu – xiii – cua – 3669。

重要的任务。①

然而，越南实际上关于"全面现代化的外交体系"的概念并不清晰。时任越南外交部部长范平明对此发表意见认为："全面外交"体现在外交活动的领域、运作方式和主体上；"现代化外交"体现在新形势下外交的内容、开展方式和管理方法上，强调应用信息技术和适应数字外交、在线外交、首脑外交等因素。②

越共十三大报告还明确越南将致力于构建各种"伙伴关系"，包括全面战略合作伙伴关系、战略合作伙伴关系、全面深入广泛的合作伙伴关系以及其他合作伙伴关系等。目前，越南已经与30多个国家建立了战略伙伴或全面伙伴关系。越共十三大提出："加强和深化与各伙伴国特别是战略伙伴、全面伙伴和其他重要伙伴的双边合作关系，形成利益交汇，增强互信。"

越南还着力提升多边外交水平，致力于发挥更大的国际影响力。越共十三大提出，要主动参与制定多边机制，特别是东盟、联合国、亚太经合组织、大湄公河次区域经济合作以及地区和国际合作框架机制，根据具体要求、能力和条件，主动参与和发挥越南在多边机制，特别是东盟、联合国、亚太经合组织、湄公河次区域合作、区域和国际合作框架以及具有战略意义的重要问题和机制中的作用。③越共十三大提出："在多边机制和国际政治经济秩序的制定和形成方面，积极参与，积极贡献和增强越南的作用。"

越共十三大进一步强调外交应继续发挥其"在营造和维护和平稳定环境、调动外部资源促进国家发展、提升国家地位和威望方面的先锋作用"。

① 《"推动构建全面现代化的外交体系，圆满落实十三大决议"研讨会开幕》，越南《世界与越南报》网站，2021 年 6 月 30 日，https：//baoquocte. vn/khai － mac － hoi － thao － khoa － hoc － ve － day － manh － xay － dung － nen － ngoai － giao － toan － dien － hien － dai － thuc － hien － thang － loi － nghi － quyet － dai － hoi － xiii － 149842. html。

② 《面向全面现代化的外交体系和对未来外交官的期望》，越南《世界与越南报》网站，https：//baoquocte. vn/ngoai － giao － vie － t － nam － huong － toi － nen － ngoai － giao － toan － dien － hien － dai － va － nhung － ky － vong － doi － voi － can － bo － ngoai － giao － tuong － lai － 136447. html。

③ 参阅越共十三大报告，https：//tulieuvankien. dangcongsan. vn/ban － chap － hanh － trung － uong － dang/dai － hoi － dang/lan － thu － xiii/bao － cao － chinh － tri － cua － ban － chap － hanh － trung － uong － dang － khoa － xii － tai － dai － hoi － dai － bieu － toan － quoc － lan － thu － xiii － cua － 3669。

关于外交的先锋作用，越南外交部部长裴青山认为，这是越南共产党外交战略眼光的新发展，既体现越南共产党对外交重要作用的认识，又提出了今后越南外交的重要任务。外交在发挥先锋作用的同时还应完成以下三大任务：一是维护和平稳定的环境；二是调动外部资源为国家发展服务；三是提升国家地位和威望。先锋并不意味着孤军奋战，而是要把外交放在对内对外问题的总体视角下，各级、各部门、各领域密切协调，凝聚共识，推动全民族合力为国家发展服务。①

（二）2021年以来越南外交新动态

2021年1月初，在2020年外交工作总结及2021年工作计划会议上，越南外交部部长范平明提出2021年越南外交的主题为"构建全面现代化的外交体系，胜利落实党的十三大决议"，并就2021年的外交工作做出部署。② 4月，越南国会选举了新一届政府领导人，外交部原副部长裴青山当选新一届越南外交部部长。裴青山在当选之后的首次新闻发布会上提出了越南外交的四大优先事项：一是要进一步深化和巩固与重要伙伴之间的关系，特别是与邻国之间的关系；二是要将经济外交作为工作重点；三是注重多边外交，进一步融入国际；四是新冠肺炎疫情背景下，要加强对海外越南人的保护。③

2021年越南继续担任联合国安理会非常任理事国，并在2021年4月1日接替美国成为4月联合国安理会轮值主席，对此，越南决心出色完成"双重"任务。

---

① 《"推动构建全面现代化的外交体系，圆满落实十三大决议"研讨会开幕》，越南《世界与越南报》网站，2021年6月30日，https：//baoquocte. vn/khai – mac – hoi – thao – khoa – hoc – ve – day – manh – xay – dung – nen – ngoai – giao – toan – dien – hien – dai – thuc – hien – thang – loi – nghi – quyet – dai – hoi – xiii – 149842. html。

② 《范平明副总理：构建全面现代化的外交体系》，越南《世界与越南报》网站，https：//baoquocte. vn/pho – thu – tuong – pham – binh – minh – xay – dung – nen – ngoai – giao – toan – dien – hien – dai – 133708. html。

③ 《新任外交部长裴青山的4个优先事项》，越南《西贡解放报》网站，2021年4月8日，https：//www. sggp. org. vn/4 – uu – tien – cua – tan – bo – truong – bo – ngoai – giao – bui – thanh – son – 723953. html。

（三）中越关系走向预判

面对新的国际格局变化，中方积极推动构建中越具有战略意义的命运共同体。2021年2月，中共中央总书记、中国国家主席习近平同越共中央总书记、越南国家主席阮富仲通电话时强调，中越两国是具有战略意义的命运共同体。5月，中国国家主席习近平同越南国家主席阮春福通电话时，再次强调双方应从战略高度和长远角度看待和把握两党两国关系，锚定中越关系前进的正确方向。中国方愿同越方积极构建中越具有战略意义的命运共同体，为两党两国关系和社会主义事业发展注入新动力。阮春福表示，越方愿同中方一起把越中两党两国关系推向新的高度，为地区和平和社会主义事业发展做出贡献。越方并未就建立中越命运共同体做出明确表态。

除此之外，中越两国关系还面临一些消极因素的干扰。

一方面，由于中越两国在南海存在领土争议，因此，美国、印度、日本等大国也可能借中越之间的争议问题搅局；另一方面，在共同抗击新冠肺炎疫情方面还存在一些不和谐声音。

尽管中越之间存在一些问题，但两党两国致力于发展两国友好合作关系的方向是一致的。双边将努力维护南海地区的和平稳定，共同反对破坏两国关系的图谋。2021年4月，越南国家主席阮春福会见中国国务委员兼国防部长魏凤和时表示："越方坚定奉行一个中国政策，反对任何势力干涉中国内政，也将警惕和坚决抵制任何破坏中越关系的图谋，永远不会跟着其他国家反对中国；中越要更加紧密地团结起来，共同推进社会主义事业的兴旺发展。魏凤和表示，在南海问题上，中越要着眼大局和长远，管控好分歧矛盾，谋划好海上合作，坚决抵制域外大国插手搅局，共同维护南海的和平安宁。"① 可以预见，中越关系将在友好合作的主基调下继续向前发展。

---

① 《越共中央总书记阮富仲、越南国家主席阮春福分别会见魏凤和》，中华人民共和国国防部网站，2021年4月26日，http：//www.mod.gov.cn/topnews/2021－04/26/content_ 4883994.htm。

B.5

2020年越南军事发展暨2021年展望

秦臻月*

摘　要：　2020年，越南人民军召开第十一次党代会，确立2020～2025年
任期军队建设和发展的任务目标，全军开展思想政治教育整顿
活动，继续修订出台国防军事相关的法规条令。军方高层将领
发生重大调整，编制体制精简重组指标基本完成，军队装备现
代化逐步向自主研发倾斜，作战演训侧重于防御中的反击。在
全球外交活动因新冠肺炎疫情受限的背景下，越南充分利用
2020年担任东盟轮值主席国、2020～2021年担任联合国安理会
非常任理事国的机会，积极开展线上与线下相结合的多边和双
边军事外交，不断拓展其对外防务合作的广度和深度。2021
年，在对新冠肺炎疫情采取更加严格防控举措的框架下，越军
将聚焦于部署和落实第十一次全军党代会和越共十三大关于军
队建设与发展的目标任务，加速推进部分军兵种的现代化，在对
外防务合作中重点以解决战争遗留问题突破和拓展双边关系。

关键词：　越南人民军　军队现代化　东盟　新冠肺炎疫情　防务合作

2020年，越南人民军加强全军思想政治教育整顿，继续完善相关法律
体系，基本完成编制体制调整工作，加速进行军队现代化建设。在提升海空
防御能力的同时，军事演训更加注重防御中的进攻和非常备军事力量的动员

---

* 秦臻月，博士，广西东南亚研究会研究员。

及战斗力转化。在新冠肺炎疫情肆虐和担任东盟轮值主席国的背景下，越南人民军采取线上与线下相结合的方式深化和拓展防务外交关系，提升国家和军队的国际影响力。

一 越南人民军政治工作与国防政策法规调整

2020 年是越共中央军委 2015～2020 年任期最后一年，全军逐级选举产生新的党委领导班子，召开第十一次全军党代会，制定 2020～2025 年任期军队党建和军队现代化建设发展的任务目标，选举产生出席越共十三大的代表并积极筹备相关工作。全军开展"2020 纪律、纪纲年"活动进行思想政治教育整顿，同时通过修订和完善国防、军队相关法规条令，为提升国防军事实力和国际影响力提供法律政策保障。

（一）召开第十一次全军党代会，为参加越共十三大做准备

2020 年，越南人民军各级党组织逐级选举 2020～2025 年任期党委班子，9 月 28～30 日，2020～2025 年任期越南人民军第十一次党代会在河内召开，共有 450 名代表代表全军 26 万名党员出席会议。第十一次全军党代会的工作议程包括：总结第十次全军党代会决议 5 年落实情况；起草规划 2020～2025 年越南国防军事方向、目标、任务及军队党建；对将于 2021 年 1 月召开的越共十三大的各项文件草案进行讨论和建言献策；审查第十届中央军委的领导工作；选举产生了由 43 名正式代表、3 名候补代表和 18 名既定代表组成的出席越共十三大的军队代表团。大会确定了落实 2020～2025 年任期军队党建和军事、国防任务的 7 项核心目标以及到 2025 年军队建设的行动计划，确认国防和军队建设的中长期目标是：确保和加强党对军队各个方面的绝对和直接领导，继续弘扬军队的英勇传统、优势、地位和威望，着力建设纯洁、强大和模范的军队党组织；建设一支正规、精锐、逐步现代化的革命人民军队，按照精、简、强方向进行的编制组织调整工作基本完成，至 2030 年部分军、兵种走向现代化，力争从 2030 年起建设现代化的军

队力量，建设一支素质越来越高、力量越来越强的强大后备动员力量。2020年11月30日，越共中央军委通过了2021年国防军事任务和军队党建工作领导决议草案以及一系列工作计划。

（二）开展军队思想政治教育整顿，提升军队党组织的领导力和战斗力

在越南人民军第十一次党代会上，越共中央总书记阮富仲指出：要集中力量建设切实纯洁、强大、模范、典型，不负全党、全民、全军信任和期望的军队党组织，注重建设在政治、思想、组织和道德上强大的军队组织，提高各级党委、党组织的全面领导能力和战斗力，在全军和全社会发挥干部、党员的先锋模范作用；军队党组织要按照越共十一届四中全会和十二届四中全会决议、中央政治局第5号指示以及新时期"发扬传统、贡献才能、配得上'胡伯伯部队'称号"运动的精神加强党的建设和整顿，尤其要重视建设政治上强大的军队，以此为基础提高全军的综合素质和战斗力。①

为加强军队思想政治工作，加强党组织的建设和整顿、教育工作，越南人民军总政治局于2020年3月26日颁发第555/CT－TC号指示，在全军开展"2020纪律、纪纲年"活动。该指示要求全军各单位必须完成以下思想政治工作指标：100%的干部、战士要正确认识党的观点、路线和国家的政策、法规；牢牢掌握军队、单位的任务形势和"2020纪律、纪纲年"的实施内容；随时准备接受和完成上级下达的任务；政治认识考核100%达标，其中优秀率在70%以上，无思想政治、道德、生活方式的蜕化表现，无内部"自我演变""自我转化"现象；训练、生活、工作中无重大安全事故发生；100%的党委会直属党组及党支部党员达到"完成任务"指标，其中50%以上达到"好"指标；100%的干部随时准备接受和完成一切任务，其

---

① 《2020～2025年任期军队党代会开幕》，越南《人民报》网站，2020年9月28日，https：//nhandan. com. vn/tin－tuc－su－kien/khai－mac－dai－hoi－dai－bieu－dang－bo－quan－doi－nhiem－ky－2020－2025－618367/。

中70%达到"好"以上指标,无干部违纪现象;100%的单位在政治上绝对安全。[1]

(三)继续修订和调整相关条令法规,加强防务工作的法律保障

2020年,越南继续修改、完善并出台新的军队相关法律法规,配合新版《民兵自卫队法》和《预备役部队法》的生效出台实施细则,继续修订军队作战、战斗条令,对边防工作的部署和落实制定了更符合新时期、新形势要求的法律规定,为越军融入国际防务体系提供法律和政策保障。

1. 新版《民兵自卫队法》和《预备役部队法》生效和实施

2020年7月1日,越南第十四届国会第八次会议通过的《民兵自卫队法(修订案)》和《预备役部队法(修订案)》生效。为顺利在全国宣传和落实上述两法相关规定,越南政府于2020年6月30日颁布了第72/2020/ND-CP号决定,于2020年7月8日颁布了第79/2020/ND-CP号决定,分别对民兵自卫队、预备役部队的建设和相关政策、制度做出了详细规定。越南全国上下以多种形式开展两法的宣传普及工作,越军和地方各级政府制定和实施相关动员、培训、训练计划。

2. 通过19卷《作战条令、战斗条令》

继2017年修订、2018年1月9日通过25卷的《作战条令、战斗条令》后,越南国防部军事科学局组织8个军事单位及专家组对其不断修订、补充完善,于2020年12月通过19卷的《作战条令、战斗条令》。[2]

3. 通过越南《边防法(修订案)》

2020年11月11日,越南第十四届国会第十次会议以94.61%的赞成票

---

[1] 《在"2020纪律、纪纲年"落实好思想政治工作指标》,越南《人民军队报》网站,2020年3月28日,https://www.qdnd.vn/quoc-phong-an-ninh/tin-tuc/thuc-hien-tot-cac-chi-tieu-cong-tac-dang-cong-tac-chinh-tri-trong-nam-ky-luat-ky-cuong-2020-613651。

[2] 《国防部通过战斗条令》,越南《越土报》网站,2020年12月22日,https://datviet.trithuccuocsong.vn/quoc-phong/quoc-phong-viet-nam/bo-quoc-phong-thong-qua-dieu-lenh-chien-dau-3424706/。

表决通过越南《边防法（修订案）》，该修订案共 6 章 36 条，计划于 2022 年 1 月 1 日生效，同日 1997 年版越南《边防部队法令》失效。越南修订《边防法》旨在弥补 1997 年《边防部队法令》及相关法律条文的缺陷，将 2018 年越共中央政治局关于《国家边界保卫战略》的第 33－NQ/TW 号决议的路线政策进一步法制化，确保其与 2003 年越南《国家边界法》、2013 年越南《宪法》等保持法律体系上的统一和配套。新版《边防法》不仅规定了边防部队的职能和任务，还规定了政策、原则、人员、活动、保障力量的相关细则，机关、组织、个人的职责，边防相关机构、组织之间配合的范围、原则和内容。其内容呈现 3 个特点：一是强调全民卫边，其第 2 条解释了"全民边防"（Nen bien phong toan dan）和"全民边防阵势"（The tran bien phong toan dan）两个概念，强调越南全社会、每一位公民对保护边界的法律责任，把此前 2003 年《国家边界法》、2018 年《国家边界保卫战略》中对这两个概念的规定提升到法律层面；二是提供边防特殊政策，在其第 3 条规定的 7 项国家边防政策中，第 5 款补充了"边境地区发展经济、文化、社会、科学、技术、外事的特殊政策"；三是鼓励非国家财政的支持注入，其第 3 条第 7 款补充了"鼓励、创造条件让机关、组织、个人在自愿、不违反越南法律、符合国际法原则的前提下，对落实边防任务提供物质、财政和精神支持"。随着新版《边防法》的实施，越南边防部队地方各级边防指挥部增设了许多边境检查站和哨卡，重点对出入边境的人员进行检查。①

4. 通过《参加联合国维和部队决议》

2020 年 11 月 13 日下午，越南第十四届国会第十次会议以 100% 的赞成票表决通过《参加联合国维和部队决议》。该决议对越南人民军参加联合国维和行动的原则、形式、领域、力量、权限、开展流程、保障经费、政策制度和国家管理做了详细的规定，于 2021 年 7 月 1 日开始生效。越南国防部

① 《广义省边防部队成立 7 个检查站点对出入广义省海上边界的人员进行检查》，越南广义省广播电视网，2020 年 3 月 24 日，http：//quangngaitv.vn/tin－tuc－n4014/bien－phong－quang－ngai－thanh－lap－15－chot－kiem－tra－nguoi－ra－vao－khu－vuc－bien－gioi－bien－quang－ngai. html。

负责主持并配合越南公安部以及有关部门制定并呈交政府批准《越南人民军参加联合国维和行动的中长期提案》。该决议为越南长期、逐步扩大规模参与联合国维和行动的战略布局提供了法律保障。

二 越南人民军现代化建设

2020年，越南人民军按照精、简、强方向进行的编制体制调整工作已基本完成，新编制的落实部署已进入时间进度表，同时加速进行军队现代化建设。根据世界军事力量排名网站GlobalFirepower（以下简称GFP）于2021年3月31日发布的年度排名数据，越南军事力量指数为0.4189，在全球140个国家和地区中排第24位。[①]

（一）越军高层调整

2020年，越军高层领导出现大幅调整，国防部高官、国防部机关单位、各军兵种、军区、军团的领导班子均有变动。新任命5名国防部副部长：黄春战、武明梁、范淮南、武海产、黎辉咏；根据对开源数据的不完全统计，新任命至少11名少将（见表1），其中不乏"70后"，表明越军正在构建逐步年轻化的高级将领队伍。

表1 2020年越军部分高级军官职衔变动情况

姓名	出生年份	原职务	现职务	宣布日期
		原军衔	现军衔	
黄春战 （Hoang Xuan Chien）	1961	边防部队司令	国防部副部长	2020.07.15
		中将	上将	2020.10.14

---

① 《2021年军事力量排名》，GlobalFirepower网站，2021年3月31日，https：//www.globalfirepower.com/countries-listing.php。2020年2月25日，该网站发布的2019年度军事力量排名数据中，越南军事力量指数为0.3559，排第22位。

续表

姓名	出生年份	原职务	现职务	宣布日期
		原军衔	现军衔	
黎辉咏 （Le Huy Vinh）	1961	人民军副总参谋长	国防部副部长	2020. 11. 03
		中将	上将	2020. 10. 14
武明梁 （Vo Minh Luong）	1963	第7军区司令	国防部副部长	2020. 11. 03
		中将	上将	2021. 01. 22
范淮南 （Pham Hoai Nam）	1967	海军司令	国防部副部长	2020. 07. 15
		中将	中将	2018. 06. 16
武海产 （Vu Hai San）	1961	第3军区司令	国防部副部长	2020. 07. 15
		中将	中将	2018
黎光明 （Le Quang Minh）	不详	国防部情报总局副政委	国防部情报总局政委	2020. 06. 11
		少将	少将	不详
陈明德 （Tran Minh Duc）	1966	国防部技术总局副主任兼参谋长	国防部技术总局主任	2020. 06. 11
		少将	少将	不详
武玉蟾 （Vu Ngoc Thiem）	不详	通信联络部队副司令	国防部政府机要委员会主任	2020. 05. 04
		大校	少将	2020. 12. 31
裴氏兰芳 （Bui Thi Lan Phuong）	1967	通信联络部队副政委	中央军委检查委员会专职委员	2020
		大校	少将	2020
阮友雄 （Nguyen Huu Hung）	1970	人民军总参谋部救护救难局副局长	人民军总参谋部救护救难局副局长	2015. 09
		大校	少将	2020. 10. 17
裴辉秘 （Bui Huy Biet）	不详	第3军团政委	国防学院副政委	2020. 06. 29
		少将	少将	2018. 09
黄战胜 （Huynh Chien Thang）	1965	第9军区政委	人民军副总参谋长	2020. 11. 06
		中将	中将	2019. 09
阮登宝 （Nguyen Dang Bao）	不详	第1军区副参谋长	总参谋部院校局局长	2020. 03. 30
		少将	少将	不详

姓名	出生年份	原职务	现职务	宣布日期
		原军衔	现军衔	
裴国威 （Bui Quoc Oai）	1969	国防部部长助理	海警政委	2020.05.06
		少将	少将	不详
阮文兴 （Nguyen Van Hung）	不详	海警技术局主任	海警副司令	2020.04.29
		大校	大校	不详
陈文龙 （Tran Van Rong）	不详	海警政治部副主任	海警第1区政委	2020.02.03
		大校	大校	不详
黎德泰 （Le Duc Thai）	1967	边防部队副司令兼参谋长	主持司令工作	2020.07.20
			边防部队司令	2020.09.11
		少将	少将	2017.07
阮德孟 （Nguyen Duc Manh）	不详	多乐省边防部队指挥长	边防部队副司令	2020.06.11
		大校	少将	2020.06
黎光道 （Le Quang Dao）	1971	边防部队副参谋长	边防部队副司令兼参谋长	2020.09.14
		大校	少将	2020.09
陈清严 （Tran Thanh Nghiem）	1970	海军副司令兼参谋长	主持司令工作	2020.07.21
			海军司令	2020.09.11
		少将	少将	2019.05
潘俊雄 （Phan Tuan Hung）	不详	海军第4区司令	海军副司令	2020.06.09
		少将	少将	不详
裴海山 （Bui Hai Son）	1963	胡志明主席陵保卫司令部司令	胡志明主席陵保卫司令部司令	不详
		大校	少将	2020.03
阮文南 （Nguyen Van Nam）	不详	第7军区副司令	胡志明市司令部司令	2020.02.27
		少将	少将	不详
黎春世 （Le Xuan The）	不详	第7军区302师师长	胡志明市司令部副司令兼参谋长	2020.04.25
		大校	大校	不详

续表

姓名	出生年份	原职务	现职务	宣布日期
		原军衔	现军衔	
武文柯 （Vu Van Kha）	不详	防空空军主持司令工作	防空空军代司令	2020.04.29
		少将	少将	2017
阮文贤 （Nguyen Van Hien）	1967	防空空军副司令	防空空军副司令兼参谋长	2020.06.09
		少将	少将	不详
范文併 （Pham Van Tinh）	不详	防空空军副参谋长	防空空军副司令	2020.06.09
		大校	少将	2020.06
阮辉景 （Nguyen Huy Canh）	不详	第2军团司令	第1军区副司令兼参谋长	2020.06.09
		少将	少将	2017.09
黄文友 （Hoang Van Huu）	不详	第1军区副参谋长	第1军区副司令	2020.04.20
		大校	少将	2020.04.30
丁孟朴 （Dinh Manh Phac）	1964	第2军区副司令	第2军区副司令	2019.12.31
		大校	少将	2020.01.08
阮光玉 （Nguyen Quang Ngoc）	1968	第3军区副司令兼参谋长	主持司令工作 第3军区司令	2020.07.29 2020.09.14
		少将	少将	2017
阮文曼 （Nguyen Van Man）	1966	第4军区副司令	第4军区副司令	2019.06.25
		大校	少将	2020
蔡大玉 （Thai Dai Ngoc）	1966	总参作战局局长	第5军区司令	2020.10.05
		少将	中将	2020.06
许文想 （Hua Van Tuong）	不详	广南省军事指挥长	第5军区副司令	2020.04.20
		大校	少将	2020.04.30

续表

姓名	出生年份	原职务 现军衔	现职务 现军衔	宣布日期
阮长胜 （Nguyen Truong Thang）	1970	胡志明市司令部司令	第7军区副司令	2020.02.27
		第7军区副司令	第7军区司令	2020.11.18
		少将	少将	2019.12
邓文雄 （Dang Van Hung）	不详	第7军区副参谋长	第7军区副司令兼参谋长	2020.06.11
		少将	少将	2019
杜文炳 （Do Van Banh）	不详	第7军区政治部主任	第7军区副政委	2020.06.11
		少将	少将	2018
阮春萨 （Nguyen Xuan Dat）	1967	第9军区副司令	第9军区司令	2020.06.09
		少将	中将	2020.06
阮文构 （Nguyen Van Gau）	1967	第9军区政治部主任	第9军区政委	2020.11.18
		少将	少将	2019
陈文材 （Tran Van Tai）	不详	第9军区参谋长	第9军区副司令	2020.10.25
		大校	大校	不详
阮明兆 （Nguyen Minh Trieu）	不详	槟椥省军事指挥长	第9军区副司令	2020.06.09
		大校	少将	2020.06
阮文苓 （Nguyen Van Lanh）	不详	第3军团政治部主任	第3军团副政委	2020.06.29
		大校	大校	不详
阮文世 （Nguyen Van The）	不详	第3军团副政委	第3军团政委	2020.06.29
		大校	大校	不详
阮青丰 （Nguyen Thanh Phong）	不详	第3军团政治部副主任	第3军团政治部主任	2020.06.29
		大校	大校	不详

资料来源：根据越南中央政府电子报及其他媒体报道综合整理而成，表中"宣布日期"为新闻报道中人事变动对外宣布日期，不一定是任命日期。

（二）越军编制体制调整

2020 年，按照"精、简、强"的方向，越军已基本完成编制体制调整既定目标，编制优先倾斜新成立的单位和作战单位，新的组织编制正在逐步完善和部署，计划到 2025 年基本健全新的组织编制。① 第 2 军区、第 4 军区、通信联络部队对直属机关、单位进行了精简、重组，通信联络部队对全军通信力量进行任务和驻地调整，重组了科研技术保障单位、2 所学校、5 个旅，并报请总参谋部对军区通信旅下达统一编制。② 9 月 25 日，海军成立海军第 2 区训练中心。11 月 16 日，海警在海警第 1 区司令部成立了 1 号实践训练中心。为落实越南政府总理关于"到 2025 年全国新闻媒体管理与发展规划"的第 362/QD – TTg 号决定，越军对军队媒体进行了编制调整，1 份杂志的人员转隶，裁撤了 1 份电子报、7 份杂志，只保留了中央军委直属的《人民军队报》《全民国防杂志》《军队文艺杂志》，以及《首都国防报》、军队广播电视中心及 11 家军区、军兵种报。按照新的组织编制：《人民军队报》将朝着多媒体传媒机构模式发展，增加法语、俄语版面，建立单独的音视频网站；越南《国防频道》将发展成为越南 7 个国家电视频道之一。③ 此外，越南国防部时任副部长、现任部长潘文江④宣布，越南将成

---

① 《2020 年全军军政会议》，越南《人民报》网站，2020 年 12 月 7 日，https：//nhandan. com. vn/tin – tuc – su – kien/quan – doi – luon – la – luc – luong – chinh – tri – luc – luong – chien – dau – tuyet – doi – trung – thanh – la – cho – dua – vung – chac – tin – cay – cua – dang – nha – nuoc – va – nhan – dan – –627276/。

② 《按照路线图精简 10% 司令部机关的人员、组织编制》，越南《人民军队报》网站，2020 年 3 月 28 日，https：//www. qdnd. vn/quoc – phong – an – ninh/tin – tuc/thuc – hien – giam – 10 – quan – so – bien – che – to – chuc – co – quan – bo – tu – lenh – dung – lo – trinh – 613649。

③ 《按照革命、专业、现代的方向发展军队媒体》，越南《人民军队报》网站，2020 年 9 月 2 日，https：//www. qdnd. vn/quoc – phong – an – ninh/tin – tuc/phat – trien – bao – chi – quan – doi – theo – huong – cach – mang – chuyen – nghiep – hien – dai – 633627。

④ 2021 年 4 月 8 日，越南第十四届国会批准潘文江接替吴春历担任越南国防部部长的任命。越南《人民军队报》网站，2020 年 4 月 8 日，https：//www. qdnd. vn/chinh – tri/tin – tuc/quoc – hoi – phe – chuan – bo – nhiem – thuong – tuong – phan – van – giang – giu – chuc – vu – bo – truong – bo – quoc – phong – 656304。

立海上民兵自卫队参与保卫国家海洋海岛和海洋海岛经济建设，第一阶段先在中部沿海 6 省成立海上民兵自卫队，随后阶段将扩展到 14 个沿海省份。①

（三）武器装备现代化建设

除了进口、改良武器装备两个途径，越军日益重视通过自主研发本土国防工业实现武器装备现代化。2020 年，越南国防部国防工业总局开展了 123 个科研项目②，加大了武器装备自主研制的投资力度，越军海、陆、空武器装备逐年推陈出新。

1. 扩容水面舰艇

在军用船舶建造方面，越军一方面加大投资力度，另一方面积极与印度、日本、荷兰等国进行技术合作。越南军事媒体《人民军队报》报道，目前越南军用船舶企业已具备建造新型导弹攻击舰、反潜舰的能力，能为越南海军、边防部队、海警、渔检力量建造水面舰艇，修理基洛级 636 型潜艇，改造、升级、大修导弹护卫舰、反潜舰及海上执法作战力量的各类水面舰艇。③ 有越媒认为，越南自主建造 2000 吨以上导弹攻击舰比建造同吨位的反潜舰难度大。④ 通过接受外国援助、基于外国技术转让建造、自主研制等途径，2020 年越军水面舰艇继续扩大阵容（见表2），原计划于2020 年交付的美国海警退役 "约翰·米格特"（John Midgett，WHEC 726 ）号汉密

---

① 《海上民兵自卫队：大规模和现代化发展步伐》，俄罗斯卫星通讯社，2019 年 12 月 31 日，https：//vn. sputniknews. com/vietnam/202001078452252 – hai – doi – dan – quan – tu – ve – bien – buoc – phat – trien – quy – mo – va – hien – dai/。

② 《建设精、简、强、高效的国防工业》，越南《边防报》网站，2021 年 2 月 20 日，https：//www. bienphong. com. vn/xay – dung – nganh – cong – nghiep – quoc – phong – tinh – gon – manh – hieu – qua – post437474. html。

③ 《按照现代化、军民两用、成为国家工业尖端的方向发展国防工业》，越南《人民军队报》网站，2020 年 9 月 19 日，https：//www. qdnd. vn/quoc – phong – an – ninh/tin – tuc/phat – trien – cong – nghiep – quoc – phong – theo – huong – hien – dai – luong – dung – tro – thanh – mui – nhon – cua – cong – nghiep – quoc – gia – 635630。

④ 《越南自主建造 2000 吨以上舰船，哪种最好？》，越南 "知识" 网站，2020 年 11 月 15 日，https：//kienthuc. net. vn/quan – su/viet – nam – tu – dong – duoc – tau – chien – 2000 – tan – loai – gi – tot – nhat – 1460916. html#p – 7。

尔顿级巡洋舰，因新冠肺炎疫情未能成行，预计将在2021年上半年交付越南海警使用。①

表2 2020年越军水面舰艇扩容情况

单位：艘

发布日期	舰艇名称	数量	厂家	方式	用户
2020.05	"金属鲨鱼"巡逻艇	6	美国	美国FMF计划援助	海警
2020.02.01	Roro5612型运输登陆舰	3	秋江公司	基于荷兰达门集团技术转让建造	海军
2020.02.25	CQ－01型快艇	6	X70厂	自主研制	海军
2020.08.13	VDN－150运输舰（17－11－66号）	1	X51厂	自主研制	海军
2020.08.14	VDN－150运输船	不详	X51厂	自主研制	第9军区
2020.12.15	ST－260型渔检船（坚江渔检11号）	1	Z189厂	自主研制	渔检局
2020.12.21	HSGB高速巡逻艇	1	印度卡图帕利造船厂	印度政府援助贷款	边防部队

资料来源：根据越南《越土报》、soha网等越南媒体报道综合整理而成，表内"发布日期"为媒体报道日期。

2. 优化火力系统

近年来，越南加大防空火力装备的现代化投资力度。据越媒报道，越南从以色列采购的5套SPYDER防空导弹系统已列装防空空军作战单位。② 越南国防工业部门自主研制的A－72移动防空导弹系统已装备到防空空军的防空部队和各军区、军团的防空旅。该防空导弹系统由4枚A－72肩射导弹组成，配有光子观测系统和中央控制系统，能够全天候执行侦察、捕杀目

---

① 《美国巡洋舰"约翰·米格特"号悬挂越南国旗准备交付》，越南《青年报》网站，2020年2月8日，https：//thanhnien.vn/the－gioi/tau－tuan－tra－my－john－midgett－treo－co－viet－nam－chuan－bi－ban－giao－1339925.html。

② 阳光乔：《越南购买5套SPYDER防空系统，总价或达1亿美元》，搜狐网，https：//www.sohu.com/a/128307952_484994。

标任务。① 国防工业部门对现存大量老旧苏制地面进攻作战火炮装备进行"自行"功能升级改装，Z751 工厂生产的 PTH85 – VN18 型自行大炮，以 Ural – 4321 型载重车架为基础，其上装备 D – 44 型 85mm 口径火炮。② 与 2019 年相比，越军自行火炮数量增加了 30 辆。③ 从海军退役的苏制 SO – 1 级反潜护卫舰上拆下的 RBU – 1200 反潜火箭，也被装备到陆军用于近程地面进攻作战。④

3. 研发训练模拟系统

为降低训练成本和风险、提升训练效率，越南防空空军自主研发生产了 Su – 27 歼击机和 Mi – 8 直升机飞行训练驾驶舱模拟系统，已装备到防空空军的飞行员培训院校和作战单位。2020 年底，防空空军组织了直升机部队训练舱会操。⑤ 全军的电子对抗部队装备了 AJAS – 1000、AJAS – 5408、AJAS – 20C、DDFS – 500M、1RL238/SPN – 30、P – 12、GN – 500、TN – 223、IC – 746 等型号的模拟训练软件和训练室，训练部队提高无线通联设备的制压能力、近程传输短波数据信号能力。⑥

① 《越南的两种新型导弹系统——前所未有的特别和突破》，越南《祖国报》网站，2020 年 8 月 1 日，https：//toquoc. vn/hai – loai – ten – lua – phong – khong – moi – cua – viet – nam – dac – biet – va – dot – pha – lon – chua – tung – co – 820201811381168. htm。

② 《俄罗斯媒体评论越南的 PTH85 – VN18 型自行炮》，越南《越土报》网站，2020 年 7 月 31 日，https：//datviet. trithuccuocsong. vn/quoc – phong/quoc – phong – viet – nam/bao – nga – binh – luan – phao – tu – hanh – pth85 – vn18 – cua – viet – nam – 3415353/。

③ 《2021 年越南军事力量》，美国 GlobalFirepower 网站，2021 年 3 月 31 日，https：// www. globalfirepower. com/country – military – strength – detail. php？country ＿ id ＝ vietnam；《2020 年全球军事力量排行越南排名上升》，越南《河内时报》网站，2020 年 2 月 11 日，http：//hanoitimes. vn/vietnam – moves – up – in – 2020 – global – military – strength – 301019. html。

④ 《越南将 RBU – 1200 反潜火箭用于地面进攻》，越南《越土报》网站，2020 年 12 月 22 日，https：//datviet. trithuccuocsong. vn/quoc – phong/quoc – phong – viet – nam/viet – nam – dung – rocket – chong – ngam – rbu – 1200 – de – tan – cong – mat – dat – 3424702/。

⑤ 《越南飞行员在最新式的训练舱训飞》，越南《越土报》网站，2020 年 12 月 1 日，https：// datviet. trithuccuocsong. vn/anh – nong/phi – cong – viet – nam – luyen – bay – tren – buong – tap – toi – tan – 3423491/？p ＝ 5。

⑥ 《越南电子对抗部队使用最新器材进行训练》，越南《越土报》网站，2021 年 2 月 7 日，https：//datviet. trithuccuocsong. vn/quoc – phong/quoc – phong – viet – nam/tac – chien – dien – tu – vn – huan – luyen – voi – khi – tai – toi – tan – 3427248/。

4. 改造装甲装备

根据 GFP 网站公布的越南军事力量数据，2020 年，越军坦克数量有所减少，但装甲车数量大幅增加（见表3）。越南国防工业部门将苏制 T－34－85 型坦克改造成重型救护车，用于联合国南苏丹特派团执行战场救护任务。在俄制 T－90S 和 T－90SK 坦克上装备了 125mm 2A46 型坦克炮、AT－11 Sniper 反坦克导弹以及越南自产的 12.7mm 自动机枪。该自动机枪系统可装备到舰船上，具备遥控瞄准射击功能。① 越南国防部 Z176 工厂研制出轻型装甲车，拟替代老旧的 BTR－152 型装甲车。越媒评估，该轻型装甲车批量生产后可装备到机动警察部队，还可作为出口军品。② 另据越媒推测，越军将列装俄制 T－72MS 型坦克，这种坦克的性能甚至优于俄军目前使用的 T－72B3 和出口的 T－90S/SK 型坦克。③

表3 2019～2020 年越军坦克、装甲车数量变化

单位：辆，%

装备名称	2019 年	2020 年	增减幅度
坦克	2615	2155	－18
装甲车	2530	5500	＋117

资料来源：《2021 年越南军事力量》，美国 GlobalFirepower 网站，2021 年 3 月 31 日，https：//www.globalfirepower.com/country－military－strength－detail.php？country_id＝vietnam；《2020 年全球军事力量排行越南排名上升》，越南《河内时报》网站，2020 年 2 月 11 日，http：//hanoitimes.vn/vietnam－moves－up－in－2020－global－military－strength－301019.html。

---

① 《越南为 T－90 坦克装备 12.7mm》，越南《越土报》网站，2020 年 11 月 20 日，https：//datviet.trithuccuocsong.vn/quoc－phong/quoc－phong－viet－nam/viet－nam－tu－trang－bi－khau－127mm－cho－t－90－3422849/。

② 《越南研究生产轻型装甲车》，越南《越土报》网站，2021 年 1 月 3 日，https：//datviet.trithuccuocsong.vn/quoc－phong/quoc－phong－viet－nam/viet－nam－nghien－cuu－san－xuat－xe－thiet－giap－hang－nhe－3425380/。

③ 《看看越南即将接收的 T－72MS 装甲车内部设施》，越南《越土报》网站，2020 年 11 月 16 日，https：//datviet.trithuccuocsong.vn/quoc－phong/quoc－phong－viet－nam/xem－noi－that－tien－nghi－tang－t－72ms－viet－nam－sap－nhan－3422585/；《越南准备接收 T－72MS 装甲车》，越南《越土报》网站，2020 年 11 月 12 日，https：//datviet.trithuccuocsong.vn/quoc－phong/quoc－phong－viet－nam/viet－nam－chuan－bi－tiep－nhan－xe－tang－t－72ms－dai－bang－trang－3422330/。

5. 自产枪械装备

基于以色列的技术转让，越南本土国防工业部门生产了 Jericho 941 半自动手枪①，并在 M16A21 步枪基础上自产 M16A2 突击步枪②，越南国防部Z111 工厂宣布已成功研发新型 7.62mm×39mm 突击步枪 STV – 410③，这款步枪综合了俄罗斯 AK – 15 突击步枪和以色列 Galil ACE – N 突击步枪的优点。

三　越南人民军作战训练工作

2020 年，越南人民军继续本着"基本、切实、稳扎"的训练方针，各军兵种、军区、军团的演习训练工作从 2 月新冠肺炎疫情防控演习拉开帷幕，疫情防控贯穿于全年军事训练与演习科目中，重点检验海空防御部队的实战火力效果，锻炼部队在紧急战备条件下的机动作战能力和各军兵种之间、军民之间协同作战的能力，提升非常备军事力量的战斗力转化能力和效率。

（一）展开全军疫情防控演习，提升非传统威胁应对能力

2020 年，越军严格落实新冠肺炎疫情防控措施，最大限度控制了疫情在军队内部的蔓延，同时充当了全国疫情防控的主力军，尤其是在边境疫情控制、病患检查隔离方面起到了重要作用。2 月，越军化学部队率先在中越边境口岸进行防疫演习。3 月 2～4 日，越南国防部组织了全军

---

① 《越南生产 Jericho 941 手枪》，越南《越土报》网站，2020 年 10 月 9 日，https：//datviet. trithuccuocsong. vn/quoc – phong/quoc – phong – viet – nam/viet – nam – san – xuat – sung – ngan – jericho – 941 –3420298/。

② 《越南成功升级 M16 步枪》，越南《越土报》网站，2020 年 9 月 22 日，https：//datviet. trithuccuocsong. vn/quoc – phong/quoc – phong – viet – nam/viet – nam – nang – cap – thanh – cong – sung – truong – m16 –3419356/。

③ 《越南 Z –111 军工厂生产线再曝光，开足马力造新枪，年产量 1 万支》，https：// baijiahao. baidu. com/s？ id =1678087413733266678&wfr = spider&for = pc。

抗击新冠肺炎疫情线上演习。① 演习规则由国防部演习指导委员会统一制定、下发，演习单位分为国防部直属机关和各军兵种、军区、院校单位两级，演习内容按疫情蔓延的严重程度分为五级。此后，各军兵种、各级军事单位相继组织了不同范围和程度的新冠肺炎疫情防控实兵演习，并参与地方政府牵头组织的新冠肺炎疫情防控演习。为总结经验、提升能力，越南国防部批准了"越南人民军新冠肺炎疫情防控任务总结科学项目"，该项目的内容涵盖军队的新冠肺炎疫情防控任务，分析和澄清流行病学的概念、新冠肺炎疫情的影响，分析总结越南和越军在疫情防控方面的经验、教训与优势、劣势。12 月 16 日，该项目由越军副总参谋长冯士晋担任主任的国防部新冠肺炎疫情防控经验总结委员会投票评估为"优秀"。②

（二）重视海空防御火力检验，提升多方协同作战能力

2020 年，越南海军、防空空军分别组织了火力系统演习，海军、防空空军、渔检力量、边防力量、沿海地方政府、渔民等多股海上力量之间开展了不同形式的协同演习。7 月初，越南海军第 1 区 679 岸舰导弹旅组织单边一级参谋机关指挥沙盘和部分实兵演习③，这是越南海军岸防导弹部队的示范演习，旨在继续研究、调整、补充、完善岸防导弹部队的训练演习计划，使其更加贴近作战要求和任务。10 月 26～29 日，越南防空空军组织 2020 年防空火力分队战术演习，防空空军 361 师、363 师、

---

① 《抗击新冠肺炎疫情：军队大演习》，越南卫生部网站，2020 年 3 月 4 日，https：//moh. gov. vn/hoat－dong－cua－dia－phuong/-/asset_publisher/gHbla8vOQDuS/content/chong－giac－covid－19－quan－oi－dien－tap－lon。
② 《评估验收越南人民军新冠肺炎疫情防控任务总结科学项目》，越南《人民军队报》网站，2020 年 12 月 16 日，https：//www. qdnd. vn/quoc－phong－an－ninh/tin－tuc/danh－gia－nghiem－thu－nhiem－vu－khoa－hoc－tong－ket－nhiem－vu－phong－chong－dich－covid－19－cua－quan－doi－nhan－dan－viet－nam－646700。
③ 《海军 679 旅：提高参谋－指挥演习质量》，越南《越南海军报》网站，2020 年 7 月 6 日，https：//baohaiquanvietnam. vn/tin－tuc/lu－doan－679－hai－quan－nang－cao－chat－luong－dien－tap－chi－huy－tham－muu。

365 师、367 师、375 师、377 师等防空作战单位参与了演习，演习科目涵盖政工、参谋指挥、技术、后勤等方面，演练从准备战斗到贴近目标实施战斗的全过程。①

（三）聚焦战备状态转换和进攻作战能力，提升非常备军事力量的战斗力转化

1. 军事训练演习更加注重防御中的反击

2020 年，"进攻"成为越军演训科目中的高频词。8 月 10 ~ 11 日，第 1 军区 210 防空旅组织单边二级机关指挥沙盘演习，主题为"军区进攻战役重要目标保卫战"，601 通信旅组织单边二级机关指挥沙盘演习，主题为"通信旅进攻 293 公路战役"②，382 炮兵旅组织单边二级机关指挥沙盘演习，主题为"炮兵旅支援Đ1 路反攻战役"。8 月 18 ~ 21 日，第 1 军区 346 师组织单边二级机关指挥沙盘演习，主题为"步兵师进攻中游地形敌人防御区"。③ 10 月 18 日，324 师 246 团组织连级步兵单位实弹综合演习，战术演习主题为"步兵连行军驻扎、渡江战斗""步兵连进攻空降敌人"，对抗演习主题为"步兵连进攻防御敌人""步兵连防御作战"，实弹射击演习主题为"步兵连进攻防御敌人""步兵连防御敌人"。④ 10 月 22 日，第 5 军区第 1 团在国家 2 号军事训练中心组织实弹射击演习，主题为"步兵营进攻防御

---

① 《防空空军开幕 2020 年防空火力分队战术演习》，越南《人民军队报》网站，2020 年 10 月 26 日，https：//www. qdnd. vn/quoc – phong – an – ninh/tin – tuc/quan – chung – phong – khong – khong – quan – khai – mac – dien – tap – chien – thuat – phan – doi – hoa – luc – phao – phong – khong – nam – 2020 – 642012。

② 《601 通信旅：单边二级机关指挥演习》，越南《第 1 军区报》网站，2020 年 8 月 12 日，https：//baoquankhu1. vn/trang – in – 254281. html。

③ 《346 师：单边二级机关沙盘指挥演习》，越南《第 1 军区报》网站，2020 年 8 月 21 日，http：//baoquankhu1. vn/tin – tuc/quoc – phong – an – ninh/su – doan – 346 – dien – tap – chcq – 1 – ben – 2 – cap – tren – ban – do – 254362 – 85. html。

④ 《246 团：连级实弹综合演习》，越南《第 1 军区报》网站，2020 年 10 月 18 日，http：// baoquankhu1. vn/tin – tuc/quoc – phong – an – ninh/trung – doan – 246 – dien – tap – vong – tong – hop – ban – dan – that – cap – dai – doi – 254658 – 85. html。

敌人"，团部火力支援。① 10 月 26 日，第 5 军区第 2 师第 38 团在国家军事训练第 2 中心组织 2020 年实弹射击演习，主题为"团级火力加强下步兵营进攻防御敌人"。② 10 月 20 日，第 7 军区 317 师在国家 3 号靶场组织"步兵营进攻空降敌人"战术演习。③ 11 月 27 日，第 9 军区第 8 师第 9 团在支陵（Chi Lang）靶场进行多兵种协同实弹演习，主题为"步兵营进攻防御敌人"。④ 12 月 22 日，河江省军事指挥部 877 团组织单边一级机关指挥部分实兵实弹演习，主题为"步兵团山林地形进攻防御敌人"。⑤

2. 强调从战备状态至战斗实施各阶段的转换和连贯训练

2020 年 8 月 28 日，第 2 军区 82 团组织连级实弹战术演习，主题为"步兵营、连转变战备状态；战斗行军、驻扎；战斗行军中渡江；运动围攻敌人；进攻空降敌人；进攻山林地形敌人防御区和山林地形防御"。⑥ 11 月 17 日，316 师进行单边二级机关指挥演习，主题为"兵器技术加强后步兵师行军至战斗集结区域，协同兵种和地方武装力量战斗，进攻山林地带敌人防御区域"，演习分为 4 个阶段：战备状态转变、组织行军，组织准备战斗，

① 《步兵 1 团完成 2020 年实弹射击演习任务》，《第 5 军区报》网站，2020 年 10 月 22 日，http：//baoquankhu5. vn/trung – doan – bo – binh – 1 – hoan – thanh – nhiem – vu – die% CC% 83n – ta% CC% A3p – ban – da% CC% A3n – tha% CC% A3t – nam – 2020/。

② 《第 2 师 38 团进行 2020 年实弹射击演习》，《第 5 军区报》网站，2020 年 10 月 26 日，http：//baoquankhu5. vn/trung – doan – 38 – su – doan – 2 – die% CC% 83n – ta% CC% A3p – ban – da% CC% A3n – tha% CC% A3t – nam – 2020/。

③ 《317 师组织"步兵营进攻空降敌人"战术演习》，《第 7 军区报》网站，2020 年 10 月 20 日，https：//baoquankhu7. vn/su – doan – 317 – dien – tap – chien – thuat – tieu – doan – bo – binh – tien – cong – dich – do – bo – duong – khong – 258443135 – 0019984s34910gs。

④ 《317 师组织"步兵营进攻空降敌人"战术演习》，《第 7 军区报》网站，2020 年 10 月 20 日，https：//baoquankhu7. vn/su – doan – 317 – dien – tap – chien – thuat – tieu – doan – bo – binh – tien – cong – dich – do – bo – duong – khong – 258443135 – 0019984s34910gs。

⑤ 《877 团山林地形进攻防御敌人演习》，越南《河江报》网站，2020 年 12 月 22 日，http：//www. baohagiang. vn/an – ninh – quoc – phong/202009/trung – doan – 877 – dien – tap – tien – cong – dich – phong – ngu – o – dia – hinh – rung – nui – 765687/。

⑥ 《第 82 团进行连级实弹战术演习》，越南《第 2 军区报》网站，2020 年 8 月 28 日，http：//quankhu2. vn/trung – doan – 82 – dien – tap – chien – thuat – co – ban – dan – that – cap – dai – doi/。

实施战斗，实弹射击。① 10 月 5 ~ 8 日，第 3 军区 395 师组织 2020 年单边二级机关指挥实地、部分实兵实弹射击演习，主题为"步兵师进攻敌人防御区域"，演习分 3 个阶段：提高战备状态、组织准备战斗、实施战斗。② 11 月 23 ~ 26 日，第 4 军区 324 师举行 2020 年单边二级机关指挥实地、部分实弹多兵种协同作战演习，主题为"步兵师进攻机动敌人""步兵团加强兵器技术进攻空降敌人"，演习分为 3 个阶段：转变战备状态、组织准备战斗、实施战斗。③ 11 月 27 日，第 4 军区 968 师举行单边二级指挥机关实地、部分实兵实弹演习，主题为"步兵师进攻敌机动部队"，演习分为"转向战备状态、组织准备战斗、进行战斗、实兵实弹射击" 4 个阶段。④

3. 着力培养非常备军事力量加快其战斗力转化

随着新版《民兵自卫队法》和《预备役部队法》的生效实施，2020年，越军和地方各级军事指挥机构加强了民兵自卫队、预备役部队的组织建设、素质培训和军事训练工作，旨在加快、加强非常备军事力量在战时的战斗力转化，主要体现在以下两个方面。

一是开展预备役部队演习和常备部队战时接收和训练预备役力量参战演习。2020 年 7 月 14 日，第 5 军区 307 师组织单边二级机关指挥沙盘和实地预备役军人动员演习，代号"ĐV - 20"，⑤ 7 ~ 9 月，越南安庆县军事指挥

---

① 《316 师组织 KH - 20 演习》，越南《第 2 军区报》网站，2020 年 11 月 17 日，http：// quankhu2. vn/su - doan - 316 - to - chuc - dien - tap - kh - 20/。

② 《395 师：完成 2020 年演习》，越南《第 3 军区报》网站，2020 年 10 月 8 日，http：// quankhu3. vn/index. php/Tin - tuc - su - kien/su - doan - 395 - hoan - thanh - cu - c - di - n - t - p - 2020. html。

③ 《军区司令部检查 324 师演习》，越南《第 4 军区报》网站，2020 年 11 月 25 日，http：// baoquankhu4. com. vn/quoc - phong - an - ninh/tin - tuc/tu - lenh - quan - khu - kiem - tra - dien - tap - su - doan - 324. html。

④ 《986 师完成单边二级指挥机关演习，部分实弹实兵射击》，越南广治省委网站，2020 年 11 月 27 日，https：//tinhuyquangtri. vn/su - doan - 968 - quan - khu - 4 - hoan - thanh - tot - nhiem - vu - dien - tap - chi - huy - co - quan - 1 - ben - 2 - cap - ngoai - thuc - dia - co - mot - phan - thuc - binh - ban - dan - that - nam - 2020。

⑤ 《第 5 军区：307 师机关指挥演习开幕》，越南《第 5 军区报》网站，2020 年 7 月 15 日，http：//baoquankhu5. vn/quan - khu - 5 - khai - mac - dien - tap - chi - huy - co - quan - cho - su - doan - 307/。

部、兴安市军事指挥部、第 2 军区 297 旅和 355 师、第 1 军团 390 师先后组织了预备役部队演习、接收和训练预备役军人参战演习，检验正规部队与地方力量配合协同，在战前、战时接收预备役军人，预备役军人迅速参战补充部队战斗生员的能力。

二是民兵自卫队在演习中承担部分作战任务，磨合提升与常备部队的协同能力。为实施新版《民兵自卫队法》，越南军队和地方积极展开民兵自卫队的建设、组织和训练工作，常备部队演训科目中增加了民兵自卫队元素，锻炼常备部队与上级部队、友邻单位和地方民兵自卫队之间的协同配合。第 1 军区、第 2 军区、第 3 军区、第 4 军区等都在日常军事演训中设计安排了民兵自卫队的任务科目，南定省军事指挥部在 2020 年 5 ~ 6 月集中组织民兵自卫力量进行训练和演习①，9 月 14 ~ 16 日，第 7 军区第 5 师在第三区域国家靶场组织实弹射击战术演习，主题为"步兵连在民兵自卫队配合下运动进攻""步兵连在民兵自卫队配合下进攻中游地形防御区敌人""步兵连在民兵配合下防御"。② 11 月 10 日，第 7 军区组织主题为"步兵营海岸防御"的反海上登陆演习，302 师与胡志明市民兵自卫队担任对抗双方，巴地 – 头顿省武装力量火力支援。这是胡志明市民兵自卫队与正规部队配合进行反海上登陆实弹演习。③

四 越南对外防务合作

2020 年，越南国防部继续贯彻越南共产党"独立、自主、多样化、多

---

① 《民兵自卫队操场训练》，越南《南定报》网站，2020 年 7 月 2 日，http://baonamdinh. com. vn/channel/5086/202007/tren – thao – truong – huan – luyen – dan – quan – tu – ve – 2538363/。

② 《第 5 师组织 2020 年实弹射击战术演习》，越南《第 7 军区报》网站，2020 年 9 月 17 日，https：//baoquankhu7. vn/su – doan – 5 – dien – tap – chien – thuat – co – ban – dan – that – nam – 2020 – – 566921668 – 0019601s34010gs。

③ 《圆满完成海岸防御演习》，胡志明市委网站，2020 年 11 月 10 日，https：//www. hcmcpv. org. vn/tin – tuc/hoan – thanh – tot – dien – tap – phong – ngu – bo – bien – 1491871604。

边化"的外交路线，充分发挥其担任 2020 年东盟轮值主席国和 2020～2021 年联合国安理会非常任理事国两个国际角色的机会，调整原计划，以线上、半线上和线下相结合的方式开展对外防务合作，努力将新冠肺炎疫情对其对外防务合作的影响降到最低，并通过军医交流、赠送防疫物资等活动在一定程度上拉近国际防务关系。

（一）多边防务合作

在多边防务合作方面，越南的首要任务是顺利履行东盟轮值主席国职责，其次是以防务合作为信任基础推进与欧盟的经济合作，同时继续扩大参与联合国维和行动的规模和影响。

1. 塑造在东盟内部的领导力和影响力，主办东盟系列防务活动

2020 年，越南国防部以"加强防务合作 致力于有凝聚力和主动适应的东盟"（Hop tac quoc phong vi mot ASEAN gan ket va chu dong thich ung）为主题举办一系列东盟防务合作活动。在这些防务活动中，越南积极献策、主动作为，展示并提升了其在东盟的领导和协调能力。

东盟系列防务活动以东盟国防部长非正式会议（2020 年 2 月 19 日）揭幕，此后，因新冠肺炎疫情形势严峻，一些原定活动被取消，东盟国防高官会（ADSOM，5 月 15 日）、东盟国防高官扩大会（ADSOM＋，7 月 7 日）、第 17 届东盟地区论坛安全政策会议（ASPC－17，7 月 10 日）、东盟维和中心网络视频会议（APCN，7 月 16 日）、第 10 届东盟军队作战局局长会议（AMOM－10，9 月 16 日）、第 17 届东盟军事情报领导人会议（AMIIM－17，9 月 22 日）、第 17 届东盟国防力量司令级会议（ACDFM－17，9 月 24 日）、第 7 次东盟空军训练与培训共同小组会议（10 月 6 日）、第 17 届东盟空军司令会议（AACC－17，10 月 22 日）、第 14 届东盟海军司令会议（11 月 5 日）、第 21 届东盟陆军司令会议（ACAMM，11 月 24 日）、第 14 届东盟国防部长会议（ADMM，12 月 9 日）、第 7 届东盟国防部长扩大会（ADMM＋）和系列相关活动（12 月 10 日）等防务活动均以视频形式举行。第 14 届东盟国防部长会议通过了《联合宣言》，其中包括参加联合国维和行动的东盟成员国军事单位在各自国旗旁放置东盟旗帜的概念

文件。第 7 届东盟国防部长扩大会通过了联合宣言——《东盟国防部长扩大会各国国防部长关于战略安全愿景的联合宣言》，这是 ADMM + 通过的第三份联合宣言。越媒评价，在中美关系高度紧张的背景下，与会各国能达成联合宣言，证明了东盟的中心作用与越南在地区和对其他伙伴国的引导力和影响力。① 在东盟系列防务活动框架下，越南国防军事高层与东盟各国、美、俄、日、印、澳国防军事高层进行了广泛的双边和多边接触，帮助东盟和自身在大国间保持平衡，维护和强调东盟的中心作用。

基于东盟防长非正式会议上通过的《东盟国防部长关于抗击新冠肺炎疫情中防务合作的联合声明》，2020 年 5 月 27 日，在越南倡议和越南军医局的主持下，东盟军医中心（ACMM）理事会举行了"新冠肺炎疫情防控应对在线演习"，东盟各国军医代表对演习中模拟的各国应对新冠肺炎疫情的经验、漏洞进行分析评价，明确军医与其他力量的关系，制定行动计划提升东盟军事医疗战备状态。年内，在越南军医局的主持下，东盟军医中心理事会召开了 5 次视频会议，就新冠肺炎疫情防控进行经验交流与合作商讨；越南军区局在主题为"东盟国家维和中心加强合作应对新冠肺炎疫情"的 2020 年东盟维和中心网络视频会议上，提出要在东盟维和中心网络成员国的培训内容中增加"新冠肺炎疫情防控"训练科目，还主持了东盟军医防疫隔离区管理工作视频研讨会。②

2. 深化与欧盟的防务合作，以此为基础推动其他领域的合作

根据 2019 年越南与欧盟签署的《参与欧盟危机管理行动框架协定》（FPA），欧盟已选择越南作为加强欧盟在亚洲地区及与亚洲各国的安全合作战略计划的试点国家，越南国防部军官可参加欧盟驻中非共和国的部分维和训练中心的教学活动。2020 年 6 月 11 日，越南国防部副部长阮志咏与欧盟

---

① 《盘点 2020 年越南对外防务》，越南《国际报》网站，2020 年 12 月 20 日，https：// baoquocte. vn/dau – an – doi – ngoai – quoc – phong – viet – nam – nam – 2020 – 132044. html。

② 《东盟军医关于防疫隔离区管理视频研讨会开幕》，越南《人民军队报》网站，2020 年 8 月 27 日，https：//www. qdnd. vn/doi – ngoai/doi – ngoai – quoc – phong/khai – mac – hoi – thao – truc – tuyen – quan – y – cac – nuoc – asean – ve – quan – ly – khu – cach – ly – trong – phong – chong – covid – 19 – 633208。

军事委员会主席克劳迪奥·格拉齐亚诺（Claudio Graziano）举行视频会谈，双方一致认为，越南与欧盟合作潜力巨大，尤其是在代表团互访、国防安全对话、培训、克服战后遗留问题、维和、战略研究等领域。11 月，双方签署了国防安全科研机构之间的合作备忘录（Ban ghi nho ve hop tac giua cac co quan nghien cuu voi mot so co so，vien nghien cuu ve quoc phong-an ninh cua EU va cac nuoc thanh vien），标志着国防安全合作关系的正式建立。[①] 12 月 1 日，越南与欧盟在线举行第二次国防安全对话。越南与欧盟之间的防务合作进一步深化。

3. 参与联合国维和行动，继续扩大参与规模和影响力

自 2014 年正式参加联合国维和行动以来，越南持续扩大其参与规模和范围。从 2018 年开始，越南一号二级野战医院维和人员赴南苏丹执行联合国南苏丹特派团维和任务。为应对南苏丹地区的新冠肺炎疫情，越南军医局为其 2019 年派驻联合国南苏丹特派团的二号二级野战医院进行线上防疫培训[②]，联合国维和行动部对该医院在南苏丹疫情防控中的作为予以肯定，要求其延期服役至 2021 年 2 月（原定于 2020 年 10 月服役期满回国），并建议越南在南苏丹维和特派团建设新冠病毒检测中心。三号二级野战医院已在 2020 年底筹备完毕，于 2021 年 3 月前往南苏丹接替二号二级野战医院执行维和任务。越南还选派军官参选联合国维和行动部军官岗位。2020 年，越南首次有军官（2 名）通过联合国机构人才考试进入联合国战略咨询机构工作，其中梁长荣担任维和行动部军事事务办公室力量建设组织处计划军官，陈德享担任维和行动部军事事务办公室军事计划处执行参谋计划军官。截至 2020 年 9 月，越南已派遣 73 名军

---

① 《越南－欧盟防务合作取得突破》，越南《人民军队报》网站，2020 年 11 月 27 日，https：//www. qdnd. vn/doi－ngoai/doi－ngoai－quoc－phong/buoc－dot－pha－trong－hop－tac－quoc－phong－viet－nam－lien－minh－chau－au－644987。

② 《越南野战医院进行新冠肺炎疫情防控线上集训》，越南《人民军队报》网站，2020 年 5 月 16 日，https：//www. qdnd. vn/doi－ngoai/doi－ngoai－quoc－phong/benh－vien－da－chien－viet－nam－o－ch－nam－sudan－tap－huan－truc－tuyen－ve－phong－chong－covid－19－618018。

官参加联合国南苏丹和中非两个特派团，其中女性军官 12 名，占 16.4%，远高于联合国维和特派团和政治特派团中女性军警的比例（女性军人 4.7%，女性警察 10.8%）。① 越南派往联合国南苏丹维和特派团的工兵队也已筹备训练完毕，随时准备接替英国的工兵队执行维和任务。通过联合国维和行动，越南丰富了与各国的合作内涵，助力提升越南和越军的国际影响。截至 2020 年，越南国防部与中国、美国、俄罗斯、印度、日本、澳大利亚、法国、新西兰、韩国等多个国家签署了联合国维和行动谅解备忘录。

（二）重视与邻国和传统友好国家的防务合作

越南国防部副部长阮志咏指出，在对外活动中，越南应继续重视双边关系，尤其是老挝、柬埔寨、中国等邻国，俄罗斯、古巴等老朋友，日本、韩国等发达国家，与这些国家的关系将有效助力越南经济发展。②

1. 中越继续边境海洋防务合作和防疫合作

2020 年，中越纪念《中越陆地边界条约》签订 20 周年及 3 个陆地边界法律文件生效 10 周年，两国防务高层就防疫合作和军队政治工作进行了线上交流，两国边海防力量联合开展巡逻、检查活动。4 月 29 日，中国国防部部长魏凤和与越南国防部部长吴春历通电话，强调两国要在防疫领域加强合作。③ 11 月 6 日，中国人民解放军政治工作部主任苗华与越南国防部政治总局主任梁强在线会谈，就加强军队政治工作，尤其是在反"和平演变"

---

① 《联合国安理会推动维和行动方案改革》，越南共产党电子报，2020 年 9 月 15 日，https：//dangcongsan. vn/the - gioi/nhung - van - de - toan - cau/hoi - dong - bao - an - thuc - day - cac - bien - phap - cai - cach - hoat - dong - gin - giu - hoa - binh - 563540. html。

② 《阮志咏上将：对外防务——在建立信心的基础上及早、及远保卫祖国》，越南《国家组织杂志》网站，2020 年 12 月 22 日，https：//tcnn. vn/news/detail/49366/Thuong - tuong - Nguyen - Chi - Vinh - Doi - ngoai - quoc - phong - - - bao - ve - To - quoc - tu - som - tu - xa - tren - co - so - xay - dung - long - tin. html。

③ 《魏凤和同越南国防部长通电话》，新华网，2020 年 4 月 29 日，http：//www. gov. cn/guowuyuan/2020 - 04/29/content_ 5507499. htm。

"去政治化"等方面进行了经验交流。① 2 月 27～28 日，中国云南省红河边境管理支队与越南老街省边防部队指挥部开展边境联合巡逻和新冠肺炎疫情防控活动。两国海警于 4 月 21～23 日和 12 月 22～23 日进行《中越北部湾渔业合作协定》签署以来第 19、第 20 次北部湾联合渔业检查，其中第 20 次也是上述协定于 2020 年 6 月 30 日到期之后首次在北部湾划界线附近海域进行并排航行巡逻。② 两国海军于 6 月 25～26 日和 11 月 20～22 日在北部湾海域开展第 28、第 29 次联合巡逻。两国戍边部队、军医部门互相赠送防疫物资，开展视频会议进行疫情防控交流。

2. 越老、越柬以疫情为纽带促进防务关系

2020 年，越南与同在印支半岛上的两个邻国老挝、柬埔寨之间的防务合作在疫情背景下显得更加紧密。

越老保持边境安全保卫、犯罪管控、边境巡逻、普法宣传、越军遗骸寻找合作。2020 年，在老挝境内找到 181 具越军遗骸。除继续为老挝军队提供培训高级指挥、参谋、后勤人员以及越语外，越南国防部向老挝国防部赠送疫情防控医疗物资，派遣专家赴老挝援助新冠肺炎疫情防控工作。两国国防部部长就包括疫情防控合作在内的防务合作进行线上会谈，签署《越南国防部与老挝国防部 2021 年合作计划》。越南边防部队司令部分别与老挝人民军总参谋部边防部队局、老挝安全部安全总局和警察总局会谈，赠送抗疫医疗物资。越南驻越老边境军事单位分别向对应的老挝戍边部队赠送疫情防控物资，增进多层次防务交流、互动与合作。

越柬在边境安全保卫、犯罪管控、边境巡逻、越军遗骸寻找等方面保持合作。越南边防部队司令部分别与柬埔寨国家安全总局、国家移民局、陆军

---

① 《中国中央军委政治工作部与越南人民军政治总局加强合作》，越南《人民军队报》网站，2020 年 11 月 6 日，https：//www. qdnd. vn/doi－ngoai/doi－ngoai－quoc－phong/thuc－day－hop－tac－giua－tong－cuc－chinh－tri－quan－doi－nhan－dan－viet－nam－va－bo－cong－tac－chinh－tri－quan－uy－trung－uong－trung－quoc－643094。

② 《中国和越南海警完成联合巡逻》，越南《人民军队报》网站，2020 年 12 月 24 日，https：//www. qdnd. vn/doi－ngoai/doi－ngoai－quoc－phong/ket－thuc－chuyen－tuan－tra－lien－hop－giua－canh－sat－bien－viet－nam－va－canh－sat－bien－trung－quoc－647418。

司令部等就边境保卫、边境执法、犯罪调查、口岸检查、疫情防控等方面进行会晤交流。越南海军第 5 区与柬埔寨皇家海军展开第 58 次（3 月 12～13 日）、第 59 次（6 月 23～24 日）海上联合巡逻。越方积极筹办第一届越柬边境防务友好交流活动（Giao luu huu nghi Quoc phong bien gioi Viet Nam-Campuchia lan thu nhat），同时举行柬埔寨洪森首相"走上救国之路"43 周年纪念活动。2020 年，在柬埔寨境内找到 451 具越军遗骸。在疫情复杂多变的背景下，越柬两国在分享防疫经验、防疫医疗物资方面互相帮助，越南国防部派遣军医赴柬埔寨边境地区帮助防控疫情。9 月 8 日，两国国防部部长就疫情防控防务合作举行视频会谈。越南国防部机关、越南边防部队司令部、越南驻越柬边境军事单位纷纷向柬埔寨国防部及戍边部队赠送防疫资金和物资。

3. 越俄、越古以建交纪念活动深化防务合作

2020 年是越南与俄罗斯建交 70 周年。在"2019～2020 年越俄年 - 俄越年"框架内，两国军方互动频繁，举办系列防务合作活动。越南国防部部长吴春历 2 月 3～9 日访问俄罗斯，与俄罗斯国防部部长谢尔盖·绍伊古签署了《越俄 2020～2025 年防务合作共同愿景声明》。在新冠肺炎疫情背景下，两国国防部部长、副部长先后就疫情防控开展视频会谈。2019 年，俄罗斯向隶属于越南国防部的越俄热带中心赠送了一个能够方便、快捷、准确地发现感染病例的流动实验室，疫情暴发后，该实验室得到了越南国防部及其医疗机构的高度评价。越俄军医界多次就新冠肺炎疫情防控合作召开视频交流会议，共同应对非传统安全挑战，越南将与俄罗斯就新冠病毒疫苗临床试验、技术转让和生产开展合作。在国防科技合作方面，2020 年 12 月 15 日，在越俄热带中心政府间委员会第 31 次会议上，越俄签署了《2021 年越俄热带中心科研计划》，越俄热带中心将继续加强技术转让合作，加大科研成果在实践中的应用力度。① 在军事培训合作方面，12 月 30 日，越南《人民军队报》与国防部外事局联合举行了"越南 - 苏联/俄罗斯培训合作 70

---

① 《越俄热带中心加强科技合作》，越南《人民军队报》网站，2020 年 12 月 15 日，https：//www. qdnd. vn/doi - ngoai/doi - ngoai - quoc - phong/trung - tam - nhiet - doi - viet - nga - tang - cuong - hop - tac - khoa - hoc - cong - nghe - 646671。

周年：永恒的烙印"座谈会，称"与俄罗斯发展全面战略伙伴关系是越南的首要优先事项，其中，防务合作是支柱，培训合作是亮点"。近几年来，在俄罗斯的帮助下，越南参加由俄罗斯主办的年度"国际军事比赛"（Army Games）取得了越来越好的成绩。[①] 8 月中旬举行的"国际军事比赛 - 2020"（Army Games 2020）中，多个国家因受新冠肺炎疫情的影响而取消参赛或缩小参赛队伍，越军则由副总参谋长吴进明率团参赛，参赛队伍比以往还有所壮大，越南《人民军队报》获得该赛事的电视转播权，对此项赛事大加宣传，越军坦克队在坦克两项比赛 B 组夺得金牌，通信联络队、工兵队和搜救队获得铜牌，狙击队首次跻身 A 组。

越南国防部隆重举行越南与古巴建交 60 周年（1960 年 12 月 2 日至 2020 年 12 月 2 日）纪念集会，举行越南 - 古巴友好路段纪念碑落成仪式。越南国防部部长吴春历表示，国防合作是越古两国关系的柱石之一。在新冠肺炎疫情背景下，越南国防部向古巴捐赠抗疫物资，古巴国防部向越南提供军事医疗援助，两国军队医学专家多次展开线上研讨会，越南军医学院与到越南协助开展疫情防控的古巴医学专家代表团签署了合作备忘录。

（三）拓展与大国和利益相关国家的防务合作

越南国防部副部长阮志咏指出，在对外活动中，其首要关心的是与老挝、柬埔寨和中国等邻国的关系，其次是与大国以及利益相关国家的关系。[②] 2020 年 3 月 20 日，美国、日本、印度、澳大利亚四国举行线上会议，首次邀请越南、韩国和新西兰参加，由此建立了"四边 +"（Quad +）副外长级多边对话机制，每周五定期举行多边视频会议"交流抗疫

---

① 《为 2021 年国际军事比赛做准备的线上会议》，越南《人民军队报》网站，2020 年 12 月 16 日，https：//www.qdnd.vn/doi - ngoai/doi - ngoai - quoc - phong/hoi - nghi - truc - tuyen - chuan - bi - cho - hoi - thao - quan - su - quoc - te - nam - 2021 - 646770。

② 《对外防务：通过建立信任及早、及远保卫祖国》，越南 Vietnam + 网站，2020 年 12 月 22 日，https：//www.vietnamplus.vn/doi - ngoai - quoc - phong - bao - ve - to - quoc - tu - som - tu - xa - bang - xay - long - tin/683568.vnp。

经验、对接政策"。8 月,美印战略伙伴论坛举行,美国提出在印太地区建立像北约一样的多边安全机制的设想,并邀约上述三国加入印太安全合作机制。受新冠肺炎疫情影响,2020 年各方对外防务活动都有所减少,但美国、印度、日本等国的军舰仍然访问了越南。虽然越南没有表示要加入印太安全合作机制,但年内与"四边对话"成员国的防务合作更加走向实质。

1. 越美着重解决战争遗留问题

2020 年是越美建交 25 周年。在新冠肺炎疫情背景下,越美仍然保持高层防务交流机制和军舰访问活动,并着重解决战争遗留问题。3 月 5～9 日,美国太平洋舰队司令约翰·阿奎利诺(John Aquilino)率"罗斯福"号航空母舰(USS Theodore Roosevelt CVN－71)和"邦克山"号导弹巡洋舰(CG－52)组成的美国海军舰队访问越南岘港市仙沙港,原计划在河内举行的越美第十一次政治安全国防对话(9 月 23 日)和第十一次国防政策对话(11 月 24 日)均以视频会议方式举行,越军副总参谋长黎辉咏应邀出席美国和斐济两国军队联合举办的第 23 届印度洋－太平洋地区国防司令视频会议(8 月 25 日)。7 月 1 日,阮志咏与美国国防部负责印太安全事务的代理助理部长戴维·赫尔维进行国防部副部长级电话会谈,一致同意未来一段时间双边国防军事合作的优先事项是解决战争遗留问题和参与联合国维和行动。7 月 8 日,美国国际开发署与越南失踪人员搜寻署(VNOSMP)签订意向备忘录,向越南资助 240 万美元用于提升越方在寻找越战中美国失踪军人遗骸及其 DNA 鉴定方面的能力。11 月 21 日,美国国家安全顾问罗伯特·奥布莱恩访问越南,与越南国防部部长吴春历进行会谈,宣布美国国际开发署向边和机场橙剂净化项目额外补充 2000 万美元。双方承诺在解决战争遗留问题、海上安全、提高海警能力、维和、人道主义援助、救灾等领域继续合作推动双边防务关系。据美国外交部披露,根据美国国防部"外国军事援助计划"(FMF),美国国防部 2016～2019 年向越南提供了超过 1.5 亿美元援助款,其中 5800 万美元用于向越南海警交付 2 艘退役巡洋舰(即 2018 年交付的"摩根索"号和 2021 年交付的"约翰·米格特"号汉密尔顿级巡洋舰），2020 年向越南出售了价值 3840 万美元的武器装备。[①]

2. 越日聚焦军用舰船建造合作

2020 年，除了应对新冠肺炎疫情的军医领域、联合国维和领域的交流合作外，越日防务高官积极展开线上、线下会晤接触，推动两国防务合作更加具有实质内容。2 月 21 日，越南国防部副部长阮志咏访问日本与日本防卫副大臣西田康则（Yasunori Nishida）进行防务磋商。3 月 1~4 日，日本统合幕僚长山崎幸二访问越南会见越南国防部部长吴春历。11 月 16 日，吴春历与日本防卫大臣岸信夫在线会谈。越日双方于 2018 年 4 月签署的《面向下一个十年防务合作愿景宣言》已就军用船舶建造和技术转让合作达成一致，日本承诺帮助越南培训国防工业领域，尤其是造船领域的技术专家和工人。2020 年 7 月 28 日，日本国际协力机构与越南签订价值 366 亿日元的 ODA 贷款协定，为越南海警打造 6 艘长约 79 米、材质为不锈钢或合金的 TT－1500 型巡逻舰，预计 2025 年 10 月交付完毕。TT－1500 型巡逻舰的舰体全部由钢材打造，防弹防撞，航速可达 55 海里/时，在海上可连续航行 30 天。越媒评估，未来日本可能向越南转让 TT－1500 型巡逻舰的设计和建造技术，让越南直接在本土施工建造。10 月 10~11 日，日本海上自卫队"加贺"号（Kaga）直升机护卫舰、"雷"号（Ikazuchi）导弹护卫舰、"翔龙"号（Shoryu）潜艇 3 艘军舰、共 635 名官兵抵达越南庆和省金兰国际港进行补给和技术后勤保障。

3. 越印夯实全面战略合作伙伴关系

2020 年，越印两国军方在高层沟通、科技合作、海上合作、装备援助、疫情防控等方面开展合作。两国总理于 12 月 21 日举行视频会晤，印度总理纳伦德拉·莫迪将越南描述为"印度'东向行动政策'中的重要支柱及《印度洋－太平洋愿景》中的重要盟友"，两国签署了《越南－印度为了和平、繁荣和人民的共同愿景声明》，进一步夯实两国之间的全面战略合作伙伴关系。在此框架下签署了国防、石化、可再生能源和核能等领域的 7 项协议，并公布了

[①] 《2020 年，美国向越南出售 3840 万美元武器装备》，越人网，2020 年 12 月 6 日，https://www. nguoi－viet. com/viet－nam/my－ban－vo－khi－cho－viet－nam－38－4－trieu－usd－nam－2020/。

其中 3 项合作计划。年内印度向越南交付了 1 艘高速巡逻艇，这是 2019 年印度向越南提供贷款打造 12 艘高速巡逻艇中的第一艘。两国国防部开展了部长、副部长级视频会谈，并签署了水文测量合作协议。根据越印合作备忘录，印度为越南通信联络部队通信大学援建信息技术与外语中心，该中心一期工程已于 2015 年 4 月竣工，二期工程于 2021 年 1 月 12 日举行竣工仪式。印方表示将继续帮助越南建设后期工程、建设军队软件园。在新冠肺炎疫情背景下，7 月 1 日，越南和印度两国国防部共同主持双方军医视频会议，交流各自国家的新冠肺炎疫情，分享疫情应对方案，承诺将继续开展在线交流会议，分享预防、治疗方案、经验和效果。12 月 24 日，印度海军第 3 艘"卡莫尔塔"级隐身反潜护卫舰"契尔丹"号（INS Kiltan）抵达胡志明市龙屋港，船上运载向越南中部洪灾受灾群众捐赠的 15 吨人道主义援助物资，并于 12 月 26～27 日与越南海军在南海举行"海上通行"反潜联合演习。①

4. 越澳、越新拓展防务合作

越南与澳大利亚两国防务高层在新冠肺炎疫情背景下仍然频繁接触，澳大利亚继续在维和领域和军事培训领域援助越南。2020 年 2 月，在首届东盟－澳大利亚国防部长非正式会晤间隙，越澳两国国防部部长进行了双边会谈；6 月、7 月初，两国举行国防副部长级视频会谈。11 月 30 日，越澳第 14 次防务合作磋商会以视频会议方式举行。澳方承诺将继续帮助越南将越南三号二级野战医院的官兵和设备运送到南苏丹并将越南二号二级野战医院的成员接回国。② 12 月 3 日，越澳举行第四次国防政策对话视频会议。在军事培训合作方面，英语培训是两国防务合作的重要领域之一，2020 年是澳大利亚国防部支持越南人民军军官进行英语培训的第 20 年。2 月 18 日下午，在河内庙门国家训练中心，越南人民军总参谋部军训局举行越南－澳大

① 《越南"别佳"级反潜舰与印度》，越南《越土报》网站，2020 年 12 月 https：//datviet. trithuccuocsong. vn/quoc－phong/quoc－phong－viet－nam/tau－chong－ngam－petya－viet－nam－phoi－hop－cung－kamorta－an－do－3425131/。

② 《越南－澳大利亚国防合作咨询》，越南《人民军队报》网站，2020 年 11 月 30 日，https：//www. qdnd. vn/doi－ngoai/doi－ngoai－quoc－phong/tham－van－hop－tac－quoc－phong－viet－nam－australia－lan－thu－14－645218。

利亚军用枪射击技术交流培训班闭幕式。①

2020 年，是越南与新西兰建交 45 周年，两国把关系升级为战略伙伴关系，防务领域的互动明显加强。7 月 3 日，越南国防部副部长阮志咏与新西兰国防部秘书长安得烈·布里奇曼（Andrew Bridgman）举行视频会谈。年内双方先后开展防务磋商视频会议和第三次国防政策对话，同意建立研究国防部长年度会晤机制、国防学者咨询机制及制定 2022～2025 年国防合作三年计划。②

五　2021年越军工作方向

2021 年是越共中央、越共中央军委新任期工作承上启下的一年，越军判断新冠肺炎疫情形势将更加严峻，拟采取更加严格的疫情防控措施，确保军队工作正常运作。③ 在此前提下，以落实越南中央军委 2020～2025 年任期各项目标任务为主要工作方向，加速军队现代化建设，在对外防务中以解决战争遗留问题突破和拓展双边关系。

（一）落实越共中央军委新任期目标任务

越南人民军第十一次党代会决议中指出，2021 年，全军要严格贯彻、开展、落实越共十三大决议和全军第十一次党代会决议，集中建设纯洁、强大、模范的军队党组织重点是全军第十一次党代会决议中的主要目标，努力圆满完成和出色完成任务。

---

① 《越南－澳大利亚军用枪射击技术交流培训班闭幕》，越南《人民军队报》网站，2020 年 2 月 18 日，https：//www. qdnd. vn/doi－ngoai/doi－ngoai－quoc－phong/be－mac－khoa－tap－huan－trao－doi－ky－nang－ban－sung－quan－dung－viet－nam－australia－610293。
② 《越南－新西兰双边防务磋商会》，越南《人民军队报》网站，2020 年 9 月 17 日，https：//www. qdnd. vn/doi－ngoai/doi－ngoai－quoc－phong/tham－van－quoc－phong－song－phuong－viet－nam－new－zealand－635449。
③ 《军医局召开全军新冠肺炎疫情防控视频交班会》，越南《人民军队报》网站，2021 年 2 月 18 日，https：//www. qdnd. vn/bo－doi－cu－ho－tren－tuyen－dau－chong－dich/cuc－quan－y－giao－ban－truc－tuyen－toan－quan－ve－phong－chong－dich－covid－19－651933。

（二）加速军队部分军兵种的"直接现代化"

基于对当前国内国际形势的判断，越共十三大政治报告中对越军的现代化建设提出了更为迫切的要求："建设革命、正规、精锐、逐步现代化的人民军队和人民公安，其中一些军兵种、部队直接现代化"。即，关于海军、防空空军、通信部队、电子作战部队、技术侦察部队、海警等军兵种的建设，越军的指导方针从过去的"优先现代化""加强现代化"调整为"直接现代化"。根据爱尔兰咨询机构"研究与市场"（Research and Markets）的研究报告，2020 年越南军费开支约为 55 亿美元，预计 2024 年将达到 79 亿美元。[①] 2021 年及未来数年，以上军兵种、部队的"直接现代化"将是越南军队建设的重心。

（三）以解决战争遗留问题拓展国际关系

在越南人民军建军 76 周年纪念会上，越南国防部副部长阮志咏指出："越南应重视发展双边关系……深化与各国的防务合作关系。对外防务应关切解决的另一个问题是战争遗留问题。……在解决战争遗留问题中，国际合作在调动财政资源和技术等方面扮演着非常重要的角色，这些都是2021 年越南需要努力实现的工作任务。"[②] 因此，2021 年及未来数年，越南将着重解决与美国、柬埔寨等历史交战国之间的战争遗留问题，突破双边关系中的掣肘，同时以此为合作内容拓展与日本、印度、澳大利亚、韩国、英国等国的防务合作。

---

① 《越南国防工业的未来——到 2024 年的市场吸引力、竞争格局和预测》，爱尔兰"市场与研究"网站，2019 年 4 月 18 日，https：//www. researchandmarkets. com/reports/4764514/future - of - the - vietnamese - defense - industry。

② 《阮志咏上将：对外防务——在建立信任的基础上及早、及远保卫祖国》，越南《人民军队报》网站，2020 年 12 月 22 日，https：//www. qdnd. vn/quoc - phong - an - ninh/xay - dung - quan - doi/thuong - tuong - nguyen - chi - vinh - doi - ngoai - quoc - phong - bao - ve - to - quoc - tu - som - tu - xa - tren - co - so - xay - dung - long - tin - 647262。

B.6

2020~2021年越南科技、教育、文化、医疗卫生的发展与展望

莫　嫦　庞敏嘉　黄晓龙*

摘　要： 2020年，越南以科技和创新促进经济发展，在应用技术、数字技术、智慧城市、电子政务、数字基础设施建设等领域成果丰硕，为实现数字强国的战略目标奠定了坚实基础。科技在抗击新冠肺炎疫情中发挥了重要作用。在教育领域，进一步促进越南教育事业的标准化、现代化和社会化，着力构建高质量教育和培训体系，尤其是职业教育体系，推进教育与高科技的融合，推动教育的数字化转型，为国家培养高素质人才。在文化领域，加强非物质文化遗产的保护和传承，加强大众传播工作，国际文化交流与合作活动频繁。在新冠肺炎疫情全球蔓延的形势下，越南政府主动作为，积极采取措施应对突发公共卫生事件，取得了良好的阶段性抗疫成果。越南的检测试剂盒和疫苗研发水平处于东盟国家前列。

关键词： 越南　科技　数字强国　教育文化　医疗卫生

---

* 莫嫦，广西社会科学院东南亚研究所副所长，主要研究方向为中国–东盟经济、文化交流与合作；庞敏嘉，南宁师范大学国际教育学院外语教研室主任、讲师，博士研究生，主要研究方向为越南语语言学、越南文学、中越语言文化对比；黄晓龙，广西大学外国语学院教师，越南河内国家大学所属社会科学与人文大学2018级博士研究生，研究方向为对比语言学。

一 科技

2020年是全球遭遇新冠肺炎疫情影响严重的一年，越南在抗击疫情中表现突出，疫情控制良好，GDP同比增长2.91%。2020年第一季度，越南科技投资市场因新冠肺炎疫情的影响放慢了增速，第二季度逐步复苏，移动支付和互联网零售业领域获得较大规模的投资，人力资源科技、地产科技、医疗科技和教育科技等领域继续吸引国内外投资。在农业领域，科技对农业生产附加值的贡献率超过30%，科技对畜牧生产的贡献率达到38%。科技在保护环境、应对气候变化方面作用突出，为经济可持续发展注入了新活力。2021年初，越共十三大召开，确立了越南建设数字强国的战略目标，强调科学技术和改革创新是越南实现高速和可持续发展的重要驱动力。

（一）确立越南数字强国的重大战略

推动越南数字化转型是越南的重大国家战略。从2019年起，越南政府就提出了打造数字国家、实现弯道超车的战略目标，并逐步奠定基础，数字化水平在东盟国家排名第四，远高于东盟总体平均水平。2021年12月31日，越南政府总理阮春福签发颁行《到2030年第四次工业革命国家战略》。该战略提出：将主动、充分、高效利用第四次工业革命带来的机遇，掌握高新技术，并将其广泛应用于经济社会各领域；逐步研发新技术，推动经济增长方式转变和经济结构调整的进程，全力推动数字经济强劲发展，努力打造数字强国。越南的具体目标是：到2025年，在全球创新指数（GII）排名中保持东盟国家前3名，在国际电信联盟（ITU）的全球网络安全指数排名位于前40名，电子政务指数在东盟国家中位于前4名，数字经济约占GDP的20%，劳动生产率平均每年提高7%以上，光纤宽带网络基础设施覆盖80%以上的家庭和100%的乡，普及4G及5G智能手机及移动网络服务，使用互联网的人口达到80%，使80%的在线公共服务级别达到四级，使用电子支付的人口占比超过50%；到2030年，在全球创新指数排名中进入世界前40

名，在国际电信联盟的全球网络安全指数排名中进入前30名，电子政务指数排名世界前50名，数字经济约占GDP的30%，劳动生产率平均每年提高7.5%以上，普及光纤宽带互联网服务，普及5G移动网络服务，完成数字政府建设，在北、南、中部重点经济区域形成一批智慧城市链，与区域和世界的智慧城市网络逐步连接。

越南副总理武德儋表示，推进数字转型的最高目标是确保社会稳定，照顾人民物质和精神生活，应在医疗卫生、教育培训、金融与银行、农业、交通运输、能源和环境等领域逐步开展。2020年6月3日，越南政府颁行《至2025年越南国家数字转型计划暨2030年远景》，明确指出，实现数字转型的目标和措施是促进转变认识、建立机制、发展数字基础设施、确保网络安全、扩大国际合作、在数字环境中推进研发和创新。越南通信传媒部部长阮孟雄表示，科技的强劲发展，是推动国家数字化转型、建设数字政府和数字经济的重要基础。信息通信行业要大力发展满足越南人民需求的数字平台系统，通过扩大越南制造数字平台的运营范围来扩大国家网络空间，提升国际化能力，占领新的网络空间。越南将数字化转型视为拓展国家网络空间的利器，同时也非常注重网络安全这一坚实盾牌，强调越南建设网络安全强国的重要性。

2020年，越南在数字技术领域的创新成果丰硕。

一是政府和人民携手应对新冠肺炎疫情，提供在线公共服务，研发"蓝区程序"（Bluezone，电子口罩应用程序）。用户可通过该应用程序进行在线健康申报，用户的数据将被上传到越南疫情防控中心及相关医疗机构，实时更新和管理，用户还可以通过程序向相关机构发送疑似感染病例的信息。据越南通信传媒部信息化局的统计数据，截至2020年3月2日11时30分，"蓝区程序"的下载量已突破3000万次，安装和使用电子口罩应用程序有助于医疗卫生机构快速追踪确诊病例或疑似感染病例的密切接触者，早日发现密切接触者或无症状感染者；在实施社区隔离措施期间，保持货物流动和贸易通畅，成为信息通信产业年内最突出的成就之一。

二是在越南全国范围内开启智慧城市和电子政务模式。推进国家公共服

务门户网站上办理行政手续的便利化，为企业节约时间和费用；以国家报告信息系统收集国家行政机关的相关数据，对这些数据进行综合分析，服务政府的管理工作。新冠肺炎疫情背景下，越南政府积极引导民众树立"数字意识"和"数字习惯"并提供充分的数字服务，有效保障了社会稳定及满足了民众的工作生活需求。

三是推动数字基础设施建设。2020 年，越南的通信基础设施居世界第 69 位，人力资源指数居第 117 位。截至 2020 年底，越南约有信息通信企业（含外国直接投资企业）4.55 万家，总营业额达 1260 亿美元。信息通信企业出口额占全国出口额的 30%，占全球出口额的 3%，成为越南信息通信产业的亮点。未来，越南将继续加强宽带通信基础设施和云基础设施及信息安全系统建设；实施互联网便利化，全民普及互联网，实现每个越南人至少有一台智能手机、每户家庭都接入高速光纤的目标。

（二）以科技和创新促进经济社会发展

越共十三大确立了以科技和创新促进经济社会发展的思路。2021 年 1 月 28 日，越共中央委员、科技部部长黄成达在越共十三大有关科技类草案的讨论中指出，大力推动科技事业蓬勃发展从而推动国家数字化转型、促进电子政务和数字经济发展是国家未来的重要任务。黄成达部长回顾了越南过去几年在科技领域取得的显著进步和突出成绩，肯定了科技在国家工业化和现代化进程、加强国防安全、提高社会保障和人民生活质量上做出的实际贡献。截至 2020 年底，越南全国共有科研和技术开发组织 687 个，大学 236 所，国家高科技区 3 个，高科技应用区 13 个，集中式信息技术区 8 个，高科技农业园区 13 个，信息技术产业园 8 个，研究人员近 6.7 万名。在世界知识产权组织发布的《2020 年全球创新指数》报告中，越南在全球 131 个经济体中排第 42 位，在 29 个中等偏下收入国家中继续保持领先地位，并在东南亚地区排名第 3，仅次于新加坡和马来西亚。

在第四次工业革命的浪潮中，越南经济发展模式将向科学技术与改革创新驱动型转变，不断提升竞争力，尽早与区域内和世界发达国家接轨。未来，越南科技部将改革创新，使科学技术成为越南经济社会的强力引擎，实现经济产量、质量、效益和竞争力的突破，为促进经济增长模式转变注入动力。同时，多措并举提升国家革新创新体系、创业创新生态体系的运营质效，发展新商业模式、数字经济模式，聚焦高新技术发展，等等。

2020年，越南为创新创业做了充分准备。越南计划投资部启动了名为"连接越南创新网络"的计划，吸引了1000多名国内外高级专家和科学家，并在美国、德国、日本和澳大利亚设立了5个办事处。2020年底，越南计划投资部启动"2021～2025年企业数字化转型支持计划"，扶持至少100家企业成为数字化转型示范企业，同时建立专家网，为企业提供数字化转型解决方案以及为数字化平台开发提供人才支持。

2020年12月19日，经越南政府总理批准，越南发布"研发技术优先清单"。优先技术覆盖四个领域：数字技术、物理技术、生物技术、能源与环境技术。数字技术包括人工智能、物联网、大数据分析、区块链、云计算、量子计算、虚拟现实、增强现实、混合现实、智能网络安全、精准农业等。生物技术包括合成生物学、神经技术、干细胞、酶技术、生物信息学、生物芯片和生物传感器、再生医学和组织工程、下一代测序。能源与环境技术包括燃料电池、氢能、光伏、先进能源储存、碳捕获和储存、地热能、智能电网。

2021年1月9日，为了进一步落实越共中央政治局第52-NQ/TW号决议，越南国家创新中心（NIC）在河内启动建设。该中心旨在聚集国内和国际创新企业和团体，为科学家提供实验室、办公室和工作场所，使其按照国际标准发展和实现技术倡议；支持和发展国家的初创企业和创新生态系统，构建以科学技术促进增长的模式。越南为中等偏下收入国家，科技导向型的经济发展模式尚未建立，技术基础薄弱，科技、机器、设备和生产线仍然处于落后地位，越南政府在私营部门的科技投入非常有限，仅占国内生产总值的0.44%，远低于世界平均水平的2.23%。[①]未来5年，越南政府将进一步

---

① "The Start of an Inovation," 越南科技部英文网站，2021年2年19日，https：//www. most. gov. vn/en/news/807/the - start - of - an - innovation - era. aspx。

提高创新和全要素生产率（TFP）对经济增长的贡献率，追赶世界快速发展的脚步。

2021年1月27日，越南政府颁布《至2030年国家高技术发展计划》（第130/QĐ-TTg号决定）。该计划的总体目标是"研究、自主发展高技术，有效应用高技术服务经济社会发展，保障国防安全，保护环境，生产产品，提供服务。形成和发展一些高技术工业行业、应用高技术的农业以及在上述领域活动的企业"。具体目标包括：高技术产品出口增加值占加工制造业出口总值的60%，尽快提升高技术农业生产总值在农业总产值中的比重，造就高附加值新产品和新服务；成立和发展约500家企业生产和提供高技术产品和服务，成立和发展约200家高技术农业企业。该计划由越南科技部、工贸部和农业与农村发展部三大部委主导实施，科技部主导高技术研发应用、高科技产品与服务发展项目，工贸部主导发展高技术工业项目具体目标，农业与农村发展部主导应用高技术农业发展项目。

（三）应用科技领域取得多项重大突破

1. 具备独立研发生产新冠病毒疫苗能力

2020年，越南成为新冠肺炎疫情防控较好的东盟国家之一，应对公共卫生危机取得了令人注目的成就。越南科技部门及医疗科技人员反应迅速，在研发快速检测试剂盒、机器人、呼吸机，研究单克隆抗体用于研发抗击新冠肺炎药物方面取得多项突破。目前，越南已成功分离培养新冠病毒，成功研制出新冠病毒检测试剂盒，对疑似病例和新冠病毒感染病例进行快速检测。新冠病毒检测试剂盒已获得英国卫生与社会保障部的欧洲标准认证和自由销售证书（CFS）以及世界卫生组织全球销售的证书。同时，越南是具备独立研发生产新冠病毒疫苗能力的三个东盟国家之一。

2. 成功开发平流层飞艇控制与推进技术

平流层飞艇控制与推进技术由越南科学技术翰林院信息与计算中心的范红光副教授主持，是国家级空间技术科研计划中的一项研究。该技术利用位于平流层中的热气球结合信息收发站技术来监测大气层环境的物理环境参数，用于海上和山上搜寻救难活动，远洋渔船的行程监控，收集山洪、山体滑坡和山火等灾害信息，长途船舶导航，等等。

经过3年的研究和测试，越南已完全掌握该项技术，并注册为专利知识产权。该技术的主要应用包括：一是对边境、森林、海洋、河流等偏远地区进行远程监测，通过该系统的导航监视设备、紧急救援位置指示和自然灾害预警设备将灾情传输至不同的信息处理中心，可有效预防森林火灾、山体滑坡、山洪暴发等自然灾害；二是生产低成本的空中侦察设备，部署广泛的物联网网络，用于监控、导航、搜索、救援工作，不用依靠安装昂贵和高能耗卫星传输设备。

3.第五代移动通信技术（5G）发展良好，为5G网络商业化运行奠定基础

越南军队电信工业集团（Viettel）是从事5G技术研发和运营的主要机构。Viettel代理董事长兼首席执行官李登勇表示，Viettel成为全球50家首批实施这些技术的运营商之一，5G技术有望为移动通信用户带来卓越体验，成为推动电子政务、智能运营中心、智能城市等数字化转型的重要平台。Viettel将专注于5G技术研究和服务推广，尽快将越南5G技术提高至世界先进水平。

2020年11月，Viettel与越南移动电信服务公司（Mobifone）获得在河内市与胡志明市进行5G网络服务的商用测试许可证。Viettel在河内市进行5G网络服务的商用测试，测试规模在140个基站以内，将使用2.500~2.600MHz、3.700~3.800MHz和27.100~27.500MHz的带宽进行商用测试。越南移动电信服务公司在胡志明市进行测试，规模为50个基站，其将根据国家无线电频谱规划和无线电频率管理规定使用2.600MHz的宽带。①这些测试有望帮助网络运营商在启动商业运营之前评估其技术和市场规模。

越南通信传媒部部长阮孟雄表示，2020年越南已在部分大城市启动5G

---

① 《河内市与胡志明市于2020年11月启动5G网络服务的商用测试》，越通社，2021年11月4日，https://zh.vietnamplus.vn。

网络商用测试，为 2021 年实现大规模 5G 网络商业化奠定基础。越南成为世界最早完成 5G 网络商用试验的国家之一，5G 网络将为越南数字化转型注入新动力。

4. 首次成功实施连体婴儿分离术

近年来，越南在生物医学领域掌握了多项高水平现代医学技术，在器官移植、多器官移植、人工授精、干细胞应用和分子生物学工程等方面取得突破。2020 年 7 月 15 日 18 时 40 分，历经 12 小时，在近 100 名专家和医护人员的努力下，胡志明市儿童医院成功对连体双胞胎（竹儿和妙儿）实施分离手术，使这两个孩子能够独立行走，这次分离手术是越南医学的突破性进步。据悉，这类手术在世界上的成功概率仅为 6%。越南政府总理表彰了越南卫生部门及参与手术的全体医生，同时向两名婴儿的父母表示慰问，并向竹儿、妙儿两名婴儿赠送礼物。

（四）多措施并举，鼓励科技事业发展

1. 以科技节等形式促进科技产业发展

2020 年 11 月 27~29 日，"2020 年越南科技节"举行，以会议、研讨会、论坛和展览等形式，共吸引了近 300 家企业和创业孵化公司参展及 6500 名参观者，参与线上直播活动的观众达 35000 名。科技节共签署协议 120 多项，在创新和创业项目的投资金额约为 1400 万美元。

科技节以"应对—变革—突破"为主题，分为医疗科技、农业科技、教育科技、旅游餐饮科技、前沿科技、金融科技、智慧城市、社会影响、学生创业、本土创业、社区和国际化 12 个科技板块。这表明了越南吸引更多外国投资者前来投资、在全球范围内寻求科技合作伙伴的决心。

2. 加强科技人才储备，提升越南的国际科技地位

越南十分重视科技人才的培养和储备。2020 年 10 月 21 日，越南政府给 40 项杰出科技项目颁授 2019 年"越南国家科技创新奖"（VIFOTEC）。越南政府副总理武德儋出席颁奖仪式。此奖项设有 5 项一等奖、8 项二等奖、8 项三等奖和 19 项鼓励奖，覆盖机械自动化、材料技术、信息技术和

电子通信、生物技术、应对气候变化及环境保护和自然资源利用、节能技术和新能源利用6个领域。"越南国家科技创新奖"由越南科技协会联合会与越南劳动总联合会、胡志明共产主义青年团和越南科技部于1995年共同发起。

为了提高越南科学家的国际知名度，越南将一批杰出科学家推向国际科技舞台。2021年4月，共有5名越南科学家跻身新加坡《亚洲科学家杂志》评选的亚洲百名杰出科学家名单。这5名科学家分别为越南太原大学副教授陈氏秋霞博士、胡志明市医科大学副教授王氏玉兰博士、中央卫生与流行病学研究院副教授黎氏琼梅博士、大叻大学副教授范进山博士、孙德胜大学阮张青孝博士，他们在各自的研究领域均做出了突出贡献。

（五）加强国际科技合作

1. 发挥东盟轮值主席国的主导作用，倡导构建东盟数字技术共同体

2020年，越南作为东盟轮值主席国，积极推动越南与东盟各国的科技互动与合作，与东盟国家构建智慧城市网络。2020年10月22日，越南作为东道国主办了"东盟智慧城市峰会暨2020世博会"。峰会的主题为"智慧城市——面向社区、认同和可持续发展，共建和谐、负责任的东盟"。东盟智慧城市网络（ASCN）于2018年成立，为东盟10个成员国中26个智慧城市间的合作论坛，越南河内市、胡志明市和岘港市3个城市参与。26个东盟智慧城市派出50多名代表在线参加峰会，探讨智慧城市解决方案，展示解决环境污染、交通拥堵等问题的先进技术，减少因人口集中和巨大的资源消耗技术和社会基础设施过度拥挤对可持续发展产生的负面影响。

2. 越南－韩国科技合作

2020年12月11日，越南工贸部和韩国贸易、工业和能源部共同主持"越南－韩国技术解决方案和咨询中心"（VITASK）落成典礼。VITASK是越南工贸部与韩国贸易、工业和能源部联合开展的官方开发援助项目，旨在通过援助活动，帮助从事汽车工业和电子领域的越南企业融入全球价值链。VITASK的帮扶计划包括技术支持计划、工程师培训计划、咨询专家培训计

划、越韩企业技术交流活动等。

发展人工智能是越南政府经济发展战略的重中之重，越南希望到 2030 年打造出权威的人工智能品牌和服务。2021 年 4 月，越南与韩国最大的搜索引擎和门户网站 NAVER 签署合作协议，NAVER 集团与河内理工大学合作在河内市建立越南首个人工智能研究中心。该合作协议标志着韩国对越南的投资重点领域将由之前的智能手机组装转向人工智能领域。

3. 越南－澳大利亚科技合作

澳大利亚对越南的数字化转型建设给予了大力支持。2021 年 3 月，澳大利亚"创新伙伴计划"（Innovation Partnership）向越南启动了总额为 150 万澳元的赞助活动，为澳大利亚企业及越南伙伴的创新构想提供赞助，旨在疫情防控常态化时代帮助越南开展科技领域的优先项目。受赞助的领域包括智慧生产、智慧农业、数字卫生、智慧教育、智慧城市、财政与银行、电子政务、自然资源与环境等。

4. 越南－欧盟科技合作

为有效落实《越南－欧盟自由贸易协定》，越南与欧盟加大在高新技术、可再生能源、机械自动化等领域的合作，争取欧盟在以上领域对越南的投资和技术转移，促进越南产业的转型升级。越南已与瑞典在再生能源领域建立长期合作关系，瑞典将帮助改造升级越南大型能源企业的能源传输系统，联合开发绿色能源项目，争取瑞典及欧盟金融信贷机构的支持。

（六）2021 年越南科技发展展望

2021 年，越南最重要的任务之一是数字强国建设。2021 年是越南经济社会发展战略十年规划（2021～2030 年）的开局之年，在新冠肺炎疫情依然严峻的背景下，全球数字经济可能呈现"爆发性"发展的局面，建设一个稳定且繁荣的数字国家是越南的必然选择。越南将完善机制，为所有经济成分主动参加工业 4.0 及数字化转型提供便利，着眼技术生态系统建设、数字技术平台开发、人工智能技术发展及信息技术人力资源储备等重要任务，在大数据、智慧城市、人工智能、金融科技、机器人等领域加大研发力度，在疫情防控常态化时代助力经济结构调整和经济增长方式转变，提高越南经济发展质量和竞争力。

增加科技和创新对经济的贡献率仍然是越南科技发展的重心。2021年4月13日，越南副总理武德儋与科技部举行工作座谈会时强调，要统筹规划、合理布局、重点投资，抓好新点，推动科技实现新突破，带动国家发展。越南科技部将多措并举提升科技创新体系，聚焦第四次工业革命中高新技术和主要技术的发展。至2050年，越南农业产量需增长60%~110%才能满足国内的粮食需求，发展高科技农业是重要解决方案，增加农业的科技含量，提高机械化和自动化程度，加大生物技术、计算机技术的应用，提高劳动生产率和农产品质量，是保证越南粮食安全的重要举措。

加强与科技大国的合作以及重视东盟内部的科技合作依然是主题。越南政府将积极做好与美国、日本、澳大利亚等科技强国的合作准备，争取高新技术转移与自主研发相结合，以助力越南经济平稳发展。进一步完善与东盟达成的构建数字技术共同体的机制及落实措施。

二 教育

2020年，越南在教育和培训方面实现了2019~2020学年教学计划的目标。通过在线教育的方式创新学校教学方式方法，促进了越南教育的数字化转型；通过为贫困地区学龄前儿童提供午餐费、提前摸排入学情况和激发儿童学习兴趣等方式，提高学生入学率，从而提升学前及中小学的教育质量。此外，越南还在普及通识教育、提高大学科研质量等方面做出了诸多努力。

（一）总体概况

1. 各级教育发展基本情况
（1）中小学教育
2019~2020学年，越南小学共27.96万个班，在校生871.84万人，

其中女学生 416.60 万人；教师人数为 37.79 万人，其中女教师 29.69 万人；平均每班有 31.2 名学生，师生比为 1∶23.1。越南初中共 15.33 万个班，在校生 559.99 万人，其中女学生 271.4 万人；教师 28.4 万人，其中女教师 19.64 万人；平均每班有 36.5 名学生，师生比为 1∶19.7。越南高中共 6.75 万个班，在校生 264.87 万人，其中女学生 141.66 万人；教师 14.25 万人，其中女教师 9.24 万人；平均每班有 39.2 名学生，师生比为 1∶18.6。[①]

（2）高中毕业考试和高考[②]情况

2020 年，越南参加高中毕业考试的考生共计 90.0152 万人，较上年增加 1.35 万人。其中，社会考生的人数为 5.1712 万人，占考生人数的 5.74%。报考自然科学组合科目（理科）考试的人数为 29.6158 万人，占报考人数的 32.9%；报考社会科学组合科目（文科）考试的人数为 49.8516 万人，占报考人数的 55.38%。与 2019 年相比，报考文科考试的人数比重有所上升，报考理科考试的人数比重有所下降。[③] 在新冠肺炎疫情的背景下，越南各省、中央直辖市人民委员会积极做好高考组织工作，确保考试地点的防疫工作和高考安全有序进行。越南教育培训部认真落实各项高考方案，密切监督各个考试环节，完善招生报名系统和信息门户，为各所学校申报和公布招生标准，确保招生工作顺利进行。各所高等院校严格执行招生政策，适度扩大招生规模，积极调整招生方案，合理确定招生结构和规模，以提高本科招生质量。

（3）大学教育

2019～2020 学年，越南共有大学 237 所，大学新生 44.7483 万人，在校大学生 167.288 万人，应届毕业生 26.3172 万人；在校硕士研究生和博士研究生共 10.5974 万人；教师 7.3132 万人，其中女教师 3.6421 万人；教师

① 越南统计总局：《2020 年越南统计年鉴》，越南统计出版社，2021，第 437～439 页。
② 越南的高中毕业考试和高考合一，这一会考成绩既是作为评定高中毕业的基础，又是被高等院校录取的基础（若考生进行填报）。
③ 《2020 年高中毕业考试：报考文科考试的人数占55.38%》，越南胡志明市党部电子报，2020 年 7 月 6 日，https：//www.hcmcpv.org.vn/tin-tuc/thi-tot-nghiep-thpt-2020-55-38-thi-sinh-dang-ky-du-thi-bai-to-hop-khoa-hoc-xa-hoi-1491867123。

队伍中，具有教授职称 542 人，副教授职称 4323 人。具有博士学位者
2.1977 万人，硕士学位者 4.4119 万人，学士学位者 6543 人，其他文化程度
者 493 人。①

（4）职业教育

根据越南劳动荣军与社会部统计数据，越南全国职业培训机构共 1917
个，其中大专院校 400 所、中专 492 所、职业培训初级学校 1025 个。从学
校的数量来看，大专学校占比为 20.9%，中专学校占比为 25.7%，职业培
训初级学校占比为 53.5%（职业培训初级学校的招生比例占到了 73%），
总体而言越南的职业教育还是以初级职业培训为主。②

由于全球新冠肺炎疫情，越南劳动荣军与社会部对职业学校学生减免
100% 的学费及对所有学生学费减免 15%～20%，对于职业培训机构免、减、
延长 2019 年的税收结算，对非公立教育机构免 2020 年前 6 个月的税收。同
时，越南的职业教育也在积极转型，不仅强调教育方式的多元化，加强培训
促进实践，与企业共建实践项目，还开发开放式教育系统和终身学习等在线
培训，满足各层次人力进修的需求，并通过鼓励灵活学分制的方式组织培训
管理。

2. 参加各项国际赛事情况

2020 年 7 月 20～26 日，在线上举行的 2020 年欧洲物理奥林匹克竞赛
（EuPhO）中，越南 5 名选手参赛，获得 1 枚金牌、1 枚银牌和 2 枚铜牌，
此次竞赛共有来自 53 个国家和地区的 260 名选手参赛。

2020 年 7 月 23～29 日，在土耳其伊斯坦布尔线上举行的第 52 届国际化
学奥林匹克竞赛（IChO）中，越南 4 名选手参赛，获得 4 枚金牌，最终成
绩排名世界第二，此次竞赛共有来自 60 个国家和地区的 235 名选手参赛。

2020 年 8 月 7～13 日，在日本长崎市线上举行的第 31 届国际生物学奥

---

① 《2019～2020 学年大学教育统计数据》，越南教育培训部网站，2021 年 6 月 8 日，https：//
moet. gov. vn/thong － ke/Pages/thong － ko － giao － duc － dai － hoc. aspx？ ItemID ＝7389。

② 《2019 年越南职业教育统计数据》，越南劳动荣军与社会部网站，2021 年 3 月 10 日，
http：//thongke. molisa. gov. vn/bao － cao － linh － vuc/he － thong － thong － ke － chi － tieu。

林匹克竞赛（IBO）中，越南 4 名选手参赛，获得 1 枚金牌、1 枚银牌和 1 枚铜牌，此次竞赛共有来自 53 个国家和地区的 119 名选手参赛。

2020 年 9 月 21～22 日，在俄罗斯圣彼得堡线上举行的第 61 届国际数学奥林匹克竞赛（IMO）中，越南 6 名选手参赛，获得 2 枚金牌、1 枚银牌和 2 枚铜牌，此次竞赛共有来自 114 个国家和地区的 622 名选手参赛。

2020 年 9 月 13～23 日，在新加坡线上举行的第 32 届国际信息学奥林匹克竞赛（IOI）中，越南 4 名选手参赛，获得 1 枚金牌、2 枚银牌和 1 枚铜牌，此次竞赛共有来自 88 个国家和地区的 343 名选手参赛。

2020 年 8 月 15～16 日，在印度尼西亚线上举行的 2020 年亚洲与太平洋地区信息学奥林匹克竞赛（APIO）中，越南 6 名选手参赛，获得 1 枚金牌、4 枚银牌和 1 枚铜牌，此次竞赛共有来自 33 个国家和地区的 241 名选手参赛。

3. 与各国教育合作情况

（1）与中国教育合作

2020 年 10 月 14 日，中国广西与越南谅山、广宁、高平、河江边境四省共同举办教育工作磋商会。因受新冠肺炎疫情影响，此次会议由线下方式改为线上视频会议，分别在中国广西南宁市和越南谅山省谅山市设立会场，共 44 人参加。中越双方与会代表围绕"发挥教育合作优势，扩大职业教育合作"这一主题，进行了深入磋商，在多个方面达成新的合作共识。与会双方一致同意实施中国广西与越南边境四省职业教育能力建设行动，促进中越两国职业教育教学资源共享，共同开展职业院校教师和行政管理人员的研修培训，探索成立中国广西与越南谅山、广宁、河江、高平四省职业教育发展联盟；进一步深化广西与越南边境四省人文交流，组织职业院校学术交流会和学生夏令营活动等，不断巩固和发展中越两国的传统友谊。

（2）与韩国教育合作

2020 年前 11 个月，韩国在越南教育行业投资的总金额为 820 万美元，占外商投资总额的 57%，为在越南教育行业投资的最大外资投资国。大量韩国公司、专家和工人来越南工作推动了韩式教育的发展。据第一太平戴维斯（Savills）统计数据，过去 10 年，在越南的韩国人翻了近 50 倍，约 10 万人。① 韩国教育部积极落实《2020 年国外韩语培训协助计划》，扩大国外韩语培训，传播韩国文化。2020 年计划为国外小学及高中学校培训 200 名韩语教师，越南共有 2 个教育基地参加该项目。7 月 27 日，韩国三星越南电子有限责任公司与韩国国际饥饿对策机构（KFHI）及越南北江省协和县人民委员会在该县胜镇营香村联合举行三星希望学校（Samsung Hope School）建设项目动工仪式。该校占地面积约 8100 平方米，项目总经费约 200 亿越南盾。这是韩国三星越南电子有限责任公司在越南建设的第三所三星希望学校，将满足越南北江省 300 名贫困小学生和初中生的学习需求。

（3）与日本教育合作

2020 年，日本越南青年学生协会（VYSA）以视频方式举行了 2020 年 VYSA 教育节，该活动由越南驻日本大使馆和三菱日联金融集团（MUFG）资助，为受新冠肺炎疫情影响而面临困难、有意赴日本留学的越南学生提供帮助。此次活动共吸引日本 10 所大学、4 所职业培训大专和 4 所日语培训学校参加。此外，2020 年越南人才培养奖学金项目（JDS）正式启动，该项目在越南教育培训部、日本驻越大使馆和日本国际协力机构的合作框架内举行。2020 年度 JDS 奖学金提供英语两年制硕士培训班，向 60 名越南干部、公务员提供人才培训奖学金，专业涵盖经济、交通、城市发展、能源、农业、环境、法律系统、公共行政等领域，学员们可选择在日本多所一流大学进修。到 2020 年底为止，该计划已累计向越南提供 691 份奖学金。

（4）与德国教育合作

2020 年是越南与德国建交 45 周年。越南政府与德国政府、德国黑森州政府的代表签署了关于建立越德大学规定、组织与财务框架的三方协议。该合作协议的签署将助力越德大学发展成为地区领先的研究型大学，专注于可持续发展、第四次工业革命和环境技术等领域。越德大学是越南政府与德国

---

① 《韩国投资者关注越南教育行业》，中华人民共和国商务部网站，2020 年 12 月 25 日，http：//www.mofcom.gov.cn/article/i/jyjl/j/202012/20201203026134.shtml。

黑森州政府之间的合作项目，该大学所设课程均由该校与德国顶尖大学联合授课，毕业生可获得德国的学士或硕士学位。为促进越南与德国黑森州科学家之间的合作，德国黑森州科学与艺术部通过德国世界大学服务机构（WUS）向越德大学 200 名特困大学生提供总额为 10 万欧元的奖学金，同时为 4 名越南青年科学家提供在德国马尔堡、吉森和法兰克福的病毒研究机构学习的博士研究生奖学金。

（5）与新西兰教育合作

2020 年 7 月 20 日，越南劳动荣军与社会部下属职业培训总局与新西兰政府跨部门合作机构在河内签署了职业教育培训合作协议，推动越南职业培训发展和高技能人才培养。21 日，越南教育培训部和新西兰教育国际推广局在河内签署了《2020～2023 年越南与新西兰教育战略合作计划》，推动越南和新西兰在高等教育、在线培训和英语培训等方面的交流与合作。截至 2020 年，约有 2500 名越南留学生在新西兰就读，在新西兰留学生来源国中排名第 9。两国在 2020 年之前签署有《2015～2020 年越南教育培训部与新西兰教育部的教育合作协议》《2018～2020 年越南与新西兰教育战略合作计划》等文件。

（二）教育发展举措

1. 加强校园防疫措施，实施多元化教学模式

2020 年，新冠肺炎疫情对学校教育影响巨大。为应对新冠肺炎疫情，越南教育培训部积极指导各省市教育培训厅向各校师生、行政人员和工作人员宣传新冠肺炎疫情的防疫措施；明确要求各校要确保学校基础设施、医疗设备及环境卫生；加强在管理和教学方面应用信息技术；严格按照有关指导安装及使用预防新冠肺炎疫情系统；使用"COVIDSafa"应用软件，并按规定定期报告具体情况；各校暂停举办集体活动，为学生安全返校上课创造条件。为应对新冠肺炎疫情的复杂衍变、学生放假时间被延长的情况，越南教育培训部开展在线和电视教学，免费播放已审定的课程，为中小学生、大学生和教师提供远程学习内容。

2020 年，越南共有 14 个电视频道播放普及教育课程，92 所大学开展在线教育。其中，越南河内市教育培训厅与越南河内广播电视台联合为初中四年级和高中三年级的学生开展 2019～2020 学年电视教学项目，每周电视教学的课程表和时间表在越南河内教育培训厅门户网站上更新。与此同时，越南从事电信业务、互联网领域的企业向全国数千万名学生和教师及相关人员发送短信，通报越南教育培训部的重要提示，为 4.3 万所学校提供免费使用远程培训和教育管理服务，为各所大学提供免费的远程教育与培训设备的租赁服务。

2. 加大对师范生费用的减免力度

根据越南政府总理发布的 2020 年第 116 号法令：为有志于从事教育工作的师范生提供支持；建立地方机制，积极制定计划并分配预算，有效为当地培养教育人才。该法令适用于在全日制普通高校就读师范类专业的学生、转专业生和在高校课程中获得优异成绩的第二学位师范生。越南政府对就读师范院校的学生进行学费和生活费的减免和补助，时长由校内实际学习时长决定，一般不超过每学年 10 个月。对于进行教学改革的公立大学，政府预算还根据其所缴纳的所得税提供相应的扶持资金。

为确保合理利用国家资源，设定合理课程预算支持师范教育，该法令详细介绍了无须偿还学费、生活补助和必须偿还费用的相关案例。此外，还规定了师范生因病、因事等暂时缺课、休学、复学、退学等情况的处理办法。该法令的出台旨在减免师范生的经济负担，吸引更多热爱教育的优秀学生投身教育事业，通过合理运用国家机制分配资源，促进师范教育的蓬勃发展。

3. 推进教育培训事业改革

根据越南政府总理发布的 2020 年第 628 号决定：要求继续贯彻落实越共十一届八中全会关于全面推进越南教育培训事业改革创新，满足全球化背景下社会主义市场经济体制的工业化、现代化事业发展的决议；要求充分发挥各级党委和地方政府的核心领导作用，加强各级部门之间的协调配合，提高决议执行效率。同时，继续贯彻落实越共中央政治局、政府总理关于教育培训部学习、践行胡志明主席思想道德和作风的指示以及政府总理关于加强

大中小学生思想道德教育的相关提案和指示。各级地方部门重视提高人力资源培训质量，满足全球化背景下国家经济社会发展对人才的需求，加快建设学习型社会。加强检查监督，严厉处置教育培训领域违法违规行为。提高教师队伍和教育管理干部的素质，为推广普通教育课程和新教科书提供基本条件。

4. 开展课程及教材改革

2020 年，越南实施小学和普通中等教育课程及教材的改革计划，首次同时在统一的普通教育计划框架下使用多种不同版本的教材，旨在实现教材朝着发展学生的品质及能力方向编写，同时消除教材出版发行工作中的垄断经营现象。针对实施该教材计划的第一年，出现部分教材价格较高以及部分新教材中语料的使用不适合教育现状的情形，越南教育培训部听取多方意见并调整部分内容，对各种教材进行重新审定，提高教材的质量和使用效果。自 2020～2021 学年起，越南教育培训部已审定并批准各地方和教育机构自选小学一年级的 5 部教材。

（三）面临的困难与挑战

1. 职业教育评价体系仍须创新完善

越南的职业教育已经成为越南推动实体经济发展和提升市场竞争力的重要支撑，职业教育质量以受教育者在职场上的能力作为主要标准，直接反映越南职业院校人才培养模式是否符合社会发展、市场需求。当前，越南许多职业院校的课程评价不能适应职业教育培养高级应用型人才的目标，只进行常规性的教学评价工作，缺乏系统的评价组织与科学地分析、处理信息的手段。

越南职业学校对实践课程与学生动手能力、独立操作能力等方面的评价，缺乏相应的考核办法。学校对教师教学工作质量的评价，反映的多是教学的一般性问题，缺乏针对专业职业岗位特殊要求的质量评价指标体系，对实践性教学也缺乏严格的质量要求，且忽视学生在评价中的主体地位，这是许多职业院校都存在的问题。毕业生的就业满意率、可持续发展能力、职业发展自信度等指标没有得到足够的重视。目前，越南职业院校办学多以就业为导向，但评价体系在这方面没有明确的量化指标，无法达到评价目的。

2. 高等教育国际化面临困难

越南政府在高等教育改革中重视国际化，并发布了推进国际化进程的系列政策，但尚未取得理想效果。当前，越南政府缺乏指导高等教育国际化的明确方向和促进国际化实施的具体措施，在跨国合作关系中缺乏系统的、透明的质量保证和认证监管框架。越南跨境高等教育合作主要停留在人员流动、参与国际或区域组织、引入国外教育资源等狭义的国际化发展阶段，并未将国际化融入本土大学教学、科研和服务的各项工作中。据统计，越南有将近一半的高校与32个国家和地区合作开设了300多个联合或结对项目，而这些项目大多移植外国课程，并不是由越南机构和外国合作机构共同开发。过度依赖合作院校的兼职师资力量，导致项目运行对越南高校改善自身课程、管理以及提高教育质量的成效甚微。此外，在高等教育国际化的推进中，还面临人才流失、国内高等教育市场国际竞争压力巨大、经费不足导致国际交流合作困难等问题。

3. 大学生就业问题

近几年，随着越南高校招生规模不断扩大，培养人才数量逐年增加，而社会的承受能力有限，大学毕业生失业率越来越高。而各大职业教育机构未能和企业开展紧密合作，未能让企业参与制定技能标准和培训课程，存在教育体制与市场脱节问题，导致大学生所学非市场所需。大部分学生理论多于实践，未能把所学专业知识很好地运用到批判性思维、创新、解决复杂问题和团队合作中。原本越南应届毕业生就已经受到工作经验的制约，再加上新冠肺炎疫情的冲击，毕业生面临着非常严峻的就业形势。

（四）目标与展望

在全球化背景下，第四次工业革命使得人们的生活和工作方式发生深刻变化。社会日新月异的变化要求每个人不断更新自己的技能、完善自我。2021年，越南继续面临新冠肺炎疫情的冲击与挑战，在加强执行各项

国家教育和培训指导文件的同时，越南政府将对《越南高等教育法》和第99号法令的部分条款进行补充完善，指导完成对高等教育机构学校理事会的合并工作，以确保学校理事会能有效运作；对越南社会所关心的教育问题进行改革；对教育的财政预算进行均衡分配。越南计划在2021年开展实施通识教育新计划，增强大学办学自主性，培养高素质人才。越南各级教育部门将与高等教育机构、高中和幼儿园一起进行管理改革，增强自主权，促进集体和个人为越南的教育发展做出应有的贡献。此外，越南将继续推动教育和培训的数字化转型，加强教育信息化政策法规和标准建设，加大教育信息化经费投入，提升教育信息化基础设施建设水平，提高教育信息化应用能力。

三　文化

2020年，越南以提升城市经济创新力、产业竞争力和文化软实力为发展目标，注重推进文化的国际化合作，不断扩大对外文化交流，加大向世界推介越南风土人情和文化形象的力度。

（一）文化事业的发展

在电影产业领域，2019年，越南全国共有264支流动电影放映队，共服务观众900万人次。电影产业发行市场共有电影院204个、观众厅1050个。据统计，2019年，越南电影的营业收入达4.1万亿越南盾。2020年，受新冠肺炎疫情影响，越南全国的电影放映队暂停服务，影院被迫将放映场次限制在50%以内，以保证隔排的空座；电影的营业收入仅为1.6万亿越南盾。

在广告领域，2019年，越南电视广告收入为44.977万亿越南盾，纸媒收入为1.454万亿越南盾，室外广告收入为1.445万亿越南盾，互联网广告收入为16.662万亿越南盾。2020年，根据《2021越南数字市场营销趋势报告》，2020 年越南在线广告市场规模达 8.2 亿美元（相当于 18.86 万亿越南盾）。①

在艺术表演领域，中央级艺术单位大力开展艺术演出活动，地方级艺术单位在边境、海岛等偏远地区文艺演出活跃。一批新颖、有潜力的艺术节目相继问世。此外，越南歌舞、戏剧的音像产品发行和经营活动发展较为稳定。手工艺品行业跻身越南出口额最大的 11 个行业行列中，带来巨大的经济利润和就业机会，为缩小城乡发展差距和传承、发扬民族文化做出重要贡献。

2020 年，越南文化活动社会化的重要举措之一是吸引各种社会资源和经济成分参与创造、提供和普及文化产品，树立全社会对文化事业的责任。文化主体日趋多元化，从政府给予单一文化资源到社会上多种不同主体对文化活动的多角度、多成分参与、协作和支持，推动了文化表达类型、创意、趋势和风格上的多元化，给公众带来更加丰富的精神食粮。

（二）历史文化遗迹的保护

2020 年，越南继续加强对物质和非物质文化遗产的保护和弘扬工作。全国被认定为国家级的遗迹共有 3560 处，其中历史遗迹 1758 处，建筑艺术遗迹 1530 处，考古遗迹 99 处，名胜古迹 173 个。②

2020 年，越南河江省红瑶族的跳火仪式、永福省西天圣母祭祀信仰和海防市午阳寺庙会龙舟赛等 23 项活动被列入国家级非物质文化遗产名录，不仅增强了所在地区的文化软实力，而且增加了当地旅游收入和就业机会。

2020 年 7 月 7 日，联合国教科文组织将越南多农省地质公园列入世界地质公园名录。多农地质公园建于 2015 年，共有 65 个地质和地貌遗产，近

---

① 《越南八成以上在线广告收入被 Google 和 Facebook 收入囊中》，中华人民共和国驻胡志明市总领事馆经济商务处网站，2021 年 5 月 31 日，http：//hochiminh. mofcom. gov. cn/article/jmxw/202105/20210503066359. shtml。

② 越南统计总局：《2020 年越南统计年鉴》，越南统计出版社，2021，第 856 页。

50 个洞穴,总跨度为 10 公里,具有地貌多样性、生物多样性、史前人类遗迹丰富的特点。11 月 24 日,越南文化体育旅游部将越南胡志明市人民委员会总部和胡志明市守德郡玲东亭等遗迹区列入国家级建筑艺术遗迹。近年来,越南加大对文化遗产保护的宣传力度,严厉打击侵犯文化遗产的行为,提高社会对文化遗产的认识,加强管理和修缮工作。

(三)文化艺术的发展

1. 弘扬传统文化

长袍是越南的传统服饰。近年来,越南文化体育旅游部同各部门、各行业紧密配合,加大对越南长袍款式的收集、研究、创造、设计以及长袍形象宣传、推介等工作。2020 年 10 月 11 日,第七届越南胡志明市长袍文化节在胡志明市第一郡越南历史博物馆举行,主题为"我爱越南长袍"。该活动通过线上与线下相结合的方式进行,共吸引 14 名设计师的 500 件参赛作品参加。12 月 29 日,越南承天 – 顺化省举办"顺化长袍节"活动,向公众展示从古至今的顺化传统长袍、宫廷长袍,并介绍顺化传统长袍裁缝和刺绣、斗笠编织等工艺。

2. 创新文化艺术

2020 年,受新冠肺炎疫情的影响,越南众多艺术活动转为在线表演。各艺术家、艺术组织、剧院通过粉丝专页、在线舞台和在线剧院等形式进行演出。越南文化体育旅游部以在线方式开展比赛、联欢会、艺术表演。

2020 年 4 月 19 日,越南通信传媒部举办国家线上图书节,全国共有 49 个出版单位的 8000 部书在此电子商务网站(https：//book365.vn/)展出,电子书库共有逾 1 万部书,还举办学者、作家、企业家与读者在线交流和书籍推介活动。在新冠肺炎疫情背景下,该图书节为读者提供了在线了解书籍的机会,帮助出版单位开拓新的业务领域,为图书行业主动进军数字经济领域奠定基础。

2020 年 6 月 20 日,越南胡志明市舞剧交响乐剧院在胡志明市剧院公演芭蕾舞剧《金云翘传》。该芭蕾舞剧改编自越南诗人阮攸的经典作品《金云翘传》，融合了欧洲古典芭蕾舞与越南传统舞蹈，把现代音乐与越南民族音乐相结合，以舞蹈艺术的形式传播越南民族文化的价值。

3. 推进美术事业发展

2020年11月，越南文化体育旅游部美术摄影与展览局同越南美术协会共同举办"2020年越南美术展"活动，该活动每5年举行一次，对越南美术界近5年（2016~2020年）来的创新活动进行总结、评价。此次共展示了近500件优秀美术作品，作品体裁形式丰富，思想内涵深刻，反映了越南当代精神面貌和文化生活中的热点问题。

（四）传媒工作

2020年，越南共出版书籍3.6906万册，其中教科类1.168万册，社科类7916册，科技类2893册，儿童类8987册，文艺类4818册，外文类612册。[①]

越南互联网用户数量增长了10%，达到6800万户。根据《2020年越南数字营销报告》，截至2020年1月，越南共有1.458亿台移动手机以及6500万户活跃的社交媒体用户。2020年上半年，62.3%的受访网民在最近一个月内曾使用视频点播服务观看电视节目、电影及其他视频内容，而2019年上半年这一比例为56.2%。随着更多网民使用手机观看视频，2020年上半年的视频点播服务普及率达84.0%。[②]

越南数字媒体发展迅速，而传统媒体依然很受欢迎。根据Kantar Media TNS发布的《越南媒体报告》，2020年，越南电视频道数量共有87个，逾八成受访者每天都收看电视。越南网民平均每天上网时间超过6个小时，有逾半数网民在最近一个月内阅读过一份报纸或杂志。但随着社交媒体在广告领域引发激烈竞争和疫情的影响，越南传统媒体的2020年广告营收有所下滑。在2020年12月召开的越南全国新闻大会上，部分越南纸媒机构称其营

① 越南统计总局：《2020年越南统计年鉴》，越南统计出版社，2021，第851页。
② 《2020越南媒体概况：数字媒体发展迅速，但传统媒体依然重要》，美通社网，2021年3月16日，https://www.prnasia.com/blog/archives/23513。

收下降 70%，而广播行业整体利润缩水约 8%。

越南传统媒体和新媒体在抗击新冠肺炎疫情过程中均发挥了重要作用。从 2020 年 2 月 1 日至 5 月 31 日，越南各家媒体发表与新冠肺炎疫情相关的文章约有 56 万篇。越南卫生部与越南国家电视台数字频道联合推出了"越南挺住"系列节目，支持越南政府抗击疫情，及时发布最新抗疫信息。越南卫生部表示，媒体在疫情中引导民众遵守法律法规并听从政府领导、打击假新闻和虚假信息、及时报道越南政府防控举措等方面发挥了积极作用。

（五）推进"全民团结建设文化生活"运动

至 2020 年，越南"全民团结建设文化生活"运动已开展 20 年，该项运动对国家经济社会发展、社会治安保障和丰富人民文化生活产生了积极的效应，也获得越南各级各部门和民众的支持，成为连接全国各项爱国竞赛运动的纽带。[①]

越南各省积极推进"全民团结建设文化生活"运动、新农村建设运动以及弘扬当地的传统文化、体育活动，丰富民众的精神文化生活，引领健康的审美风尚。各级文化体育中心积极寻求符合民众欣赏水平的艺术形式，举办各种群众艺术联欢、会演、优秀宣传员比赛，吸引了大批基层文艺业余演员，设立了诗歌、文学、武术、跳舞、摄影等俱乐部以及弹琴、唱歌、跳舞、体育等培训班。

（六）建设传统手工艺村

突如其来的新冠肺炎疫情席卷全球，越南传统手工艺品面临出口困境。在越南新冠肺炎疫情基本得到控制后，越南全国传统手工艺村积极改进生产方式，提高产品质量，加紧寻找销路，逐步恢复经营。河内市政府及时采取

---

① 《开展"全民团结建设文化生活"运动 20 年：社会文化生活的"新风尚"》，越南清化电子报，2020 年 10 月 14 日，https://baothanhhoa.vn/van-hoa-giai-tri/20-nam-thuc-hien-phong-trao-toan-dan-doan-ket-xay-dung-doi-song-van-hoa-lan-gio-moi-trong-doi-song-van-hoa-xa-hoi/125680.htm。

各项特殊政策和措施，协助河内手工艺村尽早恢复生产经营。河内市是传统手工艺村最集中的地方，共有1350个，占全国手工艺村的1/3，其中308个是模范传统手工艺村。全国共有传统手工艺52个，河内占了47个，其中包括漆画、陶瓷、刺绣、竹藤、民间画、花卉盆景等。河内市实施了"2020年河内手工艺村发展规划和2030年愿景"，助力保护、传承和推介越南手工艺村，为近100万名农村劳动者稳定就业创造条件。

（七）国际文化交流

1. 与德国的文化交流

2020年，为庆祝越德建交45周年，双方的博物馆、艺术节和文化机构联合举办了系列文化活动。9月12日，越南河内国家电影放映中心举行了"2020年德国电影节"，此次电影周展映了8部德国优秀电影。10月2日，在河内市举行了"2020年德国文化节"，向越南人民和国际友人推介德国文化和美食特色，增进越德两国互相理解。10月8日，越南驻德国大使馆和德国柏林文化社会中心联合举行主题为"越南村亭"的图片展，参观者可观看越南传统文艺节目、介绍越南村亭古老独特建筑风格的短片和越南著名摄影师的作品等。越德两国互相举办一系列代表各自文化艺术和创意产业的活动，并以此进一步加强两国的文化交流和产业合作，推动两国文化交流互鉴，增进两国民众友谊。

2. 与俄罗斯的文化交流

2020年，为庆祝越俄建交70周年，两国开展了丰富多彩的庆祝活动。4月21日，越南河内胡志明博物馆举行"列宁与时代"资料图片展，向公众展示160件有代表性的资料和近30幅图片。此次展览介绍了列宁生平、革命事业及列宁为俄罗斯、世界无产阶级革命、殖民地人民做出的伟大贡献。4月22日，越南通信传媒部发行"列宁150周年诞辰（1870~1924年）"纪念邮票。12月9日，越南文化体育旅游部和俄罗斯驻越南大使馆联合举办"2020年俄罗斯电影周"活动，此次电影周展映了《通往柏林之路》、《白虎》、《星球》和《他们为祖国而战斗》等俄罗斯佳片。12月30

日，越南通信传媒部信息传媒出版社与越俄友好协会联合翻译和出版题为《俄罗斯人笔下的胡志明主席》的回忆录。该书是曾与胡志明主席会面、接触过的俄罗斯将领、革命活动家、社会活动家的回忆录。这些活动促进了两国文化交流，进一步推动越俄全面战略伙伴关系发展。

3. 与中国的文化交流

2020 年，为庆祝中越建交 70 周年，中越两国举办了多场民间交流会、文化艺术交流及研讨会。11 月 14 日，越南驻南宁总领事馆和广西民族大学共同举办主题为"山水相连中越情"的第一届广西高校大学生越南语演讲大赛。此次比赛共吸引来自全自治区 14 所院校的 30 名选手参赛。12 月 12 日，中越文化友好音乐会《壮美和韵》在广西文化艺术中心举行，此次音乐会以歌会友，以乐传情，共祝中越友谊地久天长。随着经济和科技发展、交流渠道的增多，中越文化交流呈现全方位、多层次、宽领域的发展态势，在文艺体育、文物保护、广播影视、科技教育等方面都取得了丰硕的合作成果，不仅有助于两国文化和科教事业的发展，也为推动两国的政治互信和经济合作创造了良好的基础。

（八）多举措助力文化艺术事业发展

据越南政府信息公开数据，每年越南政府为越南文学艺术协会提供约850 亿越南盾的运营经费，而越南全国 63 个省市均有该协会的分会。越南政府通过国家财政拨款、设置文化机构、减免税收等方式鼓励文化、艺术活动发展。例如，越南税务法规定，为文化艺术活动提供资助的社会组织和个人均可以享减免企业税、个人所得税等免税政策。与此同时，政府给私营或半私营的文化基金会提供便利的法律法规条件，呼吁个人、企业、国内外组织为非政府文化基金会（私营文化基金会）融资、投资开展文化、艺术活动；为文化、艺术活动提供中长期的优惠贷款；向传统的艺术活动提供资助；鼓励各种形式的资助来源。此外，越南政府亦鼓励建设私营的艺术、文化培训机构，允许私营部门参与出版、图书、制片产业，举办各类表演等。

（九）越南文化产业发展战略

近年来，越南的文化事业发展取得了一些良好的成绩，文化艺术日益得到越南共产党和政府的关注和投资，人民的文化和精神生活得到进一步的改善和充实。2016年9月8日，越南政府批准《至2020年和面向2030年越南文化产业发展战略》（第1755/QD－TTg号决定），该战略的总体目标是大力发展越南文化产业，包括电影、出版、时尚产业、表演艺术、电视和广播等12种文化产业，使文化旅游成为越南服务业的重点。不断提高文化产品的质量和数量，树立越南国家和越南人民形象，创立文化产品品牌，优先发展具有优势和潜力的文化产业。主要目标是到2020年全国文化产业营业收入约占国内生产总值的3%，至2030年达到7%。

在越南极力打造数字强国的新时代，越南制定了文化产业发展战略：一是建立文化产业数据库；二是培养和发展文化产业人力资源；三是创立越南文化产业的民族品牌；四是提高文化产业的社会意识和促进公共项目发展；五是培育越南文化创意市场；六是加强科技在文化产业的应用；七是扩大国际交流合作，弘扬越南传统文化，推介越南国家和越南人民形象，为人类多元文化与可持续发展做贡献。

四　医疗卫生

2020年，是越南实施社会保险及医疗保险政策的第25年。在这一年中，越南卫生部门仍在进一步提升医疗保险覆盖率，推进远程医疗及病例无纸化等智慧医疗的建设工作。在新冠肺炎疫情全球蔓延的背景下，越南卫生部门与各相关职能部门协同抗疫，主动应对突发的公共卫生事件，取得了阶段性抗疫成效。

（一）2020年医疗卫生发展概况

1. 扩大医疗保险覆盖面

《越南医疗保险法（修正案）》在越南实施6年来，医保参保人数逐年

增加，平均年增长率为48%。截至2020年底，越南的医保覆盖率已达到90.85%，全民参与医疗保险的总目标正在逐渐得以实现。医保参保人员可享受的全免医疗项目包括心脏介入治疗手术、心胸外科手术、内窥镜手术、核磁共振检查（MRI）、计算机断层扫描（CT）等共计1.8万类医疗服务项目。参加医疗保险后，参保人员需自付的医疗费用比例得以降低，贫困人群也能享受到高质量的医疗服务。

2. 大力推进智慧医疗建设

自《2020~2025年远程医疗建设提案》实施以来，越南卫生部联合通信传媒部、国防部、军队电信工业集团共同创建了越南国家远程医疗服务系统。该系统能够将河内市和胡志明市的近30家中央级医院、三级医院与各基层医院、偏远地区及贫困地区的医疗机构相连接，从而实现远程医疗诊断。在新冠肺炎疫情蔓延的情况下，远程医疗服务系统的创建能够帮助医生及时地会诊各地的危重症患者，有效防止疫情的传播，更好地服务于全民的医疗保健工作。截至2020年底，已有1500多家基层医疗机构加入了该远程医疗服务系统。

同时，越南卫生部门也在加大力度推进病例电子化的实施。这类数字化医疗模式的运营，能使医院病例管理工作节省2/3的时间，对于提高医院的工作质量和工作效率有着重要的作用。将信息技术应用于医疗保健工作，为发展以智慧保健、智慧诊治及智慧医疗卫生管理为三大基本点的智慧医疗奠定了基础。

3. 成立国家医科委员会

2020年7月8日，越南政府总理阮春福签发第956号决定，越南国家医科委员会正式成立。国家医科委员会将设置一名主席、一名常务副主席、数名副主席及委员；其中，委员会主席由卫生部部长担任，各副主席则由政府总理任命。该委员会的成立旨在满足越南医疗卫生领域人才需求、提升人力资源质量、提高人民的健康水平、对门诊执业人员的职业能力及工作质量进行监督和评价等。

4. 国民身体素质得到提高

越南国家营养院与统计总局开展"2020年越南国民营养调查"活动，根据调查统计的数据，越南成年男性的平均身高为168.1厘米，成年女性的平均身高为156.2厘米。1990～2020年，越南国民的人均身高增长值与1955～1995年日本国民的人均身高增长值持平。5岁以下儿童的营养不良发生率为19.6%，达到世界卫生组织于1997年制定的营养不良发生率低于20%的最低标准。

（二）2020年医疗卫生领域主要工作与成绩

1. 新冠肺炎疫情防控取得阶段性胜利

2020年初以来，新冠肺炎疫情在全球范围内逐渐蔓延。越南卫生部于2020年1月12日发出通告，要求地方各级卫生部门主动防御可能发生的新型疫病。在越南境内出现首例输入性病例之后，面对突发的公共卫生事件，越南政府发动全党、全军、全民参与抗疫工作。总体来说，越南的抗疫工作可以分为如下几个阶段。

（1）第一阶段：抗疫初期，确诊患者数量有限

越南政府将新冠肺炎疫情防控工作视为头等要务，抗疫工作得到各部委、行业和地方政府的关注及指导，秉承"抗疫如抗敌"的指导精神开展此项重要工作。

在国家层面，迅速出台防疫紧急计划。2020年1月21日，越南卫生部要求各级医院成立"应急队伍"。1月23日，越南报告两例新冠肺炎确诊病例、两名疑似感染者后，越南政府总理阮春福签发《关于防控新冠肺炎疫情指导意见》的公告，建立"国家新冠肺炎疫情防控指导委员会"（以下简称"越南国家防疫指导委员会"）①，该委员会负责指导和协调各部委、政府机关与党群机关、越南祖国阵线和中央、省、市人民委员之间的协同抗疫工

---

① 梁茂华、于向东：《越南抗疫举措及对中越关系影响》，《和平与发展》2020年第2期，第75页。

作，以便调动资源来实施卫生部的各项防疫紧急计划。① 越南卫生部成立了
45 个快速反应机动小组，为接收治疗和监控新冠肺炎病例的医院提供专业
支持。1 月 31 日，越南暂停向来自中国武汉的公民发放旅游签证，并呼吁
本国公民不要通过边境通道前往中国。2 月 1 日，越南政府总理阮春福任命
具有医学专业背景的越共中央宣教部原副部长阮青龙为卫生部副部长；签发
关于公布新冠肺炎疫情的第 173/QD–TTg 号决定，内容包括制定疫情报告
制度，做好门诊、急诊及医学隔离的工作规划，实施疫区内的消杀和监控措
施等，在必要时启动野战医院参与收治、隔离等医疗活动。严防疫情输入，
暂停往返中越之间所有的航班及包括中越联运旅客列车在内的所有国际列
车，要求雇用外籍劳工的单位、企业和组织暂停向从中国返回越南的中国籍
劳工及曾有疫区接触史的其他外籍劳工签发劳务合同。从中国入境越南的所
有人员都需要接受为期 14 天的医学隔离观察。

越南国防部制定《关于从境外返回的越南公民的隔离观察计划》，隔
离工作的具体实施由各地方党委和政府直接负责，卫生部门提供医疗技术
支持；国防部要求越南边防部队和其他职能机关配合，加大对出入境活动
的监管力度，越南人民军后勤总局军医局负责调动各军区的军队医疗力量
与当地政府部门配合实施防疫行动，遵循"四个就地"方针，最大限度地
调动基层一线单位参与抗疫工作。2 月 21 日，越南劳动荣军与社会部暂停
向来自疫区的外籍劳工签发劳工证。2 月 25 日，越南卫生部签发第 868/
BYT–DP 号公函，指导各省、中央直辖市对来自或途经韩国的人员进行医
学隔离观察，要求各口岸对有发热、咳嗽和呼吸困难症状的入境人员实施
核酸检测及隔离观察措施，将来自或途经韩国大邱市、庆尚北道并于 2 月
9 日后入境越南的人员名单报备各地方政府，并要求来自上述地区的入境
人员接受医学隔离观察。3 月 5 日，越南卫生部联合 VMED 集团建立了
"新冠肺炎诊断与治疗专业协助在线管理及协调中心"，该中心与越南境内

---

① 《越南成立新型冠状病毒感染引起的急性呼吸道传染病防控工作指导委员会》，越南《人民
军队报》中文网站，2020 年 1 月 31 日，https://cn.qdnd.vn/cid–6157/7197/nid–
567554.html。

的23个重点防疫区及1400家医院进行数据互联，承担着管理与协调各类资源、开展各项医疗活动的任务，协助医疗专家远程诊治新冠肺炎患者，提高防疫工作效率。

越南地方政府与各医疗机构、社会组织密切配合开展抗疫工作。2020年1月23日，胡志明市大水镬医院确诊并收治了越南首例新冠肺炎确诊患者。1月30日，越南广宁省禁止越南边民使用边民通行证从边境小道出入境，不得前往中国务工，地方卫生部门密切关注从中国入境越南各工业区、口岸经济区的外籍专家及劳工的健康状况。2月1日，河内市卫生防疫部门对全市所有的学校进行消杀，以预防疫情传播扩散；河内、北宁、北江、海防等各省（市）人民委员会均发出"取消举办各类文体活动"的通知。2月2日，越南人民军司令部第4、第5军区举行抗疫动员会议，并组建应急分队和军队医疗分队。2月10日，由越南人民军胡志明市司令部和胡志明市卫生厅联合创建的胡志明市野战医院投入使用，胡志明市各市（县）级医院随时可抽调医护人员赴野战医院开展实施医疗救治工作。2月12日，越南北部的永福省山雷乡新增7例新冠肺炎确诊病例，永福省于次日对山雷乡1万多人实施封锁隔离措施。2月19日，越南西部省份加强对各口岸、边境通道的监控和管理，边防部队加大对边民、出入境人员疫情防控工作的宣传力度，并按照规定对新冠肺炎疑似病例进行医学隔离观察。

在国际层面，与各国加强协同抗疫行动。2020年1月底，越南驻美国大使馆与美国疾病控制与预防中心（CDC）（以下简称"美国疾控中心"）建立信息沟通交流机制，越南卫生部门可以与美国医疗机构的专家通过多种方式实现疫情信息互通和数据共享，共同抗疫。2020年2月初，越南北部的边境省（市）人民委员会多次向中国云南省、广西壮族自治区捐赠医用口罩、酒精等防疫物质。越南与中国保持新冠肺炎疫情的信息互通，共同控制疫情蔓延及开展两国公民的领事保护工作。2月7日，日本国际协力机构向越南中央卫生与流行病学研究院捐助价值12.5万美元的防疫药品、向越南中央热带疾病医院提供约17.8万美元的抗疫援助款及防护用品。2月9日，越南外交部副部长苏英勇向中国驻越南大使熊波转交由越南捐赠给中方

的防疫物资，该批防疫物资包括呼吸机、防护服、手套及医用口罩，总价值约50万美元。2月22日，越南国防部向中国国防部捐赠了一批防疫物资，旨在共同防控疫情，加深两国军队间的情谊。2月27~28日，越南老街省边防部队指挥部联合中国云南省红河边境管理支队，组织联合巡逻及防控疫情活动，严厉打击非法出入境行为，阻隔疫情在两国边境的传播。

取得的阶段性防疫工作成效：2020年2月26日，第一波疫情的16名确诊患者已全部治愈，无死亡病例；截至3月5日，越南连续23天没有出现新增的社区传播病例。世界卫生组织对于越南在新冠肺炎防控工作中所取得的初步成效给予高度评价，认为越南对于突发公共卫生事件的应对能力有所提高。

（2）第二阶段：仍处于抗疫初期，来自欧洲疫区的输入性病例导致越南境内社区传播病例数量激增

在第一阶段的疫情防控工作中，越南在短时间内取得了较好的抗疫成果。在越南刚刚宣布境内疫情已结束时，2020年3月6日晚，河内市新增一例新冠肺炎确诊病例，该确诊病例为欧洲输入性病例，越南卫生部随即公开疫情信息；越南国家防疫指导委员会下发通知，自3月7日6时起，包括越南公民在内的所有入境人员都须配合办理健康申报手续。3月8日，越南政府总理阮春福签发第1774/VPCP - QHQT号决定，要求政府各部级单位、各省（市）人民委员会暂缓各类需要出境的公务。3月11~22日，为严防病毒输入，逐渐收紧签证发放政策，最终不再为外籍人员发放签证。3月26~28日，河内市白梅医院发生严重的院内交叉感染、出现越南首例医护人员感染新冠病毒的情况，越南卫生部将河内划为高风险感染区；国防部与卫生部共同制定创建野战医院的方案；暂停运营河内市至胡志明市之间的列车。3月31日，越南政府总理签发第16/CT - TTg号决定，从4月1日0时起，越南全国范围内遵照"户与户隔离、村与村隔离、乡与乡隔离、县与县隔离、省与省隔离"的社会隔离规定，实施为期15天的全社会隔离。4月16日，越南卫生部药品管理局下发第153号通知，暂停出口《治疗新冠肺炎有效药物清单》中的药品，以优先满足疫情下越南国内的药品使

用需求。

越南地方政府、各医疗机构、社会组织采取了多项配合性措施。2020年3月6日，河内市报告1例输入性确诊病例，河内市卫生部门及相关职能部门紧急展开防疫工作，对确诊病例住宅的附近区域进行封锁隔离；派遣应急队伍，协同开展流行病学调查，确定确诊病例的密切接触者名单。3月7～21日，河内市采取学校停课、旅游区及娱乐场所暂停营业及全面消杀、增设隔离酒店等措施；胡志明市暂停该市电影院、酒吧、游戏厅等娱乐场所的营业活动。4月7～16日，河内市夏雷村及河江省同文镇相继发生新冠肺炎疫情，当地人民委员会对疫情发生区域进行封锁隔离及消杀，在疫区周边增设防疫检查站。4月8日，越共中央书记处书记、越南祖国阵线中央委员会主席陈青敏代表越南政府接收了来自越南民间的捐赠物资及抗疫援助款，总计约合7700亿越南盾。

国际层面的协同抗疫行动。世界卫生组织同美国疾控中心为越南的15家医院及63个省市的医务人员开展新冠病毒样本采集、结果报告和疫情监控工作的培训，帮助越南制定新冠肺炎疫情防控的相关指南；越南各职能部门与意大利、日本等国家积极沟通，为旅居海外的越南公民安全回国提供便利条件；越南外交部数次向驻外使领馆发出通告，呼吁旅居海外的越南侨民主动防疫，遵守当地法律法规及防疫规定；越南政府还多次向古巴、瑞典、印度、老挝、柬埔寨等国家捐赠抗疫物资；韩国、日本等国家和世界卫生组织也向越南捐赠了抗疫物资。

取得的阶段性成效：2020年4月30日，越南河江省同文镇的确诊患者治愈出院；河内市白梅医院在所有院内感染病例清零、结束封锁隔离期限后于5月4日恢复正常接诊状态；河内市麓泠县夏雷村也于5月6日0时起解除封锁隔离限令。截至5月6日，越南连续20日无新增社区感染病例，本轮疫情得到了良好控制。

（3）第三阶段：中部城市岘港出现社区性传播病例，防疫等级再次提升

在连续99日无新增社区传播病例之后，2020年7月25日，岘港市新增1例新冠肺炎确诊病例；该病例为典型的输入性社区感染病例，为越南的第

416 个确诊病例。该病例被确诊后，岘港市疾病控制中心对该病例的 105 名密切接触者进行新冠病毒核酸检测。越南政府副总理武德儋与越南卫生部派遣的防疫工作组共同前往岘港市展开了调查、监督、治疗和遏制疫情蔓延等一系列的防疫工作。

在国家层面，2020 年 7 月 25 日，越南国家防疫指导委员会下发通知，要求各省（市）的防疫指导委员加强疫情防控工作，国防部增强对边境通道的巡逻检查力度。7 月 26 ~ 29 日，划分疫情风险区，并采取封锁隔离、限制社交距离的措施；卫生部为岘港市的病毒检测、疫病治疗工作提供援助；通信传媒部协助追溯确诊病例的行动轨迹，追寻确诊病例的密切接触者。7 月 30 日至 8 月 13 日，越南卫生部在岘港市成立防疫特别常驻小组，指导当地相关职能部门展开防疫工作；从卫生预防局、芽庄巴斯德（Pasteur）研究所、胡志明市巴斯德研究所等部门抽调专家组成抗疫医疗队伍，驰援岘港市；向岘港市综合医院、顺化中央医院以及负责收治新冠肺炎重症患者的顺化省中央医院、广南省中央综合医院提供了医疗设备、救治药品及其他防疫物资。

在各省市层面，2020 年 7 月 24 ~ 31 日，岘港市采取了取消所有的国际航班、餐饮娱乐场所及教学机构暂停营业、限制社交距离、进行大规模检测筛查和隔离工作、确定密切接触者名单等抗疫措施；岘港周边的广南省、会安市等省（市）也采取了类似的检测筛查、隔离、溯源等措施。8 月 5 ~ 9 日，广治省、河内市、胡志明市等省（市）报告确诊病例后，也相继出台为有岘港接触史的人员进行检测筛查、展开医学隔离、限制社交距离、对在公共场所不佩戴口罩的人员进行处罚等防疫措施。

在此轮疫情暴发期间，越南各职能部门与美国、韩国、文莱、赤道几内亚等 50 多个国家（地区）积极沟通，为侨居海外的越南公民安全回国提供便利条件；通过驻外使领馆向旅居意大利、捷克等国的越南侨胞赠送防疫用品。此外，越南还与日本、俄罗斯、古巴等国有关部门开展防疫经验交流，分享防疫与救治经验。

2020 年 8 月 8 ~ 25 日，越南相继解除对岘港市 C 医院、岘港市康复医院、岘港市综合医院的隔离封锁限令,上述医院随即恢复正常的医疗服务秩序;卫生部副部长阮长山宣布岘港市疫情已得到初步控制。截至 9 月 16 日,越南已连续 15 日无新增本土新冠肺炎确诊病例,全国累计确诊病例 1063 例,累计痊愈病例 936 例,死亡病例 35 例。

截至 2020 年 12 月 31 日,越南新冠肺炎累积确诊病例共 1465 例,其中本土确诊病例为 693 例;累计治愈病例 1325 例,治愈率为 90.4%;累计死亡病例共 35 例,死亡率为 2.4%。

2. 越南在防治新冠肺炎领域取得的突出成果

(1) 成功培养与分离出新冠病毒毒株

2020 年 2 月 7 日,越南中央卫生与流行病学研究院成功培养与分离出 SARS-CoV-2 新型冠状病毒毒株,为新冠肺炎病毒的快速检测及新冠病毒疫苗的研发奠定了基础条件。

(2) 研发生产数类新冠病毒检测试剂盒

借助越南国家疫苗与医用生物制品研究院(IVAC)及河内理工大学的新冠病毒检测试剂盒科研项目成果,越南太阳星股份公司生产的 One-step RT-PCR COVID-19 KIT THAI DUONG 和 RT-LAMP COVID-19 KIT THAI DUON 2 种新冠病毒检测试剂盒获得越南卫生部颁发的生产标准编号。

由越南中央卫生与流行病学研究院与日本长崎大学共同研发、越南卫生部疫苗与生物制品研究中心负责生产的新冠病毒快速检测试剂盒也于 2020 年 5 月初问世,其敏感性和特异性达 90%～95%,还可用于进行登革热、艾滋病、流行性乙型脑炎病毒的检测。

(3) 新冠病毒疫苗研发

截至 2020 年 7 月 15 日,世界卫生组织的统计数据显示,全球已经有 23 种新冠病毒疫苗进入临床试验阶段。截至 2020 年 8 月,全球达到世界卫生组织标准的疫苗国家监管体系(NRA)的国家共有 38 个,越南为其中之一。

越南第一疫苗与生物产品有限公司(VABIOTECH)与英国布里斯托大学合作,以实验室培养新型冠状病毒抗原的方法来研发腺病毒载体新冠病毒

疫苗，于 2020 年 5 月初进行动物实验。

越南生物制药技术公司（NANOGEN）以重组蛋白法研发的 Nano Covac 新冠病毒疫苗已经获得越南卫生部的批准，展开人体Ⅰ期临床试验。2020 年 12 月 17 日，3 名志愿者注射接种了 Nano Covac 新冠病毒疫苗。在完成Ⅰ 期临床试验的 2 次疫苗接种后，还需对志愿者进行为期 6 个月追踪观察。若 Nano Covac 新冠病毒疫苗的Ⅰ期临床试验得以通过，预计Ⅱ期临床试验将于 2021 年 2 月至 8 月进行，Ⅲ期临床试验则于 2021 年 8 月至 2022 年 2 月进行。

3. 外科手术治疗方面取得突破性成果

（1）成功进行由活体供体提供移植器官的肢体移植手术

2020 年 1 月 21 日，越南 108 号军队中央医院实施了一项由活体供体提供移植器官的"手掌移植"手术。接受该项手术的患者 A，此前因机械事故致左前臂 1/3 处以下部位受重创；接受截肢手术后只保留了 2/3 的左前臂。2020 年 1 月 3 日，越南 108 号军队中央医院又收治了一名因左手被卷入输送带而导致左前臂 1/3 处至腋窝部分被压断的患者 B。患者 B 肘部肌肉坏死感染严重，并有致死风险；患者 B 接受截肢手术被截掉的部位，即左前臂下 1/3 处至手掌部分相对完好，可移植其他患者使用。在征得患者 B 及家属同意后，越南 108 号军队中央医院将患者 B 截肢下来的肢体部位移植给患者 A，该"活体手掌移植"手术共历时 8 小时。术后一个月，为患者 A 移植后的新手掌已具备基本的运动功能。此例由活体供体提供移植器官的肢体移植手术，证实了临床外科手术不仅可以使用由脑死亡患者所提供的器官进行移植手术，还能展开由活体供体来提供器官的移植手术，为临床外科手术治疗开辟了新思路。

（2）连体女婴分离手术取得成功

2020 年 7 月 15 日，越南胡志明市儿童医院为一对出生时腹部及肛门相连的女婴实施了分离手术。在两位女婴月龄满 13 个月、各项身体指征达到分离手术的要求时，医护人员为她们进行了择期分离手术。手术历时约 12 个小时，共有 93 名来自胡志明市各大医院的专家及医护人员参与实施了该项手术。在分离手术取得成功后，胡志明市儿童医院又再次为两位女婴实施了泌尿消化系统的造型手术。10月7日，这对女婴已可以自主排尿、排便，身体恢复情况已达到出院标准。该手术的成功显示越南在外科手术领域已取得较大的进步。

（3）实施越南首例活体小肠移植手术

2020年10月27～28日，越南军医学院附属医院103军医院分别为两名患者实施了活体小肠移植手术。接受小肠移植手术的患者A，其小肠活体捐赠者为他的母亲；另一位接受小肠移植手术的患者B，其小肠活体捐赠者为他的哥哥。两名活体器官捐赠者术前健康状况良好，两名接受器官移植手术的患者术前生命体征也达到接受移植手术的标准；术后3天，活体器官捐赠者及接受器官移植手术的患者A及患者B均恢复良好。此前，越南科学技术部于2019年12月通过了越南军医学院申请的"研究开展活体小肠移植手术"的研究项目；为完成此研究项目，越南军医学院与日本东北大学进行了多次经验交流与技术咨询。该活体小肠移植手术为越南军医学院的一项核心任务，也是越南首例活体小肠移植手术。

4. 艾滋病防控

2020年8月18日，越南政府总理阮春福批准了《2030年艾滋病终结国家战略》的决定，旨在进一步加大艾滋病的防控力度，减少新增艾滋病病毒感染人数和艾滋病患者死亡人数，从而实现"至2030年越南全面消除艾滋病"的目标，最大限度地减少艾滋病对社会发展所带来的负面影响；该战略中还包括有关艾滋病病毒感染者的治疗与护理工作的11项解决方案。近年来，越南得到了来自各国际组织及权威专家在流行病学及预防医学等领域所提供的帮助与技术支持，越南卫生部向联合国艾滋病规划署（UNAIDS）驻越南代表处主任玛丽-奥迪·埃蒙德（Marie-Odile Emond），美国疾控中心驻越南代表处主任约翰·迈克尔·布兰福德（John Michael Blandford）、副主任保罗·摩根（Paula Morgan）颁发了"为了人民的健康"纪念章，以表彰上述外国专家为越南艾滋病防控工作所做出的贡献，进一步加大越南在艾滋病防控工作方面的国际合作力度。越南卫生部门平均每年为

近 14.46 万名艾滋病病毒感染者进行 ARV 治疗,为近 2000 名感染艾滋病病毒的孕妇提供预防性治疗,为近 70 万名艾滋病感染高危人群进行 HIV 病毒检测。

(三)越南卫生医疗领域工作存在的不足

1. 新冠肺炎防控工作中存在的不足

第一,抗疫初期,越南所采取的一些举措过于激进、利己,且存在重大疏漏。首先,关于新冠肺炎疫情的防控工作,越南卫生部仅采纳了世界卫生组织和美国疾控中心的建议,而没有再向其他任何组织或相关领域的权威专家进行咨询。其次,在越南境内出现首例输入性新冠肺炎病例之后,越南的防疫工作重点仅放在严防病毒从中国输入,忽视了其他渠道的病毒输入。越南先是强制要求所有从中国入境越南的人员都要接受 14 天的隔离观察;随后便取消了往返中越之间的航班,并关闭了中越之间的大部分边境口岸,甚至拒绝中国籍人员入境越南。① 在此阶段,越南政府总理阮春福就表示:政府的一贯主张是宁可牺牲一些经济利益,也要保证人民群众的生命与健康。② 但新冠肺炎疫情的衍变错综复杂,很快便呈全球蔓延趋势,而越南并没有及时地对来自除中国以外的其他国家和地区的国际旅客采取严格的防疫措施,仅仅是对日、韩及部分欧洲国家取消免签优待政策。直至 2020 年 3 月 3 日,意大利疫情告急,越南才匆忙单方面暂停对意大利实施公民免签的政策,但依旧没有对入境越南的其他欧洲国家旅客采取防疫措施。直至 3 月 10 ~ 15 日,欧洲疫情暴发,越南才陆续暂停对英国、法国、西班牙等欧洲 8 国公民的免签政策,不允许有申根国家接触史及英国游客入境。与此同时,一些身在欧美国家的越南公民纷纷包机返回越南,导致越南的输入性病例急剧增加,又进一步引发了疫情在越南

① 赵卫华:《越南新冠肺炎疫情防控形势为何突然恶化》,《世界知识》2020 年第 7 期,第 30 ~ 31 页。
② 《海防港:船舶进港前必须接受 nCoV 检疫》,越通社(中文网站),2020 年 2 月 5 日,https://zh.vietnamplus.vn/海防港船舶进港前必须接受 ncov 检疫/108419.vnp。

境内的社区传播，这也是越南在抗疫初期时防疫工作中存留的一个疏漏点。①

第二，抗疫隔离管理机制欠完善，社区对居家隔离人员的监控不够严密，导致疫情在社区内传播。越南国家航空公司执行国际航班飞行任务的1名空乘人员在接受14天集中隔离观察、2次核酸检测结果均呈阴性后便转为居家隔离。在居家隔离即将结束时，该名空乘人员的第三次核酸检测结果呈阳性，成为越南的第1342个确诊病例。由于该名空乘人员在居家隔离期间严重违反隔离规定，邀请亲朋上门探访，并导致其密切接触者感染新冠病毒，引发了一轮小范围的疫情暴发。

2. 慢性病的防治能力有待提高

越南的慢性病发病率较高，约有25%的民众患有高血压、心血管疾病等慢性病，并且大多数患者未能及时地被确诊和接受规范治疗。除自身遗传基因外，一些不良生活习惯如酗酒、饮食中摄入过多的钠以及患有其他慢性病等，都是引发心血管疾病的诱因。近年来，越南的心血管疾病患者正呈现低龄化的趋势，青壮年患者的人数不断增多。新冠肺炎的确诊患者中，身患高血压、心脑血管疾病等基础病的患者更容易发展为重症病例，致死率高。

3. 药品市场管控不严，导致抗生素耐药性发生率高

越南的抗生素耐药性发生率为40%，在亚太地区排名第4。越南药品市场管控不严，非处方药可以随意销售，约有88%的越南人曾因自行使用非处方药而导致过度使用抗生素，而抗生素的滥用可加速其耐药性的产生。另外，养殖行业的过度使用抗生素，使得肉类食品中残留的抗生素通过食物链进入人体，这也是导致越南抗生素耐药发生率高的重要原因。

---

① 赵卫华：《越南新冠肺炎疫情防控形势为何突然恶化》，《世界知识》2020年第7期，第30页。

（四）2021年越南医疗卫生发展展望

首先，在全球新冠肺炎疫情尚未结束的情况下，越南将会持续调动整个政治体系的力量防控新冠肺炎疫情；继续加强国际合作和寻求国外的技术援助，同时加快新冠病毒疫苗的研发和临床试验进度。越南新冠病毒疫苗的研发以及临床试验的进展较慢，因此越南对于进口疫苗的依赖程度较大。越南已加入由全球疫苗免疫联盟、流行病防范创新联盟（CEPI）及世界卫生组织共同创立的"新冠肺炎疫苗实施计划"，在越南国产疫苗未能大量上市前，需向国外的疫苗生产商进口新冠病毒疫苗以满足越南国内的防疫需求。

其次，越南卫生部门的核心任务之一是继续落实《关于控制抗生素耐药性的国家行动计划（2013～2020年）》及制定好未来5年关于控制抗生素耐药性的工作计划。根据越南卫生部门诊治疗管理局与英国驻越南大使馆、英国葛兰素史克股份有限公司（GlaxoSmithKline，GSK）胡志明市分公司签署的关于《越南控制抗生素耐药性合作协议（2021～2023年）》的备忘录内容，英国政府和一些以药品研发为重心的英国药品生产企业将协助越南制定控制抗生素耐药性工作的计划，越南的控制抗生素耐药性工作将得以全面展开。

最后，加强对护理人员队伍的建设也是未来数年内越南医疗卫生领域的工作重心之一。越南每年新生儿出生数量超过150万名，对于护理人员及助产士的需求量较大；抗击疫情工作也需要大量的护理人员。但目前越南的护理人员数仅为每万人1名，远低于其他国家的水平，难以保证病患的临床护理质量。自1990年至今，越南注重建立护士长制度，加强对护理人员和助产士的培训，力争"至2025年全国护理队伍水平达到高等专科护理水准"的培训目标。①

---

① 《越南增加对护士和助产士培训的投资》，越南《人民军队报》网站，2020年5月28日，https：//cn. qdnd. vn/cid－6157/7197/nid－570936. html。

专题报告
Special Reports

B.7

2020年越南农业：保持小幅增长，
农产品出口前低后高

杨　超[*]

摘　要： 2020年，越南农业遭受了自然灾害与新冠肺炎疫情的双重影响，种植业、林业和水产业发展都面临许多困难。越南农业部门推出了多项及时有效的应对措施，使多农业生产总体保持了小幅增长。越南农产品进出口受新冠肺炎疫情影响较大，所幸农产品出口走出了前低后高的势头，在2020年下半年增长迅速，使得全年出口额与上年相比仅小幅下降。2021年越南农业发展前景仍较乐观。

关键词： 越南　农业　林业　农产品出口

---

* 杨超，国际政治学博士，广西社会科学院东南亚研究所副研究员，主要研究方向为越南经济社会、菲律宾国别问题。

一 总体情况

2020年,越南GDP同比增长2.91%,在新冠肺炎疫情对全世界经济社会产生负面影响的背景下,越南经济能够实现正增长实属不易。就整个经济增长来说:农林水产业增长2.68%,对整个经济增加值的贡献率为13.5%;工业和建筑业增长3.98%;服务业增长2.34%。2020年越南经济结构中农林水产业占14.85%,工业和建筑业占33.72%,服务业占41.63%,扣除产品补助的产品税占9.8%。

2020年,在农林水产业领域,一些多年生作物产量、主要养殖业和虾产量增长较快,因此增长速度比上年高。其中种植业增长2.55%,林业增长2.82%,水产业增长3.08%(见表1)。

表1 2020年越南农林水产业增加值(按2010年比较价格)

单位:亿越南盾,%

产业种类	2020年初算	增幅
增加值	5243260	2.68
种植业	3841170	2.55
林业	249180	2.82
水产业	1152910	3.08

资料来源:《2020年第四季度和全年经济社会情况报告》,越南统计总局。

二 种植业、林业和水产业生产情况

2020年,受南部干旱、海水入侵和洪涝自然灾害的影响,种植业、林业和水产业生产面临许多困难;新冠肺炎疫情衍变复杂,影响了农产品的进出口和销售。面对这些困难,越南农业部门推出了多项及时有效的应对措施,取得积极效果:农作物的收成较好,各季水稻丰收、销售价格高;多年生作物产量实现较高增长;家禽养殖业发展良好;养猪业正在逐渐恢复。在疫情困难时期，种植业、林业和水产业部门发挥经济的支柱作用，保障粮食、食品、必需品的供应，这是社会民生稳定的重要基础。

（一）种植业

1. 粮食作物

2020 年，由于生产结构调整和土地用途转变，水稻种植面积约为727.78 万公顷，比 2019 年减少 19.2 万公顷。每公顷单产 5.87 吨，每公顷单产同比增加 0.05 吨。稻米产量约为 4271.07 万吨，比 2019 年减少 80.66万吨。

2020 年，越南全国冬春稻种植面积为 302.41 万公顷，比上年减少10.03 万公顷，其中有 3.06 万公顷的稻田因干旱和海水入侵没有收成，只有 299.35 万公顷的稻田有收获。越南通过种植经济价值较高的新水稻品种，逐渐代替传统品种，单位面积产量有所提高，每公顷单产 6.57 吨，比 2019年增加 0.02 吨。但因种植面积减少，冬春稻稻米产量为 1990 万吨，比 2019年减少 59.35 万吨。

2020 年，夏秋稻单位面积产量比上一年高，但由于受干旱、海水入侵和土地用途转变影响，耕地面积减少，使得总产量减少。种植面积为194.51 万公顷，比 2019 年减少 6.45 万公顷。每公顷单产 5.52 吨，每公顷单产同比增加 0.07 吨。稻米产量为 1074 万吨，比 2019 年减少 20.54 万吨。其中九龙江平原产量为 846 万吨，比 2019 年减少 21.91 万吨。

2020 年，秋冬稻种植面积约为 72.4 万公顷，比 2019 年减少 0.02 万公顷；每公顷单产 5.51 吨，同比增加 0.02 吨；稻米产量 398.80 万吨，比2019 年增加 1.51 万吨。

2020 年，晚稻单位面积产量比 2019 年有所增加，但由于气候过于炎热和种植季节结构转变使得种植面积减少，所以总产量下降。全国晚稻种植面积为 158.46 万公顷，比 2019 年减少 2.7 万公顷。每公顷单产 5.1 吨，每公顷单产同比增加 0.07 吨。稻米产量 807.79 万吨，比 2019 年减少 2.07 万吨（见表 2）。

表2　2020年越南一些主要作物种植面积、单产和产量

作物种类	2020 年初算			增幅（%）		
	全国	其　中		全国	其　中	
		北部	南部		北部	南部
一、谷类粮食总产量（万吨）	—	—	—	—	-0.9	-2.5
其中：稻谷	4271.07	1313.76	2957.31	—	-0.7	-2.4
玉米	459.18	253.60	205.58	—	-1.9	-4.2
（一）稻谷						
面积（万公顷）	727.78	232.22	495.56	—	-1.7	-3.0
单产（吨/公顷）	5.87	5.66	5.96		1.1	0.5
产量（万吨）	4271.07	1313.76	2957.31	—	-0.7	-2.4
其中：1. 冬春稻						
面积（万公顷）	302.41	109.78	192.63	—	-1.7	-4.0
单产（吨/公顷）	6.57	6.26	6.75		-0.5	0.7
产量（万吨）	1990.00	687.53	1302.47		-2.2	-3.3
2. 夏秋稻						
面积（万公顷）	194.51	17.42	177.09	—	0	-3.5
单产（吨/公顷）	5.52	4.78	5.60		10.1	0.9
产量（万吨）	1074.48	83.24	991.24		10.0	-2.8
3. 秋冬稻						
面积（万公顷）	72.40	0	72.40	—	0	0
单产（吨/公顷）	5.51	0	5.51		0	0.4
产量（万吨）	398.80	0	398.80		0	0.4
4. 晚稻						
面积（万公顷）	158.46	105.02	53.44	—	-1.9	-1.2
单产（吨/公顷）	5.10	5.17	4.96		1.8	0.8
产量（万吨）	807.79	542.99	264.80		-0.1	-0.5
（二）玉米						
面积（万公顷）	94.38	59.89	34.49	—	-3.4	-6.0
单产（吨/公顷）	4.87	4.23	5.96		1.4	1.9
产量（万吨）	459.18	253.60	205.58	—	-1.9	-4.2
二、薯类粮食 （一）红薯						
面积（万公顷）	10.91	6.09	4.82	—	-6.9	-6.4
单产（吨/公顷）	12.60	7.93	18.50		0.1	4.2
产量（万吨）	137.45	48.28	89.17	—	-6.7	-2.5

续表

作物种类	2020 年初算			增幅（%）		
	全国	其 中		全国	其 中	
		北部	南部		北部	南部
（二）木薯						
面积（万公顷）	52.38	15.22	37.16	—	−4.1	3.1
单产（吨/公顷）	20.02	15.00	22.08	—	1.8	1.5
产量（万吨）	1048.79	228.35	820.44	—	2.3	4.7

资料来源：《2020 年第四季度和全年经济社会情况报告》，越南统计总局。2020 年越方统计数据缺失较多。

与 2019 年相比，尽管 2020 年稻米产量下降，但能满足越南国内消费、加工及出口的需求。越南水稻种植继续保持增加使用优质水稻品种的趋势，2020 年优质水稻品种使用率超过 74%（远高于 2015 年的 50%）以提高"越南大米品牌"价值。优质大米占出口大米的 85% 以上，使得越南大米出口平均价格从 2019 年的每吨 440 美元提高到 2020 年的每吨 496 美元。

多种杂粮作物和一年生作物的产量和种植面积减少：玉米总产量 459.18 万吨，比 2019 年减少 14.03 万吨，播种面积减少 4.3 万公顷；红薯总产量 137.45 万吨，比 2019 年减少 5.75 万吨，种植面积减少 7800 公顷；甘蔗总产量 1187.75 万吨，比 2019 年减少 344 万吨，种植面积减少 4.53 万公顷；花生总产量 42.55 万吨，比 2019 年减少 1.71 万吨，种植面积减少 7300 公顷；大豆总产量 6.57 万吨，比 2019 年减少 1.16 万吨，种植面积减少 7800 公顷。产量增加的作物有：木薯总产量 1048.79 万吨，比 2019 年增加 31.3 万吨，种植面积增加 4800 公顷；蔬菜产量有所增加，各种类蔬菜产量达 1833.95 万吨，比 2019 年增加 33.91 万吨，种植面积增加 7800 公顷。部分一年生经济作物情况见表 3。

表3 2019～2020年越南部分一年生经济作物种植面积、单产和总产量

作物种类	2019年	2020年初算
甘蔗		
面积(万公顷)	23.24	18.71
单产(吨/公顷)	65.95	63.48
总产量(万吨)	—	1187.75
花生		
面积(万公顷)	17.68	16.95
单产(吨/公顷)	2.50	2.51
总产量(万吨)	44.26	42.55
大豆		
面积(万公顷)	4.95	4.17
单产(吨/公顷)	1.56	1.58
总产量(万吨)	7.73	6.57
芝麻		
面积(万公顷)	2.87	3.34
单产(吨/公顷)	0.84	0.83
总产量(万吨)	2.41	2.76
各种类蔬菜		
面积(万公顷)	98.60	99.38
单产(吨/公顷)	18.26	18.45
总产量(万吨)	1800.04	1833.95

资料来源:《2020年第四季度和全年经济社会情况报告》,越南统计总局。2020年越方统计数据缺失较多。

2. 多年生作物

2020年,越南多年生作物种植面积约达360.78万公顷,比2019年增长1.6%。其中:经济作物种植面积为217.99万公顷,同比减少0.6%;果树种植面积为113.38万公顷,同比增长6.2%;油料作物种植面积为18.31万公顷,同比增长2.5%;香料作物、药物作物种植面积为5.23万公顷,同比增长2.7%;其他多年生作物种植面积为5.87万公顷,同比减少5%。在经济作物中,种植面积下降的有橡胶(下降1.7%)、胡椒(下降6%)。种植面积增长的有咖啡豆(增长0.8%)、腰果(增长1.9%)、茶叶(增长0.6%)等。具体种植面积和产量见表4。

表4　2019~2020年越南部分多年生经济作物种植面积、产量

作物种类	单位	2019年	2020年初算	增幅（%）
茶叶	面积（万公顷）	12.32	12.4	0.6
	鲜叶产量（万吨）	—	104.34	—
咖啡豆	面积（万公顷）	69.01	69.55	0.8
	产量（万吨）	—	174.28	—
橡胶	面积（万公顷）	94.18	92.60	-1.7
	产量（万吨）	—	122.16	—
椰子	面积（万公顷）	17.81	18.24	2.4
	产量（万吨）	—	172.28	—
胡椒	面积（万公顷）	14.02	13.18	-6.0
	产量（万吨）	26.48	26.85	1.4
腰果	面积（万公顷）	29.69	30.24	1.9
	产量（万吨）	28.60	33.97	18.8

资料来源：《2020年第四季度和全年经济社会情况报告》，越南统计总局。2020年越方统计数据缺失较多。

2020年，越南水果销售市场稳定，产量较2019年总体上升。柑果以及橙子产量达107.06万吨，比2019年增长8%；柚子产量达90.32万吨，比2019年增长10.2%；芒果产量达89.32万吨，比2019年增长6.5%；火龙果产量达136.38万吨，比2019年增长9.1%；荔枝产量达31.12万吨，比2019年增长15.6%；龙眼产量达58.92万吨，比2019年增长11.6%；椰子产量达72.37万吨，比2019年增长2.2%。

（二）养殖业

2020年，越南全国养牛业总体稳定。由于经济效益不高和放牧环境不理想，全国的水牛总数减少。而黄牛肉销售市场良好，销售价格较高，养殖者能获利，因此黄牛养殖发展势头良好。养殖奶牛的发展势头也不错。截至2020年12月，越南全国水牛存栏量比2019年同期下降2.2%，黄牛存栏量比2019年同期增长2.5%。

2020年，越南牛肉类产品产量保持增长。其中：水牛肉产量达9.58万吨，比

2019 年增长 1.4%；黄牛肉产量为 37.15 万吨，比 2019 年增长 4.6%。2020 年，由于家庭户扩大养殖规模和企业养殖势头好，越南家禽养殖业继续增长，截至 2020 年 12 月，越南家禽存栏量同比增长 6%。全年活禽肉总产量估计达 145.37 万吨，比 2019 年增长 11.6%；全年禽蛋产量达 147 亿个，比 2019 年增长 10.5%。

2020 年，非洲猪瘟在越南得到了较好的控制，全国的生猪养殖继续恢复，猪肉供应得到加强，猪肉价格趋于快速下降，有助于稳定市场价格。2020 年 12 月，越南生猪存栏量比 2019 年增长 17%，全年猪肉产量达 347.49 万吨，比 2019 年增长 4.4%。但是，2020 年非洲猪瘟在越南一些地区仍情况复杂。

截至 2020 年 12 月 24 日，越南全国未发现有猪蓝耳病疫情。一些地方的家禽家畜疫情消除尚未过 21 天：义安省还有家禽流感；谅山省、安沛省、昆嵩省、多乐省、茶荣省等还有口蹄疫疫情；27 个地方的 94 个县 259 个乡还有非洲猪瘟。

（三）林业

2020 年，越南全国集中新造林面积约为 26.05 万公顷，比 2019 年减少 3.2%，原因是多地将林地转向种植能带来更高经济效益的经济作物和果树。全年分散植树 9460 万株，同比减少 1.6%；木材开采量达 1691 万立方米，同比增长 3.7%；薪柴产量为 1890 万立方米，同比减少 1%。受损森林面积比 2019 年减少 45.6%（见表 5）。

表 5 2020 年越南林业生产情况

林业生产指标	2020 年初算	增幅(%)
集中造林面积(万公顷)	26.05	-3.2
分散种植树木(万株)	9460.00	-1.6
木材开采产量(万立方米)	1691.00	3.7
薪柴产量(万立方米)	1890.00	-1.0
受损森林面积(公顷)	1464.30	-45.6
森林火灾	645.30	-67.8
被滥伐森林	819.00	19.4

资料来源：《2020 年第四季度和全年经济社会情况报告》，越南统计总局。

（四）水产业

2020 年，越南水产品产量达 842.31 万吨，同比增长 1.8%。其中：鱼类产品产量达 607.07 万吨，同比增长 1.2%；虾产量达 110.88 万吨，同比增长 4.9%；其他水产类产量为 124.36 万吨，同比增长 2.5%。

2020 年，越南水产养殖业遇到许多困难，如湄公河平原受到干旱、海水入侵和涨潮的影响，中部沿海和北中部地区遭遇暴雨洪涝，加上疫情冲击，使得出口市场不稳定，等等。2020 年水产养殖产量约为 455.92 万吨，同比增长 1.5%。2020 年鱼类产量为 313.08 万吨，减少幅度较小，同比减少 0.3%；虾产量为 94.99 万吨，仍有一定增长，同比增长 5.6%；其他水产类产量为 47.85 万吨，同比增长 5.4%。2020 年查鱼出口遇到很多困难，查鱼出口金额约为 16.247 亿美元，比 2019 年下降 19%。全年查鱼产量为 151.51 万吨，同比下降 5.9%。2020 年前几个月，咸水虾养殖面临诸多挑战，如极端天气变化、干旱、海水入侵提前而且深入、虾病情况复杂等；到第三季度，天气好转，虾的出口开始恢复。但是，湄公河平原地区的对虾和白脚虾价格不稳定。全年对虾的产量约为 26.77 万吨，比上年增长 1%；白脚虾的产量约为 62.11 万吨，比 2019 年增长 6.6%。

越南统计总局发布的资料称：为了海洋水产资源的保护和再生，越南正在逐渐减少沿海和无效的海洋水产捕捞活动。但是 2020 年越南未能免除欧盟对越南捕捞的黄牌警告。在年底几个月，由于热带低气压和台风对渔场尤其是中部渔场捕捞不利，对海洋捕捞产量造成很大影响。2020 年，水产捕捞产量达 386.39 万吨，比 2019 年增长 2.3%。其中：鱼类产量为 293.99 万吨，同比增长 2.7%；虾产量为 15.89 万吨，同比增长 0.8%。海洋捕捞产量约为 386.39 万吨，同比增长 2.3%，其中：鱼类产量为 293.99 万吨，同比增长 2.7%；虾产量为 15.89 万吨，同比增长 0.8%（见表6）。

表 6　2020 年越南水产业生产情况

单位：万吨，%

种类	2020 年初算	增幅
总产量	842.31	1.8
其中：1. 鱼	607.07	1.2
2. 虾	110.88	4.9
3. 其他	124.36	2.5
一、水产养殖	455.92	1.5
1. 鱼	313.08	-0.3
2. 虾	94.99	5.6
3. 其他	47.85	5.4
二、水产捕捞	386.39	2.3
1. 鱼	293.99	2.7
2. 虾	15.89	0.8
3. 其他	76.51	0.8

资料来源：《2020 年第四季度和全年经济社会情况报告》，越南统计总局。

三　农产品加工业及进出口情况

（一）农产品加工业

过去 10 年来，越南的农产品加工业以每年 5%～7% 的速度增长，帮助将产品出口额提高到 2019 年的 412 亿美元，排名世界第 15，在东南亚排名第 2。[①] 但大多数出口农产品为原始或初加工低附加值的产品，而深加工和高附加值的商品数量仍然有限。附加值较低的粗产品占比达 70%～80%，而具有较高附加值的深加工产品仅占 15%～30%。截至 2020 年底，越南全国有 7500 家企业从事农业加工。具体情况见表 7。

---

① 《越南期望成为世界十大农产品加工中心之一》，中华人民共和国商务部网站，2020 年 7 月 14 日，http：//www.mofco m. gov. cn/article/i/jyjl/j/202007/20200702982836. shtml。

表7　2020 年越南一些主要的农产品加工和农业生产资料生产情况

单位：万吨

种类	2020 年初算
水产品加工	382.56
鲜奶	170240
奶粉	13.16
白糖	99.53
味精	34.88
家畜饲料	1158.14
水产饲料	624.58
尿素肥料	243.38
氮磷钾复合肥料	293.12

资料来源：《2020 年第四季度和全年经济社会情况报告》，越南统计总局。2020 年越方统计数据缺失较多。

越南农业与农村发展部部长阮春强表示，越南农产品生产、加工和销往国际市场潜力巨大；为了提高国际竞争力，为实现到 2030 年农业产业工业化和现代化，从 2020 年到 2030 年，越南农业部门将扶持龙头企业，同时重点发展大米、咖啡、橡胶、腰果、胡椒和畜牧产品等国家主要农产品，采用先进、具有竞争能力的加工技术来发展国家品牌产品。越南计划通过优化比较优势、加强集约加工、完善投资吸引政策、加快农业机械化进程、开发人力资源等，最终使越南成为世界十大农产品加工中心之一。①

（二）农产品出口

2020 年，越南大部分农产品的出口额与上年同期相比有所下降，降幅从 1.8% 到 13% 不等，涉及种类包括果蔬产品、咖啡、茶叶、腰果和胡椒等。只有部分农产品保持出口额增幅：木材及其制品出口额同比增长 15.7%；大米的出口额同比增长了 9.3%，达到 30.69 亿美元。具体农产品出口情况见表8。

---

① 《越南期望成为世界十大农产品加工中心之一》，中华人民共和国商务部网站，2020 年 7 月 14 日，http：//www.mofco m.gov.cn/article/i/jyjl/j/202007/20200702982836.shtml。

表8　2020年越南一些主要农产品出口情况

序号	商品名称	2020年初算		增幅（%）	
		出口量（万吨）	出口额（亿美元）	出口量	出口额
1	水产品	—	83.84	—	-1.8
2	果蔬产品	—	32.59	—	-13.0
3	腰果	51.1	31.88	12.1	-3
4	咖啡	151.1	26.58	-8.8	-7.2
5	茶叶	13.7	2.2	-0.4	-6.9
6	胡椒	28.8	6.66	1.2	-6.8
7	大米	614.6	30.69	-3.5	9.3
8	木薯及其制品	276	9.89	9.0	2.4
9	橡胶	174.9	23.82	2.8	3.5
10	木材及其制品		123.23	—	15.7

资料来源：《2020年第四季度和全年经济社会情况报告》，越南统计总局。2020年越方统计数据缺失较多。

　　木材工业一直是促进越南农林产品出口额增长的主要部门之一。尽管受疫情以及出口市场风险的影响，越南2020年的木材及其制品出口额仍达123.23亿美元，大幅增长15.7%，创历史新高。越南工贸部将6月和7月的木材及其制品出口增长归因于越南主要出口市场取消了社会隔离措施。此外，许多欧洲国家的强劲刺激计划促进了消费。2020年前6个月，越南木材及其制品的5个主要市场为美国、中国、日本、韩国和欧盟。6月，木材及其制品对美国出口额达5.909亿美元，同比增长43.1%，对中国出口额达8830万美元，同比增长15.6%，对加拿大出口额达1880万美元，同比增长19.5%，对澳大利亚出口额达1530万美元，同比增长28.8%。至12月15日，越南木材及其制品出口额累计达116.4亿美元，其中木制品出口额超过89.5亿美元。不过，越南木材工业正面临着贸易摩擦的风险。此外，还面临美国和韩国的反倾销诉讼，特别是与商业欺诈和逃税有关的胶合板。美国贸易代表指责越南木材工业在国内市场和出口到美国的产品中使用非法木材，并且美国很可能对越南木材实施贸易限制。

越南工贸部跨部门统计显示，2020 年越南出口大米 614.6 万吨，价值约 30.7 亿美元。虽然大米出口量同比减少 3.5%，但出口额较 2019 年同期增长 9.3%。2020 年越南大米平均出口价达每吨 496 美元，同比上涨 12.7%，为近年来新高。大米出口结构继续向各类香米以及高附加值和高售价的优质大米转变。农民和大米出口商重视提高大米质量、注重溯源体系，加大向欧盟、韩国、美国等要求严苛的市场出口。2020 年，菲律宾从越南进口大米 220 万吨，进口额达 10.6 亿美元，同比分别增长 4% 和 19.3%，出口额首次突破 10 亿美元，创历史新高，成为越南大米第一大出口市场。

水产品方面，由于临近年底几个月出口形势转暖，2020 年水产品出口额达到 83.84 亿美元，仅小幅下降 1.8%。新冠肺炎疫情使上半年越南水产品出口持续下跌，但从 7 月开始回暖，并在 9 月出现两位数增长。截至 11 月底，水产品出口额已超过 78 亿美元，达到 2019 年同期水平。水产品出口回暖主要动力是虾产业。自 6 月以来，虾产品出口已实现两位数增长。据统计，2020 年前 8 个月，越南虾产品出口额达 23 亿美元，同比增长 8.4%。美国是越南虾类产品的最大进口市场，占出口总额的 23.6%。8 月对美出口额同比增长 28.6%。2020 年前 8 个月，对美出口额超 5.44 亿美元，同比增长 32%。

受《欧盟 - 越南自由贸易协定》的积极影响，越南 8 月对欧盟的虾类产品出口实现了自 2020 年初以来的最高增长率。欧盟是越南虾类产品的第四大进口市场，仅次于美国、日本和中国，占出口总额的 13.6%。8 月越南对欧盟的出口额达 5880 万美元。9 月至 11 月激增。至 11 月底，虾类出口额约为 35 亿美元，同比增长近 14%。

其他主打水产品出口仍同比下降，但与 2020 年前几个月相比明显好转。预计 2020 全年巴沙鱼出口额为 15.4 亿美元，同比下降 23%。统计数据显示，在 11 个主要出口市场中，美国、欧洲和中国在 11 月均实现了正增长，分别为 25%、30% 和 15%。其中，自 6 月以来对美国出口强劲增长，其后几个月增长更快，预计全年对美水产品出口额达到 16.5 亿美元，同比增长 12%。欧洲市场也从 9 月强劲复苏，增幅为 19% ~30%。

2020 年，越南的胡椒出口虽然实现了 28.8 万吨的年出口目标，但出口总值仅为 6.66 亿美元，出口额同比下降 6.8%。新冠肺炎疫情使得全球胡椒供应链也受到干扰。越南的胡椒出口在第一季度保持稳定，但在第二季度，世界各地暴发的新冠肺炎疫情迫使各国和地区实施封锁政策，从而限制了旅行和贸易活动。此外，消费者还削减了在非必需产品上的支出，将重点放在必需食品和保健产品上，从而导致各国胡椒进口需求显著降低。2020 年上半年，越南对中国的胡椒出口下降了 21.4%，对印度的胡椒出口则下降了 37.8%。随着新冠肺炎疫情的蔓延，印度、美国和欧盟等较大市场对越南胡椒的进口需求持续下降。此外，气候变化和价格低廉亦导致胡椒产量下降。

2020 年腰果出口额达 31.88 亿美元，同比下降 3%。越南 2020 年上半年的腰果出口量同比增长 16%，达 23.2 万吨，出口额同比增长 1%，接近 15.3 亿美元。其中，美国、欧盟和中国是越南最大的腰果出口市场；对美国的出口额增长了近 10%，占腰果出口总额的 32%；对中国的出口下降了近 44%，占腰果出口总额的 8%。总体来看，2020 年腰果出口的平均价格同比下降了 14%。越南上半年进口了 63.5 万吨原料腰果进行加工，同比减少 12%，这主要是由于疫情和需求减少导致从西非国家到越南的腰果货运延误。越南腰果协会对进口原料腰果和出口加工产品继续奉行减少数量的同时提高质量的政策。

《欧盟 – 越南自由贸易协定》在 2020 年 8 月 1 日生效，越南农产品对欧盟出口迅速增长。9 月，第一批享受越欧自贸协定零优惠税率的农产品出口欧盟，包括 30 吨冻虾，对德国出口的 100 吨百香果，对英国、德国和荷兰出口的 2200 箱水果和 15 吨柚子、火龙果，对捷克出口的 126 吨香米，等等。

越南工贸部进出口局数据显示，2020 年前 9 个月越南果蔬出口额约为 25 亿美元，同比下降 11%。8 月，出口额比重较大的果蔬产品主要有：火龙果、芒果、香蕉、椰子、菠萝蜜、榴莲、百香果、龙眼等；加工出口产品主要是以百香果、芒果、菠萝、椰子等水果加工而成的产品。其中百香果加工出口呈下降态势，但出口潜力仍然巨大。值得注意的是，泰国自越南进口的新鲜椰子达12.9万吨，进口额约为5040万美元，分别同比增长377.7%和781.3%。

（三）农产品进口

2020年，由于受新冠肺炎疫情影响，越南主要农产品和农业生产资料进口额增幅不高，基本都在个位数，只有橡胶进口额增加了17.2%；而果蔬产品进口额下降最多，减少了27.5%。2020年越南一些主要农产品和农业生产资料进口情况见表9。

表9　2020年越南一些主要农产品和农业生产资料进口情况

序号	商品名称	2020年初算		增幅（%）	
		进口量（万吨）	进口额（亿美元）	进口量	进口额
1	水产品	—	17.56	—	-1.8
2	牛奶及奶制品	—	10.56	—	0.9
3	果蔬产品	—	12.90	—	-27.5
4	小麦	290.6	7.48	5.5	3.9
5	玉米	1201.9	23.78	4.6	2.3
6	家畜饲料和NPL	—	38.90	—	5.1
7	肥料	412.0	9.76	8.5	-6.8
8	橡胶	109.1	14.31	45.1	17.2
9	木材及其制品	—	25.66	—	0.9

资料来源：《2020年第四季度和全年经济社会情况报告》，越南统计总局。2020年越方统计数据缺失较多。

四　越南农业面临的问题与挑战

（一）新冠肺炎疫情使多农产品出口困难

有越南专家认为，新冠肺炎疫情影响了越南对中国的出口活动，因此开

拓多样化市场是越南大米出口商的当务之急。据越南后江省农业农村发展厅一位官员透露，2020年春季以来，因为停止了对中国的出口，大米价格略有下降，除非找到新的出口市场，否则价格将继续下跌。越南南方粮食总公司（VinaFoods）董事长裴氏青心表示，5年前中国是越南最大的大米出口市场，不过现在出口市场已经扩大，所以疫情对越南大米出口的影响不会太严重。2020年菲律宾是越南大米最大的出口市场，据越南海关总局数据，2020年出口额达到8.85亿美元。越南食品联合会副主席杜河南认为，中国2021年将继续减少越南大米进口，但是越南2020年有望向日本出口。不过，越南企业要保证出口到日本的大米的质量。2020年，越南的主要竞争对手泰国面临严重干旱，大米的产量受到影响。新加坡从泰国进口其大米产量30%~40%，但近期正在考虑进口来源多样化。

2021年2月3日，越南农业与农村发展部部长阮春强牵头与工贸部共同组织会议，讨论如何在新冠肺炎疫情影响下促进农产品生产及出口。每年越南对中国农产品出口占其对外农产品出口的22%~25%。2019年，越南农林水产品总出口额为413亿美元，其中对中国出口达84.7亿美元。为减轻疫情对农业的影响，越南农业与农村发展部出台了应对措施。

一是与越南驻世界各国大使馆商务处加强沟通协调，大力加强贸促工作力度，在各个重点潜力市场进行市场开发和推广，力求在市场多元化方面取得突破。越南农业与农村发展部领导将率农产品出口企业代表团往迪拜拓展中东市场；赴美国进行市场推广；率农产品出口企业访问巴西；等等。

二是与越南驻中国大使馆配合，积极安排中国海关总署专家组在第一、第二季度赴越南考察；向越南各农产品行业协会及时介绍各国促进农林水产品向中国出口的新举措、新办法。

三是农产品加工企业要主动提高产品加工质量，推动贸易出口，全力开拓新市场。

越南农业与农村发展部同时也做了应对新冠肺炎疫情的长期准备，如将推动农产品进入国内销售终端、促进国内市场消费、提高农产品保存和加工水平等。越南农业与农村发展部副部长冯德进表示，该部将密切关注重点出口市场变化情况并及时采取应对措施，密切跟踪经边境口岸对中国出口农产品情况，一旦出现问题及时与中方沟通解决，确保对中国出口的农产品顺利通关，同时，集中解决出口技术壁垒问题，扩大对欧盟各国、欧亚经济联盟、美国、巴西、沙特、澳大利亚等市场农产品出口等，确保实现 2020 年农业全年出口目标。

（二）越南农业领域吸引外资面临较大障碍

越南《投资报》2020 年 12 月 14 日报道，尽管越南从中央到地方的各级政府非常关心农业发展，但农业领域吸引外资占比不到 1%，而世界平均水平约为 3%。报道称，截至 2019 年底，越南农业领域吸引外国直接投资仅 35 亿美元，投资来源地不多，其中来自中国台湾地区和维尔京群岛、新加坡、泰国的资金占越南农业领域外资的 50% 以上。2014 ~ 2018 年，农业在越南吸引外资总额中的比重分别为 0.5%、1%、0.4%、1.1% 和 1%。农业投资项目规模偏小，主要集中在海鲜和水果加工行业。

值得一提的是，越南是东南亚第二大农产品出口国，在全球排名第 15，有 10 组出口农产品，出口额约为 10 亿美元/年，腰果、胡椒、咖啡、大米等商品出口在全球排名前列，却始终没有国际巨头进军越南农业领域。

越南计划投资部南部投资促进中心副主任武春邓指出，越南农业领域吸引外资的最大的障碍在于用于农业项目的土地资源不能直接从土地使用者处租赁，这使得外国投资者几乎不可能获得足够多的土地开展农业项目。许多地方政府优先考虑将土地规划为工业用地。此外，农业领域投资风险较高，受到气候、自然灾害和流行病的直接影响；越南国内相关的物流、仓储、配套服务、基础设施和劳动力素质水平较差，无法满足高科技农业企业的需求。对目前的越南来说，只有调整土地、人力资源和税收政策，才有可能打通外资进入农业领域的通道。

（三）泰国蔗糖对越南糖业造成冲击

2020 年 9 月 22 日，越南工贸部贸易防卫局称，根据该国制糖企业的指

控，2020年从泰国进口蔗糖量是上年同期的近6倍，工贸部决定对泰国蔗糖发起反倾销和反补贴调查。

根据世贸组织框架下东盟国家间关税配额的承诺，越南在2020年初取消了对东盟国家食糖进口关税配额，从泰国进口的食糖量激增。1～8月越南共进口蔗糖95万吨，其中近85%是从泰国进口的，同比增长近6倍，是2019年全年进口量的近3倍。越南国内制糖企业表示，蔗糖进口量飙升是损害国内制糖业的主要原因，并预计2020年度越南国内蔗糖产量不到80万吨，比上年度减少120万吨。越南国内制糖企业声称，从泰国进口的蔗糖存在倾销行为，泰国甘蔗种植业和制糖业得到泰国政府多项财政补贴支持。

（四）CPTPP未充分发挥作用

自CPTPP生效以来，2019年，越南对CPTPP成员市场的出口额增长情况较好，尤其是对还未与越南签订双边自贸协定的加拿大和墨西哥市场的出口大幅增长了26%～29%。越南工贸部数据显示，2020年上半年，越南对CPTPP成员国澳大利亚的出口增长了2.3%，对智利的出口增长了1.6%，对墨西哥的出口增长了1.6%。[①] 越南已陆续向日本出口了荔枝、向澳大利亚出口了榴莲，山罗省向美国、加拿大和澳大利亚出口了年内首批30吨芒果。不过，越南相关企业还没有充分利用CPTPP所带来的市场机会。与墨西哥和加拿大有贸易往来的越南企业数量仍然不多。越南政府仍需进行机构改革，兑现协定承诺，为越南企业扩大出口创造有利条件。

五　2021年越南农业发展展望

虽然2020年越南农业受到新冠肺炎疫情影响不小，但总体生产、加工、进出口额下滑幅度不大，2021年越南农业发展前景仍较乐观。

---

① 《CPTPP实施以来助力越南扩大出口》，中华人民共和国商务部网站，2020年8月5日，http://www.mofcom.gov.cn/article/i/jyjl/j/202008/20200802989918.shtml。

（一）大力发展现代综合农业

越南农业与农村发展部部长阮春强表示，2021年农业部门将继续专注于两个主要任务。一是调整农业经济结构，建立从开发原材料到加工和销售的全产业链的现代农业。重点是3类关键产品：10种出口额超过10亿美元的产品；具有本地优势的产品，如兴安省北部的龙眼和北江省的荔枝；根据"一乡一品"（OCOP）计划开发的关键本地产品。二是更新基于数字平台和工业4.0技术的管理方法，将智慧农业与有机农业和安全农业整合起来，更加注重产品质量；动员更多企业参与，使人工智能成为产业链中的核心因素；建立更多新型合作社。

为了实现上述目标，培训人力资源是解决方案中的一项关键措施。越南计划在农业部门和其他部门中建立培训中心。职业学院和学校应侧重于培训，包括针对工人的培训计划，针对企业和合作社的管理和行政人员的培训计划。此外，企业与合作社之间的紧密联系成为与农民联系的核心因素。越南农业与农村发展部在2021年继续鼓励更多企业投资农业和农村地区。

（二）鼓励发展可持续农业

绿色有机农产品已成为越南的新增长点，但是可持续农业的规模仍然很小。近年来，越南国内对有机农产品的需求已经增加，并且随着新的欧盟自贸协议的实施，现代可持续农业生产将得到越来越多的应用。越南几乎所有省份都已采用技术解决方案来发展绿色农业。2013年，越南政府发布了第899号决定，批准了一项旨在实现农业增值和可持续发展的农业结构调整计划。截至2018年，越南的33个省市拥有有机农业生产模式，种植面积达7.67万公顷，在亚洲排名第7，在东南亚排名第3。但是，与2680万公顷的农业用地总面积相比，越南的可持续农业占比很小，仅为0.29%。而泰国为0.41%，中国为0.59%。同时，根据世界银行的数据，越南的化肥消费量逐年增加，而根据联合国粮农组织的数据，其温室气体

排放量也在增加。

河内国立经济大学绿色农业研究的专家指出，越南已经取得了一些成就，建立了环境友好的生产模式，农药的使用量在减少。但是，小规模生产以及化肥消耗和温室气体排放的增加仍然是一个大问题。与绿色农业生产有关的法律框架仍然存在问题，在计划和政策上存在不确定性较难吸引该领域的投资，绿色农产品的普及尚未得到足够重视，且农民这方面的意识也有限。由于增加产量的压力，在越南发展可持续农业是一项艰巨的任务。此外，包括干旱、滑坡和昆虫在内的自然灾害也影响着可持续农业的发展。

越南政府副总理武德儋在河内举行的 2020 年越南可持续发展商业论坛上表示，可持续发展的经验教训不仅来自应对新冠肺炎疫情大流行，而且在促进 2021~2030 年的包容性经济社会增长中也必不可少。越南可持续发展工商理事会秘书长阮光荣表示，无论企业规模或模式如何，循环经济都是越南企业成功和可持续发展的关键。可持续发展世界商业理事会主席彼得·巴克出席线上论坛时表示，越南应该利用与可持续发展目标相关的机会来获得回报。建议越南采用生物循环经济模式，因为农业是极其重要的经济组成部分，对越南国民生产总值的贡献率达 15%。越南应建立生物循环经济模式，以开拓价值 7.7 万亿美元的市场，而该模式也可以在应对气候变化、生物多样性丧失和资源短缺方面发挥关键作用。

（三）开展农业企业和农民创业的新标准活动

越南科技部、全球良好农业规范（Global GAP）组织和越南优质商品协会联合开展"后新冠时代企业和农民创业新标准"活动。该活动旨在重点支持越南北部边境省份和湄公河三角洲地区实施良好种植规范生产的企业和农民。越南科技部与越南优质商品协会合作，帮助越南商业界和农民提高标准的制定和对应用领域的认识，减少生产过程中的浪费，节省人力、时间、燃料、能源、保护环境，对工人和社区负责，提高运营效率、产品和商品质量，更好地满足客户需求，提高企业形象、品牌和竞争力。

2019～2020 年，共计有 54 家企业获得了越南优质商品－集成标准证书，其中 26 家为非食品行业的企业。此外，还有由两个国际组织支持的两个农业合作社获得当地良好农业规范认证。从传播和实用性的角度出发，越南质量标准－集成标准已得到一些国内外机构，如胡志明市食品安全管理委员会、良好生产规范（GMP）和全球良好农业规范等组织的认可。

B.8

2020年越南工业：高于整体增速，
加工制造业稳步发展

冯学涛　龙遍红 *

摘　要：　2020 年，在新冠肺炎疫情的冲击下，世界各国经济举步维艰，越南凭借其初期成功抗疫，成为2020 年亚太地区乃至全球为数不多经济正增长的国家之一，全年 GDP 增长2.91%。工业继续保持较好发展势头，工业全行业增加值较2019年增长3.36%，加工制造业仍然是经济主要增长极。展望2021年，越南工贸部制定了越南工业未来几年的发展路线图，体现了越南发展工业的雄心，但新一轮新冠肺炎疫情持续暴发仍将对2021年工业增长具有负面影响。

关键词：　越南　工业　贸易协定　新冠肺炎疫情

　　2020 年，受新冠肺炎疫情在全球持续蔓延和"逆全球化"的双重冲击影响，在全球大多数国家经济陷入一片萧条的大背景下，越南经济增幅与近年相比亦呈较大幅度减缓，但得益于其国内新冠肺炎疫情控制较好，再加上《欧盟–越南自由贸易协定》正式生效，其全年 GDP 增长了 2.91%。越南亦因此成为 2020 年度亚太地区乃至全球为数不多的经济正增长的国家之一。作为拉动越

---

* 冯学涛，中国南海研究院助理研究员，主要从事越南政治、经济、外交及越南海洋政策、南海地区安全等问题研究；龙遍红，广西东南亚研究会译审，主要从事越南语言、文化、政治、经济等国别问题研究。

南经济的主要引擎，工业全行业增加值较2019年增长3.36%，高于整体经济增速，而加工制造业继续成为其国民经济的主要增长极。

一 2020年越南工业总体发展情况

（一）涉工业行业主要经济数据

越南工贸部2020底发布的各项主要经济数据表明，相关产业为越南国民经济所做贡献年度变化不大。其中，工业和建筑业占比为33.72%，服务业占比为41.63%，农林水产业占比为14.85%，扣除产品补助的产品税占比为9.80%（见图1）。2019年对应行业占比分别为34.49%、41.64%、13.96%、9.91%。从整体经济增速来看：2020年农林水产业增长2.68%，为整体经济增加值贡献13.5%；工业和建筑业增长3.98%，贡献53.0%；服务业增长2.34%，贡献33.5%。工业在越南国民经济体系中继续占据重要地位，其中加工制造业处于引领地位。2016～2020年，加工制造业对GDP贡献率持续多年不断提升，从2016年的14.27%增长至2019年的16.48%，2020年约为16.70%。

截至2020年12月1日，越南工业企业从业人数环比增长1.4%，同比下降2.3%。从企业所有制类别看，国有企业从业人数同比下降1.9%，非国有企业从业人数同比下降4.3%，外商直接投资企业从业人数同比下降1.4%。从企业行业类别看，采矿类企业从业人数比2019年同期下降1.8%；加工制造类企业从业人数同比下降2.4%；电力生产和分配类企业从业人数同比下降0.4%；供水，垃圾、污水管理及处理类企业从业人数下降0.7%。

（二）工业生产指数（IIP）

越南统计总局2020年12月底发布的统计数据显示，2020年全年，工业生产增加值较2019年总体增长3.36%（具体为：第一季度增长5.1%，第二季度增长1.1%，第三季度增长2.34%，第四季度增长4.80%）。其中：加工制造业同比

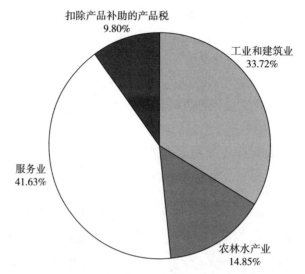

图1 2020年度越南各行业GDP占比

资料来源：越南工贸部。

增长5.82%（具体为：第一季度增长7.12%，第二季度增长3.38%，第三季度增长3.86%，第四季度增长8.63%），为整体经济增长贡献1.25个百分点；电力生产和分配同比增长3.92%，为整体经济增长贡献0.19个百分点；供水，垃圾、污水管理及处理同比增长5.51%，为整体经济增长贡献0.04个百分点；采矿业同比下降5.62%，将整体经济增长拉低0.36个百分点。

二级工业行业中，2020年生产指数较上年下降或增幅较小的行业具体情况如下。采矿配套服务业，具体为原油及天然气开采辅助服务业下降33.5%；原油及天然气开采下降12%；摩托车生产下降9.7%；机械设备维修、保养及安装下降9.4%；机动车生产下降6.7%；饮料生产，排水及污水处理均下降5.2%；木材加工及竹、木制品生产下降5%；服装生产下降4.2%；皮革及相关制品生产下降2.4%；印刷、复印制品下降2.1%；非金属矿产品生产增长1.7%；其他未归类的机械设备生产增长1.8%；烟草制品生产增长2.7%。

除此之外，2020年部分行业生产指数较2019年有所增高，对工业全行业整体增长贡献较大：药品、化学药物、药材生产增长27.1%；金属生产增长

14.4%；金属矿开采增长 13.1%；砖煤、精炼石油生产增长 11.4%；电子产品、计算机及光学仪器生产增长 11.3%；纸张及纸制品生产增长 7.9%；化工原料及化工产品生产增长 7.3%；床、柜、桌、椅生产增长 7%；垃圾收集、处理、销毁及废品再利用增长 6%；食品生产及加工增长 5.3%；橡胶及塑料制品生产增长 5.1%；焦煤和褐煤开采增长 5%（见表1）。

表1　2020 年 12 月越南二级工业门类生产指数

单位：%

行业代码	行业名称	2020 年 12 月环比	2020 年 12 月同比	2020 年与 2019 年相比
0	全国工业	101.6	109.5	103.4
A	采矿业	106.3	89.6	92.2
5	焦煤、褐煤开采	95.1	90.6	105.0
510	焦煤、褐煤开采、存储	95.1	90.6	105.0
6	原油及天然气开采	111.4	89.3	88.0
610	原油开采	107.8	97.2	87.4
620	天然气开采	115.0	82.9	88.5
7	金属矿开采	98.3	116.9	113.1
710	铁矿开采	95.3	92.6	90.4
722	不含铁的金属矿开采	99.6	132.2	129.9
8	其他矿产开采	103.8	94.9	99.0
810	石、砂、鹅卵石、黏土开采	103.8	94.9	99.0
9	矿产开采辅助服务	114.7	63.6	66.5
910	原油及天然气开采辅助服务业	114.7	63.6	66.5
B	加工制造业	101.6	113.1	104.9
10	食品生产及加工	105.8	116.9	105.3
1020	加工、储藏水产品及水产品加工制品	111.5	126.3	107.7
1030	果蔬加工及存储	103.7	124.1	114.7
1050	牛奶加工及奶制品	105.4	115.8	101.4
1061	碾磨及初级淀粉生产	102.9	109.5	105.8
1079	其他未归类的食品生产	103.4	127.5	108.7
1080	家畜、家禽及养殖水产饲料生产	103.6	104.6	99.6
11	饮料生产	104.7	98.8	94.8

越南蓝皮书

续表

行业代码	行业名称	2020年12月环比	2020年12月同比	2020年与2019年相比
1103	啤酒及发酵啤酒麦芽生产	109.1	89.8	87.8
1104	不含酒精饮料、矿泉水生产	99.1	114.9	106.5
12	烟草制品生产	107.3	95.9	102.7
1200	烟草制品生产	107.3	95.9	102.7
13	纺织品生产	101.8	102.4	99.5
1311	纱线生产	102.0	105.0	101.5
1312	梭织布料生产	100.2	95.7	92.7
1322	缝纫成品（服装除外）	101.2	85.3	88.4
14	服装生产	105.4	102.1	95.8
1410	服装缝制（皮草服装除外）	105.4	102.1	95.8
15	皮革及相关制品生产	100.8	98.1	97.6
1520	鞋子生产	100.8	98.1	97.6
16	木材加工及竹、木制品（床、柜、桌、椅除外）；稻草等编织材料制品	94.4	99.7	95.0
1610	木材锯断、开边、刨制及存储	90.7	100.1	91.4
1621	胶合板、木片、木板及其他木材薄板生产	104.0	98.9	104.1
17	纸张及纸制品生产	101.2	113.2	107.9
1702	皱纹纸、皱纹纸板、纸及纸板制作的外包装	101.6	113.7	104.6
1709	未归类的其他纸张、纸板制品	100.5	112.4	113.1
18	印刷、复印制品	104.7	100.6	97.9
1811	印刷	104.9	100.4	101.0
1812	与印刷相关的服务	104.0	101.5	87.4
19	砖煤、精炼石油生产	103.0	135.7	111.4
1910	砖煤生产	106.2	123.8	99.3
1920	精炼石油生产	102.9	136.1	111.8
20	化工原料及化工产品生产	104.0	107.9	107.3
2012	含氮化肥及化学混合物生产	105.7	101.8	105.7
2013	塑料及合成橡胶原料生产	102.6	113.1	103.3
2022	各种品质的油漆、油墨生产	103.7	116.8	107.6

续表

行业代码	行业名称	2020 年 12 月环比	2020 年 12 月同比	2020 年与 2019 年相比
2023	化妆品、肥皂、洗涤清洁增亮剂、卫生用品	104.8	108.4	119.5
2029	未归类的其他化工产品生产	101.3	97.1	97.6
21	药品、化学药物、药材生产	100.7	110.4	127.1
2100	药品、化学药物、药材生产	100.7	110.4	127.1
22	橡胶及塑料制品生产	103.4	110.3	105.1
2220	塑料制品生产	103.4	110.3	105.1
23	非金属矿产品生产	104.6	105.0	101.7
2392	黏土建材生产	99.0	98.0	91.4
2394	水泥、石灰、石膏生产	105.4	106.5	104.8
2395	混凝土及其他水泥、石膏制品	109.9	106.8	98.1
24	金属生产	102.4	129.4	114.4
2410	钢、铁、生铁生产	102.4	129.4	114.4
25	金属预构件(机械设备除外)生产	103.0	108.3	104.5
2511	金属预构件生产	102.8	105.7	105.1
2592	机器加工;金属处理及镀层	102.2	115.2	107.9
2599	其他未归类的金属制品生产	103.8	109.6	101.3
26	电子产品、计算机及光学仪器生产	95.9	128.6	111.3
2610	电子产品零件生产	101.6	116.8	107.2
2630	通信设备生产	92.9	133.9	112.5
2640	民用电子产品生产	111.7	117.1	109.1
27	电力设备生产	106.3	114.8	103.3
2710	马达、发电机、变压器、电力配送控制设备	104.2	109.4	102.3
2720	电池生产	113.8	122.9	106.9
2732	电缆、电线及其他电子产品生产	103.5	118.0	104.3
2750	民用电器生产	106.6	109.2	99.9
28	其他未归类的机械设备生产	117.2	117.2	101.8
2813	泵、压缩机、水龙头、阀门等	105.3	110.6	95.5
2816	各种升高、降低、装卸设备生产	161.8	108.9	120.4
2817	办公用机器设备生产(计算机及计算机相关产品除外)	113.6	124.2	91.5
2819	其他通用机器生产	104.8	119.1	90.7

续表

行业代码	行业名称	2020年12月环比	2020年12月同比	2020年与2019年相比
2826	纺织业、服装业、制革业所需机器生产	110.3	128.1	94.8
2829	其他专用机器生产	95.1	115.0	117.7
29	机动车生产	104.9	112.8	93.3
2910	机动车生产	107.4	116.4	93.1
2930	机动车零配件及发动机生产	101.4	107.9	93.6
30	其他运输工具生产	103.2	91.1	90.3
3091	摩托车生产	103.2	91.1	90.3
31	床、柜、桌、椅生产	105.4	108.4	107.0
3100	床、柜、桌、椅生产	105.4	108.4	107.0
32	其他加工制造业	105.6	52.3	66.5
3240	玩具生产	100.6	17.3	41.9
3250	医疗、牙科、整容及康复设备、工具生产	102.2	115.5	94.0
3290	未归类的其他产品生产	109.9	126.3	102.0
33	机械设备维修、保养及安装	128.6	82.8	90.6
3312	机械设备维修	99.9	96.3	101.7
3315	交通工具(汽车、摩托车及其他机动车除外)维修保养	131.8	92.6	100.0
3320	工业机械设备安装	149.4	70.9	78.4
C	电力、燃气、热水、蒸汽、空调机生产及配送	98.9	102.1	103.1
35	电力、燃气、热水、蒸汽、空调机生产及配送	98.9	102.1	103.1
3510	发电、输送电及配送电	98.9	102.1	103.1
D	供水,垃圾、污水管理及处理	102.2	108.0	104.3
36	自来水生产、处理及供应	100.7	107.2	104.4
3600	自来水生产、处理及供应	100.7	107.2	104.4
37	排水及污水处理	112.3	81.8	94.8
3700	排水及污水处理	112.3	81.8	94.8
38	垃圾收集、处理、销毁及废品再利用	102.3	116.5	106.0
3811	收集无毒害垃圾	103.7	101.3	105.6
3830	废品再利用	100.2	150.7	106.7

资料来源:《2020年第四季度及全年经济社会情况报告》,越南统计总局。

（三）重点工业产品产量

2020 年，越南部分重点工业产品产量较 2019 年减少或小幅增长：白砂糖减少 22.9%；啤酒减少 13.9%；液化石油气（LPG）减少 13%；原油减少 12.6%；天然气减少 11.5%；合成或人造纤维布料减少 8.9%；摩托车减少 7.7%；成衣减少 4.9%；家畜饲料减少 2%；鲜奶增长 1%；铝土矿增长 2.1%。另有部分产品产量明显增长：电话零配件增长 22%；电视机增长 20.7%；轧钢增长 16.4%；奶粉，条钢、角钢均增长 9.1%；天然纤维布料增长 8.1%；化工涂料增长 6.8%；味精增长 6.3%；水产品、海产品加工增长 5.9%；尿素增长 5.7%；生铁、粗钢增长 5.3%（见表 2）。

表 2　2020 年越南主要工业产品产量一览

序号	品名	2020 年产量初算	2020 年与 2019 年同比（%）
1	净煤（万吨）	4861.74	105.1
2	原油（万吨）	965.33	87.4
3	天然气（亿米³）	90.286	88.5
4	液化石油气（万吨）	77.54	87.0
5	汽油、油料（万吨）	1196.39	104.0
6	铝土矿（万吨）	138.47	102.1
7	水产品、海产品加工（万吨）	282.56	105.9
8	鲜奶（亿升）	170.24	101.0
9	奶粉（万吨）	13.16	109.1
10	白砂糖（万吨）	99.53	77.1
11	味精（万吨）	34.88	106.3
12	家畜饲料（万吨）	1158.14	98.0
13	水产饲料（万吨）	624.58	102.3
14	啤酒（亿升）	43.887	86.1
15	卷烟（亿包）	60.721	102.8
16	天然纤维布料（亿米³）	6.839	108.1
17	合成或人造纤维布料（亿米³）	9.383	91.1
18	成衣（亿件）	44.461	95.1
19	皮鞋、皮拖鞋（亿双）	2.879	97.1

续表

序号	品名	2020 年产量初算	2020 年与 2019 年同比(%)
20	尿素(万吨)	243.38	105.7
21	氮磷钾复合肥(万吨)	293.12	104.1
22	化工涂料(万吨)	95.03	106.8
23	水泥(万吨)	10.01	103.6
24	生铁、粗钢(万吨)	3067.28	105.3
25	轧钢(万吨)	795.91	116.4
26	条钢、角钢(万吨)	1040.38	109.1
27	手机(亿部)	2.293	99.9
28	电话零配件(万亿越南盾)	452.6	122.0
29	电视机(万台)	1810.37	120.7
30	汽车(万辆)	24.90	97.1
31	摩托车(万辆)	310.95	92.3
32	发电(亿千瓦时)	2345.00	103.1
33	自来水(亿立方米)	31.043	108.0

资料来源:《2020 年第四季度及全年经济社会情况报告》,越南统计总局。

(四)加工制造业销售及库存指数

2020 年全年,越南加工制造业全行业销售指数较 2019 年增长 3.3%,其中多个行业销售指数高涨:药品、化学药物及药材销售增长 82.8%;未归类的机械设备销售增长 18%;金属制品销售增长 11.7%;纸张及纸制品销售增长 9.2%;砖煤、精炼石油销售增长 6.8%;化工原料及化工制品销售增长 5.7%;床、柜、桌、椅销售增长 5.3%。部分行业销售指数增长偏低或出现负增长:金属预构件(机械设备除外)销售增长 1.8%;纺织品销售增长 1.7%;其他非金属矿产制品销售增长 1.6%;烟草制品销售增长 0.9%;皮革及相关制品销售下降 1.9%;橡胶、塑料制品销售下降 2.7%;木材加工及竹、木制品销售下降 3.3%;服装销售下降 4.8%;饮料销售下降 6.3%;机动车销售下降 8.3%;其他交通运输工具销售下降 12.3%;电子产品、计算机及光学仪器销售下降 11.6%(见表 3)。

表3 2019～2020年越南加工制造业产品销售、库存指数一览

单位：%

类别	产品销售指数		产品库存指数	
	2019年与2018年同比	2020年与2019年同比	2019年12月31日与2018年12月31日同比	2020年12月31日与2019年12月31日同比
加工制造全行业	109.5	103.3	113.6	125.3
食品生产加工	107.7	103.2	117.3	116.2
饮料	110.7	93.7	121.9	112.2
烟草制品	100.4	100.9	177.2	156.6
纺织品	110.2	101.7	147.3	121.1
服装	106.2	95.2	113.1	124.3
皮革及相关制品	109.0	98.1	104.8	101.4
木材加工及竹、木制品（床、柜、桌、椅除外）；稻草等编织材料制品	104.8	96.7	121.5	127.0
纸张及纸制品	112.4	109.2	103.3	84.6
印刷、复印制品	115.9	100.9	80.7	137.7
砖煤、精炼石油	118.4	106.8	241.1	331.6
化工原料及化工制品	106.9	105.7	121.3	144.5
药品、化学药物及药材	84.0	182.8	75.4	25.0
橡胶、塑料制品	114.5	97.3	87.1	179.3
其他非金属矿产制品	105.8	101.6	139.4	108.8
金属制品	122.9	111.7	148.9	226.0
金属预构件（机械设备除外）	105.7	101.8	116.6	135.2
电子产品、计算机及光学产品	105.3	88.4	47.5	243.9
机电设备	108.5	103.0	116.3	77.8
未归类的机械设备	105.9	118.0	88.7	119.8
机动车	109.3	91.7	147.8	89.1
其他交通运输工具	92.2	87.7	171.9	137.0
床、柜、桌、椅	109.0	105.3	108.2	118.5
其他加工制造产品	139.7	81.6	121.6	97.1

资料来源：《2020年第四季度及全年经济社会情况报告》，越南统计总局。

如表 3 所示，截至 2020 年 12 月 31 日，整个加工制造业产品库存指数比 2019 年同期增长 25.3%，其中库存指数增长偏低或负增长的有：皮革及相关制品库存增长 1.4%；机动车库存下降 10.9%；纸张及纸制品库存下降 15.4%；机电设备库存下降 22.2%；药品、化学药物及药材库存减少 75%。另部分行业库存指数较 2019 年同期增长偏高的有：砖煤、精炼石油库存增长 231.6%；电子产品、计算机及光学产品库存增长 143.9%；金属制品库存增长 126%；橡胶及塑料制品库存增长 79.3%；烟草制品库存增长 56.6%；化工原料及化工制品库存增长 44.5%；印刷、复印制品库存增长 37.7%；其他交通运输工具库存增长 37%；金属预构件（机械设备除外）库存增长 35.2%；木材加工及竹、木制品库存增长 27%；服装库存增长 24.3%。

二 近5年来越南工业发展取得的主要成就及不足之处

（一）主要成就

2020 年是越共十二大以来 5 年经济社会发展规划的收官之年，对比 2016 年以来越南工业 5 年发展情况，能够更清楚地了解 2020 年越南工业的发展状况。越南工贸部在 2021 年 1 月发布的《2020 年及 2016～2020 年工业贸易工作总结和 2021 年工作任务报告》中指出，过去 5 年间，按 2010 年不变价格计算，越南工业增加值从 2015 年的 810.438 万亿越南盾增加到 2020 年的 1145.4373 万亿越南盾。2015～2020 年，越南工业增加值年均增速为 7.16%，高于计划的 6.5%～7.0% 的发展指标。越南工业近 5 年来的主要成就如下。

1. 工业生产规模逐年扩大

工业园区和产业集群基础设施得到较大发展，吸引了一批国内外投资者在越投资发展工业，特别是具有发展潜力和高附加值的相关产业。工业生产指数由 2016 年的 7.4% 增长至 2019 年的 9.1%。2020 年，虽受新冠肺炎疫情影响较大，工业仍较 2019 年实现正增长 3.4%。其中：采矿业同比下降

7.8%；加工制造业同比增长4.9%；电力生产及配送同比增长3.1%；供水，垃圾、污水管理及处理行业同比增长4.3%。

2. 产业结构深度调整并取得明显转变

一是实现了整体经济中的工业产业结构调整：工业在GDP中的占比从2016年的27.1%连年上升到2019年的28.55%。2020年受新冠肺炎疫情影响，工业在GDP中的占比下降，但仍达到27.54%，高于开局的2016年。

二是实现了产业内部结构调整：加工制造业比重逐年提升，采矿业规模有所缩小，由劳动密集型产业逐步向高新技术产业转型。具体为：采矿业GDP占比不断下降（从2016年的8.12%左右，下降为2019年的6.72%，2020年则降至5.55%）。2016～2020年，加工制造业成为全行业增长的主要引擎。2020年，加工制造业对经济增长的带动作用突出，加工制造业增加值全年同比增速达到5.82%。从2016～2020年整个时期来看，加工制造业产业规模不断扩大，在GDP中的占比逐年提高（从2016年的14.27%上升到2019年的16.48%，2020年达到16.7%，见表4）。

加工制造业产业集群积极顺应产业结构调整，电子、纺织、皮革鞋业等重点产业增长较快，成为近年促进越南工业发展的要素，年均创造约30万个就业岗位，助力越南提升其全球工业竞争力排名。

3. 辅助工业产业稳步发展

近年来，越南大力发展工业辅助产业，为其国内纺织、鞋类、电子产品、农产品加工业等重点制造业提供配套产业链，同时提高供应的稳定性，初步形成了配套产业生态系统；高科技、国产化工业产品比例大幅提升，一批在国际上具有竞争力的大规模私人工业企业应运而生。越南国内加工产品占出口总额比重从2016年的65%提高到2020年的85%；高新技术产品出口额占比由2016年的44.3%提升至2020年的49.8%。

其中，越南工贸部注重加强与三星、丰田等外企之间的协调沟通和合作，旨在对接寻找越南提供生产原材料和零部件的企业。截至2020年底，越南国内的三星一级供应商数量从2018年的35家企业增加到42家，二级供应商数量也从2018年的157家企业增加到170家；3家符合条件的企业

表4　2015～2020年越南各经济行业在国内生产总值占比一览
（按现行价格计算）

单位：亿越南盾，%

行业类别	2015年		2016年		2017年		2018年		2019年		2020年		5年间年均占比
	年度总额	占比	年度总额	占比	年度总额	占比	年度总额	占比	年度总额	占比	年度总额	占比	
国内生产总值	41928620	100.00	45027320	100.00	50059750	100.00	55423321	100.00	60373475	100.00	62931449	100.00	100.00
（一）农林渔业	7124600	100.00	7348300	16.32	7681610	15.34	8137238	14.68	8426005	13.96	9347310	14.85	102.54
（二）工业和建筑业	13941300	100.00	14730710	32.72	16719530	33.40	18972720	34.23	20822612	34.49	21223069	33.72	107.45
1.工业	11660280	100.00	12202770	27.10	13848160	27.66	15738064	28.40	17235770	28.55	17328188	27.54	107.16
(1)采矿业	4028690	100.00	3655220	8.12	3739320	7.47	4082276	7.37	4057966	6.72	3494249	5.55	107.76
(2)加工制造业	5742010	100.00	6423380	14.27	7674950	15.33	8865800	15.33	9951262	16.48	10507119	16.70	118.88
(3)电力工业	1674020	100.00	1888760	4.19	2174430	4.34	2508061	4.53	2914643	4.83	2989027	4.75	121.94
(4)水务行业	215560	100.00	235410	0.52	259460	0.52	281927	0.51	311899	0.52	337793	0.54	115.40
（三）商贸服务业	16659620	100.00	18427280	40.92	20654870	41.26	22788926	41.12	25138591	41.64	26195388	41.63	106.20

续表

行业类别	2015年		2016年		2017年		2018年		2019年		2020年		5年间年均占比
	年度总额	占比	年度总额	占比	年度总额	占比	年度总额	占比	年度总额	占比	年度总额	占比	
贸易	4255430	100.00	4729420	10.50	5362590	10.71	6025840	10.87	6738610	11.16	7340770	11.66	107.89
(四)扣除产品补贴后的产品税	4203100	100.00	4521030	10.04	5003740	10.00	5524437	9.97	5986267	9.92	6165682	9.80	105.38

资料来源：《2020年及2016～2020年工业贸易工作总结和2021年工作任务报告》，越南工贸部。

213

加入丰田的供应链。越南工贸部还建成开通了加工制造业及配套产业数据库。制定出台多项扶持工业的相关政策，部署建设技术中心，支持工业企业创新，支持一般工业企业借鉴韩国、日本、泰国的发展模式提高企业技术能力和管理水平，以满足跨国公司和外商直接投资企业的要求，深度参与全球价值链的构建。

4. 电力供应平稳良好

越南电力行业部门为保障全国电力供应安全可靠，投产了一大批电力电网项目，农村、山区和海岛通电工作取得重点突破，超额完成了各项工作目标。越南获得电力指标①亦取得长足进步，从 2013 年 189 个国家和地区排第 156 位，上升到 2019 年 190 个国家和地区排第 27 位，位居东盟地区第 4。

2020 年，越南全国生产和进口电力总容量接近 2375.61 亿千瓦时，较 2019 年增长 3.43%。这主要得益于近年广泛部署的智能电网，一方面提高了供电的可靠性，另一方面将输配电损耗率从 2015 年的 7.94% 降至 2020 年的 6.5%。许多大型供电基础设施项目（超过 1000 兆瓦）先后建成投产使用。截至 2020 年底，越南全国电力系统总装机容量达到 54677 兆瓦，比 2016 年增长 1.32 倍。

可再生能源亦得到广泛发展。截至 2020 年底，越南可再生能源发电装机容量已突破 7000 兆瓦大关，其中太阳能发电装机容量约为 6364 兆瓦，风能发电装机容量约为 500 兆瓦，生物质发电装机容量为 325 兆瓦；风电、太阳能、生物质发电总装机容量已占电力系统总装机容量的 10% 左右；可再生能源发电量从 2016 年微不足道的 3.2 亿千瓦时，约占整个供电系统的 0.41%，逐步增加到 2020 年的 80 亿千瓦时，占整个供电系统的 2.53%。

5. 油气产业继续成为国家预算重要收入来源

越南石油和天然气行业继续为国家预算做出较大贡献。经过多年发展，越南油气产业现已形成了集油气勘探、开采、加工以及油气服务于一体的全

---

① 获得电力指标：记录了一个企业为了获得永久的电力连接而办理的手续、花费的时间和费用。除了衡量电力连通的效率，新的指标也被应用于衡量电力供应的可靠性、电费及电价的透明度。

产业链。

2020 年，受新冠肺炎疫情和油价大幅下跌的双重影响，越南油气行业，尤其是越南国家油气集团的生产、经营和投资活动受到了直接冲击和严重影响，但油气行业仍完成了既定目标。2020 全年油气总产量为 2050 万吨油当量，其中：原油产量达到 1150 万吨，超过年度计划的 8%；天然气开采产量达到 90 亿立方米，相当于全年计划的 92.7%。

2016 ~ 2020 年五年规划期间，油气储量增加至 5626 万 ~ 6126 万吨油当量，平均每年增加 1120 万 ~ 1240 万吨油当量，2016 ~ 2020 年 5 年油气总产量为 12087 万吨油当量。

2020 年，越南还启动了一批重大油气项目，具体包括"金星－大月"油气田开发项目（位于越单方划设的 05 – 1b 和 05 – 1c 油气区块）、"金星－大月"油气田天然气管道工程，南昆山二期天然气管道项目投产。其中，"金星－大月"油气田投产后可年产天然气约 15 亿立方米、280 万桶原油和凝析油，并为越南东南地区提供天然气保障，经济效益可观。此外，年内越南还发现了 2 个发展前景良好的新油气田，具体为 114 区块的肯堡（Ken Bau）油气田和位于 16 – 1/15 区块的金狼油气田。其中，肯堡油气田距广治省仅 65 公里，天然气储量预测高达 230 亿立方米，储量甚至大于此前发现的蓝鲸油气田，该项目预计至 2028 年才能取得实质性进展。[①]

6. 煤炭工业基本完成规划目标

越南煤炭工业现已发展成为集勘探、开采、运输、加工、利用于一体的重要经济技术产业，基本完成预定发展目标和计划。越南生产煤炭主要服务于国内经济社会发展（特别是火力发电）；此外，还出口少量优质煤炭以创汇。2016 ~ 2020 年，越南全国净煤产量从 2016 年的 3870 万吨增加到 2020 年的 4860 万吨；国内煤炭消费量从 2016 年的 4110 万吨增加到 2020 年的 4720 万吨。

---

① 越南上述冠名为"金星－大月""蓝鲸"的油气田均部分跨越我南海断续线，为越南单方面划设的油气区块。

7. 纺织业迅速适应市场变化并保持稳产

2020 年，新冠肺炎疫情对相关行业供给端和需求端均造成较大影响，其中，纺织服装业、旅游业、航空业、制鞋业等行业受损较大。欧美市场是越南纺织品主要出口市场（2020 年美国占比为 45%、欧洲占比为 18% 左右），在欧美疫情迟迟未见好转的背景下，相关消费需求明显下降，越南纺织服装业出口受阻。2020 年，越南整个纺织行业出口额约为 352.7 亿美元，较 2019 年下降了 9.29%。

越南充分利用业已签署的多项自由贸易协定，如《韩国－越南自由贸易协定》《越南与欧亚经济联盟自由贸易协定》《全面与进步跨太平洋伙伴关系协定》等，为其纺织品扩大出口市场。2016 年，越南纺织服装业出口营业额为 281 亿美元，到 2019 年达 389 亿美元。尤其是纺织品贸易顺差增长较快：2016 年为 111 亿美元，2019 年达到 169 亿美元。2016 年越南纺织服装出口额居世界第 4 位，仅次于中国、孟加拉国、印度，到 2019 年已超过印度，居世界第 3 位。

2015～2020 年越南主要工业产品产量具体情况见表 5。

（二）当前越南工业发展中的短板和不足

第一，越南工业发展总体上尚未适应工业化、现代化要求，全国缺少具有较高国际竞争力的龙头工业企业。越南工业生产仍以加工组装为主，产品附加值低。国内工业生产能力有限，过多依赖外商直接投资企业；国内生产原料不能满足需求，需大量进口用于工业生产的机械、设备、零配件和原材料。

第二，相同类型企业和行业间的业务合作仍然有限。越南许多企业之间尚未能够有效协调现有产能，这既增加了生产投资成本，又浪费行业整体产能，造成行业内和企业间不必要的竞争。工业领域的投资大部分集中在消费品生产、食品加工业等投资回收周期较短的行业，高技术领域投资项目不多。

表 5　2015～2020 年越南主要工业产品产量一览

产品名称	2015 年 年度总量	2016 年 年度总量	2016 年 同比(%)	2017 年 年度总量	2017 年 同比(%)	2018 年 年度总量	2018 年 同比增速(%)	2019 年 年度总量	2019 年 同比增速(%)	2020 年 年度总量	2020 年 同比增速(%)	5 年间 年均增速
电力生产(亿千瓦时)	1596.78	1745.174	109.3	1915.928	109.8	2091.816	109.2	2274.604	108.7	2343.715	103.0	108.0
净煤(万吨)	4170	3870	93.0	3840	99.2	4240	110.3	4640	109.4	4860	104.8	103.1
铝(万吨)	51.38	53.85	104.8	105.86	196.6	120.13	113.5	127.71	106.3	133.33	104.4	121.0
磷灰石矿石(万吨)	292.34	314.25	107.5	458.8	146.0	433.22	94.4	465.16	107.4	478.65	102.9	110.4
原油(万吨)	1880	1720	91.9	1550	90.1	1400	90.0	1310	93.7	1150	87.7	90.6
燃气(天然气)(亿立方米)	107	106	99.4	99	93.2	100	101.2	102	101.9	90	88.5	96.7
液化石油气(万吨)	72.85	86.1	118.2	76.09	88.4	99.62	130.9	89.13	89.5	77.54	87.0	101.3
汽油(万吨)	760	690	89.8	620	90.9	940	150.7	1150	122.3	1200	104.0	109.4
聚丙烯(万吨)	16.95	15.26	90.0	14.4	94.3	29.35	203.9	45.93	156.5	53.1	115.6	125.7
生铁(万吨)	409.3	547.2	133.7	774.6	141.6	1275.6	164.7	1862.2	146.0	1960.9	105.3	136.8
条钢、角钢(万吨)	1254.3	1552.3	123.8	1791.4	115.4	2023.9	113.0	2302.1	113.7	2548.42	110.7	115.2
水泥(万吨)	6760	7450	110.1	8150	109.4	8910	109.4	9690	108.7	10010	103.3	108.2
柴油发动机(万台)	6.89	5.32	77.2	6.32	118.9	3.44	54.4	3.69	107.4	2.88	77.9	84.0

续表

产品名称	2015年 年度总量	2016年 年度总量	2016年 同比增速(%)	2017年 年度总量	2017年 同比增速(%)	2018年 年度总量	2018年 同比增速(%)	2019年 年度总量	2019年 同比增速(%)	2020年 年度总量	2020年 同比增速(%)	5年间年均增速
机床(万台)	87.9	99	112.6	125	126.3	112.6	90.1	128.4	114.0	116.6	90.8	105.8
移动电话(亿部)	2.356	1.93	81.9	2.062	106.8	2.025	98.2	2.152	106.3	2.293	106.5	99.5
电视机(万部)	550	1080	196.6	1110	102.7	1280	115.0	1460	114.2	1810	123.8	126.8
汽车(万辆)	19.28	25.49	132.2	24.09	94.5	26.71	110.9	28.66	107.3	24.9	86.9	105.3
摩托车(万辆)	342.22	353.56	103.3	386.59	109.3	394.56	102.1	379.33	96.1	310.95	82.0	98.1
尿素(万吨)	229.40	195.84	85.4	212.21	108.4	219.68	103.5	227.12	103.4	236.75	104.2	100.6
磷肥(万吨)	140.29	138.04	98.4	128.69	93.2	134.25	104.3	89.93	67.0	84.89	94.4	90.4
氮磷钾肥(万吨)	330.41	308.1	93.2	324.15	105.2	332.38	102.5	333.59	100.4	293.12	87.9	97.6
磷酸二铵肥料(万吨)	46.75	21.86	46.8	39.95	182.7	44.7	111.9	35.48	79.4	38.82	109.4	96.4
布料(亿平方米)	15.256	17.007	111.5	17.874	105.1	20.008	111.9	22.987	114.9	23.309	101.4	108.8
成衣(亿件)	43.2	45.3	104.9	48.448	106.9	52.47	108.3	56.078	106.9	44.461	79.3	100.6
皮鞋、凉鞋(亿双)	2.53	2.576	101.8	2.634	102.3	2.825	107.3	3.004	106.3	2.879	95.8	102.6
纸品、包装纸(万吨)	149.56	161.44	107.9	182.97	113.3	211.36	115.5	239.96	113.5	257.24	107.2	111.5
香烟(亿包)	54.62	56.063	102.6	57.731	103.0	62.836	108.8	63.810	101.6	60.721	95.2	102.1
啤酒(亿升)	35.268	38.451	109.0	40.048	104.2	42.448	106.0	50.968	120.1	43.887	86.1	104.5

续表

| 产品名称 | 2015 年 | 2016 年 | | 2017 年 | | 2018 年 | | 2019 年 | | 2020 年 | | 5 年间 |
	年度总量	年度总量	同比增速(%)	年度总量	同比增速(%)	年度总量	同比增速(%)	年度总量	同比增速(%)	年度总量	同比增速(%)	年均增速
奶粉（万吨）	9.93	10.77	108.5	11.17	103.7	12.13	108.6	12.06	99.4	13.16	109.1	105.8
清洁剂和清洁用品（万吨）	105.55	112.17	106.3	114.21	101.8	118.6	103.8	128.43	108.3	133.95	104.3	104.9

资料来源：《2020 年及 2016～2020 年工业贸易工作总结和 2021 年工作任务报告》，越南工贸部。

第三，越南工业配套产业发展较慢，产业本地化率低、附加值低。例如机械配套行业仅能满足国内生产需求的32%左右，且产品质量不好、价格偏高，产品竞争力差，几乎没有大型工业产品。

第四，电力规划和实施不够完善。越南许多电力项目施工进度滞后，极大地影响了国内电力供应。2016～2020年可投产的传统电力总容量仅完成电力规划目标的60%。不同地区间电力供应不平衡。北部、中部地区供电过剩，而南部仅能满足用电需求的80%左右。

第五，越南可再生能源发电发展较快，但输送电配套系统建设发展不同步。一些位于宁顺省、平顺省的新能源电力项目（主要是太阳能发电），装机总容量约为690兆瓦，但由于输电网络建设不同步，不得不部分限制发电量。2020年底，相关配套电网投入使用后，这种情况有望得到解决。

第六，越南发电燃料保障严重依赖进口，电力项目融资难。预计到2030年越南须进口约6000万吨煤炭和1200万吨液化天然气用于发电，国家能源安全面临一定风险。越南每年电力投资为80亿～100亿美元，但许多国有企业资金困难，项目融资难，特别是由于贷款方的高要求（如提供政府担保、外币兑换等），私人和外国投资者的电力项目也面临类似困境。

三　2021年越南工业发展方向及目标

（一）年度工业发展方向分析

首先，从国际背景看。越南工贸部发布的研究报告指出，2021年，世界格局面临重大变化，新冠肺炎疫情仍然持续蔓延，势必对世界经济增长、全球投资贸易产生负面影响。其中，涉及工业发展的主要趋势如下。

一是第四次工业革命（工业4.0）正在改变世界经济结构，正进入以技术和创新为主的增长阶段，为发展中国家弯道赶超发达国家并实现国家工业化提供了机遇，而过于依赖廉价劳动力资源优势的增长模式将面临巨大挑战。

二是外商直接投资工厂有从全球主要生产中心（如中国）向东南亚国家转移或本国回流转移的趋势。如日本、美国和欧盟的一些跨国大公司已将其部分产能向越南等东南亚国家转移。越南应积极主动适应新发展趋势，加快调整产业、贸易和投资政策，增强经济内生能力。

三是受贸易保护主义、大国贸易摩擦和新冠肺炎疫情复杂衍变的多重影响，全球供应链结构发生了变化。

其次，从越南国内背景看。2021年是具有特殊意义的一年，是越共十三大和越南第十五届国会成功召开之年，也是贯彻落实2021～2030年经济社会发展十年战略和2021～2025年经济社会发展五年规划的开局之年。越南国民经济体系将承受来自世界大变局的直接影响，包括新冠肺炎疫情、全球气候变化和自然灾害等负面影响。

（二）2021年各项发展目标

第一，总体发展目标。继续夯实宏观经济基础，控制通货膨胀，提高经济内生动力和自主性；实现更具实质性的战略性突破，结合创新增长方式，实现经济结构调整；推进体制改革，打造良好营商环境；抓紧实施国家重大工程和重点项目，扩大进出口市场和多元化合作伙伴。

第二，各项具体目标。越南工贸部确定2021年GDP增长目标为6.5%。工业生产指数增长8%；各类商品（含工业产品）总出口额较2020年增长4%～5%；对外贸易继续保持贸易顺差。

第三，预测增长目标。亚洲开发银行在2021年4月发布的《2021年亚洲发展展望》报告中预测，2021年，受益于出口贸易的增长，越南GDP增速或达到6.7%，经济增长动力将来自工业，尤其是出口导向型制造业、投资增加和贸易扩大。但由于第四波新冠肺炎疫情的强烈反弹，特别是德尔塔变异毒株的冲击，给越南经济活动带来诸多负面影响，对2021年的经济发展新增了压力，亚洲开发银行在2021年7月时将对越南2021年GDP增长的预测从4月预测的6.7%下调至5.8%；而世界银行在2021年8月24日公布2021年8月越南经济发展情况时更是将越南2021年的经济增长目标由

2020 年 12 月预测的 6.8% 大幅下调至 4.8%。越南全年经济发展,特别是工业的发展,很大程度上将取决于其国内疫苗接种速度和规模、疫情防控措施效果及副作用、政府扶持企业和保持经济增长的政策措施是否到位有效。2021 年越南工业的发展将面临更大的困难与不确定性。

(三)2021年度越南工业主要任务

根据越南工贸部确定的年度工作任务,涉工业行业主要有以下 6 项具体任务。

第一,积极实施产业结构调整。深入发展工业生产,逐步打造在本地区和世界市场上具有竞争力的民族工业品牌,深度参与全球价值链;继续朝着增加加工制造业比重、降低加工组装比重的方向推进产业结构调整;完善国内工业生产机制和扶持政策,发展配套产业,提高工业产品国产化率。

第二,加快先进生产组织体系的建设。在工业生产中广泛推广应用第四次工业革命高新技术,将工业生产与环保、应对气候变化联系起来,高效利用经济资源和能源。

第三,根据既定优先方向发展相关产业。具体包括:机械工程、能源、化工、钢铁、电气设备等基础产业;纺织、服装、鞋类、电子等具有国际竞争力并深度参与全球价值链产业;服务于农业和农村发展、国防安全等行业,农林水产品深加工,清洁能源和可再生能源产业和采矿业,以期带来可持续的经济社会效率。

第四,根据工业生产服务具体需求,按照配套产业群方向优先发展相关产业。以国内能源供应发展多元化为方向调整能源结构,保持和鼓励非国有经济部门的积极参与;投资升级和扩容电网系统,逐步规范农村电网建设,确保电网向农村、边境和海岛地区扩展,实施降低电力损耗方案,实现电力的可持续发展。

第五,完善产业发展政策体系。审议和改革产业发展规划机制和政策;调整地域产业结构,加强地方之间的联系,根据地方优势形成产业链集群。

第六，为工业发展特别是重点产业开发人力资源，加快现代技术在重点、先导、优势产业的应用。在工业生产活动中加强环境保护和应对气候变化。

（四）越南重点工业行业具体发展路线图

为确保以下重点工业行业在2021年的平稳发展，越南工贸部制定了具体发展路线图。

1. 电力行业

确保2021年电力安全稳定供应。指导越南电力集团（EVN）及相关单位确保重点电源和电网项目建设，特别是可再生能源（风能、太阳能）电力输送项目的投资建设进度；继续完善风电和太阳能项目招标机制；继续实施农村、山区和海岛地区供电计划；继续在政府指导下实施火力发电厂BOT（建设－经营－转让）项目；重点落实保障2021年和2021~2025年电力供需平衡，对可再生能源发电项目推行政府激励机制和政策；完成2021~2030年、到2045年国家电力发展规划编制工作；在政府总理批准电力行业重组项目后，实施竞争性电力零售市场，根据电力市场需求调整电价，推动政府颁布相关决定，以取代政府总理2014年4月7日签署的关于电力零售电价结构的第28/2014/QD－TTg号决定。

2. 石油天然气工业

继续监督油气行业战略和规划的实施；审议通过相关法律文件，提出完善油气行业法律框架，包括《石油法》等涉石油和天然气行业相关法律文件的修订完善工作；从治理、金融、资源等方面继续研究制定和完善油气行业运行机制，确保油气储量可持续发展；评估越南国家油气集团的财务执行标准是否顾及油气勘探风险，是否符合国际油气运营惯例。

3. 煤炭产业

继续监督已批准的煤炭产业战略规划和相关规划的实施情况；继续监测燃煤发电的供需平衡；督促有关单位贯彻落实政府总理关于2021年电力煤炭供应的指示，指导电厂投资者加快与供应商签署2021年煤炭交易合同和

长期供应合同；指导企业在煤炭勘探、开采、加工贸易的各个阶段同步应用先进技术；完善企业财务管理机制，加强技术管理，提高生产效率，降低成本。

4. 矿产业

完成 2021～2030 年和到 2050 年愿景国家矿产勘查、开采、加工、利用总体规划制定评估并呈报政府总理审议批准；提高越南国内钢铁企业竞争力，以期减少钢铁行业贸易逆差。

5. 辅助工业

按照政府批准的配套产业发展规划，在汽车、电子、纺织、制鞋等一批重点行业有效实施配套产业项目；与多家跨国外资企业密切合作，加强寻找和对接国内生产原材料、零部件和配件的企业；定期更新升级加工制造及配套产业数据库系统。

6. 服装和纺织工业

发展国内纺织印染工业，保障行业面料需求；多元化进出口市场，规避风险，同时确保自由贸易协定原产地规则的要求；协助企业寻找、对接和扩大市场，优先刺激内需，避免过度依赖单一市场；继续实施支持国内企业从来料加工转向装运港船上交货、原始设计制造商、自有品牌生产等解决方案，满足出口订单的质量要求；发展国内时装产业，打造品牌，将 3D 打印技术应用于服装设计，满足客户个性化消费需求。制定并实施到 2030 年和面向 2035 年的纺织鞋业发展战略；制定 2021～2030 年纺织、服装和鞋类行业可持续发展计划；有效利用 EVFTA 和 CPTPP 等新一代自由贸易协定，促进越南服装业深度参与全球供应链和价值链。

7. 皮革及制鞋业

维护好原有出口市场，同时开拓国内市场，拓宽销售渠道；加强贸易促进计划，在美国和欧盟市场推广越南皮革和鞋类产品；引导和支持企业采取有效措施，全面遵守进口市场关于卫生、环境、劳动力和工艺流程等方面的规定。

B.9

2020年越南海洋经济：各项指标
增速减缓，发展潜力巨大

覃丽芳 李恺莉*

摘　要：　2020年，受新冠肺炎疫情严重影响，越南海洋经济各项指标
　　　　　出现增速减缓，甚至负增长。海洋渔业保持产量增长，但出
　　　　　口额下降；越南与周边国家渔业冲突增加。油气持续减产，
　　　　　但新发现一个储量极大的油气田。海洋旅游业受疫情影响最
　　　　　严重，2020年下半年国际旅游几乎全部停滞，恢复无期。海
　　　　　洋造船业订单和交货量下降，但船舶维修业务有所增长，军
　　　　　用舰船发展加快。海洋交通运输业克服运费上涨等不利因素
　　　　　保持港口吞吐量增长，格麦林深水港投入运营。风电企业克
　　　　　服疫情影响努力加快推进项目建设，远海风电将成为越南风
　　　　　电发展的重点领域。

关键词：　越南　海洋经济　海洋油气　海洋船舶　海洋交通运输

　　2020年，越南的海洋经济产业除海洋旅游业外，其余产业总体保持较
好发展势头。越南对海洋经济发展越来越重视，政府对海洋渔业、海洋油气
业赋予"保护海洋主权"的重要功能，军队、海警舰船越来越多由本国造

---

* 覃丽芳，博士，中山大学国际关系学院副教授，硕士生导师，主要研究方向为越南现状、东
南亚经济；李恺莉，中山大学国际关系学院硕士研究生，主要研究方向为越南与东盟关系、
越南与澳大利亚关系。

船企业制造，海洋风电也开始由近海向远海发展。越南海港基础设施得到不断改善，但本国企业在国际贸易运输中所占市场份额还比较低。

一　海洋渔业

2020 年，越南海洋渔业产量保持增长，但水产品出口额出现小幅下降；小功率渔船逐步被淘汰，800 马力以上远海捕捞渔船数量增加，这也导致越南与周边国家的渔业纠纷不断增加。

（一）海产品主要生产指标略有增长，出口额下降

2020 年，越南海洋渔业的主要生产指标同比基本持平，略有增长，其中海洋渔业捕捞产量为 366.19 万吨，同比增长 2.38%；海水养殖面积为 4.71 万公顷，同比增长 0.86%；海水养殖量为 31.48 万吨，同比增长 0.25%；水产品出口额为 84.127 亿美元，同比下降 1.53%。越南水产品产量增加，但出口额却下降的主要原因是疫情影响使运费以及检验检疫成本增加。2020 年，越南水产品出口 6 大市场中，仅对美国和中国出口正增长，对欧盟、韩国、日本等市场出口下降。从越南 2016～2020 年海洋渔业主要生产指标看，越南的海洋渔业产量增长主要依靠海洋捕捞量持续增长带动，这是越南多年扶持大功率渔船建造的结果，但也使近年来该国与周边国家的海上渔业纠纷不断加剧，欧盟从 2017 年开始对越南 IUU 捕捞（指非法、不报告和不管制捕捞）亮黄牌，越南当局表示加强整顿，但一直没有实质性改善。在海水养殖方面，近年来越南基本维持在一个平稳的水平，养殖面积和养殖产量总体上保持稳中略有上升，一些年份也出现下降，整体变动不大（见表 1）。

表 1　2016～2020 年越南海洋渔业主要指标

主要指标	2016 年	2017 年	2018 年	2019 年	2020 年
海洋渔业捕捞量(万吨)	303.59	321.33	339.66	357.66	366.19
海水养殖面积(万公顷)	4.60	4.82	4.52	4.67	4.71

续表

主要指标	2016 年	2017 年	2018 年	2019 年	2020 年
海水养殖产量(万吨)	28.93	30.88	31.85	31.40	31.48
水产品出口额(亿美元)	70.36	83.492	87.71	85.436	84.127

资料来源：越南统计总局：《2016～2020 年 5 年越南经济社会动态和实况》，越南统计出版社，2021，第 288、292、294、376 页。

（二）90马力以上渔船数量和总功率双双下降

越南长期采取扶持大功率渔船发展的政策。从越南统计总局公布的数据看，自 2010～2019 年，越南 90 马力以上的渔船数量和总功率逐年递增，但 2020 年这两个指标均有下降（见图 1）。

图 1　2010～2020 年越南 90 马力以上渔船数量和总功率

资料来源：根据越南统计总局网站及《2020 年越南统计年鉴》数据制作。

不过，90 马力以上的渔船数量和总功率下降不等于远海捕捞能力的下降，因为越南近年来主要发展 400 马力以上的大功率渔船，尤其是重点扶持 800 马力以上远海捕捞渔船，淘汰小功率渔船。《越南统计年鉴》没有对 90 马力以上的渔船数量和功率做进一步细分，但从岘港市公布的 2015～2019 年不同功率渔船数量变化情况可以看出，2017～2019 年，400 马力以上渔船的数量明显增加（见图 2）。正是这些能够维持长时间海上作业的大功率渔

越南蓝皮书

船增加，导致近年来越南在南海海域频繁侵入他国海域非法渔业捕捞，与周边国家渔业纠纷不断增加。

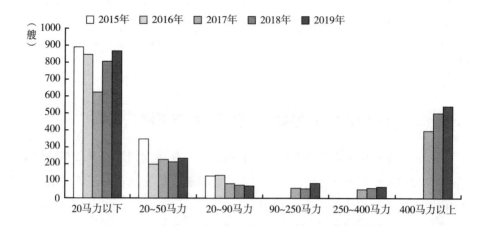

图 2　2015～2019 年岘港市不同功率渔船数量变化情况

资料来源：《按功率和捕捞方法分海产捕捞机动船数量和功率》，越南岘港市门户网站，2020 年 12 月 21 日，https：//danang. gov. vn/web/chuyen－trang－thong－tin－kinh－te－xa－hoi/nien－giam－thong－ke/danh－sach/chi－tiet? id =3614&_ c =94677500，94677518。

（三）与周边国家渔业冲突不断

越南海洋捕捞产量不断增加的同时，与周边国家的渔业冲突也不断增加。据印度尼西亚方面统计，2014 年至 2019 年底，印度尼西亚共炸毁 556 艘非法捕鱼船，其中越南渔船 321 艘；[①] 自 2006 年至 2019 年上半年，马来西亚累计扣留 748 艘在马来西亚水域非法捕鱼的越南渔船，扣押船上渔民 7203 人。[②] 2020 年，越南与印度尼西亚、马来西亚的渔业冲突有增无减。

[①]　转引自王腾飞、闫岩、王思予、宋润茜《越南渔船南海频频"碰瓷"引发危机》，"南海战略态势感知计划"网站，2020 年 8 月 31 日，http：//www. scspi. org/zh/dtfx/1598860870。

[②]　B. A. Hamzah, "Asean Resolve Crucial to Tackle Illegal Fishing Woes," New Straits Times, July 16, 2019, https：//www. nst. com. my/opinion/columnists/2019/07/504907/asean－resolve－crucial－tackle－illegal－fishing－woes.

（四）欧盟保持对越南 IUU 捕捞亮黄牌

自 2017 年 10 月欧盟委员会海事和渔业总署（DG – MARE）对越南 IUU 捕鱼亮黄牌以来，越南媒体上经常报道政府重视欧盟的意见，对 IUU 捕鱼进行监管和整顿，但实际上是说的多做的少。越南大量海洋捕捞渔船处于不受监管的状态。据越通社报道：2020 年 1 ~ 11 月，越南 15 米以上的渔船监控设备安装率为 82.92%；274 艘 24 米以上的渔船超出许可在海上作业；共有 1348 艘渔船信号消失超过 10 天。①报道称，这已经是较上一年有进步后的数据。新冠肺炎疫情影响也使渔民 2020 年在某种程度上减少出海频率，降低违法的频次，否则非法捕捞渔船的数量还会更多。

越南政府对渔船的管理也不够到位。首先，在 28 个沿海省、直辖市中，仍有一个省份没有成立对渔船进出港监管的机构。其次，越南对出海渔船监管的力度不足，大量渔船没有捕捞许可证或许可证到期后不再续办，但仍然出海捕鱼，各省市按规定登记审批出海捕捞的渔船仅占 40% ~ 60%。不同地方对于越界非法捕捞的处罚标准也不同，对违法渔船没有起到警告作用。② 实际上，不少地方出于私利并没有强烈的意愿对违法渔船进行处罚，甚至鼓励渔民到争议海域捕鱼。

二 海洋油气

2020 年，越南油气生产持续保持原油减产、天然气增长的局面。虽然越南油气生产遭受新冠肺炎疫情和石油价格下跌的双重打击，但是油气生产

---

① 〔越南〕青云：《克服 IUU "黄牌"：越南努力应对非法捕捞》，越通社，2021 年 3 月 2 日，https：//www. vietnamplus. vn/chuyen – bien – tich – cuc – trong – thuc – thi – go – the – vang – cho – nganh – thuy – san/680551. vnp。

② 〔越南〕青云：《克服 IUU "黄牌"：越南努力应对非法捕捞》，越通社，2021 年 3 月 2 日，https：//www. vietnamplus. vn/chuyen – bien – tich – cuc – trong – thuc – thi – go – the – vang – cho – nganh – thuy – san/680551. vnp。

仍超额完成计划,炼油业持续发展。未来越南将继续扩大油气勘探开发,加强油气领域的国际合作。

(一)油气生产和勘探概况

1. 油气生产

2020年,越南油气生产提前超额完成既定目标任务。2020年越南国家油气集团原油产量1147万吨,同比下降12%,其中国内开采量为956万吨,石油产量超过全年计划目标的8%。天然气产量91.6亿立方米,同比下降10%。[①] 近年来,越南大型油气田枯竭导致原油产量持续下降,2009~2015年产量有一定回升,但总体上增长乏力;天然气还处在高产期,但近年来也出现振动小幅下行的趋势(见图3)。2020年11月,位于越南巴地－头顿省龙田县附近海域的"金星－大月"气田投产。越南新增油气田的产量无法超过油气枯竭的速度,并且,新增产能以气田为主,油田较少。

由于油气资源枯竭,越南在开采的油气田产量不断下降,2015~2020年,越南原油产量年均下降10%。2005年后的相当长一段时间,越南油气开采业生产状况主要是原油减产,而天然气还保持增长。但近年来,一些在开采的天然气田产量也在下降,东南部地区的天然气产量每年下降5%~20%,尤其是"白虎"气田、"兰西－兰红"气田群组等开采期超过10年的气田。[②]

2. 油气勘探开发

为缓解大型油气田枯竭和能源需求持续增长带来的能源危机,越南加大在近海及中国南海断续线内海域油气勘探开发力度,希望运用新技术对现有油气田进行改造。目前,越南油气勘探开采总公司(PVEP)正在开发油气项目35个(其中国内项目29个,国外项目6个),基础勘察项目2个,同时还承接管理和租赁油气项目2个。2021年PVEP将投资约3.8亿美元用于

---

① 越南统计总局:《2020年越南统计年鉴》,越南统计出版社,2021,第256页。

② 《石油股被点亮,石油价格反弹强劲》,越通社,2021年4月4日,https://www.vietnampl us. vn/co - phieu - dau - khi - duoc - thap - sang - theo - gia - dau - phuc - hoi - manh - me/ 704128. vnp。

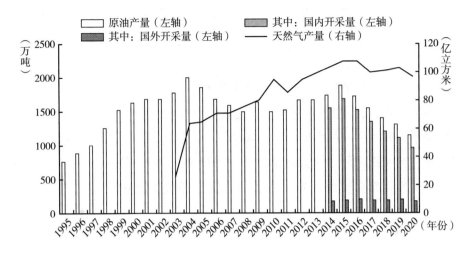

图3 1995～2020 年越南石油和天然气开采量

资料来源：1995～2019 年各年数据来自越南统计总局；2020 年数据来自《2020 年越南统计年鉴》，越南统计出版社，2021，第 256 页。

勘探、开发新的油气田。[①] 2020 年 7 月，越南宣布发现储藏量极大的肯堡油气田，位于越南北部的红河盆地该国划分的 114 区块，距广治省 65 公里，距岘港市 86 公里。据初步估算，该油气田储量为 7 万亿～9 万亿立方英尺天然气及 40亿～50 亿桶凝析油，原计划将于 2028 年正式开采[②]，此后又表示可能会提前开采。[③] 该项目由（意大利）埃尼公司和印度埃萨石油公司各占 50% 股权，埃尼公司作为运营方共同开发。另外，越南也加大在海外油气开发的力度，2014～2020 年，海外原油产量占 10% ～15%。不过，越南在海外开

①　〔越南〕英阮:《2021 年 PVEP 投资 3.8 亿美元用于油气勘探与生产》，越通社，2021 年 2 月 12 日，https：//www. vietnamplus. vn/nam－2021－pvep－dau－tu－380－trieu－usd－cho－tham－do－khai－thac－dau－khi/694857. vnp。

②　〔越南〕明友:《发现越南史上大储藏量油气田》，2020 年 7 月 30 日，https：//baophapluat. vn/phat－hien－mo－dau－khi－co－tru－luong－lon－lich－su－viet－nam－post356078. html。

③　〔越南〕兰宜:《越南最大的气田可能提前投产》，西贡经济时报网站，2021 年 1 月 7 日，https：//www. thesaigontimes. vn/312494/mo－khi－lon－nhat－viet－nam－co－the－dua－vao－khai－thac－som. html。

发的油气项目效果并不太理想，每年原油产量为 200 万吨左右，在俄罗斯的油气项目产量较大，其余大部分油气田在勘探后并没有值得商业开采的价值。

3. 油气业仍然是越南财政收入的重要来源

油气业是越南重要的经济支柱，也是财政收入的重要来源。2020 年，越南国家油气集团总收入达 566 万亿越南盾，其中上缴税收达 83 万亿越南盾，综合税前利润总额达 17.5 万亿越南盾。① 随着制造业不断发展，油气在越南经济中的贡献率有较大下降，但仍然是国家财政收入最重要的来源之一。

（二）油气消费和进出口情况

在疫情严重影响下，2020 年越南 GDP 虽然仍保持 2.91% 的增长率，但增幅远低于往年，油气消费量也在下降。2020 年，越南成品油需求量同比下降 1.2%，天然气需求量同比下降 4.3%。② 能源进出口方面，石油进口量和金额均大幅下降，而原油出口则是量升价跌。石油进口方面，越南全年进口成品油 826.77 万吨，同比下降 20.50%，其中，进口汽油 153.35 万吨，柴油 481.29 万吨，重油 67.66 万吨，煤油 6.55 万吨，航空燃油 117.92 万吨；成品油进口额 33.266 亿美元，同比下降 47.56%。进口原油 38.13 亿美元，同比上涨 0.93%。石油出口方面：全年原油出口量 465.68 万吨，同比增长 17.12%；原油出口额 15.728 亿美元，下降 23.12%；成品油出口额 9.571 亿美元，下降 54.36%（见表 2）。2020 年国际原油价格大幅下跌使越南原油出口量大幅上升，但出口金额却大幅下跌。2017～2020 年，越南成品油进口量和原油出口量总体呈下降趋势的一个重要因素是国内炼油厂新扩建后冶炼能力增加。随着越南炼油能力的增强，越南也改变了单纯出口原油

---

① 《政府总理：越南石油公司在挑战面前更有担当》，越通社，2021 年 11 月 1 日，https：//www.vietnamplus.vn/thu-tuong-chinh-phu-petrovietnam-truoc-thu-thach-cang-ban-linh/689114.vnp。

② 〔越南〕文甲：《油气股票随着油价强劲恢复被"点亮"》，越通社，2021 年 4 月 4 日，https：//www.vietnamplus.vn/co-phieu-dau-khi-duoc-thap-sang-theo-gia-dau-phuc-hoi-manh-me/704128.vnp。

的局面，有一部分成品油出口。据越南工贸部统计数据，2015～2019年，越南国内汽油消费量以年均3%的速度增长。[①] 在油气减产和经济持续增长作用下，近些年越南成为稳定的石油净进口国，并且石油缺口不断扩大。

表2 2015～2020年越南石油进出口统计

类别		2015年	2017年	2018年	2019年	2020年
进口	成品油进口量(万吨)	1041.50	1330.13	1175.36	1040.02	826.77
	其中:汽油(万吨)	267.56	318.83	205.26	200.27	153.35
	柴油(万吨)	521.27	730.90	641.66	501.39	481.29
	重油(万吨)	71.07	59.71	69.90	83.31	67.66
	煤油(万吨)	4.07	4.89	4.31	3.18	6.55
	航空燃油(万吨)	177.55	215.80	254.23	251.88	117.92
	成品油进口额(亿美元)	55.227	71.056	78.759	63.440	33.266
	原油进口额(亿美元)	0.834	4.765	27.468	37.779	38.130
出口	原油出口量(万吨)	948.64	680.59	396.10	397.62	465.68
	原油出口额(亿美元)	38.238	28.856	21.968	20.458	15.728
	成品油出口额(亿美元)	7.347	14.834	20.655	20.969	9.571

说明：2016年数据缺失。

资料来源：参见越南统计总局《2020年越南统计年鉴》，越南统计出版社，2021，第636～637、646～647页。

（三）炼油业在危机中保持发展

2020年，在新冠肺炎疫情和石油价格下跌的双重打击下，世界各地炼油厂陷入危机，越南炼油厂同样面临停产危险。2020年，成品油和原油价格倒挂使炼油厂面临压力。受新冠肺炎疫情影响，3月底4月初，成品油价格下跌，甚至出现成品油价格低于原油价格的价格倒挂现象。4月，所有石

---

① 〔越南〕文甲：《油气股票随着油价强劲恢复被"点亮"》，越通社，2021年4月4日，https：//www.vietnamplus.vn/co-phieu-dau-khi-duoc-thap-sang-theo-gia-dau-phuc-hoi-manh-me/704128.vnp。

油产品的价格都在下降，作为平山炼油厂的主要收入和利润来源的95号汽油与原油的价格倒挂达到每桶2.98美元。第一季度末和第二季度初，世界各国纷纷加强边境管控，限制国内旅行，航空运输几乎瘫痪，航空燃油销售受到严重影响，在该时间段内，作为平山炼油厂明星产品的Jet A航空煤油平均每桶价格倒挂0.33美元。① 虽然价格倒挂的时间并不算太长，但油价低迷的情况仍然延续。由于石油产品消耗严重不足，库存过剩，越南炼油厂一度面临停产危机。越南通过节俭开支、优化运营、加强资金流动管理等措施克服了疫情和石油价格双重不利因素的影响，保证炼油厂安全、稳定运行。

（四）继续加强油气领域的对外合作

越俄油气合作仍然保持重要的特殊地位。2021年，在纪念越苏（俄）石油合作40周年之际，越通社刊文表示，越苏石油公司在越南海上和沿海地区建立了现代化的油气生产基础设施，包括油气勘探、开发、储存、运输和生产系统。该公司在越南共开发了9个油气项目，油气蕴含量达3亿吨，建设超过800公里的油气管道，开挖约500口油气井。越苏石油公司在越南开采油气35年来，累计开采油气超过2.4亿吨。②

越南与印度、日本等国在油气领域的合作也相当密切。2020年12月21日，越南与印度举办高级别视频会议，越南政府总理阮春福在会上表示，两国在这次会议上签订的合作文件中包括推进两国在国防、军事核能、油气、洁净能源、医疗等方面的合作。③ 在与日本合作方面，宜山炼油厂的合资方

---

① 《平山炼油厂跨越双重风暴》，越南《人民报》网站，2020年7月15日，https://nhandan.vn/thong-tin-doanh-nghiep/chuyen-vuot-bao-kep-cua-loc-hoa-dau-binh-son-608689/。
② 《越苏石油公司——越俄友好关系的象征》，越通社，2021年8月3日，https://www.vietnamplus.vn/lien-doanh-vietsovpetro-bieu-tuong-cho-quan-he-huu-nghi-vietnga/731049.vnp。
③ 《继续将越南-印度关系推向纵深发展》，越南《人民报》网站，2020年12月21日，https://nhandan.vn/tin-tuc-su-kien/tiep-tuc-dua-quan-he-viet-nam-an-do-di-vao-chieu-sau-628959/。

包括日本出光兴产株式会社（占股 35.1%）和三井化学公司（占股 4.7%）。在 2020 年 8 月举办的越日工业、经贸和能源合作综合委员会第四次会议上，双方表示将继续加强在宜山炼油厂项目上的合作，并增强两国在油气上游产业的合作，比如天然气开发、液化天然气供应链建设等。[①] 总体来说，越南加强油气领域的国际合作是保证其能源安全的重要手段，通过国际合作，越南在油气勘探、开采、提炼加工等方面的水平也得到不断提高。同时，越南将域外国家引入争议海域进行油气开发也是其推动南海问题国际化的重要手段。

（五）越南国家能源中长期发展战略

2020 年 2 月 11 日，越共中央政治局发布了国家能源中长期发展战略的第 55 - NQ/TW 号决议。根据该战略，2021～2030 年越南一级能源需求量 2030 年为 1.75 亿～1.95 亿吨油当量，到 2045 年增至 3.2 亿～3.5 亿吨油当量；2030 年电力总需求量为 125 吉瓦至 130 吉瓦，电力产量为 5500 亿～6000 亿千瓦时。能源安全方面，越南提出国内炼油厂应满足 70% 成品油需求、战略石油储备不低于 90 天的目标；具备 2030 年进口约 80 亿立方米、2045 年进口约 150 亿立方米液化天然气（LNG）的能力。[②] 在油气业发展具体措施方面：越南将加强在深海、远海和潜力大的区域的油气勘探开发；主动积极参与海外油气勘探开发；吸引资金向油气加工纵深方向发展，主动满足国内需求，并转向出口；关注页岩气和可燃冰技术，在条件成熟时进行试验。[③]

---

① 《越日推动经贸、工业、能源合作》，越通社，2020 年 8 月 7 日，https：//www.vietnamplus.vn/viet - namnhat - ban - thuc - day - hop - tac - thuong - mai - cong - nghiep - nang - luong/656323.vnp。

② 《越南实施国家能源发展战略》，越通社，2020 年 10 月 4 日，https：//www.vietnamplus.vn/thuc - hien - dinh - huong - chien - luoc - phat - trien - nang - luong - quoc - gia/667454.vnp。

③ 《政治局关于越南国家能源 2030 年发展战略及 2045 年远景目标的决议》，越南共产党电子报，2020 年 2 月 11 日，https：//tulieuvankien.dangcongsan.vn/he - thong - van - ban/van - ban - cua - dang/nghi - quyet - so - 55 - nqtw - ngay - 11022020 - cua - bo - chinh - tri - ve - dinh - huong - chien - luoc - phat - trien - nang - luong - quoc - gia - cua - viet - nam - den - 6096。

三　海洋旅游业

2020年，新冠肺炎疫情在全球蔓延，使越南整个旅游业包括海洋旅游业遭到沉重打击，加上新冠病毒变异毒株传染性呈现复杂多变的发展势头，海洋旅游业在短期内难以恢复。

（一）邮轮旅游业停滞不前

凭借独特的地理优势，邮轮旅游成为越南海洋旅游业的热门项目，但新冠肺炎疫情使越南邮轮旅游业受到重创。为应对疫情，越南实行严格的游客管控措施，严格限制外国邮轮停靠。2020年2月广宁省出台外国游轮入境程序规定，对于游轮停靠、船员上岸等实施严格管控；3月胡志明市人民委员会宣布，为减少新冠肺炎输入性病例，暂不允许外国游轮入境；① 越南旅游协会要求旅行社不得接待来自疫区的外国游客。② 2020年，通过海上入境越南的国际游客总人数为14.47万人次，占总入境人数的3.8%，同比下降45.2%，降幅低于通过陆路（下降81.9%）和航空（下降78.6%）③ 方式入境人数的降幅。2020年初新冠肺炎疫情在越南暴发后，国际航班受限，下龙湾游客量大幅下降，接待游客仅150万人次，与2019年相比下降2/3，其中，国际游客降至40万人次；门票收入2300亿越南

① 《新冠肺炎疫情：胡志明市暂不允许外国游轮入境》，越通社中文网站，2020年3月13日，https：//zh. vietnamplus. vn/%E6%96%B0%E5%86%A0%E8%82%BA%E7%82%8E%E7%96%AB%E6%83%85%E8%83%A1%E5%BF%97%E6%98%8E%E5%B8%82%E6%9A%82%E4%B8%8D%E5%85%81%E8%AE%B8%E5%A4%96%E5%9B%BD%E6%B8%B8%E8%BD%AE%E5%85%A5%E5%A2%83/111044. vnp。
② 《新冠肺炎疫情：越南要求旅游单位不接待来自疫区的游客》，越通社中文网站，2020年2月25日，https：//zh. vietnamplus. vn/%E6%96%B0%E5%86%A0%E8%82%BA%E7%82%8E%E7%96%AB%E6%83%85%E8%B6%8A%E5%8D%97%E8%A6%81%E6%B1%82%E6%97%85%E6%B8%B8%E5%8D%95%E4%BD%8D%E4%B8%8D%E6%8E%A5%E5%BE%85%E6%9D%A5%E8%87%AA%E7%96%AB%E5%8C%BA%E7%9A%84%E6%B8%B8%E5%AE%A2/110289. vnp。
③ 越南统计总局：《2020年越南统计年鉴》，越南统计出版社，2021，第611页。

盾，仅相当于 2019 年的 19%。① 可以说疫情给下龙湾旅游业带来致命性打击。

（二）富国岛继续重点发展旅游业

根据越南国会常务委员会于 2020 年 12 月 9 日颁布的第 1109 号决议，从 2021 年 1 月 1 日起，坚江省富国岛县正式升格为省辖市，成为越南第一个海岛城市。富国岛上有超过 700 家宾馆、酒店和民宿，超 2 万间客房。② 2015～2020 年，富国岛游客到访人数年均增长 28%。尽管 2020 年受新冠肺炎疫情的影响，但赴富国的游客人数仍达 300 万人次。③ 岛上多个港口和项目逐步完善并投入使用，包括富国国际航空港、安太国际航空港、洋东国际客运港和各大旅游发展项目，为该岛实现快速、可持续发展创造便利条件。

在 2020～2025 年经济社会发展战略中，富国市 2025 年发展目标是成为全国性和国际性的海洋、海岛旅游一线城市，力争实现 2020～2025 年每年游客接待量达 1000 万人次以上，年均增长 15%，其中国际游客人数达 400 万人次的目标。④ 由于实行旅游免签政策，加上相对独立的地理空间，2020 年富国岛的游客人数虽然也大幅下降，但旅游业各项数据略好于越南全国平均水平。富国岛是坚江省最重要的旅游城市，2020 年坚江省共接待游客 520.67 万人次，其中：旅行社接待人数 247.78 万人次，相当于 2019 年的

---

① 《广宁省游轮企业提出解决方案 助力战胜疫情》，越通社中文网站，2021 年 6 月 9 日，https：//zh. vietnamplus. vn/%E5% B9% BF% E5% AE% 81% E7% 9C% 81% E6% B8% B8% E8% BD% AE% E4% BC% 81% E4% B8% 9A% E6% 8F% 90% E5% 87% BA% E8% A7% A3% E5% 86% B3% E6% 96% B9% E6% A1% 88 - % E5% 8A% A9% E5% 8A% 9B% E6% 88% 98% E8% 83% 9C% E7% 96% AB% E6% 83% 85/140654. vnp。
② 《升格城市：富国宝岛的推动力》，越南《年轻人》网站，2021 年 1 月 9 日，https：//tuoitre. vn/len - thanh - pho - luc - day - cho - dao - ngoc - phu - quoc - 20210109075939212. htm。
③ 《将富国发展成为海洋岛屿旅游之城》，越南《人民报》中文网站，2020 年 11 月 14 日，https：//cn. nhandan. vn/tourism/item/8273701。
④ 《将富国发展成为海洋岛屿旅游之城》，越南《人民报》中文网站，2020 年 11 月 14 日，https：//cn. nhandan. vn/tourism/item/8273701。

59.20%；国际游客 18.50 万人次，相当于 2019 年的 25.93%。[1] 凭借独特的自然地理环境，升格为省辖市后的富国市继续将旅游业作为重点发展产业。越南拟通过疫苗护照将富国岛作为重启和激活国际旅游的试点城市，但在本地疫情蔓延势头不可收拾，世界各国疫情反弹严重的情况下，富国市的疫苗护照旅游政策落地将受到牵制。

（三）通过多样化海洋旅游项目吸引游客

由于新冠肺炎疫情的影响，越南海洋旅游业面临诸多困难，沿海地区政府和企业试图通过开发多样化的海上旅游项目，为海岛旅游创造新的活力。在新的海洋旅游产品发展战略中，越南文化体育旅游部确定将沿海度假、参观海洋胜地、海上游览船、海滩游乐、体育旅游与海洋生态旅游等产品作为主要旅游产品。[2] 沿海省份纷纷出台发展海洋旅游的政策措施。广义省将海洋旅游与文化和自然遗产保护相结合，加强区域联动，构建海洋岛屿旅游可持续发展的模式和解决方案。[3] 广宁省将下龙湾、拜子龙湾、云屯和姑苏等地统筹规划和开发，新增夜间步行街、美食体验街、"一日渔夫"体验等旅游项目，通过多样化的旅游产品吸引更多游客。清化省以发展海滩度假旅游为重点，调动全省资源投资新的旅游产品，包括举办爱情节、建设壁画村、增设水上摩托、步行街和夜市、花卉节、灯光节、街头狂欢项目等，将节日旅游、社区旅游和海岛旅游相结合[4]，以新的海滩度假村和景点吸引游客。广南省开发在旅游开发的同时也进行珊瑚恢复行动，在海洋保护区设孵化器并恢复了 6000 多个硬珊瑚礁，

---

① 《（坚江省）2020 年经济社会情况》，越南坚江省统计局网站，2021 年 1 月 4 日，http：//www. cucthongkekg. gov. vn/news. php？id＝1941。
② 《广南省努力促进岛屿生态旅游可持续发展》，越南《人民报》中文网站，2021 年 5 月 15 日，https：//cn. nhandan. vn/tourism/item/8751001。
③ 《研究和发展广义的海岛旅游》，越南旅游总局网站，2021 年 4 月 2 日，http：//www. vietnam－tourism. com/index. php/news/items/24425。
④ 《清化：海洋康养旅游迈向更远的目标》，越南旅游总局网站，2021 年 4 月 29 日，http：//www. vietnam－tourism. com/index. php/news/items/24450。

为具有高经济价值的众多海洋生物提供了"住所"。[1] 平顺省则致力于建设国家级海洋体育旅游中心，其中，重点投资打造从绥丰县平盛－钩劬劳旅游区到罗夷市（县级）甘平旅游区等海边旅游区具有特殊性的体育旅游产品，其中包括浮潜、垂钓、帆板、风筝冲浪、滑翔伞和其他娱乐体育活动。[2]

四　海洋造船业

2020 年越南的造船业发展仍然面临诸多困难，政府扶持造船业发展的方向由建造大功率渔船为主转为加快军用舰船发展，并加强与外国的合作，增强造船业竞争力。

（一）越南造船业发展面临多重困难

受新冠肺炎疫情影响，越南造船业生产面临困难。疫情在世界各国蔓延后，国际交往严重受阻，尤其是客运船业务难以为继，船舶新造和维修均受到影响。以越南船舶工业总公司（SBIC）[3] 为例，为了生存，除造船和船舶维修业务外，SBIC 还将业务拓展到风电项目配套用船，甚至拓展到机械行业的业务。[4] 相对经济和外贸增长变动，造船业具有一定的延后性，因此，2020 年 SBIC 虽然面临行业寒冬，但计划执行率相对还是比较高。2020 年，越南最大的造船企业 SBIC 计划交付 72 艘船，实际完成 71 艘；工业产值为 27169 亿越南盾，其中造船业产值为 18530 亿越南盾，完成计划的 92.9%；

---

① 《广南省努力促进岛屿生态旅游可持续发展》，越南《人民报》中文网站，2021 年 5 月 15 日，https：//cn. nhandan. vn/tourism/item/8751001。

② 《将平顺省建成国家级海洋体育旅游中心》，越南《人民报》中文网站，2021 年 6 月 3 日，https：//cn. nhandan. vn/tourism/item/8810901。

③ 越南船舶工业总公司由 Vinashin 重组而成。2013 年 12 月，越南政府对 Vinashin 破产重组后，其英文缩写改为 SBIC。

④ 〔越南〕越雄：《造船业陷入困境，谁帮助"巨人"站起来》，越通社，2020 年 10 月 30 日，https：//www. vietnamplus. vn/nganh－dong－tau－gap－kho－ai－do－nguoi－khong－lo－dung－day/674241. vnp。

维修业产值为 5610 亿越南盾，完成计划的 105.9%；辅助工业产值为 1248
亿越南盾，完成计划的 105.7%；员工月平均收入为 719 万越南盾。① 在疫
情暴发出海机会减少的背景下，人们对一些船舶进行维修保养，使该项业务
超计划完成生产指标，但疫情持续会使维修保养业务在 2021 年出现下降，
新增订单也会进一步下降。

SBIC 面临资金困难。越南船舶工业集团（Vinashin）债务未全部偿还，
影响 SBIC 的贷款。Vinashin 破产重组留下的巨额债务至今未能全部偿还，
因此，重组后的 SBIC 被限制贷款，也没有现金和资产作为担保。SBIC 至今
未能走出债务危机带来的负面影响，过去几年，财政资金大力扶持建造远海
捕捞大功率渔船给越南造船业带来了极大的机会，但渔船问题频现，加上疫
情对经济的负面影响，使用国家财政资金的造船项目也因政府削减经费被迫
放缓进度。② Vinashin 债务危机遗留问题和财政拨款扶持项目削减将使越南
造船业面临的压力进一步加大。

越南修船业发展薄弱。据越南《年轻人报》网站报道，该国国内船队
40% 的维修业务须到国外船厂完成。③ 疫情之下，越南造船业订单进一步下
降，船舶维修成为造船业养活企业员工的重要业务，一些企业也考虑更多向
维修和保养业务转型，争取在造船订单不足的情况下谋求生存。

越南造船业面临人才不足的困境。禁江造船厂董事长黎文海认为，越南
造船企业工人的技术水平不逊于该地区其他国家，达到世界高标准，但目前
大中专院校、职业技术学校很难吸引学生进入造船相关专业学习。随着外资
到越南投资带来越来越多工作机会，造船业已不是年轻人眼里的香饽饽。制

① 〔越南〕林怀：《SBIC 须更加努力保持造船业可持续发展》，越南交通运输部网站，2021 年 1
月 9 日，https://mt.gov.vn/vn/tin-tuc/70801/sbic-can-no-luc-hon-nua-de-hoan-
thanh-tai-co-cau-va-phat-trien-nganh-dong-tau.aspx。
② 〔越南〕林怀：《SBIC 须更加努力保持造船业可持续发展》，越南交通运输部网站，2021 年 1
月 9 日，https://mt.gov.vn/vn/tin-tuc/70801/sbic-can-no-luc-hon-nua-de-hoan-
thanh-tai-co-cau-va-phat-trien-nganh-dong-tau.aspx。
③ 〔越南〕玉隐：《如何看待 40% 越南船队须到国外维修》，2020 年 7 月 22 日，https://
tuoitre.vn/thay-gi-tu-40-tau-bien-viet-nam-phai-ra-nuoc-ngoai-sua-chua-
20200722144257723.htm。

造业发展带来收入更高、工作环境更好的机会，使得本来就不景气的造船业面临人才流失、行业吸引力不足的困境。

（二）更改扶持大功率渔船建造方案

2014年后，越南出台了扶持大功率渔船建造的67号决议，计划通过优惠信贷援助渔民建船，到2020年前为渔民建造3万艘铁壳渔船以逐步代替木壳渔船。根据67号决议，渔民建造和改造渔船仅需支付总造船款的5%作为首付款，剩下的95%由政府提供优惠信贷支持，按正常贷款年利率为8.5%，渔民实际按年利率1%支付利息，剩余利息由政府支付①，渔民每3个月偿还一次本息。② 在执行过程中，出现了渔船故障不断导致无法出海、渔业资源枯竭、与周边国家渔业冲突增加、造船贷款坏账增加等问题，2017年12月30日后，按照67号决议建造大功率渔船的审批被停止。从2017年起，根据67号决议建造的渔船贷款坏账率就开始出现并逐年提高：2017年在越南11个省、直辖市出现，占贷款总额的3%；2018年在27个省、直辖市出现，占贷款总额的27.8%；③ 2019年10月30日，越南《前锋报》网站引用越南国家银行经济行业信贷司司长阮国雄提供的数据，逾期还贷超额已高达10.5万亿越南盾，占贷款总额的33%。④ 出现逾期还款主要是因为渔船没有出海捕鱼，而不出海捕鱼的原因包括：第一，铁质渔船经常出现故障，无法正常使用；第二，渔业资源枯竭，油价上涨，渔船出海无利可图，甚至亏损；第三，渔民不能掌握装备先进的渔船航行技术要领；第四，政府免除渔民债务的先例使部分渔民恶意拖欠贷款；第五，贷款的抵押物是渔船

① 注：实际执行利率与67号决议中提的利率有一定差别，按照67号决议，不同功率的渔船，渔民所需支付的年利率从1%到3%不等。

② 〔越南〕春芽：《国会代表潘太平：根据67号决议新建的渔船坏账率增高》，2021年7月8日，https://baovephapluat.vn/kinh-te/kinh-doanh-phap-luat/tau-ca-67-nam-bo-ngu-dan-va-ngan-hang-cung-mac-can-78407.html。

③ 〔越南〕国仲：《铁壳渔船坏账高达33%》，2019年11月9日，https://khoahocdoisong.vn/no-xau-tau-ca-vo-thep-da-len-toi-33-132079.html。

④ 〔越南〕阮国雄：《借钱建造铁壳渔船的阴影》，2021年7月8日，https://tienphong.vn/am-anh-no-xau-vay-tien-dong-tau-thep-post1147020.tpo。

本身，借款额度高，加上信用制度不完善，渔民衡量后认为不还贷银行收走渔船比偿还贷款划算；① 第六，渔船保险到期后，保险公司基于风险考虑拒绝续保，渔船没有保险而不能出海。② 根据 67 号决议建造的渔船中，铁壳渔船普遍存在问题，坏账基本发生在这些船，大批渔船在使用 2 年后需要经常维修，而复合材料渔船整体运行良好。铁壳渔船在新建 800 马力以上远海捕捞渔船中占比约为 35%③，与坏账率的比例相符。从数据对比看，渔船质量是渔民不能出海捕鱼和逾期不还贷的最重要的因素。为了解决坏账问题，越南政府将贷款年限从原来的 11 年延长至 16 年，同意渔民带优惠贷款转让渔船，银行也对一部分渔船实行拍卖，但转让和拍卖的鲜有接棒者。67 号决议无法继续，在国际造船业市场低迷的情况下，对越南造船业是一个巨大的压力。

17 号决议替代 67 号决议继续扶持大功率渔船发展。2018 年 2 月 2 日，越南政府出台 17 号决议对 2014 年的大功率渔船建造和升级扶持政策做了调整，仅对用于远海捕捞 800 马力以上的大功率渔船建造（包括新购船上设备）进行补贴，一次性补贴造船款的 35%，并对补贴总额度做了最高限制：对于铁壳远海捕捞渔船及后勤船，800 马力以上的每艘船补贴额度不超过 67 亿越南盾，1000 马力以上的每艘船补贴额度不超过 80 亿越南盾；对于复合材料远海捕捞渔船及后勤船，800 马力以上的每艘船补贴额度不超过 67 亿越南盾。④ 67 号决议将升级为 400 马力以上的渔船也列入补贴范围，调整后则仅扶持 800 马力以上的远海捕捞渔船及后勤服务船修建，同时增加了对购买船上用新设备的补贴。对造船业来说，新增订单会少于 67 号决议下的增

① 〔越南〕春芽：《国会代表潘太平：根据 67 号决议新建的渔船坏账率增高》，2021 年 7 月 8 日，https：//baovephapluat. vn/kinh - te/kinh - doanh - phap - luat/tau - ca - 67 - nam - bo - ngu - dan - va - ngan - hang - cung - mac - can - 78407. html。

② 〔越南〕庭武：《何时渔民才能偿还清 67 号决议建造的渔船?》，2020 年 8 月 13 日，https：//nongnghiep. vn/bao - gio - ngu - dan - tra - duoc - no - vay - dong - tau - 67 - d270899. html。

③ 注：2019 年 11 月 7 日，越南农业与农村发展部部长在回答国会代表质询时表示，根据 67 号决议建造的 800 马力以上渔船共 1030 艘，其中铁壳船 358 艘。

④ 根据 2018 年 2 月 2 日越南政府通过的 17/2018/ND - CP 号决议。

量。前几年建造的 800 马力以上大功率渔船频频出现问题，在一定程度上会影响渔民申请的积极性。新造渔船存量经过释放、渔业资源枯竭、工业发展后就业机会增加等原因也会对渔民造船出海产生影响。

（三）加快军用舰船建造发展步伐

越南已具备建造多种类型军舰的能力，并出口合资建造的军舰。2011年 9 月，越南自主建造的第一艘炮舰"TT400TP"验收成功；2014 年，越南建造的两艘莫利亚 – M（Molniya-M）型导弹舰交付使用。除上述舰船外，近 10 年，越南通过技术引进或与外国公司合作，建造了运兵舰、军用医疗舰、DN – 2000 型多功能海警舰、兼备沿海搜救功能的巡逻舰、多功能搜救潜艇等。[1] 通过与外国合作建造军舰，越南海军和海警的装备得到加强，也在一定程度上减少军用舰船对外国的依赖。近年，越南 Z189 造船厂正加快与荷兰达门集团的合作，准备在越南建造 4000 吨级的 DN – 4000 大型多功能巡逻艇。该艇是依照荷兰海军的荷兰级远洋巡逻舰建造的为供海警使用，舰上武器装备做一定删减。[2] DN – 4000 大型多功能巡逻艇建成将是越南军舰制造又一次质的飞跃。越南与达门集团合作在越南建造的军舰还出口到澳大利亚、巴拿马等国。

（四）越南加强与俄罗斯、日本等在造船领域的国际合作

俄罗斯表示将加强与越南在"民用船"建造方面的合作。早在苏联时期，苏联与越南就已展开造船领域的合作，但主要是军舰建造方面的合作。近年来，越俄两国在民用造船领域也有一些合作，比如在政府联合委员会框架下成立联合造船工作组，俄罗斯向越南转让造船技术并参加越南举办的越

① 〔越南〕梅朗：《越南军用舰船建造的奇迹》，越南国防部工业总局网站，2020 年 9 月 16 日，http：//vdi. org. vn/article/649/ky – tich – ong – tau – chien – cua – viet – nam。

② 《越南海警即将拥有东南亚最大、最现代化巡逻艇 DN – 4000：当之无愧的旗舰》，2019 年 7 月 28 日，https：//soha. vn/canh – sat – bien – vn – sap – co – dn – 4000 – tau – tuan – tra – lon – va – hien – dai – nhat – dna – xung – tam – soai – ham – 20190720164809375. htm。

南河内船舶及海事展览会（VIETSHIP）。但越俄两国认为当前的合作程度与双方发展战略和发展潜力不匹配，双方仍有较大发展空间。俄罗斯驻越南商务参赞维亚切斯拉夫·哈里诺夫（Vyacheslav Kharinov）表示，为了促进俄越在民用造船领域的合作，需要在政府联合委员会框架内更新合作文件。两国在造船领域的科学研究包括"为服务大陆架开发而改善船舶和航海设备操作和技术特征；将高速运输船和客船有效对接；开发建造和修理船舶的生产技术和设备；改造现有生产设备；为两国利益在越南和俄罗斯的造船厂进行新船建造合作"。此外，俄方还提出建造内河运输船的合作计划。① 俄罗斯强调，要突破俄越造船主要限于传统军事领域的合作，向民用、经济领域船舶建造和维修合作的纵深发展。

越南与日本在军事方面不断突破界限，其中包括采购日本军舰，接受日本军舰技术转让。2020年3月2日，日本自卫队最高武官、统合幕僚长山崎幸二（Yamazaki Koji）正式访问越南时，越日双方表示，将"促进越南人民军和日本自卫队的实质性合作"，内容包括：日本自卫队舰艇、飞机访问越南；潜艇医学、水下医学人才培养；在造船领域展开合作，军用舰艇技术转让；等等。② 近几年，日本多次向越南赠送巡逻艇，现已开拓新舰艇交易合作。据2020年3月2日越南媒体报道，日本为越南新建造6艘TT‐1500型巡逻艇，在此基础上可能推进向越方转让该舰艇的机制技术。③ 同年8月，央广网引用日本媒体报道称，日本将以信贷方式向越南提供6艘巡逻艇，价值3.45亿美元。日本此前曾向越南出售渔船，这是首次向越南出售军事装备。

---

① 《俄罗斯和越南将推动造船业领域的合作》，2021年5月25日，https：//baonghean. vn/nga - va - viet - nam - se - phat - trien - hop - tac - trong - linh - vuc - dong - tau - 287411. html。

② 〔越南〕泰安：《越日在军用舰艇的技术转让方面的合作》，2020年3月2日，https：// vietnamnet. vn/vn/thoi - su/quoc - phong/viet - nhat - chuyen - giao - cong - nghe - nganh - dong - tau - quan - su - 620833. html。

③ 《越南与日本合作建造军舰》，2020年3月3日，https：//datviet. trithuccuocsong. vn/quoc - phong/quoc - phong - viet - nam/viet - nam - nhat - ban - hop - tac - dong - tau - quan - su - 3397855/.

五　海洋交通运输业

2020 年，越南港口货物吞吐量仍保持增长势头，港口建设不断推进。未来越南将进一步扶持船队发展，扩大海港以及基础设施建设，保持港口货物吞吐量继续增长。

（一）越南海运船队竞争力不足

越南海运船队数量及市场份额双双下降。据越南《人民报》旗下的《当代》杂志网站 2021 年 3 月 19 日引用越南航海局的统计数据，悬挂越南国旗的海船共 1576 艘，总载重量约为 930 万载重吨。运输船共 1049 艘，其中：764 艘散货船和综合船，占 72.8%；162 艘油轮和化学物质运输船，占 15.4%；38 艘集装箱船，占 3.6%；等等。越南海运船队的平均船龄为 15.5 年，比世界平均船龄年轻 5.8 年。2013 年至 2021 年初，越南的海运船队减少了 212 艘船。越南的海运船载重量普遍偏小，只有约 30 艘船载重量超 1 万载重吨；船队规模也比较小，1049 艘船分属 550 位船东。多年来，越南一直表示要提高本国海运船队的市场份额，但实际上却不升反降。越南海运船队在国际运输中所占市场份额由 2015 年的 10% 降至 2020 年的 5%。市场份额下降的一个重要原因是运输船无法满足技术要求。[1] 越南船队主要承担中国、日本、韩国和东南亚航线的运输，运往欧洲、美洲和非洲的货物主要靠中转。近些年，随着越南外贸量增加，外国海运企业逐渐开辟一些越南直达欧美的航线。越南海运船队在进出口贸易运输中占比小，与该国以外资企业为主的贸易结构相关。越南海运船队没有资金投资大型运输船，管理水平也有待提高，外资企业利用母国海运船队资源来获取高效、优质、价格合理的运输服务。

---

[1] 〔越南〕国勇：《越南船队的迷茫》，越南《人民报》网站，2021 年 3 月 19 日，https：//nhandan. vn/baothoinay - kinhte/mong - manh - doi - tau - bien - 639018/。

（二）港口货物吞吐量保持增长势头

港口货物吞吐量保持增长，但增速低于往年。2020 年，越南海港的货物吞吐量为 6.923 亿吨，同比增长 4.16%（见表 3）；2015 ~ 2019 年的年均增长率为 11.64%，2020 年，增速出现较大回落。虽然如此，越南航运仍然表现突出，因为这一年世界航运市场受新冠肺炎疫情影响普遍出现下降，甚至出现负增长。2020 年，越南港口货物吞吐量保持增长的原因包括：疫情控制较好，经济保持增长；越南承接部分产业转移，及对美国出口增加；《全面与进步跨太平洋伙伴关系协定》《欧盟 - 越南自由贸易协定》生效为越南企业出口提供更广阔的市场。此外，在总量增长的同时，集装箱运输在越南海运货物中占比不断增加，2020 年，港口集装箱货物吞吐量约为 2214 万吨，同比增长 13%，增速远高于港口货物吞吐量的整体增长水平。货物吞吐量排名前四位的胡志明港、巴地 - 头顿港、广宁港和海防港港口货物吞吐量分别为 1.629 亿吨、1.129 亿吨、1.096 亿吨和 8390 万吨。①不过，总体来说，集装箱运输总体水平仍低于世界平均水平。

表 3　2015 ~ 2020 年越南港口货物吞吐量

单位：万吨

年份	2015 年	2017 年	2018 年	2019 年	2020 年
港口货物吞吐量	42781.7	51929.7	60661.7	66461.1	69229.1

资料来源：参见越南统计总局《2020 年越南统计年鉴》，越南统计出版社，2021，第 757 页。

---

① 《2020 年越南港口货物吞吐量增速仍保持在 4% 水平》，越通社，2021 年 1 月 3 日，https：//zh. vietnamplus. vn/2020％E5％B9％B4％E8％B6％8A％E5％8D％97％E6％B8％AF％E5％8F％A3％E8％B4％A7％E7％89％A9％E5％90％9E％E5％90％90％E9％87％8F％E5％A2％9E％E9％80％9F％E4％BB％8D％E4％BF％9D％E6％8C％81％E5％9C％A84％E6％B0％B4％E5％B9％B3/133352. vnp。

（三）港口基础设施建设加快推进

1. 越南港口与铁路、公路的连接不能满足货物运输的需求

据《2020 年越南物流业报告》引用越南海港协会的消息称，除了位于沥县的海防国际门户港外，其他港口都落后于世界港口集装箱化的趋势，原因在于缺乏港口之间的整合。此外，越南海港与铁路、公路和内河的交通连接也是海运发展的瓶颈。海防、巴地－头顿、胡志明等主要港口的交通主干道均与这些主要港口的运输能力不匹配。比如沥县港、盖梅－市威（Cái Mép－Th iV ải）港港口群，虽然被政府规划为国际中转港，但仍然没有铁路连通港口，公路运力有限，因此，连接港口的公路要道经常堵车。① 越南铁路年久失修运力逐年下降，高速公路发展较快，但在货物运输方面铁路具有运量大、运费低的优势，铁路与港口无法连接将会制约港口的发展。

2. 格麦林深水港投入运营

2021 年 1 月 19 日，位于巴地－头顿省的格麦林（Gemalink）港正式投入使用，可通航 20 万吨级船舶。格麦林港是周边区域唯一的深水港，有支线船和驳船专用码头与胡志明市、九龙江平原地区以及泰国、柬埔寨等国家和地区的港口连接。格麦林港一期项目吞吐能力为 150 万标准箱/年，设计800 米主泊位，可同时停靠 2 艘母船，配备 6 台 STS 起重机和 18 台轮胎式集装箱门式起重机；工程项目完成后货物吞吐量将达 240 万标准箱/年，可同时停泊 3 艘母船。② 格麦林港对越南海运市场发展有重要意义，预计今后会有更多集装箱船从该港口直达欧美等地区的港口，而不必经过第三国中转。

---

① 越南工贸部：《2020 年越南物流业报告》，越南工贸出版社，2020，第 35 ~ 36 页。
② 〔越南〕英俊、阮南：《 "超级港口" Gemalink 正式投入运营》，越南《人民报》网站，2021年 1 月 19 日，https：//nhandan. vn/tin － tuc － kinh － te/ － sieu － cang － gemalink － chinh － thuc － di － vao － hoat － dong －632233/。

3. 隆安国际港口一期工程投入使用

隆安国际港项目位于越南隆安省芹约县，该项目分为三期建设，投资总额接近 10 万亿越南盾。2020 年 9 月 26 日，隆安国际港口一期工程正式完工并投入使用，同时二期工程开工建设。全部工程完成后，港口可接纳 7 万载重吨的船舶靠港。预计项目将于 2023 年竣工，建成后码头总长达 2368 米，年货物吞吐量超过 8000 万吨。[①] 至 2020 年 9 月隆安国际港已完成长达 630米的 3 个码头的建设，并将继续建设 4 号和 5 号码头，力争在 2021 年内竣工并投入使用。[②] 投资方还计划建设液体货物装卸码头。

（四）开辟多条海运新航线

2020 年 6 月 3 日，越南平定省归仁港至东北亚地区各国的海运航线正式启航。该航线从归仁起航，到达中国、韩国和日本等东北亚国家和地区，主要是将越南西原地区的货物出口到东北亚地区，出口货物主要为木屑、木质颗粒、红薯淀粉等。[③] 2020 年，该航线实际开航频次为每星期一航次，当年归仁港的货物吞吐量增长超过 30%，进出口总额超过 10 亿美元。[④] 西原地区是越南经济发展较落后的区域，归仁至东北亚航线开通，使越南平定省乃至西原地区的农产品出口更加便利，带动地区经济的发展。

---

① 《隆安国际港口扩建后可迎接 10 万载重吨船舶》，越通社中文网站，2021 年 3 月 6 日，https：//zh. vietnamplus. vn/% E9% 9A% 86% E5% AE% 89% E5% 9B% BD% E9% 99% 85%E6% B8% AF% E5% 8F% A3% E6% 89% A9% E5% BB% BA% E5% 90% 8E% E5% 8F% AFE8% BF% 8E% E6% 8E% A510% E4% B8% 87dwt% E8% 88% B9% E8% 88% B6/136191. vnp。

② 《隆安国际港一期工程竣工，二期工程开始动工兴建》，越通社中文网站，2020 年 9 月 27日，https：//zh. vietnamplus. vn/% E9% 9A% 86% E5% AE% 89% E5% 9B% BD% E9% 99%85% E6% B8% AF% E4% B8% 80% E6% 9C% 9F% E5% B7% A5% E7% A8% 8B% E7% AB%A3% E5% B7% A5 - % E4% BA% 8C% E6% 9C% 9F% E5% B7% A5% E7% A8% 8B% E5% BC%80% E5% A7% 8B% E5% 8A% A8% E5% B7% A5% E5% 85% B4% E5% BB% BA/127640. vnp。

③ 《归仁港至东北亚海运航线正式开启》，越南交通运输部网站，2020 年 6 月 3 日，https：//mt. gov. vn/vn/Pages/chitiettin. aspx？ IDNews = 66934。

④ 《归仁港过货量增长超 30%》，2020 年 12 月 30 日，http：//baokiemtoannhanuoc. vn/kinh -te - - - xa - hoi/san - luong - hang - hoa - qua - cang - quy - nhon - tang - truong - o - muc -hon - 30 - 146650。

新增韩国—中国—越南—泰国航线。2021年5月24日，韩国仁川海港总公司宣布开通从韩国仁川港出发，经中国和越南到达泰国的集装箱运输新路线，经停港包括韩国光阳和釜山、中国香港和深圳蛇口、越南胡志明市，最远达泰国林查班港。① 该线路将提高东南亚和东北亚地区的货物运输能力，进一步促进越南与东南亚、东北亚地区进出口活动的发展。

2020年，为开辟国际市场，促进越南企业进出口，越南开辟多条联通亚洲其他地区的新航线。截至2021年初，越南已开通32条海运航线，其中国际海运航线25条，国内海运航线7条。除亚洲航线外，越南北部地区已成功开拓2条北美航线，南部地区已开拓16条开往北美和欧洲的航线，在东南亚地区，远程航线数仅次于新加坡和马来西亚。越南港口年过货量能力超过6亿吨。② 越南深水港建成运营，有可能将会降低对新加坡等周边国家和地区国际航运中心的依赖。

六　海洋风电业

2020年越南的海洋风电业取得较快发展，疫情影响外国专家入境也使一些项目不能如期完工。经过多年发展，越南风电项目规模越来越大，并逐步由近海风电项目转向远海风电项目。

（一）越南海洋风电项目建设提速

为享受政府协议价，越南风电企业加快施工进程。按照越南风电发展扶

---

① 《韩国前往越南和泰国的集装箱运输新路线正式投运》，越通社中文网站，2021年5月24日，https://zh.vietnamplus.vn/%E9%9F%A9%E5%9B%BD%E5%89%8D%E5%BE%80%E8%B6%8A%E5%8D%97%E5%92%8C%E6%B3%B0%E5%9B%BD%E7%9A%84%E9%9B%86%E8%A3%85%E7%AE%B1%E8%BF%90%E8%BE%93%E6%96%B0%E8%B7%AF%E7%BA%BF%E6%AD%A3%E5%BC%8F%E6%8A%95%E8%BF%90/139861.vnp。

② 〔越南〕潘章：《越南海港发展：需要重新规划》，越南政府网，2021年5月29日，http://baochinhphu.vn/Kinh-te/Phat-trien-cang-bien-Viet-Nam-Can-quy-hoach-moi/432816.vgp。

持规划，2021 年 11 月 1 日前并网发电的风电项目可享受政府协议价，陆上风电为 8.5 美分/千瓦时（1927 越南盾/千瓦时），海上风电为 9.8 美分/千瓦时（2223 越南盾/千瓦时），执行协议价的期限为运营之日起 20 年。越南电力的平均零售价约为 1864.44 越南盾/千瓦时①，协议价高于平均零售价，因此，大批风电项目于 2019 ～ 2021 年加速施工。不过，由于受新冠肺炎疫情影响，2020 年越南的风电项目完工数量低于 2019 年。据全球风能理事会的数据，2019 年，越南新增陆上风电装机容量为 160 兆瓦，累计 388 兆瓦；2020 年新增陆上风电装机容量为 125 兆瓦，累计 513 兆瓦。海上风电新增产能没有显示统计数据。② 2021 年，越南的风电项目进一步加快完工，大批风电场加快工期，争取赶在政府协议价日期截止前并网发电。越南风电行业管理、技术和施工人员依靠国际合作，但新冠肺炎疫情暴发后，国际人员交往严重受阻，国际合作深受影响。

越南风电项目允许民间资本投资，早期项目普遍规模较小。随着越南风电行业不断发展，海上风电，尤其是远海风电项目成为未来风电发展的主要方向，企业将会朝着规模化、集约化的方向迈进。

（二）海上风电由近海向远海发展

目前，越南的海上风电项目均为近海和潮汐带风电场。近海和潮汐带风电场规模小，融资难度小，建设周期短，开发风电的国家一般都从近海和潮汐带风电开始。2008 年，越南的第一个风电场在平顺省绥峰县开工建设，经过 10 多年发展，越南培养了一批风电产业的技术和管理人员。2013 年 5 月并网发电的白寮风电场是越南第一个并网发电的海上风电场，也是越南第三个投入运营的风电场。截至 2020 年 3 月，越南的风电发展虽然没有达到第七次电力发展规划提出的目标，但在新能源发展中的作用仍然不容小觑。

---

① 〔越南〕梁鹏：《迈向 "东海" 的展望，立杆迎不竭风源》，2021 年 6 月 16 日，https：// vietnamnet. vn/vn/kinh – doanh/dau – tu/tham – vong – lam – dien – gio – ngoai – khoi – 745317. html。

② GWEC, *Global Wind Report 2021*, p. 53.

越南在 2019 年 10 月 1 日通过的第八次电力发展规划中，首次将风电项目细分为远海风电（điện gió ngoài khơi）、近海风电（điện gió gần bờ）和陆上风电（điện gió trên bờ），其中，远海风电为水深超过 20 米海域的风电场。[①] 根据网上搜索，越南从 2020 年才开始专门讨论"远海风电"发展，此前笼统用"海上风电"（điện gió biển 或 điện gió trên biển）的概念。目前，越南还没有建成发电的远海风电场，并网发电的均为近海发电场。

越南海上风电由近海向远海发展的原因有如下方面。第一，越南化石能源枯竭和电力需求增长要求加快新能源发展步伐。第二，经过多年发展，越南风电行业技术、设施和产业工人都得到一定的积累，具备发展远海大型风电项目的能力。第三，远海风电项目成本下降。据全球风能理事会的研究报告，2010 年远海风电项目风电成本为 255 美元/兆瓦，2020 年降至 83 美元/兆瓦（下降 67.5%），预计 2025 年降至 58 美元/兆瓦。[②] 第四，向远海发展可以减轻用地压力，减轻对渔业、旅游和航运等日常生产生活的影响。第五，远海风电风速更高，风源更稳定，能带来持续高效的风电。第六，越南希望通过发展远海风电来达到"经济与国防"相结合的目的。

越南签署第一个远海风电项目合作备忘录。2020 年 7 月，越南平顺省人民委员会与投资方签署罗干（La Gàn）风电项目合作备忘录，这是丹麦哥本哈根基础建设基金（CIP）、亚洲石油集团（Asiapetro）和诺瓦西亚能源（Novasia Energy）联合开发的项目，预计投资总额为 100 亿美元，装机总量为 3.5 吉瓦。据估计，该项目国产化率将达 45%，可带动越南风电供应链的发展，风电运行期间将带来 4.5 万个就业机会，为越南经济贡献 44

---

① 〔越南〕全胜：《至 2030 年，越南远海风电在电力总功率中占比达 1.45% ~ 2%》，越南政府网，2021 年 3 月 10 日，http://baochinhphu.vn/Kinh - te/Den - nam - 2030 - dien - gio - ngoai - khoi - dat - tu - 145 - den - 2 - tong - cong - suat - dien/425247.vgp。

② 〔越南〕德勇：《第八次电力规划：建议提高远海风电的比重》，越通社，2021 年 3 月 10 日，https://www.vietnamplus.vn/quy - hoach - dien - viii - kien - nghi - nang - ty - trong - dien - gio - ngoai - khoi/698710.vnp。

亿美元。① 西方风电专家建议越南发展大规模的远海风电项目分阶段实行，进一步提高风电装机容量预期。

（三）越南海洋风电发展的困境

越南海上风电价格高于主要风电市场。越南远海风电的政府协议价为8.5美分/千瓦时，而中国台湾为6美分/千瓦时，中国大陆为5.5美分/千瓦时，英国、美国为5美分/千瓦时，荷兰为4.5美分/千瓦时②，越南一部分专家认为，目前的政府协议价是多年前制定的，近10年风电价成本大幅下降，不应延续原有的协议价。也有部分专家认为，为了扶持海上风电发展，应该继续延长政府的价格补贴政策。目前，越南尚未出台对风电项目扶持的新政策，但在设备依靠进口，管理、技术和施工均须依靠外国专家的情况下，如果没有政府补贴，越南风电将难以进一步发展。

越南电力系统尚未有承接大规模风电项目并网发电的能力。目前越南电网的智能化程度不足，不能承受大规模并网后电压不稳定、电网频率不稳定等带来的冲击，尚未解决可再生新能源的储存问题。基于新能源的储存和运输问题都没得到有效解决，越南电网是否能接纳建成并网的风电项目不受限生产还有待检验，大规模扩大风电项目前，越南还需解决好电力储存和运输等配套设施的问题。

（四）越南海洋风电发展规划和展望

越南在新的电力发展规划中计划提高风电占比。根据越南第八次电力规

---

① 《平顺省罗干海上风电项目为700万户家庭供电》，越通社中文网站，2021年2月23日，https：//zh.vietnamplus.vn/%E5%B9%B3%E9%A1%BA%E7%9C%81%E7%BD%97%E5%B9%B2%E6%B5%B7%E4%B8%8A%E9%A3%8E%E7%94%B5%E9%A1%B9%E7%9B%AE%E4%B8%BA700%E4%B8%87%E6%88%B7%E5%AE%B6%E5%BA%AD%E4%BE%9B%E7%94%B5/135663.vnp。

② 〔越南〕阮娥：《海上风电投资者为什么"怕"招标》，越南《青年报》网站，2021年6月15日，https：//thanhnien.vn/tai-chinh-kinh-doanh/tai-sao-nha-dau-tu-dien-gio-ngoai-khoi-so-dau-thau-1398941.html。

划，2030 年包括水电在内的可再生能源在电力总量中占比接近30%，与第
七次电力规划相比，风电增长 2 倍，近海风电和陆上风电增加 9 吉瓦。越南
远海风电从无到有，其 2030 年发展目标为：按基本负载场景为 2 吉瓦，占
总电量 137.662 吉瓦的 1.45%；按高负载场景达 3 吉瓦，占总电量 147.552
吉瓦的 2%。① 根据第八次电力规划草案（见表 4），未来，越南对远海风电
发展力度将超过近海风电。

表4　越南第八次电力规划（草案）的风电发展规划

单位：兆瓦

年份	2020	2025	2030	2035	2040	2045
陆上风电和近海风电项目						
高负载场景	630	12280	16080	25880	34680	40080
基本负载场景	630	11320	16010	23110	30910	39610
远海风电项目(在水深超过 20 米的海域)						
高负载场景	0	0	3000	11000	23000	36000
基本负载场景	0	0	2000	9000	15000	21000

资料来源：GWEC, Global Wind Report 2021, p. 53。

　　2020 年新冠肺炎疫情全球蔓延导致世界经济总体下行，但越南疫情防
控得当，除海洋旅游业外，海洋经济其他产业总体保持了较好的发展势头。
2021 年 4 月，越南出现的新一轮新冠肺炎疫情在全国蔓延打断了该国正常
的经济发展步伐，疫情防控与保持生产难以两全，2021 年海洋经济产业较
2020 年可能面临更大的困难，尤其海洋旅游业恢复无望。

---

① 〔越南〕全胜：《到2030 年，越南远海风电在电力总功率中占比达 1.45% ~2%》，越南政
　　府网，2021 年 3 月 10 日，http://baochinhphu.vn/Kinh - te/Den - nam - 2030 - dien - gio -
　　ngoai - khoi - dat - tu - 145 - den - 2 - tong - cong - suat - dien/425247. vgp。

B.10
2020年越南金融发展报告

王志刚*

摘　要：　2020年，越南宏观经济在新冠肺炎疫情的冲击下仍保持了稳定，特别是GDP同比增长了2.91%，实属不易。证券市场在经历了年初的大幅杀跌后逐渐企稳回升并最终突破1000点的关键点位。银行股和地产股在此次疫情背景下的市场行情中表现抢眼，是带动市场企稳加升的主力。当前越南的银行业和地产业的发展与2008年前的中国十分相似，正处于充分享受越南经济发展红利的阶段。在2020年排名前20的富豪榜上，银行业和地产业各有7人，合计占据了富豪榜七成的席位。

关键词：　越南　宏观经济　金融　证券市场

一　宏观经济

（一）疫情冲击下经济仍取得正增长

2020年，在新冠肺炎疫情的冲击下，越南GDP同比增长了2.91%（见图1），是新兴市场经济体中唯一取得正增长的小国经济体①。具体来看，

---

* 王志刚，经济学博士，任职于湖南科技学院经济与管理学院，广西东南亚研究会会员，研究方向为国际经济学、东南亚地区经济。
① 中国是新兴市场经济体中2020年取得经济正增长的大国经济体。

2020年第一季度，疫情并未对越南经济造成实质性影响，其GDP仍旧保持了3.68%的增长速度；第二季度受疫情的冲击以及国内隔离政策的影响，越南GDP增长了0.39%，勉强维持了正增长；下半年，随着疫情影响的减弱，经济活动有所恢复，第三、第四季度的GDP增长分别为2.69%和4.48%。越南经济从疫情的冲击下逐渐恢复的一个积极信号是2020年12月的采购经理人指数（PMI）为51.7，高于2019年各个月份的PMI指数的平均值是51.53。随着对疫情的有效控制，越南国内的专家认为，2021年的经济增长应当能够达到疫情前的水平。

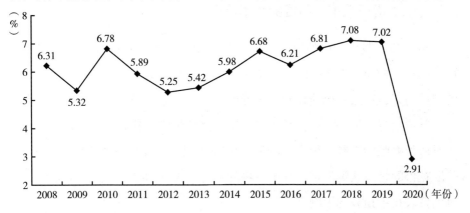

图1　2008～2020年越南各年度GDP增长率

资料来源：越南统计总局。

（二）外商直接投资（FDI）和对外贸易

2020年，越南的进出口贸易总额为5454亿美元，其中出口额为2827亿美元，进口额为2627亿美元，贸易项目实现创纪录的191亿美元的盈余，是近5年贸易盈余额最高的年份。越南贸易盈余主要来自计算机、电子器件以及机器设备及其零部件出口的大幅增长。

2020年，越南的外商直接投资协议资金为210.6亿美元，同比下降6.59%。到位的外商直接投资为199.8亿美元，同比下降1.96%。

从越南引进的外商直接投资结构看：制造业吸引外资117.8亿美元，占比为56%；油气和电力吸引外资49.4亿美元，占比为23.5%；地产业吸引

外资22.4亿美元，占比为10.7%。从外资的来源来看：新加坡以68.3亿美元居第一位；中国和中国香港合计对越投资38.1亿美元，居第二位；第三到第五名分别是韩国、中国台湾以及泰国，投资额分别为29.5亿、17.1亿和16.5亿美元。从吸引外资的地区来看：薄寮省吸引外资40亿美元居首位；其次是河内市与巴地－头顿省；海防市、胡志明市和平阳省分列第四到第六位，吸引外资分别为14.4亿、11.8亿和11亿美元。

（三）货币政策、通货膨胀率及汇率

2020年，越南国内的通货膨胀率为3.22%，高于2019年通货膨胀水平（2.79%），略低于2018年和2017年的水平（分别为3.54%和3.53%）。在疫情冲击下，通胀率仍能控制在较低的水平，一方面得益于国际原油价格一直在低位运行，另一方面食品价格特别是猪肉价格也从高位回落，这都有益于对通货膨胀的控制。越南政府为了应对新冠肺炎疫情对经济的负面影响，采取宽松的货币政策助推了资产价格的上行，表现为楼市与股市的繁荣，但对消费者物价指数的影响不大。

汇率方面，受新冠肺炎疫情的影响，越南盾兑美元的汇率在2020年3、4月出现了剧烈的波动，但很快就恢复了平静（见图2）。至2020年底，越南盾兑美元的中心汇率和银行外汇都有一个很小的升值幅度。在新冠肺炎疫情冲击之下，越南盾兑美元能维持稳定，最重要的原因是越南在2020年贸易项目的顺差达到了191亿美元，创下了近5年来的新高。

尽管越南盾兑美元的汇率保持稳定且略有升值，但由于美联储宽松的货币政策，美元指数在2020年下降了6.7%，这使得越南盾实际上跟随美元贬值了。比如越南盾兑人民币的汇率就从2020年初的3331.9越南盾/1元人民币上升到3556越南盾/1元人民币，贬值幅度为6.73%[1]，正好与2020年人民币对美元的升值幅度保持一致。

---

[1] 越南盾兑人民币的汇率数据来自新浪财经网财经频道（https://finance.sina.com.cn/money/forex/hq/CNYVND.shtml）。

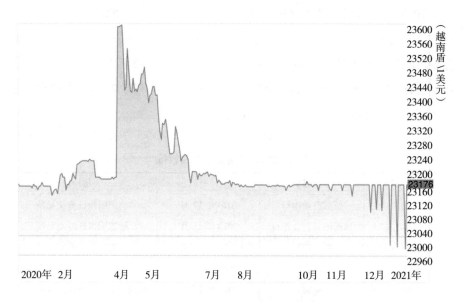

图2　2020年美元兑越南盾的汇率走势

资料来源：新浪财经网财经频道，https：//finance. sina. com. cn/money/forex/hq/CNYVND. shtml。

二　银行及地产

（一）银行业

近几年越南一直在推动国内的银行上市。对于监管部门来说，银行的上市可以方便银行通过资本市场融资补充资本金，满足巴塞尔协议对银行业资本充足率的要求。此外，除了几家国有大银行外，越南的银行大多数都是20世纪90年代以来成立的股份制银行且多有民间资本的入股。银行的上市能够增加银行的透明度，方便监管部门的监管。对于银行业来说，其也有充分的动力上市。越南的银行业正处于快速发展期，上市后能够更好地进行融资扩大经营规模，充分分享越南经济成长的红利。

越南自盛旺银行（VP Bank）和技商银行（Techcombank）分别于2017

年和2018年上市后，较大规模的银行基本都已经上市。2020年共有6家银行上市，其中有3家是在河内交易所的UPCOM市场（见表1）。事实上，监管部门原有的设想是要在2020年底国内的银行都应当上市，显然，这一计划并没有按时完成。2021年仍有包括东方银行（OCB）、东南亚商业股份银行（SSB）在内的多家银行准备上市。

表1　2020年越南上市的银行

交易代码	中文译名	上市时间	上市地点
ACB	亚洲商业银行	2020年12月	胡志明市证券交易所
VIB	越南国际商业银行	2020年11月	胡志明市证券交易所
MSB	航海银行	2020年12月	胡志明市证券交易所
BVB	本越银行	2020年7月	河内证券交易所UPCOM市场
NAB	南亚银行	2020年10月	河内证券交易所UPCOM市场
SGB	西贡工商银行	2020年10月	河内证券交易所UPCOM市场

资料来源：根据越南相关网站信息整理。

不过，尽管越南所有的银行都将最终上市，但对于正处于行业红利期的银行业来说，越早上市意味着更多的资源和更好的发展机会。以胡志明市证券交易所为例，较早上市的银行，包括盛旺银行和技商银行，都已经被纳入VN30指数的成分股中，使得VN30中，银行股从2018年的4家扩充到9家[①]。

2020年，上市银行无论从股价表现还是盈利状况来说都可圈可点。外商银行（VCB）以184.5万亿越南盾的净利润位居2020年上市公司盈利榜的次席。盈利榜的前5名中银行占据了3席，分别是外商银行、工商银行（CTG）和技商银行，而盈利榜前10名中有6家银行。在新冠肺炎疫情冲击之下的股票市场中，银行业也发挥了股市稳定器的作用，并且是带领股市最终突破1000点关键点的主导力量。

---

① 工商银行、外商银行（Vietcombank）、西贡商信银行（Sacombank）和盛旺银行，可参考《越南国情报告（2018）》财政金融部分关于银行业的相关资料。

（二）地产

1. 地产业发展情况

与 2020 年火热的股票市场相比，越南地产业可谓是喜忧参半。在新冠肺炎疫情的冲击下，人们对住宅地产的投资热情不减，胡志明市与河内市的住宅价格仍十分坚挺，工业地产更是出现了租金大幅上涨仍无厂房可租的局面。但与民用及工业地产的火热行情相比，商业地产就显得有些落寞，特别是与旅游相关的商业地产的需求更是呈断崖式下降。

房地产业已经成为越南国民经济的支柱产业。因此，在新冠肺炎疫情的冲击下，越南政府对地产业也出台了相关的支持政策。在信贷政策方面，2020 年房地产业的信贷余额为 1600 万亿越南盾，占全社会信贷总量的 19%。此外，多个主要城市宣布加大对市政建设的投资力度，对房价也起到了一定的支撑作用。比如，2020 年 4 月，胡志明市宣布了总计 3.5 万亿越南盾的市政建设项目，重点投向胡志明市的东城区①。

相比于民用住宅地产，2020 年越南的工业地产更为火爆。从需求端来说，近几年越南吸引的外资屡创新高，导致了对工业地产的需求持续走高，而在供给端，受限于相关的法规，工业地产的供给并没有相应的增长。越南北方与南方的一些工业园区厂房的租金同比增长了 50% ~ 100%，达到了历史的最高水平。

地产业的火爆也加速了国外资本对越南地产业的投资。2020 年年中，美国著名的 KKR 集团②联合新加坡的主权投资基金淡马锡控股，以 15.1 万亿越南盾的价格购得越南最大的地产公司 Vinhomes 地产 6% 的股权。Vinhomes 地产 2020 年度的财报显示，新加坡政府投资公司和 KKR 集团分别

---

① 此处的东城区译自 Khu đô thị mới Đông，它并非行政区划的概念，而是胡志明市有意将其所辖的各个区及其郊县规划为东南西北及中心城区进行连片开发。

② KKR 集团的中文译名为"科尔伯格·克拉维斯·罗伯茨"，是老牌的杠杆收购天王，金融史上最成功的产业投资机构之一，全球历史最悠久也是经验最为丰富的私募股权投资机构之一。

持有 Vinhomes 地产 6.13% 和 5.55% 的股份，是该公司的第二和第三大股东[①]。但 Vinhomes 地产的母公司 Vingroup 集团仍持有 Vinhomes 地产将近 70% 的股权，牢牢地把控着公司的控制权。

2. 胡志明市城市规划"东向"战略

2020 年 12 月 9 日，越南国会通过决议，决定将胡志明市的第 2 郡、第 9 郡和守德郡合并成立守德市。新成立的守德市总面积为 211.56 平方公里，人口 100 余万人，仍归胡志明市管辖。

守德市的成立是胡志明市城市发展"东向发展战略"的一部分。由于以第 1 郡为中心的老城区的旧城改造难度大，可开发的土地十分有限，胡志明市早就谋划了向东扩张的计划。胡志明市最早开建的地铁一号线就是从第 1 郡的槟城站通往第 9 郡即现在的守德市仙溪（Suối Tiên）。一号线全长 19.7 公里，胡志明市地铁管委会预计一号线 2021 年完工并试运行，2022 年通车。

笔者认为，胡志明市的"东向发展战略"，从国家发展层面上，是胡志明市与同奈省、巴地－头顿省联动发展，构建城市发展群落战略的体现。2020 年 11 月 11 日，越南政府总理签署了第 1777/QD－TTg 号政府令批复了龙城机场第一期建设项目。龙城机场的选址位于胡志明市以东 40 公里处的同奈省龙城县平山镇，距新山一机场 43 公里，距西南面的边和市和南面的头顿市分别为 30 公里和 70 公里。龙城机场一期设计的客运年吞吐量为 2500 万人次，预计 2025 年完工，建成后将成为这一城市群的航空枢纽。

3. 中越两国地产龙头企业之间的对比

地产已经成为越南国民经济的支柱产业。越南的首富范日旺的财富增长主要来自地产，而越南的财富榜上的富豪们也有多位来自地产业，这与中国 10 年前有相似之处。在互联网新贵们占据中国的富豪榜榜首之前，地产业与制造业是中国富豪的集中之地，像王健林和许家印都曾成为过中国的首富。

为此，可对中越两国的地产龙头企业进行对比研究。Vinhomes 地产无

---

① 数据来自 Vinhomes 2020 年财务报告，https://ir.vinhomes.vn/wp－content/uploads/2021/04/Bao－cao－thuong－nien－VHM－2020－1.pdf。

疑是越南地产业的龙头，它的盈利能力以及市值水平在越南的上市地产企业中均位列第1。中国的地产企业素有"招保万金"之说，其中的万科应该是最优秀的。因此，可将两国的地产龙头企业万科与 Vinhomes 地产进行对比研究。

2020年，Vinhomes 地产70.89万亿越南盾（折合人民币200亿元）的营业收入为其带来了27.8万亿越南盾（折合人民币80.9亿元）的净利润。从资产的收益率来看，Vinhomes 地产的总资产收益率达到了12.9%，净资产收益率达到了惊人的31.9%。可以说，越南的地产业正处于黄金时期。相比之下，万科2020年营业收入达到3155亿元人民币的规模，却只带来593亿元人民币的利润。从资产的收益状况来看，万科的资产收益率只有3.3%。行业的龙头万科的资产收益率尚且如此之低，可以想象当前中国整个地产业可谓是"惨淡经营"。

从2020年各项指标的增速来看，Vinhomes 地产也要优于万科。受新冠肺炎疫情的影响，2020年 Vinhomes 地产的净利润同比增长只有18.8%，2019年的净利润增长达到了70%。相比之下，万科2020年营业收入的增速为13.9%，利润的增速只有个位数。正因为越南的地产业处于高速发展时期，市场也给予了更高的估值。2020年底，Vinhomes 地产的市盈率为12.6倍，市值达到了300万亿越南盾（折合人民币843亿元）。而万科2020年末的市盈率只有5.3倍（见表2）。

表2　2020年万科与 Vinhomes 地产财务指标对比

	Vinhomes	万科
市值（2020年底，人民币）（亿元）	843	3155
营业收入（人民币）（亿元）	200	4191
同比增长（%）	36.8	13.9
利润（人民币）（亿元）	80.9	593
同比增长（%）	18.8	7.56
总资产收益率（%）	12.9	3.3
净资产收益率（%）	31.9	20.13
市盈率（倍）	12.6	5.3

资料来源：根据两家公司发布的2020年财务报告整理。

三 证券市场

（一）市场运行状态

与 2019 年相对平淡的市场表现相比，2020 年的越南股市可谓是跌宕起伏，颇具戏剧性。2020 年，越南股市围绕着新冠肺炎疫情的发展，大致经历了三个阶段。

第一阶段，前三个月，受新冠肺炎疫情的冲击，越证指数从 960 点一路跌至 659.21 点，跌幅达 31.3%，这一跌幅将市场近几年积累的涨幅悉数抹去。

第二阶段，从 4 月到 7 月底，随着新冠肺炎疫情防控取得了初步的成效，市场开始反弹并逐渐上攻到 880 点附近。

第三阶段，在新冠肺炎疫情得到有效控制且在国家宏观经济保增长的呵护下，从 8 月开始，越南股市开始反攻，不仅收复了年初的 960 点，且一举突破 1000 点的关键点位最终收于 1103.8 点。

2020 年，越南股市中三大指数的表现如下。

越证指数收于 1103.8 点，上涨 142.1 点，涨幅为 14.8%，胡志明市证券交易市场上蓝筹股的代表指数 VN30 上涨 21.6%。

河内证券交易所的 HNX 指数收于 203.1 点，上涨 100.6 点，涨幅为 98.1%。

UPCOM 市场指数收于 74.5 点，上涨 17.9 点，涨幅为 31.6%。

2020 年，越南股市能够实现可谓是史诗级的逆风大翻盘，笔者认为有以下几方面的原因。

首先，得益于对新冠肺炎疫情的有效控制。在新冠肺炎疫情蔓延时越南政府效仿中国实施严厉的隔离措施后，股市一度出现恐慌性杀跌。因此，若越南政府无法对新冠肺炎疫情实施有效的管控，股市不可能如此迅速地触底反弹。

其次，越南经济综合实力的提升是证券市场能够成功触底反弹的保证。新冠肺炎疫情的冲击导致证券市场的恐慌，一度让人们认为越南股市可能重蹈 2008 年股市崩盘的覆辙，但最终能够上演如此逆风翻盘的一幕，表明越南经济的综合实力相比于 2008 年有了长足的进步，使其能够应对这种"黑天鹅"式的外部冲击。

最后，股市自身的逻辑。虽然 2020 年越南股市的走势颇具戏剧性，但若放在全球资本市场的背景下来看，其实越南股市的走势与 2020 年全球资本市场的波动是一致的。新冠肺炎疫情的冲击虽然对股市是负面的，但各国为了保增长均维持了宽松的货币政策，超发的货币进入股市，使得各国在疫情冲击下股市不跌反涨。2020 年的中美股市均走出了一波小牛市，越南股市上涨的逻辑与中美两国也是相同的。

截至 2020 年底，越南股市三个市场的市值总规模达到了 5278 万亿越南盾，相当于 2280 亿美元，相比于 2019 年市值规模增长了约 20%。值得注意的是，河内证券交易所的 UPCOM 市场的市场规模达到了 1005 万亿越南盾，超越河内证券交易所主板市场的市值规模。

（二）境外投资者行为观察

2020 年，境外投资者在越南股市三个市场上净卖出共计 18.76 万亿越南盾（约 8.1 亿美元）的证券。至 2020 年末，境外投资者仍旧持有 437 亿美元的各类证券，较 2019 年增长了 14.4%。事实上，自 2007 年以来，除 2015 年和 2020 年外，外资一直在持续地买入越南的股票。因此，2020 年外资在越南市场上的净卖出行为应该只是短期的避险行为以及全球资产配置的调整需要。

Vinhomes 地产是 2020 年外资净买入最多的一只股票，总计净买入 18.5 万亿越南盾。特别是 2020 年 6 月 15 日，外资通过大宗交易以 75500 越南盾的价格买入 2 亿股 Vinhomes 地产的股票。Vinhomes 地产的总股本为 33.5 亿股，因此 6 月 15 日的大宗交易就使得换手率达到了 6%，这也使得 Vinhomes 地产当日的交易量创出天量。不过，由于当日市场是下跌的，Vinhomes 地产最终收盘于 75000 越南盾，跌幅为 6.7%。

如表 3 所示，在外资净买入前 5 的证券中出现了两只 ETF 基金——FUEVFVND 基金和 FUESSVFL 基金。这两只 ETF 基金分别跟踪 VN

DIAMOND index 和 VNFIN Lead index，银行都是第一权重行业。外资大举买入这两只基金表明当下买入金融地产股是做多越南的最佳方式。另外，一些优质的股票标的已经接近外资持有比例的上限了，使得外资只能通过 ETF 基金间接增持这些股票。

表3　2020 年胡志明市交易所外资净买入和净卖出金额居前 5 位的股票

净买入额前 5 的证券	买入（千亿越南盾）	净卖出额前 5 的证券	卖出（千亿越南盾）
Vinhomes 地产（VHM）	185	MaSan 集团（MSN）	45.4
FUEVFVND 基金①	43.9	和发集团（HPG）	39.9
越南油气集团（PLX）	15.1	Vingroup 集团（VIC）	29.4
越南天然气销售公司（PGD）	10.1	越南投资建设总公司（DIG）	21.2
FUESSVFL 基金②	7.1	胡志明市发展银行（HDB）	18.4

资料来源：根据 www. stockbiz. vn 网站上相关报告整理。

注：①DCVFMVN DIAMOND ETF 基金，于 2020 年 2 月在胡志明市证券交易所上市，跟踪的是胡志明市证券交易所开发的 VN DIAMOND 指数。

②Ssiam Vnfin Lead ETF 基金，于 2020 年 3 月在胡志明市证券交易所上市，跟踪的是 VNFIN Lead 指数即越证金融领先指数。

（三）新冠肺炎疫情之下上市公司盈利状况分析

2020 年是越南证券市场建立 20 周年。过去 20 年间，借助于资本市场的力量，以 VN30 指数为代表的蓝筹股，特别是其中的银行股与地产股的崛起，成为越南资本市场上的核心资产。借助于对 VN30 指数成分股盈利状况的分析，有助于更好地了解越南的股市。

尽管遭受了新冠肺炎疫情的冲击，VN30 指数的 30 家上市公司在 2020年均实现了利润正增长。利润总和与 2019 年相比，同比增长 2.4%。Vinhomes 地产以 27.84 万亿越南盾的净利润高居 2020 年上市公司利润榜的榜首，比第二名多赚了 9.39 万亿越南盾。利润榜前三名的另两家公司是越南的外商银行和工商银行。VN30 指数中共有 9 家银行，银行业是榜单中公司数量最多的行业。银行业与地产业无疑是 VN30 和整个证券市场上赚钱能力最强的两大行业。

和发集团（HPG）2020 年的利润在 VN30 指数的 30 家公司中排在第 4 名，但从利润的增速来看，和发集团以 79% 的净利润增长率在 30 家公司中排名第 1。利润增速超过 30% 的公司有 SSI 证券、越保集团发达地产等。

2020 年较为失落的公司是越南的"鱼露大王"MaSan 集团。2020 年，MaSan 的净利润只有 1.23 万亿越南盾，同比减少了 78%，排在 VN30 指数的 30 家公司的倒数第 9 位。

不过，上市公司的利润排名与市值并不完全一致。在银行业与地产业崛起之前，越南乳业集团曾经稳坐越南股市市值的首席。近几年中，市值的前三名主要是在 Vingroup 集团、Vinhomes 地产和外商银行之间产生。

（四）越南财富榜观察

通过对 2020 年越南财富榜的观察并与 2019 年的越南财富榜对比（见表 4），发现以下一些特征。

表 4　2020 年越南排名前 20 的富豪及其财富

排名	姓名	公司	行业	2020 年身价（美元）	2019 年身价（美元）
1	范日旺	Vingroup 集团	地产,综合	90.2 亿	100 亿
2	陈廷龙	和发集团	钢铁	15.6 亿	7.7 亿
3	阮氏芳草	越捷航空	航空	11.5 亿	14 亿
4	胡雄英	技商银行	银行	10.1 亿	7 亿
5	阮登光	MaSan 集团	食品	9.9 亿	6.8 亿
6	范秋香	Vingroup 集团	地产,综合	7.1 亿	8.2 亿
7	裴诚仁	Novaland	地产	6.2 亿	5.4 亿
8	阮文达	发达地产	地产	5.1 亿	2.3 亿
9	范翠姮	Vingroup 集团	地产,综合	4.7 亿	5.5 亿
10	胡春能	Vicostone	地产	4.6 亿	3.9 亿
11	武氏贤	和发集团	钢铁	4.4 亿	2.3 亿
12	阮德才	移动世界	零售	3.3 亿	3.4 亿
13	阮德瑞	Thainholdings(THD)	地产	3.2 亿	未上榜
14	阮氏清水	技商银行	银行	2.6 亿	2.1 亿

排名	姓名	公司	行业	2020 年身价 （美元）	2019 年身价 （美元）
15	阮氏清心	技商银行	银行	2.4 亿	1.9 亿
16	陈黎君	移动世界	零售	2 亿	2.1 亿
17	胡英明	技商银行	银行	1.9 亿	1.5 亿
18	吴志勇	盛旺银行	银行	1.7 亿	未上榜
19	黄英明	盛旺银行	银行	1.7 亿	未上榜
20	武氏娟	盛旺银行	银行	1.7 亿	未上榜

资料来源：根据网站 https://cafebiz.vn/ 上相关报告整理。

第一，首富范日旺的财富虽较 2019 年有所缩水，但仍在财富榜上一骑绝尘，其财富总量约为后面 14 人财富的总和。

第二，除 Vingroup 系的 3 人、移动世界系的 2 人以及民航业的阮氏芳草外，财富榜前 20 人的财富都有着不同程度的增长，进入越南顶级财富俱乐部的门槛进一步提高。

第三，若将 Vingroup 系仍算作地产资本的话，则来自地产业的富豪占据了财富榜前 10 名的半壁江山，在前 20 人中也有 7 人。从财富总量上看，来自地产行业的富豪们占到前 20 人总资产的 63.8%，其中范日旺一人就占到总资产的 47.5%。

第四，来自银行业的富豪同样在财富榜的前 20 人中占据了 7 席，其财富总量占到前 20 人财富总量的 11.6%。银行业富豪和地产业富豪合计占财富榜 20 强中的 14 席，占财富总量的 75.4%。

第五，受新冠肺炎疫情的冲击，越南女首富阮氏芳草身价由 2019 年的 14 亿美元下降到 11.5 亿美元，在财富榜的位置也由榜眼退居到第 3 名。2020 年的榜眼为和发集团的陈廷龙夺得，他的身价为 15.6 亿美元，与 2019 年相比身价增长了 1 倍，是财富榜前 20 人中 2020 年财富增长最多的富豪。

第六，从公司对财富榜的影响来看，Vingroup 集团、和发集团、技商银行、盛旺银行和移动世界这 5 家公司都贡献了前 20 人中 2 人以上的富豪，其中技商银行一家公司共有 4 人上榜。这 5 家公司同时也是越南的蓝筹股指数 VN30 的成分股。

B.11
2020年越南交通通信行业的发展

秦晓洁*

摘　要：　2020年，新冠肺炎疫情在世界范围的暴发直接影响到越南，疫情和自然灾害的双重打击使越南航空、公路、铁路等出现停止运营的状况，交通运输业整体出现负增长。在越南政府提出"抗疫如抗敌"的背景下，越南不断加强对交通客运、货运的管理和检查，大力加强对交通基础设施的改造和建设，在全国范围内建立并发展物流体系，交通安全状况得到明显改善。在通信信息领域，疫情的暴发给行业发展带来困难的同时也带来了发展机遇，越南信息产业迅猛发展，信息化应用得到加强，5G网络发展迅速，国家数字化转型计划全面铺开，网络信息安全越来越受到重视。

关键词：　越南　交通运输　通信和信息　网络信息安全

一　交通运输

2020年，新冠肺炎疫情在世界范围内的暴发使越南交通领域受到了直接影响。在全力做好疫情防控的同时，越南大力加强对交通基础设施的改造和建设，加强对项目质量的管理和检查，加快推进项目进度，加强各类型交通基础设施和运输方式之间的衔接，努力做好抗灾救援工作，建立并发展物

---

*　秦晓洁，广西师范大学副译审，主要研究方向为越南语言文学与翻译实践。

流体系。2020 年，越南共完成了 21 个交通运输项目，有 19 个项目开工建设，对航空、海港、内河航运、国家铁路的改造升级取得成效，各地区间交通的同步衔接得到加强，交通安全状况得到改善。

（一）交通设施建设

1. 海运交通设施

经过近 20 年不断发展，越南已形成完整的海港系统，自北往南分布有 45 个海港，吞吐总量为 6 亿 ~6.5 亿吨，能够充分满足国内国际对海港运输的要求。其中，盖梅—布市、沥县等港口可容纳 10 万 ~ 20 万载重吨的船舶，从而使越南海港成为全球运输链中的重要节点。

2020 年，越南投入 1.223 万亿越南盾用于航海基础设施维护，完成了对 7 条航道的疏浚工作并计划在 2020 ~ 2021 年对另外 8 条航道进行维护。[1]

在北方，海防（除沥县以外）、铮门、越门、顺安、海盛 5 条航道的疏浚工作被安排在 2020 年完成，而海防（沥县段）、会门—槟水、岘港、宜山、炉门、永昂 6 条航道的疏竣工作由于尚未制定出合理的疏浚方案而延迟至 2021 年。在清化，为了迎来集装箱业务的发展机遇，港口投资企业都期盼着宜山国际港早日通航。早在 2019 年，法国达飞海运集团在宜山国际港开通了越南北中部地区的第一条国际集装箱海运航线。因有近 400 家企业参与的清化及其附近省份的出口市场，宜山港一度成了吸引集装箱业务的"磁石"，但航道疏浚工作开展缓慢，对船务公司的选择造成了一定影响。

在越南南方，进行西贡—头顿、迪石、头顿—布市（含瀛河航道）和大型船舶进入后江的航道共 4 条航道的疏浚。其中：对头顿—布市航道的疏浚达到 62 万米^3；迪石航道疏浚达 11 万米^3；西贡—头顿航道疏浚、维护达 45 万米^3。

虽然越南有很多海港，90% 多的进出口货物都通过海港运输，但越南海港的分布不均衡。如九龙江平原有约 65% 的农产品和 70% 的水果出口，而

---

[1] 《2020 年越南物流报告》，越南工贸出版社，2020 年第四季度。

这一区域却没有深水港口，进出口货物都要通过胡志明市和巴地－头顿的海港。

除了海防（沥县）国际门户港，港口间的衔接不够，在世界港口集装箱化的趋势下已逐渐呈现落后趋势。以盖梅—布市港为例，目前泊位约600米，而据预测，到2021年，活跃在亚欧航线的70%的船舶装载集装箱能力都达到1.8万标准箱，若不升级泊位、加强港口间的衔接，将无法同时停泊两艘这样的大型集装箱船。因此，交通衔接问题成为越南海港发展的瓶颈，海防、巴地－头顿、胡志明市在内的几乎所有港口的道路在规模上都与海港能力不相匹配，沥县、盖梅—布市等港口虽是按门户港和国际中转港口的标准进行规划，但却未与铁路衔接，水路衔接能力也不强，平常主要依靠公路运输来衔接，港口进出口通道常出现拥堵。

根据联合国贸易和发展会议的统计数据，越南船队在东盟国家中排名第4（前3名分别为新加坡、印度尼西亚、马来西亚），在全世界排名第30位。其中：散货船757艘，占72.9%；油轮和化学品船159艘，占15%；液化气船19艘，占1.8%；集装箱船38艘，占3.7%；客轮65艘，占6.2%；等等。越南籍货轮承运了除液化石油气和散装水泥外近乎所有的国内海运货物，运输的产品主要有家庭用品、粮食、煤炭、建筑材料、机械设备、集装箱、汽油、综合商品等。在国际航运方面：越南船队主要经营来往于中国、日本、韩国和东南亚国家的短线，占有的市场份额约为10%；集装箱船则主要往来于东南亚和东北亚地区；一些散货船运营欧洲航线。

2. 公路基础设施

2020年，越南公路基础设施建设取得突破，完成了2011～2020年阶段1074公里高速公路的投资建设，使越南投入使用的高速公路达到1163公里，国道达到2.46万公里，国道干线纳入技术评价系统，翻建了通行能力弱的桥梁，公路荷载同步达标。

2020年，越南投资8万亿越南盾基本完成10个重大公路项目，分别是：连接河内—海防高速公路与惹桥—宁平高速公路的项目；53号国道茶荣—龙全路段改造升级项目；27号国道绕道连姜路段项目；30号国道高

岭—红御路段升级项目；连接 4C—4D 国道和 3B 国道的项目；管路—冯协路面改造项目；24 国道重要路段改造升级项目；25 号国道重要路段改造升级项目；57 号国道亭犒渡口到耕矿镇路段改造升级项目。

2020 年，越南使用各类资金开工建设公路项目 19 个，其中 PPP 模式建设项目有 8 个，永好—藩切、藩切—油曳、梅山—45 国道 3 个北南高速项目由于连接着全国政治经济中心河内市与胡志明市，交通需求大，从 PPP 投资形式改为公共投资。各项高速公路项目的技术设计、预算已基本完成，在各省征地拆迁也已完成 70%，确保在 2020 年动工，2022 年完工。2020 年 2 月，美顺二桥首期工程前江方向的桥引开工建设。此外，管路—冯协线横穿后江、朔庄、薄辽和金瓯 4 省的路面升级项目在 2020 年 3 月获得批准，总投资额为 9000 亿越南盾，项目将对 112 公里的路面改造升级，新铺沥青，为经过金瓯内城路段的盖蠕桥（Cái Nhúc）增加一个单元桥。

53 号国道茶荣至龙全路段改造升级项目总投资金额 1.202 万亿越南盾，改造升级路段长 52 公里。越南北方连接 4C—4D 国道（238—414 公里段，河江—老街）也在 2020 年同步开展施工。

为给宜山国际港的过境货物创造便利条件，越南对过境货物运输线路进行补充，修建了那苗（Na Mèo）口岸至宜山国际港、南撼（Nậm Cằn）口岸至宜山国际港、吊桥口岸至宜山国际港的过境货物通道。

3. 铁路基础设施

越南铁路全长 3143 公里，正线有 2703 公里，站线和岔线有 612 公里，跨越 34 个省市。

铁路密度约为 79 公里/万平方公里，有车站 277 个。越南铁路类型有三种：窄轨、普轨和混合轨，其中有 85% 的里程为 1000mm 窄轨线，6% 为 1435mm 普轨线，9% 为普轨窄轨混合线路。目前，越南铁路与中国铁路相连的线路有 2 条：河内—同登线、河内—老街线。越南对铁路基本采取分段开发的方式，集中开发 800～1200 公里的较短里程和比海运更具备优势的地方。

2020 年，因新冠肺炎疫情影响，越南铁路运输公司须时刻根据货流量对车厢进行调整，密切配合老街、谅山等边境省份做好疫情防控，才能确保国际联运货运班列安全通过口岸。越南铁路总公司利用国家对铁路基础设施管理项目审批的时间与各运输公司配合完成了资源配置，及时维护、修缮并升级货场，与各管理部门商讨并续签专用铁路线租赁借用合同；铁路商贸运输股份公司（Ratraco）与越南铁路总公司、越南海关总局联合，准备在荣市、东河或同海新开一个国际联运站点，由海关负责在铁路上对货物进行检查。站点开通后，泰国的水果可通过公路从老挝中转到越南，再通过同登口岸运往中国，预计运输产量将达到100集装箱（40英尺）/周。

铁路货场方面，越南在神浪站（Sóng Thấn）新建了一个2000平方米的临时仓库，用于常规零散货物的装卸；在金莲区域新建了一个铁路集装箱装卸货场，第一阶段面积为3000平方米，第二阶段面积为16000平方米；在东英站和场奔站新建电子商务和冷柜仓库，每个仓库面积为1000平方米。

铁路基础设施投资建设方面，2020年已开工4个项目并计划于2021年完工，总投资金额为7万亿越南盾，分别是：河内—荣市段紧要工程改造升级项目；芽庄—西贡关键段工程改造升级项目；河内—胡志明市铁路线荷载能力较弱桥梁改造、升级和防撞墩加固项目；荣市—芽庄段隧道加固、站点增设及多层建筑翻修改造项目。通过这些项目的实施，越南将逐步替换通行能力较弱桥梁，使得全线荷载统一达到4.2吨/米的目标，保障交通安全，提高铁路运输量和运输能力，为北南铁路线火车安全提速打下基础。防撞墩的集中建设将减少河内—胡志明市铁路线上内河运输交通工具对人和财产造成的损害和损失。越南铁路总公司、投资技术发展公司（FPT）和铁路运输公司还在统计方法和提升货物管理软件系统的性能方面达成统一，确保内地货运与国际联运统计数据的准确性。

目前，越南铁路有老街、安园、同登、海防4个农产品国际联运站点，都集中在越南北部，虽然越南铁路非常重视开通服务运输特别是农产品的专用运输线，但却缺乏同步规划，铁路、河港、海港和农产品集散地在衔接上还不够，还需在越南中部和南部规划国际联运站点。

总体来看，2015~2020年，越南部分铁路基础设施改造升级项目的完

成和投入使用，使铁路基础设施质量逐步得到提高，火车运行速度加快，铁路安全状况得到改善。但由于建设年代久远、技术标准不高（包括河内—胡志明市、安园—老街两条干线技术标准都不高），基础线路还达不到同步（存在通行能力差的桥梁和隧道，坡度大，半径小，轨道类型多，以及道口多、通信信号系统落后等），越南铁路通行能力和速度受限，交通安全隐患大。再加上与其他运输方式尚未达到同步衔接，一些重要的经济区如九龙江平原和西原尚无铁路，铁路系统与海港的衔接还很有限（一些铁路岔线过去与海港、河港互相衔接，现港口已被取消，尚未恢复港口功能，如炉门、仙沙、归仁、西贡等）。

4. 内河航运基础设施

越南全国有广宁—广平、广平—平顺、坚江—平顺3条沿海运输线，这3条运输线穿越越南28个省市的内地码头，运送货物主要为建筑材料、设备、煤炭、沙、米、肥料、木材等并且以单程运输为主。越南内河运输工具有渡轮、集装箱船，载重能力多在5000吨以上。越南物流企业正努力把北部内河运输线与陆港、内地港口同步配套建设以降低物流成本，解决公路交通拥堵和减少安全隐患。

2020年，越南内河航运基础设施的投资建设主要集中在九龙江和红河平原的一些主要航道。北部对17条航道中的7条进行了改造升级，改造升级率达41%，共计949.5公里；中部对10条航道中的1条进行了改造升级，改造升级率为13%，共计63.5公里（总长度480.5公里）；南部对18条航道中的9条进行了改造升级，改造升级率达67%，共计2303.9公里（总长度3426.4公里）。

在北部平原地区交通运输发展项目中，越南启动了对底河—宁基（南定省）河渠开凿项目，总投资金额为1.8万亿越南盾，旨在发展北南沿海水运。2020年3月，工程的技术设计和预算已完成，对农业用地的征地也基本完成，6月组织招投标。

越南内河航运潜力巨大，目前实际开发的程度约达交通工具总运力的55%~65%，尚未开发到航道基础设施的40%，对港口靠泊能力的开发也只有 60% 多。

据《2020 年越南物流报告》分析，导致越南内河航运发展受限的主要原因如下。其一，正在运行的航道系统无论是天然形成还是人为建造，都还不够完美，需投资疏浚并安装足够的照明系统以确保夜间和气候条件恶劣时也能通行，使通航效率能得到最大限度的开发。同时，还需早日解决航道上桥梁的通航净空问题，优先对米市、芒开、富海坡等航道进行疏浚，对胡志明市至金瓯、迪石，广平至海防、河内航道进行疏浚。其二，码头装卸效率低，费用却过高。内地码头，特别是九龙江平原码头过多、过小、过窄，且非常分散。货场陈旧，机械装卸设备落后导致效率不高，需定期投资，新设规模大、集中且现代化的码头和陆港后勤区等，使之与工业区，高速路、机场和火车站衔接，有效开发现有船舶的运载能力。其三，船舶制造业向银行贷款的额度和利率高且不够稳定。贷款期限通常只有 5 年，给企业还贷带来压力。而船舶发动机必须依靠进口，税率和高昂的价格使购买者只能选择日本、美国使用过的二手产品才有利润空间，因此污染大、损坏率高。其四，内河航运用船多，总载重能力大，但基本上都是私人所有，活动分散，只有 1/3 的所有者为小规模或超小规模的合作社、私人公司、有限责任公司，仅有两三个合作社和公司的载重能力能达到 6 万吨以上，因此能接受的投资、技术装备和专业化程度都不高。

根据越南交通运输发展战略，到 2020 年，越南内河运输市场份额要达到 20%，相当于每年 4 亿吨货运量，省际运输量达 32%，现仅达到 26%。2020 年，内河运输投资资金需要 30 万亿越南盾，其中 40% 来源于社会对港口的投资，航道则使用国家财政资金，目前来自这方面的投资并不多。

根据越南内河航运的发展现状，要发展越南内河航运货物运输，需加强与其他运输方式的衔接，开展多种方式运输与物流业务，吸引资金对内河港口进行投资，开通集装箱运输，在越南北部和九龙江平原建设现代化的、装卸货水平同步的内河基础设施，才能迅速提高内河集装箱运输市场份额。在海港地区（如海防、宜山、巴地－头顿、胡志明市等地）采取建立码头和浮动码头的措施，将内河航运与海港连接起来，有效开发地方港口和码头，

使内河运输交通工具在码头等待和办理装卸的时间缩短，通过内河运输将海港、后方区域、产地衔接起来是非常有必要的。

5. 航空基础设施

2020年，越南共有民用飞行航空港22个，其中国际航空港11个，内地航空港11个。越南本国现有5家航空公司，分别是：越南航空公司、越捷航空公司、捷星太平洋航空公司、越竹航空公司、越南航空飞行服务公司。另外，有约70家国际航空公司开通了对越南的商务航线，越游航空（Vietravel Airlines）、天明航空等公司正在向越南政府申请航空营业许可。

根据越南航空局的数据，2020年第一季度，越南共有越南国籍的民用飞机235架，直升机32架。在拥有民用飞机的数量上，越南航空公司有106架（含28架大型飞机），越捷航空公司有75架，越竹航空公司有22架（含3架大型飞机），捷星太平洋航空公司有18架，余下的民用飞机属于越南航空飞行服务公司、海鸥航空股份公司、绿色行星科技有限责任公司、越星两用航空股份公司和航空技术服务股份公司。

过去，越南对航空基础设施的资金投入主要依靠国家和国有企业。今后5年内，社会和私人资金将涌入航空基础设施投资领域。目前，云屯、富国等机场进行了升级翻修；内排、新山一、富牌、吉碑、富吉、岘港、绥和、金兰等机场得以升级扩建；金兰、云屯、富国等机场的新建跑道和内排、新山一等机场的升级跑道都是按照目前最新标准修建。越南2021～2025年的投资规划对航空基础设施的投入将更大。

2020年，新冠肺炎疫情对航空领域影响严重，导致多家公司的投资被暂缓或停滞，通航率只有1%～2%。疫情期间，为减少客运方面的损失，越南航空公司从客运转向国内和国际货运，许多飞机将货物从河内市运往胡志明市后再运往欧洲、日本、韩国、中国内地、中国香港、新加坡、马来西亚和泰国。越南航空公司将12架大型客机波音787和A350空中客车的主舱和腹舱都用于货物运输，营业收入达到1.33万亿越南盾，仅2020年5月就达到8400亿越南盾，同比增长45%，单程运输量达20～25吨，荷载系数达

95%～100%；越捷航空公司计划在 2020 年投资航空货运，与美国航空公司联合开辟河内直飞芝加哥、洛杉矶的货物运输专线；越竹航空公司也在 2020 年发展专用货运飞机并成立越竹货运部。

与此同时，在基础设施方面，越南加快推进重点交通项目如胡志明市国际航空港 T3 客运航站项目的资金投入。根据 2020 年 5 月越南政府总理签发的第 657 号决定，越南航空港总公司将用企业资金（不使用国家财政资金）投资建设胡志明市国际航空港 T3 客运航站，投入资金总额为 10.99 万亿越南盾。

（二）交通行业运营情况

2020 年，新冠肺炎疫情对越南经济领域的影响呈现全方位态势，对交通行业尤其如此，仅社会隔离就导致航空、公路、铁路等停止运营，各企业遭受严重影响。

越南统计总局在《2020 年越南统计年鉴》所公布的 2020 年初步统计结果显示：2020 年，越南客运量为 37.12 亿人次，同比减少 22.3%，客运周转量为 1550.492 亿人公里，同比减少 33.8%；货运量为 16.277 亿吨，同比减少 2.6%，货运周转量为 2834.178 亿吨公里，同比减少 2.9%。

1. 海运

受疫情影响，2020 年初，越南海运经历了连续 4 个月的持续下降，但在 5 月时开始出现增长并在第二季度末呈现较好增长势头，到 2020 年 9 月，海运的货物达 678 万吨，实现了环比增长 9.23%，但还是比 2019 年 9 月减少 2.39%。据《2020 年越南统计年鉴》公布的数据：2020 年，越南海运货物为 6963.9 万吨，同比减少 9.7%，货物周转量为 1522.772 亿吨公里，同比减少 1.6%。

2. 公路运输

2020 年，新冠肺炎疫情的暴发直接导致了过境运输货物的减少。司机的隔离、司机和车辆的更换等使得越南公路运输业遭遇重重困难。4 月，越南采取新冠肺炎疫情防控紧急措施，在国内开展社会隔离，越南内地运输业

面临的困难加剧。越南50%～60%的公路运输企业在疫情暴发高潮时减少了运营，收入下降。

总体来看，由于疫情影响，越南公路运输企业和交通工具数量没有增长，运输成本居高不下，但公路运输依然在交通运输中占有举足轻重的地位。2020年越南公路客运量为34.369亿人次，同比减少22.4%，客运周转量为1169.326亿人公里，同比减少18.8%；货运量为13.079亿吨，同比减少0.9%，公路货运周转量为751.629亿吨公里，同比减少1.8%。

3. 铁路运输

2020年，因疫情的严重影响，再加上越南中部连续爆发洪灾导致南北铁路线中断，铁路客运、货运收入锐减，基础设施严重受损，但困境中的越南铁路部门对物流采取了一些新的措施，与中国开展国际货运取得良好效果。2020年，越南铁路客运量为370万人次，同比减少54%，是客运量减少幅度最大的运输行业，铁路客运周转量为15.092亿人公里，同比减少52.2%。但在货运量方面却有所突破，成为唯一实现货运正增长的运输行业：2020年，越南铁路货运量为521.63万吨，同比增长0.2%；货运周转量为38.19亿吨公里，同比增长2.1%。

2020年2月，从越南谅山同登站直接开往中国凭祥的国际联运冷柜集装箱班列在火龙果运输量上保持稳定，每周定期发车。这一配套物流为越南通过铁路正规渠道出口水果和冷冻农产品到中国，再经由中国出口到中亚、欧洲（24天可抵达俄罗斯，27天抵达德国）开辟了道路。铁路运输贸易股份公司每周三和周日共2次从场奔站发车运送冷柜集装箱（40英尺）到东英或安园，每班列运输时间为3天，每次运输数量可达19～20集装箱。

疫情的暴发使铁路运输显现出比其他交通运输方式更突出的优势。当公路运输车辆因口岸手续不得不排着长龙拥堵在路上时，集装箱冷柜一次就能从南方将20个集装箱的生鲜产品运送到谅山的同登火车站，仅3～6个小时内办完通关手续，运费比公路运输便宜20%多，既省钱又省时，疫情防控风险也不大，因此，铁路运输成为越南向中国出口农产品的首选方式。

越南铁路货仓方面，大部分综合性货仓都老化落后，无法达到生鲜和高价值货物的存储和保管标准。目前越南只有 4 个车站具备装卸、保管集装箱的货场，分别是：老街站（年吞吐量 10 万标准箱）、东英站（年吞吐量 8.5 万标准箱）、安园站（年吞吐量 57.8 万标准箱）、场奔站（年吞吐量 12 万标准箱）。

4. 内河航运

同海运一样，2020 年，越南内河航运也经历了货运量锐减到迅速增长的过程：2020 年的前 4 个月，越南内河航运货运量锐减；5 月开始出现正增长，到 2020 年 9 月，内河航运货运量达到 3252 万吨，比 2020 年 8 月和 2019 年 9 月分别增长了 6.51% 和 26.46%。尽管如此，也还是没能弥补疫情造成的巨大损失：2020 年，越南内河货运量为 2.447 亿吨，同比减少 8.7%；货运周转量为 516.303 亿吨公里，减少 7.8%。

5. 航空运输

因新冠肺炎疫情影响，各国通航受限，越南航空运输业损失惨重。2020 年，越南航空客运周转量同比减少了 59.5%，仅为 341.249 亿人公里，航空客运量仅 3230 万人次，同比减了 41.3%。虽然政府批准了向越南航空提供低息贷款、减少航空燃料环保税等一系列建议，越南航空公司也纷纷从客运转向国内和国际货运，但情况依然不乐观。以往，越南航空的国际货运只占 12% 的市场份额，其余市场份额被国外航空公司占领，越南没有货运专机，货物通过客机腹舱的运输来实现，航空货运受到限制。新冠肺炎疫情暴发后，越南各航空公司获准对客机进行改造，将客机改换成货运飞机，有的公司甚至开辟了货物运输专线，成立了专门的货运部，专门服务国内和国际货物运输。即便如此，2020 年，越南航空货运量仅为 27.24 万吨，同比减少 39%，货物周转量为 5.284 亿吨公里，同比减少 42.7%。

（三）交通安全状况

2020 年，新冠肺炎疫情的暴发使越南交通运输业受到重大冲击，社会隔离等疫情防控措施也使人们的出行减少。各方面数据显示，越南交通安全状况在 2020 年得到明显改善：交通安全三项指标实现自 2016 年以来持续 5 年下降，发生交通事故 12985 起，6048 人死亡，9652 人受伤。与 2019 年同

期相比：交通事故数量减少 2600 起，下降了 16.68%；死亡人数减少 927 人，下降了 13.29%；受伤人数减少 2492 人，减少了 20.52%。①

（四）交通领域重大决策部署

2020 年，新冠肺炎疫情对越南客运影响很大，为了维持国内供求关系和货物运输，越南政府、各部委、地方政府都做出各种指示，对运输活动采取新规以抗击疫情。

2020 年 1 月 17 日，越南政府出台第 10/2020/ND - CP 号决定，对汽车运输及运营条件、签发及收回汽车运输许可和车牌、公布车站做出规定，其中第九条专门规定了汽车货运细则。

2020 年 6 月 17 日，政府总理签发了《关于对公路使用不停车电子收费系统》的第 19/2020QD - TTg 号决定。

2020 年 9 月 29 日，越南政府签发了《通过内河运输交通工具推动内河和沿海运输》的第 37/CT - TTg 号指示。其中提出：要注意加强内河航运与其他交通方式的衔接，合理发展各种交通运输方式、交通运输辅助服务、多种方式的交通运输，提高物流服务质量；要鼓励运输企业和运输交易平台使用者优化常规商品双向运输和集装箱商品运输，继续加强内河航运工具在沿海运输线路的运行。

2020 年，越南交通运输部签发了第 21/2020/TT - BGTVT 号通知，对航运和航空活动的一般规定、越南民航数据报告、航空客运赔偿事宜等规定进行修订和补充。为帮助越南航空业渡过难关，越南国会批准自 2020 年 8 月 1 日至 12 月 31 日，减少 30% 的航空燃料环保税。

在物流基础设施的建设方面，2020 年 1 月 1 日，越南政府颁布的第 01/NQ - CP 号决议中提出：要加快推进北南高速公路项目建设进度，早日决定对龙城国际航空港项目的投资，组织实施具有衔接性、辐射力的重大项目，

---

① 《交通运输部总结 2016～2020 年工作讨论 2021～2025 年主要措施》，越南交通运输部网站，2020 年 12 月 24 日，https://mt.gov.vn/vn/tin - tuc/70480/bo - gtvt - tong - ket - giai - doan - 2016 - 2020 - - ban - giai - phap - chu - yeu - giai - doan - 2021 - 2025.aspx。

做好对公路铁路交通系统的常规管理、修缮、维修和保养；要发挥大都市的作用，减少拥堵，吸引各种资源发展现代都市，把农村地区发展和都市化结合起来。6月16日，越南政府出台的第67/2020/ND－CP号决定，对推动物流基础设施建设的相关环节如免税商品经营条件、仓储、海关手续办理地点等做出规定。

（五）交通行业2021年目标

2021年12月24日，越南交通运输部对2016～2020年阶段工作进行总结并对2021年工作进行了商讨。2021年越南交通行业主要工作目标如下。

第一，完善、提交《道路交通法（修正案）》；加快制定交通安全运输战略、交通运输规划的进度。

第二，严格做好新冠肺炎疫情防控，逐步恢复并维持运输稳定，客运量比2020年增长5%～6%，货运量比2020年增长10%，海运货物量比2020年增长7%～8%。

第三，重新构建运输市场份额：减少公路运输市场份额，增加内河运输和铁路运输的市场份额，注重多种方式运输和物流的发展。

第四，推进重大交通项目的建设进度，加强项目质量管理，进一步完善交通基础设施维护社会化机制，解决重要交通枢纽和直辖市主干道的拥堵问题，集中并优先对1号国道、胡志明路等重要线路和其他车流量增长较快的国道的维修和维护；解决道路收费站存在的问题，迅速有效推进不停车电子收费系统。

第五，减少交通拥堵和交通事故发生，实现交通安全三项指标比2020年下降5%～10%，有效应对台风、洪水等自然灾害，做好交通保障工作。

二　通信和信息

2020年对于越南的信息通信产业来说是非常重要的一年，新冠肺炎疫情对全球的经济造成了严重影响，给经济和企业带来沉重打击，但也为越南

的数字化转型提供了机会。包括社会隔离在内的疫情防控措施增加了人们在家工作的需求，社会、政治、经济等各领域的活动不得不转移到数字平台，越南的一些部委和行业将信息技术应用到日常操作和行政程序处理中；网上购物成为越南人新的消费习惯，越来越多的人接受并使用银行转账、电子钱包等无现金支付方式，这为越南电子商务发展提供了机会；"越南制造"软件和平台，为越南抗疫做出了贡献。这一年，越南政府通过了国家数字化转型计划，电信基础设施和信息技术的发展被视为政府的首要任务之一。

2020 年，越南邮政快递行业收入为 25.01 万亿越南盾，同比增长 4.5%；通信行业收入为 315.23 万亿越南盾，同比减少 13.6%。2020 年底，越南电话用户达 1.27 亿户，同比减少 2.3%，其中手机用户达 1.24 亿户，同比减少 2%，固定宽带用户达 1670 万户，同比增长 12.8%。

（一）信息产业迅猛发展，信息化应用得到加强

新冠肺炎疫情暴发给社会、政治、经济等各领域都带来重大改变。2020 年 5 月，越南第十四届国会第九次会议以在线会议形式召开。这是 70 多年来，越南首次通过在线会议的形式召开国会，代表们通过在线发言、热线讨论、使用软件表决的方式参会。

新冠肺炎疫情迫使人们对生活习惯做出改变，越来越多的人接受并使用银行转账、电子钱包等无现金支付方式，据越南《人民报》网站 9 月 22 日报道，2020 年前 9 个月，越南银行卡、互联网和移动电话等电子支付业务的交易数量和交易金额均较上年同期大幅增长。其中，2020 年前 7 个月，越南银行间电子结算系统的交易金额较 2019 年同期增长 13.61%；零售交易联行结算转换系统交易数量和金额分别同比大幅增长 74.07% 和 106.9%；银行卡支付数量和金额分别同比增长 29.7% 和 15.8%；网上交易金额同比增长 39.1%；移动电话支付数量和金额分别同比增长 184.2% 和 186.3%。①

---

① 《今年前三季度越南电子支付业务大幅增长》，中华人民共和国驻越南社会主义共和国大使馆经济商务处，2020 年 9 月 24 日，http://vn.mofcom.gov.cn/article/jmxw/202009/20200903004034.shtml。

　　新冠肺炎疫情暴发使得学校停课，电视、网络平台直播等各种远程学习方式应运而生。越南近50%的大学在疫情期间组织了在线教学。在偏远地区，老师把讲座视频上传到YouTube、Zalo和Facebook供学生使用。越南在线学习模式的开发受到了全球知名组织的称赞。经济合作与发展组织的PISA报告显示，在新冠肺炎疫情的第一阶段，有79.7%的越南学生在线学习，高于经济合作与发展组织国家的平均水平（67.5%）。

　　"越南制造"软件和平台也在应对新冠肺炎疫情中大放异彩。如应用程序"Ncovi""越南健康声明""Bluezone"等的开发和使用，为越南有效抗击疫情做出贡献：通过"Ncovi"和"越南健康声明"，乘飞机进入越南的人可以方便地报告其当前的健康状况，医疗保健系统可以发现需要医疗护理的病例；"Bluezone"则通过实施蓝牙低功耗（BLE）技术精确定位人员，保护社区免受新冠病毒侵害。

　　2020年，越南启动了由越南最大的科技公司FPT开发的"越南制造"akaChain区块链平台。akaChain支持企业使用区块链技术快速构建其业务网络系统和分布式应用程序，有助于缩短在许多任务上花费的时间，能帮助越南企业为将来经济、金融和技术的发展做好准备，为越南进一步融入全球经济发展提供机会。

　　2020年5月，由FPT公司拥有的越南最大的数据中心开始建设，该中心坐落在胡志明市高科技园区，占地面积为10000平方米。建成后，FPT能为数千家国内外企业和组织提供具有高安全级别的大型现代化数据存储基础架构。

（二）全面推进国家数字化转型

　　2020年6月3日，越南政府总理批准《至2025年国家数字化转型计划暨2030年愿景》。根据此计划：越南力争到2025年数字经济占GDP的20%，跻身竞争力指数前50名；力争2030年越南成为稳定、繁荣发展和率先开展新技术的数字国家。该计划的双重目标是在发展数字政府、数字经济、数字社会的同时，关注建设具有全球竞争力的数字企业。

越南还公布了一项开源计划以开发和掌握开源技术促进国家数字化转型。据越南新闻网 2020 年 11 月 21 日的报道，在越南举行的开源峰会上，越南宣布了越南对基于开源标准开发和掌握数字技术的承诺、战略和行动计划。目前，世界上有 70 个国家和地区的近 300 万个组织和企业已加入开源社区，越南在东南亚排名第 3，在开放源代码应用程序中排名世界前 20，仅次于新加坡（第 17 位）和马来西亚（第 18 位）。越南通过 data. gov. vn 启动了国家开放数据门户，注册了 10000 多个数据库。越南的 5G 网络也将使用开源标准的 OpenRAN。越南将以三个支柱为重点开发开源技术：开发越南制造开源生态系统、促进开源文化和发展开源社区。

2020 年 12 月 14 日，主题为"国家数字化转型：共享与连接"的越南数字化转型日活动在河内开幕。越共中央政治局委员阮善仁在开幕式上表示，信息通信是越南重要的行业，占国内生产总值的 14.3%。越南的目标是将生产力提高 10 倍，因此要重视数据库数字化，开发数字基础设施，建设高科技园区，尤其是在该领域打造一支合格的人才队伍。

2020 年 12 月 23 日，越南举办"越南制造"战略实施一周年回顾暨促进本地数字企业发展的全国性论坛，回顾了"越南制造"战略和国内数字业务取得的进步：越南建立了 1.3 万多家数字业务企业，增长了 28%，目前拥有 5.8 万多家数字企业，有望实现到 2025 年组建 10 万家企业的目标；论坛还肯定了数字技术在抗击新冠肺炎疫情中发挥的重要作用。

（三）电信行业发展迅速

越南高度重视电信行业的发展，在 2020 年 6 月通过的国家数字化转型计划中专门提到了 4G 和 5G 移动网络服务及智能手机的普及，越南 5G 网络发展迅速。2019 年，越南对 5G 服务进行了试验，2020 年底开始商用试验。越南 5G 网络平台开展测试为电子政务和智慧城市的发展奠定了基础，也为娱乐、生产经营、交通运输、医疗卫生、教育培训等领域的创新提供了可能。越南政府总理对越南通信传媒部提出指导生产廉价智能手机的要求，以确保每个家庭都使用上高速光缆服务。

（四）着力确保信息与网络安全

随着信息技术在越南的广泛应用，特别是电子政务、电子商务的快速发展，越南越来越重视信息安全和网络安全。2020年9月，越南通信传媒部发起了"2020年在全国范围内审查和删除恶意软件"活动，旨在将恶意代码感染率降低50%，还将10个流行的僵尸网络中的越南IP地址数量减少一半。2020年8月，越南信息安全部门记录到对越南信息系统的网络攻击有517次（199个网络钓鱼案例、160个篡改攻击和158个恶意软件攻击），比7月下降0.77%。僵尸网络中的越南IP地址数量超过200万个，与7月相比减少0.03%。

2020年10月1日，越南政府出台关于打击垃圾短信、垃圾邮件、骚扰电话的第91/2020/ND－CP号决定。根据此决定，可按违规程度对违规提供产品信息的电子邮件、短信、电话处以500万~1000万越南盾的罚款并收回具有违规行为的电话号码；对提供电子邮件、短信、电话广告服务的违规行为可处以0.1亿~1.7亿越南盾的罚款。①

（五）越南通信信息业发展目标

2020年，越南对2016~2020年通信信息领域各项目标任务完成情况进行总结并提出新的发展目标。总体来看，2016~2020年越南邮政持续保持较高增长，年均增长达35%，2020年总营业额达56.5万亿越南盾，是2016年18.3万亿越南盾的3.1倍。家庭网络普及率5年内增长了3倍，达75%，是世界平均水平（57.4%）的1.3倍，2020年，移动宽带用户指标超过世界平均水平，达到平均每100人有76.42人为移动宽带业务用户；2020年，电子政务4级以上在线公共服务达30.86%，100%的部委、地方政府实现数据交换共享平台（LGSP）的数据集成和共享；2020年，信息通

---

① 《2020年通信技术十大事件》，越南人民公安电子报，2020年12月31日，http：//cand．com．vn/Khoa－hoc－Quan－su/10－su－kien－cong－nghe－thong－tin－tieu－bieu－nam－2020－625784/。

信技术公司营业收入总额达120万亿越南盾，是5年前的1.8倍。数字企业数量达5.8万家，是2016年（2.45万家）的2.4倍；2020年，国内网络安全产品所占比例实现增长，增长近91%。

在实现上一个五年计划的基础上，越南制定了2021～2025年发展计划，提出2021年工作具体目标：确保邮政保持30%～40%的年增长率，2021年，所有的乡都有邮政服务点和服务人员提供邮政服务；2021年，继续普及智能手机，达到每100人有80人为移动宽带业务用户，使光缆普及60%的家庭用户，努力使手机和网络信号覆盖到所有乡村；所有在线公共服务级别都达到4级，建立居民和土地2个数据库；数字经济测评和数字经济对GDP的贡献达到12%，在线学习课时达到总学时的20%；在网络信息安全方面实现25%～30%的年增长率，实现产品生态和网络安全服务的完全自主，国家机关主机、机站、终端等设备防护率达到100%；大力发展"越南制造"信息技术工业，在营业收入上实现2.5～3倍增长，数字企业对GDP的贡献实现年增长20%～30%，数字企业数量达到每1000人有0.7家数字企业。①

---

① 《通信传媒部总结2020年工作和开展2021年任务》，越南通信传媒部网站，2021年1月12日，https：//mic.gov.vn/mic_ 2020/Pages/TinTuc/tinchitiet.aspx? tintucid = 146143。

B.12
2020～2021年越南对外贸易的
发展与展望

聂　槟　尚锋[*]

摘　要： 2020年，受新冠肺炎疫情影响，全球贸易和对外投资出现严重衰退，越南却实现了对外经贸领域积极向好的发展，货物贸易进出口总额增幅达5.4%，出口增长强劲，贸易顺差再创新高。出口商品结构持续改善，进口商品继续以服务于生产和出口为导向。同时，越南对外贸易也面临外贸依存度高、出口过于依赖单一市场、配套工业发展缓慢等诸多挑战。越南与中国、美国、韩国、东盟、欧盟、日本等主要贸易伙伴经贸关系稳定发展。中越贸易额创历史新高，越美贸易规模迅猛扩大，区域贸易安排的贸易创造效应不断增强。2021年，新冠肺炎疫情的持续影响预计将给越南对外贸易发展带来不确定性，但如能充分利用区域贸易安排，越南与各贸易伙伴的双边经贸关系仍然具有广阔的发展前景。

关键词： 越南　对外贸易　正增长　贸易伙伴　区域贸易

2020年，受新冠肺炎疫情影响，全球经济遭遇重挫，国际贸易和对外投资出现严重衰退，多国经济增速大幅下滑。在这样严峻的国际形势下，越

---

* 聂槟，对外经济贸易大学外语学院越南语系主任，教授，主要研究方向为越南语言文化和政治经济；尚锋，对外经济贸易大学外语学院越南语系讲师，主要研究方向为越南对外关系。

南 GDP 却实现了 2.91% 的增速，成为全球为数不多的实现正增长的经济体之一。对外贸易对越南 GDP 增长贡献巨大。货物贸易全年进出口总额达 5453.6 亿美元，同比增长 5.4%。出口表现尤为亮眼，出口额达到 2826.6 亿美元，增幅达 7%，帮助越南继续保持贸易顺差，并创下近 200 亿美元顺差额的历史新高。同时，越南与中国、美国、韩国、东盟、欧盟、日本等主要贸易伙伴继续保持良好的双边经贸关系。①

一 2020年越南对外贸易总体形势和特点

（一）对外经贸积极向好

2020 年，在新冠肺炎疫情肆虐全球、贸易保护主义日益抬头的背景下，越南克服种种不利因素，推动对外经济贸易领域实现积极向好发展：货物贸易进出口总额实现 5.4% 的增幅，规模居世界第 26 位，其中出口增幅达到 7%，出口规模居世界第 22 位；吸引外国直接投资近 290 亿美元，投资覆盖越南 60 个省和直辖市；签署、批准多项重要经贸协定，包括《欧盟－越南自由贸易协定》、《欧盟－越南投资保护协定》、《英国－越南自由贸易协定》、《区域全面经济伙伴关系协定》；与各主要贸易伙伴的双边经贸关系不断发展，其中，对中国和美国两个贸易伙伴的双边贸易额实现迅猛增长。

在贸易方面，2020 年，越南货物贸易进出口总额、出口额和进口额均呈现正增长，为稳定宏观经济、增加外汇储备、助力 GDP 增长做出了贡献。进出口总额达 5453.6 亿美元，同比增长 5.4%；其中：出口额达 2826.6 亿美元，同比增长 7%；进口额达 2627 亿美元，同比增长 3.7%；贸易顺差达 199.6 亿美元，再创历史新高。对亚洲市场、美洲市场和大洋洲市场的贸易额均实现增长，对欧洲市场、非洲市场的贸易额则有所下降。与亚洲市场贸易额仍位列第一，双

---

① 本文数据资料来源：《2020 年越南进出口报告》，越南统计总局，越南海关总局，越南计划与投资部。

边贸易额达到 3529. 7 亿美元, 增长 4. 2%; 美洲市场为 1120. 2 亿美元, 增长 16. 2%; 欧洲市场为 638. 5 亿美元, 下降 3. 1%; 大洋洲市场为 97. 9 亿美元, 增长 2. 4%; 非洲市场为 67. 3 亿美元, 下降 5%。对中国、美国、韩国、东盟、欧盟、日本 6 大贸易伙伴的贸易额有增有减。其中, 对中国的贸易额为 1331 亿美元, 增长 13. 9%, 占比为 24. 4%; 对美国为 908 亿美元, 增长 19. 9%, 占比为 16. 6%; 对韩国为 660 亿美元, 下降 1%, 占比为 12. 1%; 对东盟为 536 亿美元, 下降 6. 3%, 占比为 9. 8%; 对欧盟为 498 亿美元, 下降 11. 8%, 占比为 9. 1%; 对日本为 396 亿美元, 下降 0. 8%, 占比为 7. 3%。

在吸引外资方面, 受新冠肺炎疫情冲击, 截至 2020 年 12 月 20 日, 越南新批外资项目协议金额、已投外资项目增资金额和外资收购股权协议金额合计达 285. 29 亿美元, 同比下降 25%。这一结果虽低于预期, 但仍然展现了积极信号: 据越南计划投资部统计, 有近 300 家各国企业正计划对越南投资、追加投资或正研究对越南投资的可行性, 这表明越南仍然是各国投资者眼中的安全投资地。具体来看: 2020 年越南新批外资项目共计 2523 个, 下降 35%, 协议金额达 146. 46 亿美元, 下降 12. 5%; 1140 个已投外资项目增资 64. 14 亿美元, 增长 10. 6%; 外资收购股权 6141 起, 协议金额达 74. 69 亿美元, 下降 51. 7%。2020 年年实际到位外国直接投资 199. 8 亿美元, 较 2019 年下降 2%。位列对越南投资前 10 位的国家和地区依次是新加坡、韩国、中国、日本、中国台湾、中国香港、泰国、英属维尔京群岛、荷兰、开曼群岛。其投资分布在越南 19 个经济领域。其中加工制造业最受欢迎, 引资额达 136 亿美元, 占协议总金额的 47. 7%; 第二是电力生产与分销领域, 引资额为 51 亿美元, 占比达 17. 9%; 第三是房地产业, 引资额为 42 亿美元, 占比达 14. 7%。投资覆盖越南 60 个省和直辖市, 引资额排名前 10 的省市依次是胡志明市、薄辽省、河内市、巴地－头顿省、平阳省、海防市、同奈省、北宁省、北江省和隆安省。①

---

① 资料来源:《2020 年越南吸引 FDI 要点》, 越南之声, 2021 年 1 月 15 日, https：//vov. vn/kinh－te/nhung－diem－nhan－ve－dong－von－fdi－vao－viet－nam－nam－2020－827994. vov;《2020 年越南吸引 FDI 近 290 亿美元》, 越南《工商报》网站, 2021 年 1 月 15 日, https：//congthuong. vn/nam－2020－viet－nam－hut－gan－29－ty－usd－von－fdi－150172. html。

（二）出口继续领跑

2020 年，越南出口表现亮眼，领跑越南经济发展。全年货物贸易出口总额达 2826.6 亿美元，比 2019 年增长 184.6 亿美元，增幅达 7%，完成了越南国会提出的目标，同时也远超进口增幅和 GDP 增幅，为越南扩大贸易顺差，实现经济正增长做出了贡献。外资企业继续在推动越南出口增长中发挥重要作用，出口额达到 2028.9 亿美元，同比增长 10.7%，占越南出口总额的 71.8%；内资企业出口额达 797.7 亿美元，同比下降 3.9%。

出口市场方面，受新冠肺炎疫情影响，2020 年越南对东盟、欧盟等传统市场的出口出现下跌，但越南积极开发新市场，以弥补对传统市场出口的损失，实现出口市场进一步多样化。在对各大洲的出口中，对亚洲、美洲、大洋洲的出口额增长，对欧洲、非洲的出口额下跌。其中，对亚洲出口规模最大，对美洲出口大幅增长。对亚洲出口额达 1402.5 亿美元，增长 3.4%，占越南出口总额的 49.6%；美洲市场 901.7 亿美元，增长 22.1%，占比为 31.9%；欧洲市场 447.1 亿美元，下降 5.4%，占比为 15.8%；大洋洲市场 44.7 亿美元，增长 1%，占比为 1.6%；非洲市场 30.6 亿美元，下降 1.9%，占比为 1.1%。

出口商品结构方面，2020 年继续实现积极转变，工业产品出口占比保持上升势头，燃料和矿产出口占比进一步下降。受新冠肺炎疫情等因素影响，越南纺织品服装和鞋类等具备比较优势的出口商品遭遇困难，出口额下跌。同时，为了确保国家粮食安全，实现战胜疫情和保增长的“双重目标”，越南采取措施调控大米出口。全年共有 31 种商品出口额超 10 亿美元，9 种商品出口额超 50 亿美元，6 种商品出口额超 100 亿美元。

（三）进口导向明确

2020 年，越南进口继续以服务于生产和出口为导向，主要进口服务于国内生产、消费的必需品和服务于加工、出口的商品。全年货物贸易进口总额为 2627 亿美元，比 2019 年增长 3.7%，小于出口增幅。外资企业继续在越南进口中担任主角，进口额达到 1690.1 亿美元，同比增长 13.1%，占越南进口总额的64.3%；内资企业进口额达936.9亿美元，占比为35.7%。

进口市场方面，2020年，越南自亚洲、欧洲和大洋洲的进口额增长，自美洲、非洲的进口额下降。亚洲市场继续保持强大领先优势，越南自亚洲进口规模、增量和增速均为最大。自亚洲进口额达2127.2亿美元，增长4.7%，占越南进口总额的81%；美洲市场218.5亿美元，下降3%，占比为8.3%；欧洲市场191.4亿美元，增长2.7%，占比为7.3%；大洋洲市场53.2亿美元，增长3.7%，占比为2%；非洲市场36.7亿美元，下降7.5%，占比为1.4%。

进口商品结构方面，2020年，越南继续加大进口为国内生产、消费服务的必需品和为加工、出口服务的商品。计算机、电子产品及其零件，电话及其零件，塑料制品等多种商品进口额大幅增长。受新冠肺炎疫情影响，布匹、纺织皮革原辅料、棉花、纤维和纱线等商品进口额大幅下降。全年进口额超过10亿美元的商品共35种，进口额超过50亿美元的商品共11种，进口额超过100亿美元的商品共4种。

（四）机遇与挑战并存

2020年，越南在全球贸易惨淡的背景下，实现了货物贸易进出口额的正增长，签署和批准了多项重要经贸协定，在对外贸易领域取得了令人注目的成绩。这既显示了越南大力推动外贸发展的决心，也展示了越南发展外贸的实力和潜力。越南因此将获得更多的关注和机会，有望进一步参与全球生产链和供应链，并可充分利用各项自由贸易协定，大力开发潜在市场，助力国内企业提升竞争力，推动对外贸易由量到质的转变。

但越南对外贸易发展也将面临各种挑战。首先是高企的外贸依存度。自实行出口导向型发展战略以来，越南的外贸依存度一直居高不下。2016～2020年，随着越南外贸的发展，外贸依存度更是持续走高，由2016年的171.4%上升到2020年的201.1%（见表1）。面对新冠肺炎疫情持续肆虐、全球贸易形势复杂多变的形势，高企的外贸依存度将加大外贸行业的压力，给越南经济发展增添不确定性。其次是出口过于依赖单一市场。尽管越南一直致力于推动出口市场多样化，但从越南的出口格局来看，对个别市场的依赖性有增无

减。例如美国作为越南的第一大出口市场，在越南出口总额中的占比不断加大。2020 年，越南对美国出口额达 771 亿美元，增长 25.7%，占越南出口总额的 27.3%，而 2018 年和 2019 年的占比分别为 19.5% 和 23.2%。一旦美国对越南贸易政策发生变化，越南出口将陷入被动，越南经济发展也将受到冲击。此外，配套工业发展缓慢，无法满足出口企业对产品和零部件的需求，存在供应链风险；农产品和水产品出口遭遇技术标准方面的困难，难以进入对质量和食品安全要求高的市场；全球贸易形势复杂多变，贸易保护主义抬头，多国采取新形式贸易保护措施，对越南的预警能力和应对措施提出了更高要求。这些都是越南对外贸易发展所面临的问题。

表 1　2016～2020 年越南货物贸易出口、进口及外贸依存度

单位：%

依存度类别	2016 年	2017 年	2018 年	2019 年	2020 年
出口依存度	86.3	95.8	100.4	101.8	104.2
进口依存度	85.1	94.5	97.6	97.5	96.9
外贸依存度	171.4	190.3	198	199.3	201.1

资料来源：《越南国情报告（2020）》、越南海关总局。2020 年 GDP 指数以 2712 亿美元为准。

二　2020年越南对外贸易结构

（一）出口商品结构

2020 年，越南工业产品出口额及其占比较 2019 年均上升，农产品和水产品出口额及其占比较 2019 年均略有下降，燃料和矿产出口额大幅下降，占比亦降低。多种商品出口额增长，但受新冠肺炎疫情影响，纺织品服装、鞋类、水产品等数种主要商品出口额出现下跌。31 种商品出口额超过 10 亿美元，9 种商品出口额超过 50 亿美元（工业产品 8 种，水产品 1 种），6 种商品出口额超过 100 亿美元（均为工业产品）。

工业产品 2020 年出口额达 2408 亿美元，同比增长 8.2%，占越南出口

总额的85.2%，比2019年上升1个百分点，这说明工业产品在越南出口中发挥着日益重要的作用，标志着越南出口商品结构持续改善。出口额排名前3的分别是：电话及其零件（511.8亿美元），计算机、电子产品及其零件（445.8亿美元），纺织品服装（298.1亿美元）。这3种商品出口额占到越南工业产品出口总额的44.4%。多种工业产品出口额实现增长，其中11种增幅在20%以上；部分工业产品出口额下跌，包括纺织品服装，鞋类，纺织皮革原辅料，照相机、摄像机及其零件，钢铁制品等。

农产品和水产品2020年出口额约为250亿美元，同比下降1.7%，占越南出口总额的8.9%，比2019年下降0.7个百分点。共有7种农产品和水产品出口额超过10亿美元，分别是：水产品（84.1亿美元）、果蔬（32.7亿美元）、腰果（32.1亿美元）、大米（31.2亿美元）、咖啡（27.4亿美元）、橡胶（23.8亿美元）、木薯及木薯制品（10.1亿美元）。受新冠肺炎疫情和自2018年以来国际市场农水产品价格下降的影响，2020年越南多种重要农产品和水产品的出口额均出现下跌，通过采取积极应对措施，在各方协调配合下，3种主力农产品出口额实现增长：大米增长11.2%，橡胶增长3.6%，木薯及木薯制品增长4.7%。

燃料和矿产2020年出口额达29亿美元，同比下降34.8%，占越南出口总额的1%，比2019年下降0.6个百分点。出口额超过10亿美元的商品只有原油1种。原油、成品油、煤炭等大部分商品出口额均大幅下降：原油15.7亿美元，下降23.1%；成品油9.84亿美元，下降48.3%；煤炭1.2亿美元，下降29.1%。只有矿石和其他矿产等少数商品出口额实现增长：矿石和其他矿产2.26亿美元，增长3.9%。

2020年越南出口额排名前10的商品分别是：电话及其零件（511.8亿美元），计算机、电子产品及其零件（445.8亿美元），纺织品服装（298.1亿美元），机械、设备、工具及其零配件（271.9亿美元），鞋类（167.9亿美元），木材和木制品（123.7亿美元），运输工具及其零配件（90.9亿美元），水产品（84.1亿美元），钢材（52.6亿美元），塑料制品（36.5亿美元）。这10大商品出口额达2083.3亿美元，占越南出口总额的73.7%。出口详情见表2。

表2　2020年越南10大出口商品详情

序号	商品类别	出口情况
1	电话及其零件	出口额511.8亿美元,同比下降0.4%,占越出口总额的18.11%。主要出口市场:中国、美国、欧盟、韩国、阿联酋等。中国123.4亿美元,同比增长48.8%,占比24.1%;美国87.9亿美元,同比下降1.2%,占比为17.2%;欧盟85.2亿美元,同比下降30.2%,占比为16.6%;韩国45.8亿美元,同比下降11%,占比为8.9%;阿联酋25.3亿美元,同比下降25.6%,占比为4.9%
2	计算机、电子产品及其零件	出口额445.8亿美元,同比增长24.1%,占越出口总额的15.77%。主要出口市场:中国、美国、欧盟、中国香港、韩国等。中国110.9亿美元,同比增长16%,占比24.9%;美国103.9亿美元,同比增长71.7%,占比为23.3%;欧盟57.7亿美元,同比增长23.8%,占比为12.9%;中国香港42亿美元,同比增长38.2%,占比为9.4%;韩国28.7亿美元,同比下降0.1%,占比为6.4%
3	纺织品服装	出口额298.1亿美元,同比下降9.2%,占越出口总额的10.55%。主要出口市场:美国、日本、欧盟、韩国、中国、东盟等。美国139.9亿美元,同比下降5.8%,占比为46.9%;日本35.3亿美元,同比下降11.5%,占比为11.8%;欧盟30.8亿美元,同比下降27.8%,占比为10.3%;韩国28.6亿美元,同比下降14.9%,占比为9.6%;中国13.7亿美元,同比下降14.2%,占比为4.6%;东盟13.6亿美元,同比下降7.6%,占比为4.6%
4	机械、设备、工具及其零配件	出口额271.9亿美元,同比增长48.6%,占越出口总额的9.62%。主要出口市场:美国、欧盟、韩国、日本、中国等。美国122.1亿美元,同比增长141.5%,占比为44.9%;欧盟27.6亿美元,同比增长10%,占比为10.2%;韩国20.5亿美元,同比增长25.9%,占比为7.5%;日本20.5亿美元,同比增长7.5%,占比为10.6%;中国19.4亿美元,同比增长22.2%,占比为7.1%
5	鞋类	出口额167.9亿美元,同比下降8.3%,占越出口总额的5.94%。主要出口市场:美国、欧盟、中国、日本、韩国等。美国63亿美元,同比下降5.2%,占比为37.5%;欧盟38亿美元,同比下降24.5%,占比为22.6%;中国20.7亿美元,同比增长16.3%,占比为12.3%;日本8.5亿美元,同比下降12.9%,占比为5.1%;韩国5.5亿美元,同比下降9.3%,占比为3.3%
6	木材和木制品	出口额123.7亿美元,同比增长16.2%,占越出口总额的4.38%。主要出口市场:美国、日本、中国、韩国、欧盟等。美国71.7亿美元,同比增长34.4%,占比为58%;日本12.9亿美元,同比下降2.5%,占比为10.4%;中国12亿美元,同比增长3.2%,占比为9.7%;韩国8.2亿美元,同比增长3.2%,占比为6.6%;欧盟4.8亿美元,同比下降42.8%,占比为3.9%

续表

序号	商品类别	出口情况
7	运输工具及其零配件	出口额90.9亿美元,同比增长6.8%,占越出口总额的3.22%。主要出口市场:日本、美国、东盟、欧盟等。日本23.8亿美元,同比下降8.1%,占比为26.2%;美国18.2亿美元,同比增长7.1%,占比为20%;东盟12.3亿美元,同比下降8.6%,占比为13.5%;欧盟6.9亿美元,同比下降15%,占比为7.6%。
8	水产品	出口额84.1亿美元,同比下降1.5%,占越出口总额的2.98%。主要出口市场:美国、日本、中国、欧盟、韩国等。美国16.2亿美元,同比增长10.3%,占比为19.3%;日本14.3亿美元,同比下降1.8%,占比为17%;中国11.8亿美元,同比下降4.3%,占比为14%;欧盟9.1亿美元,同比下降26.7%,占比为10.8%;韩国7.7亿美元,同比下降1.4%,占比为9.2%
9	钢材	出口量986万吨,同比增长47.6%;出口额52.6亿美元,同比增长25.2%,占越出口总额的1.86%。主要出口市场:东盟、中国、欧盟等。东盟23亿美元,同比下降8.4%,占比为43.7%;中国14.8亿美元,同比增长669.6%,占比为28.1%;欧盟2亿美元,同比下降16.2%,占比为3.8%
10	塑料制品	出口额36.5亿美元,同比增长6.4%,占越出口总额的1.29%。主要出口市场:美国、日本、欧盟等。美国11亿美元,同比增长58.9%,占比为30.1%;日本6.7亿美元,同比下降7.3%,占比为18.4%;欧盟4.6亿美元,同比下降21.8%,占比为12.6%

资料来源:《2020年越南进出口报告》,越南海关总局。

(二)出口市场结构

2020年,越南对各大洲出口较2019年有涨有跌。从出口额来看,对亚洲、美洲、大洋洲出口额实现增长。其中:对美洲出口额涨幅最大,达到22.1%;亚洲市场涨幅为3.4%;大洋洲市场涨幅为1%。对欧洲和非洲市场出口额同比下跌,跌幅分别为5.4%和1.9%。从市场份额来看:亚洲市场在越南出口市场中的占比虽略有下降,但仍占据最大份额,保持领先优势,达到49.6%;美洲市场在越南出口市场中所占份额不断上升,达到31.9%;欧洲市场占比有所下降,为15.8%;大洋洲市场占比为1.6%;非洲市场占比为1.1%(见图1)。

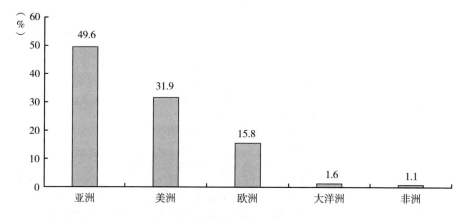

图1 2020年越南出口市场结构

资料来源：越南海关总局。

2020年，越南对亚洲出口额达1402.5亿美元，同比增长3.4%，占越南出口总额的49.6%。对东北亚出口实现增长，对东南亚、南亚和西亚出口均下降。对东北亚出口总额达1036.5亿美元，占越南对亚洲出口额的73.9%，上升4.3个百分点；东南亚235.6亿美元，占越南对亚洲出口额的16.8%，下降2.1个百分点；南亚65.9亿美元，占越南对亚洲出口额的4.7%，下降1.2个百分点；西亚64.5亿美元，占越南对亚洲出口额的4.6%，下降1个百分点。主要出口市场包括：中国（489亿美元，同比增长18.1%），日本（193亿美元，同比下降5.4%），韩国（191亿美元，同比下降3.1%），中国香港（104亿美元，同比增长45.9%），印度（52亿美元，同比下降21.5%），泰国（49.2亿美元，同比下降10.1%），中国台湾（43亿美元，同比下降1.6%），柬埔寨（41.5亿美元，同比下降4.8%），阿联酋（39亿美元，同比下降18.2%），等等。主要出口商品：电话及其零件（262亿美元，同比增长9.3%），计算机、电子产品及其零件（241亿美元，同比增长10%），纺织品服装（100亿美元，同比下降12.5%），机械、设备、工具及其零配件（95亿美元，同比增长6.5%），运输工具及其零配件（48亿美元，同比下降1.2%），水产品（44亿美元，同比下降5.8%），鞋类（43亿美元，同比下降2.9%），钢材（43亿美元，同比下降35.1%），木材和木制品（37亿美元，同比增长0.8%），等等。

2020年，对美洲出口额达901.7亿美元，同比增长22.1%，占越南出口总额的31.9%。对美国、CPTPP美洲国家（包括加拿大、墨西哥、智利和秘鲁）出口实现增长，较2019年增幅分别为25.7%和10.6%；对南方共同市场（MERCOSUR，包括巴西、阿根廷、乌拉圭和巴拉圭）出口出现下跌，同比跌幅为10.3%。主要出口市场包括：美国（711亿美元，同比增长25.7%），加拿大（43.6亿美元，同比增长11.5%），墨西哥（31.6亿美元，同比增长11.7%），巴西（18.3亿美元，同比下降14.9%），智利（10.2亿美元，同比增长8.4%），阿根廷（5.67亿美元，同比增长2.3%），秘鲁（3.04亿美元，同比下降10.9%），等等。主要出口商品：纺织品服装，机械、设备、工具及其零配件，计算机、电子产品及其零件，电话及其零件，木材和木制品，鞋类，各类农产品和水产品，等等。

2020年，对欧洲出口额达447.1亿美元，较2019年下降5.4%，占越南出口总额的15.8%。对欧亚经济联盟（EAEU）出口实现增长，较2019年增幅达7.2%；对欧盟和欧洲自由贸易联盟（EFTA）出口大幅下跌，同比跌幅分别为15.5%和71%。主要出口市场包括：荷兰（70亿美元，同比增长1.7%），德国（66.4亿美元，同比增长1.2%），英国（49.5亿美元，同比下降14.1%），法国（33亿美元，同比下降12.2%），意大利（31.2亿美元，同比下降9.3%），奥地利（28.8亿美元，同比下降11.9%），俄罗斯（28.5亿美元，同比增长6.7%），比利时（23.1亿美元，同比下降9.4%），西班牙（21.3亿美元，同比下降21.7%），等等。主要出口商品：电话及其零件，计算机、电子产品及其零件，鞋类，纺织品服装，机械、设备、工具及其零配件，等等。

2020年，对大洋洲出口额达44.7亿美元，较2019年增长1%，占越南出口总额的1.6%。对各具体市场的出口有增有减。主要出口市场包括：澳大利亚（36.2亿美元，同比增长3.7%），新西兰（4.98亿美元，同比下降8.3%），等等。主要出口商品：电话及其零件，计算机、电子产品及其零件，机械、设备、工具及其零配件，鞋类，纺织品服装，等等。

2020年，对非洲出口额达30.6亿美元，较2019年下降1.9%，占越南

出口总额的 1.1%。对南非、埃及、科特迪瓦、阿尔及利亚等大部分市场的出口均下跌，对加纳、多哥共和国等小部分市场的出口实现增长。主要出口市场包括：南非（6.81 亿美元，同比下降 14.8%），埃及（4.48 亿美元，同比下降 2.4%），加纳（3.65 亿美元，同比增长 33.7%），科特迪瓦（2.63 亿美元，同比下降 3.7%），多哥共和国（1.78 亿美元，同比增长 66.5%），阿尔及利亚（1.5 亿美元，同比下降 19.4%），等等。主要出口商品：大米，电话及其零件，计算机、电子产品及其零件，纺织品服装，咖啡，等等。

（三）进口商品结构

2020 年，越南进口商品结构继续体现出为生产和出口服务的明确导向。多种为国内生产、消费服务的必需品和为加工、出口服务的商品进口额较 2019 年大幅增长，包括：计算机、电子产品及其零件（639.7 亿美元，同比增长 24.6%），电话及其零件（166.5 亿美元，同比增长 13.9%），塑料制品（72.7 亿美元，同比增长 11.2%），等等。同时，在新冠肺炎疫情全球蔓延的背景下，越南纺织服装业遭受巨大冲击，行业相关商品进口额较 2019 年大幅下降，包括：布匹（118.8 亿美元，同比下降 10.5%），纺织皮革原辅料（53.8 亿美元，同比下降 8.3%），棉花（22.8 亿美元，同比下降 11.3%），纤维和纱线（20 亿美元，同比下降 17.1%），等等。共有 35 种商品进口额超 10 亿美元，11 种商品进口额超 50 亿美元（均为工业产品），6 种商品进口额超 100 亿美元（均为工业产品）。

2020 年越南进口额排名前 10 的商品分别是：计算机、电子产品及其零件（639.7 亿美元），机械、设备、工具及其零配件（372.5 亿美元），电话及其零件（166.5 亿美元），布匹（118.8 亿美元），塑料原料（84 亿美元），钢材（81 亿美元），塑料制品（72.7 亿美元），其他常见金属（60.5 亿美元），化工制品（57.4 亿美元），纺织皮革原辅料（53.8 亿美元）。这 10 大商品进口额达到 1706.9 亿美元，占越南进口总额的 65%。进口详情见表 3。

表3　2020年越南10大进口商品详情

序号	商品类别	进口情况
1	计算机、电子产品及其零件	进口额为639.7亿美元,同比增长24.6%,占越进口总额的24.35%。主要进口市场:中国、韩国、中国台湾、日本、美国等。中国184.6亿美元,同比增长52.3%,占比为28.9%;韩国171.4亿美元,同比增长1.8%,占比为26.8%;中国台湾76.6亿美元,同比增长38.4%,占比为12%;日本53.7亿美元,同比增长19.7%,占比为8.4%;美国47.2亿美元,同比下降2.9%,占比为7.4%
2	机械、设备、工具及其零配件	进口额为372.5亿美元,同比增长1.4%,占越进口总额的14.18%。主要进口市场:中国、韩国、欧盟、东盟等。中国170.3亿美元,同比增长14.3%,占比为45.7%;韩国60亿美元,同比下降2.6%,占比为16.1%;欧盟30.8亿美元,同比下降21.4%,占比为8.3%;东盟26.8亿美元,同比增长2%,占比为7.2%
3	电话及其零件	进口额为166.5亿美元,同比增长13.9%,占越进口总额的6.34%。主要进口市场:中国、韩国、日本、中国台湾等。中国78亿美元,同比增长2.9%,占比为46.8%;韩国77.6亿美元,同比增长31.1%,占比为46.6%;日本2.6亿美元,同比增长2.8%,占比为1.6%;中国台湾1.97亿美元,同比增长3382.4%,占比为1.2%
4	布匹	进口额为118.8亿美元,同比下降10.5%,占越进口总额的4.52%。主要进口市场:中国、韩国、中国台湾、日本、东盟等。中国72.7亿美元,同比下降6%,占比为61.2%;韩国16.2亿美元,同比下降19.7%,占比为13.6%;中国台湾13.9亿美元,同比下降13.2%,占比为11.7%;日本6.4亿美元,同比下降21.5%,占比为5.4%;东盟4.2亿美元,同比下降11.9%,占比为3.6%
5	塑料原料	进口量为660万吨,同比增长3.3%;进口额为84亿美元,同比下降6.9%,占越进口总额的3.2%。主要进口市场:韩国、东盟、中国等。韩国进口量为115万吨,同比增长9%,进口额为15.5亿美元,同比下降3.9%,占比为18.5%;东盟117万吨,同比下降3.5%,进口额为13.7亿美元,同比下降14.6%,占比为16.3%;中国84.9万吨,进口额为13.5亿美元,同比增长3.8%,占比为16.1%
6	钢材	进口量为1326万吨,同比下降8.9%;进口额为81亿美元,同比下降15.2%,占越进口总额的3.08%。主要进口市场:中国、印度、日本、韩国等。中国375.8万吨,同比下降26.8%,进口额为24.3亿美元,同比下降26.3%,占比为30%;印度247.2万吨,同比增长11%,进口额为11.1亿美元,同比增长0.9%,占比为14.4%;日本244.7万吨,同比增长17%,进口额为13.9亿美元,同比增长2.7%,占比为17.2%;韩国177.6万吨,同比增长0.4%,进口额为12.8亿美元,同比下降9.1%,占比为15.8%

序号	商品类别	进口情况
7	塑料制品	进口额为72.7亿美元,同比增长11.2%,占越进口总额的2.77%。主要进口市场:中国、韩国、日本等。中国34.7亿美元,同比增长29.2%,占比为47.7%;韩国17.7亿美元,同比下降1.2%,占比为24.3%;日本8亿美元,同比下降4.5%,占比为11%
8	其他常见金属	进口额为60.5亿美元,同比下降5.3%,占越进口总额的2.3%。主要进口市场:韩国、中国、东盟等。韩国15.1亿美元,同比增长2.2%,占比为25%;中国14亿美元,同比下降14.3%,占比为23.1%;东盟10.8亿美元,同比下降7.8%,占比为17.9%
9	化工制品	进口额为57.4亿美元,同比增长5.9%,占越进口总额的2.19%。主要进口市场:中国、东盟、韩国、日本、欧盟等。中国19.3亿美元,同比增长20.7%,占比为33.6%;东盟8.3亿美元,同比增长2.6%,占比为14.5%;韩国7.1亿美元,同比下降1.1%,占比为12.4%;日本5.5亿美元,同比增长3.5%,占比为9.6%;欧盟5亿美元,同比下降9.6%,占比为8.7%
10	纺织皮革原辅料	进口额为53.8亿美元,同比下降8.3%,占越进口总额的2.05%。主要进口市场:中国、韩国、美国等。中国25.5亿美元,同比增长3.5%,占比为47.4%;韩国5.5亿美元,同比下降23.8%,占比为10.2%;美国3.8亿美元,同比下降20.5%,占比为7.1%

资料来源:《2020年越南进出口报告》,越南海关总局。

(四)进口市场结构

2020年,越南自各大洲市场的进口较2019年有涨有跌。从进口额来看:自亚洲、欧洲和大洋洲市场的进口额实现增长,同比增幅分别为4.7%、2.7%和3.7%;自美洲和非洲市场的进口额同比下跌,同比跌幅分别为3%和7.5%。从市场份额来看:亚洲所占份额进一步上升,达到81%;其他各大洲市场占比略有升降或持平,但均在10%以下:美洲占比8.3%,欧洲占比7.3%,大洋洲占比2%,非洲占比1.4%(见图2)。

2020年自亚洲进口额为2127.2亿美元,较2019年增长4.7%,占越南进口总额的81%。自东北亚进口额实现增长,自东南亚、南亚和西亚进口额均略有下降。自东北亚进口额为1710.3亿美元,占越南自亚洲进口额的80.4%,同比上升1.8个百分点;东南亚308.4亿美元,占越南自亚洲进口额的

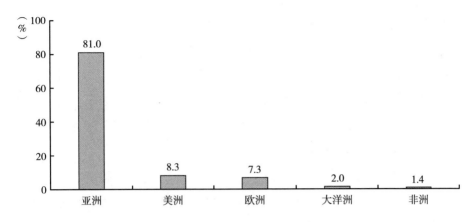

图2　2020年越南进口市场结构

资料来源：越南海关总局。

14.5%，同比下降1.5个百分点；南亚46.8亿美元，占越南自亚洲进口额的2.2%，同比下降0.2个百分点；西亚61.7亿美元，占越南自亚洲进口额的2.9%，同比下降0.1个百分点。主要进口市场包括：中国（842亿美元，同比增长11.5%），韩国（469亿美元，同比下降0.1%），日本（203亿美元，同比增长4.1%），中国台湾（167亿美元，同比增长10.2%），泰国（109.6亿美元，同比下降5.9%），马来西亚（65.7亿美元，同比下降9.9%），印度尼西亚（53.8亿美元，同比下降5.6%），印度（44亿美元，同比下降2%），等等。主要进口商品包括：计算机、电子产品及其零件（543亿美元，同比增长25.3%），机械、设备、工具及其零配件（320亿美元，同比增长4.4%），电话及其零件（160亿美元，同比增长15.9%），布匹（115亿美元，同比下降11.1%），钢材（76亿美元，同比下降13.4%），塑料原料（73亿美元，同比下降6.2%），塑料制品（68亿美元，同比增长11.6%），其他常见金属（48亿美元，同比下降5%），化工制品（46亿美元，同比增长7.1%），等等。

2020年自美洲进口218.5亿美元，同比下降3%，占越南进口总额的8.3%。自美国、CPTPP美洲国家（包括加拿大、墨西哥、智利和秘鲁）进口均下跌，同比跌幅分别为4.7%和14.4%；自南方共同市场（MERCOSUR，包括巴西、阿根廷、乌拉圭和巴拉圭）进口增长，同比增幅

为5.3%。主要进口市场包括：美国（137亿美元，同比下降4.7%），阿根廷（33.8亿美元，同比增长4.6%），巴西（29.1亿美元，同比增长5.8%），加拿大（7.26亿美元，同比下降15.7%），墨西哥（5.23亿美元，同比下降18.5%），智利（2.66亿美元，同比下降8%），等等。主要进口商品：计算机、电子产品及其零件，机械、设备、工具及其零配件，塑料原料，家畜饲料及原料，棉花，玉米，大豆，等等。

2020年自欧洲进口191.4亿美元，同比增长2.7%，占越南进口总额的7.3%。自欧亚经济联盟进口增长，同比增幅为5.5%；自欧盟和欧洲自由贸易联盟进口下跌，同比跌幅分别为1.3%和9.8%。主要进口市场包括：德国（33.5亿美元，同比下降9.5%），俄罗斯（20亿美元，同比增长9.3%），法国（15.2亿美元，同比下降4.4%），意大利（15.1亿美元，同比下降19.7%），英国（6.87亿美元，同比下降19.8%），荷兰（6.6亿美元，同比下降0.6%），瑞士（5.94亿美元，同比下降17.5%），西班牙（5.3亿美元，同比下降2.6%），等等。主要进口商品：计算机、电子产品及其零件，机械、设备、工具及其零配件，药品，化工制品，家畜饲料及其原料，纺织皮革原辅料，钢材，煤炭，小麦，化肥，等等。

2020年自大洋洲进口53.2亿美元，同比增长3.7%，占越南进口总额的2%。自该洲各主要市场的进口额均增长。主要进口市场包括：澳大利亚（46.8亿美元，增长5%），新西兰（5.58亿美元，增长0.9%）等。主要进口商品：煤炭、矿石和其他矿产、其他常见金属、小麦、果蔬、牛奶及奶制品等。

2020年自非洲进口36.7亿美元，同比下降7.5%，占越南进口总额的1.4%。自南非等个别市场的进口额实现大幅增长，自科特迪瓦、尼日利亚、刚果等大部分市场的进口额均出现下跌。主要进口市场包括：南非（7.08亿美元，同比增长115%），科特迪瓦（6.44亿美元，同比下降8.4%），尼日利亚（3.66亿美元，同比下降5.7%），等等。主要进口商品：腰果、其他常见金属、木材和木制品、果蔬、棉花、塑料原料等。

2020年越南与各大洲贸易情况见表4。

表4 2020年越南与各大洲货物贸易进出口和贸易平衡状况

单位：亿美元

大洲	排名	对越南进出口总额	自越南进口	对越南出口	贸易平衡
亚洲	1	3529.7	1402.5	2127.2	-724.7
美洲	2	1120.2	901.7	218.5	+683.2
欧洲	3	638.5	447.1	191.4	+255.7
大洋洲	4	97.9	44.7	53.2	-8.5
非洲	5	67.3	30.6	36.7	-6.1

资料来源：越南海关总局。"-"表示越南逆差，"+"表示越南顺差。

三　越南与各主要贸易伙伴的双边经贸关系

（一）越南-中国双边贸易关系

2020年是中越建交70周年。新冠肺炎疫情对两国人员往来和物资运输造成不利影响，但两国依然通过边境会晤、线上会议等方式不断巩固双边关系向前发展。8月，中国国务委员兼外交部部长王毅和越南副总理兼外交部部长范平明共同出席两国陆地边界划界20周年和勘界立碑10周年纪念活动。在中越建交70周年视频研讨会上，双方一致认为，不断巩固和发展中越友好关系符合两国人民的根本利益，有助于维护地区乃至世界的和平与稳定。[①]

在贸易关系方面，尽管受到新冠肺炎疫情的不利影响，但两国仍然在2020年实现了双边贸易额正增长。据越南海关总局统计，2020年，双边货物贸易总额逆势上扬13.9%，达到1331亿美元，占越南货物贸易总额近1/4，达到24.4%。其中，越南对中国出口同比增长17.9%，达到489亿美元，占越南出口总额的17.3%；自中国进口同比增长11.5%，达到842亿美元，占越南进口总额的32%。贸易平衡上，越南对中国贸易入超353亿美元，同比增

---

① 《中越联合举办建交70周年视频研讨会》，中国政府网，2020年8月29日，http://www.gov.cn/xinwen/2020-08/29/content_5538307.htm。

长 3.5%。中国自 2004 年起连续 16 年成为越南第一大贸易伙伴，越南连续 5 年成为中国在东盟第一大贸易伙伴。中国也是越南的第一大进口来源地和第二大出口市场。从 2016～2020 年的双边贸易发展状况看（见图 3），双边进出口额呈稳步增长趋势，但越南对中国贸易逆差自 2017 年起则不断上升。

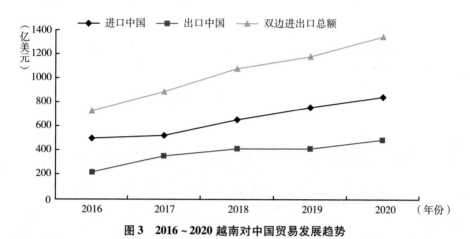

图 3　2016～2020 越南对中国贸易发展趋势

资料来源：越南统计总局。

2020 年越南－中国双边贸易结构见表 5 和表 6。

表 5　2020 年越南对中国出口前 15 类商品

单位：亿美元，%

序号	商品类别	出口额	增长率	份额	贡献度
1	电话及其零件	123.4	48.8	25.2	54.1
2	计算机、电子产品及其零件	110.9	16.0	22.7	20.4
3	纤维和纱线	21.5	−10.5	4.4	−3.4
4	鞋类	20.7	16.3	4.2	3.9
5	机械、设备、工具及其零配件	19.4	22.2	4.0	4.7
6	果蔬	18.4	−24.3	3.8	−7.9
7	橡胶	18.3	18.0	3.7	3.7
8	钢材	14.8	669.6	3.0	17.2
9	照相机、摄像机及其零件	14.4	−6.2	2.9	−1.3
10	纺织品服装	13.7	−14.2	2.8	−3.0
11	木材和木制品	12.0	3.2	2.5	0.5

序号	商品类别	出口额	增长率	份额	贡献度
12	水产品	11.8	−4.3	2.4	−0.7
13	木薯及木薯制品	9.3	7.5	1.9	0.9
14	电线电缆	8.1	29.7	1.6	2.5
15	水泥与水泥熟料	7.6	20.6	1.6	1.7

资料来源：越南统计总局。

表6　2020年越南自中国进口的前15类商品

单位：亿美元，%

序号	商品类别	进口额	增长率	份额	贡献度
1	计算机、电子产品及其零件	184.6	52.3	21.9	72.6
2	机械、设备、工具及其零配件	170.3	14.3	20.2	24.4
3	电话及其零件	78.0	2.9	9.3	2.5
4	布匹	72.7	−6.0	8.6	−5.3
5	塑料制品	34.7	29.2	4.1	9.0
6	纺织皮革原辅料	25.5	3.5	3.0	1.0
7	钢铁制品	24.6	26.4	2.9	5.9
8	钢材	24.3	−26.3	2.9	−9.9
9	化工制品	19.3	20.7	2.3	3.8
10	化工原料	16.5	1.3	2.0	0.2
11	其他常见金属	14.0	−14.3	1.7	−2.7
12	塑料原料	13.5	3.8	1.6	0.6
13	电线电缆	12.9	35.8	1.5	3.9
14	纤维和纱线	10.8	−18.1	1.3	−2.7
15	照相机、摄像机及其零件	10.4	−14.0	1.2	−1.9

资料来源：越南统计总局。

　　表5和表6列举了中越双边贸易主要商品的流量、增长率、份额和对贸易变化的贡献度①。在越南对中国出口方面，电话及其零件的增长贡献度最

----

① 贡献度是指该种商品进出口额较上年的增长（或下降）对双边贸易进出口额较上年的增长（或下降）的影响程度。进口商品的贸易贡献度计算公式为：进口贸易贡献度 =（当年该商品进口额 −上年该商品进口额）/（当年进口总额 − 上年进口总额）。如计算结果为正数，则说明该商品进口额变化对该国进口额变化趋势做出正向贡献；如计算结果为负数，则说明该商品进口额变化对该国进口额变化起反向作用。出口商品的贸易贡献度计算同理。

大，而钢材的增长率达到 600% 以上，这反映出中国具有巨大的钢铁原料需求。在越南自中国进口方面，计算机、电子产品及其零件的增长贡献度最大。两国计算机、电话等商品双向贸易增长迅猛表明，两国产业内贸易不断发展，产业关系不断紧密。总体而言，双边贸易受到新冠肺炎疫情的不利影响，进出口双向均有部分商品出现负增长，但大部分商品进出口保持增长态势。

在投资方面，受新冠肺炎疫情影响，中国对越投资虽然在 2020 年有所减少，但排名上升。越南计划投资部的统计数据显示，全年中国对越 FDI 流量为 24.6 亿美元，同比减少 39.4%，新增项目 342 个，占对越南 FDI 流量总额的 8.6%，是越南当年第三大外资来源国（较 2019 年上升 2 位）。截至 2020 年 12 月底，中国对越 FDI 存量累计 184.6 亿美元，项目总数为 3123 个，为越南第七大外资来源国。2020 年中国对越投资的最大项目为山东金宇轮胎集团在越南西宁省投资的年产 200 万套全钢子午线轮胎项目。该项目投资协议金额为 3 亿美元，于 2020 年 6 月开工建设，至 2021 年 3 月一期项目首胎下线。加工制造业、房地产业和电力生产行业是中国企业对越投资的主要领域。新冠肺炎疫情蔓延造成原材料、中间产品和技术人员等生产要素流动受阻，对中国海外投资制造业产生不利影响。在全球疫情形势好转、人员和物资流动逐渐开放的背景下，中国对越南投资逐步企稳回升。

（二）越南-美国双边经贸关系

2020 年是越美双边关系正常化 25 周年。两国政府和社会团体围绕 25 年来双边关系发展举行多场线上和线下活动。3 月，美国-东盟商务理事会（USABC）在河内举办美越关系正常化 25 周年纪念活动。7 月，美国驻越南大使馆和驻胡志明市总领事馆举办一系列庆祝活动，越南卫生部部长阮青龙受邀出席。越美双边经贸关系的迅猛发展成为两国关系的一大亮点。2000 年，两国签署首个双边贸易协定，2006 年，美国给予越南"永久正常贸易关系"地位；25 年来，越美双边贸易增长了 200 倍，美国已成为越南第二大贸易伙伴。

在贸易方面，越美双边进出口规模逆势扩张。2020 年双边货物贸易总额同比上升 19.8%，达到 908 亿美元，占越南货物贸易总额的 16.6%。其中：越南对美出口同比增长25.7%，为771亿美元，占越南出口总额的27.3%；自美进口同比下降5%，为137亿美元，占越南进口总额的5.2%。自2019年起，美国超过韩国成为越南第二大贸易伙伴，同时是越南第一大出口市场和第六大进口来源地。2020年，越南对美货物贸易顺差保持增长态势，达到634亿美元，同比增长35%。从2016~2020年的双边贸易发展状况看，越南对美国出口增长迅猛，自美国进口则徘徊在100亿美元上下，越南对美贸易顺差逐年攀升（见图4）。

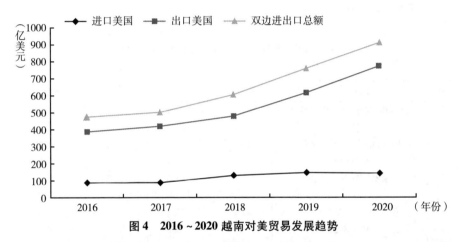

图4　2016~2020越南对美贸易发展趋势

资料来源：越南统计总局。

2020年越南-美国双边贸易结构见表7和表8。

表7　2020年越南对美国出口前15类商品

单位：亿美元，%

序号	商品类别	出口额	增长率	份额	贡献度
1	纺织品服装	139.9	−5.8	18.1	−5.5
2	机械、设备、工具及其零配件	122.1	141.5	15.8	45.5
3	计算机、电子产品及其零件	103.9	71.7	13.5	27.6
4	电话及其零件	87.9	−1.2	11.4	−0.1
5	木材和木制品	71.7	34.4	9.3	11.7
6	鞋类	63.0	−5.2	8.2	−2.2
7	运输工具及其零配件	18.2	7.1	2.4	0.8
8	玩具、体育用品及其部件	16.6	77.0	2.2	0.9

续表

序号	商品类别	出口额	增长率	份额	贡献度
9	水产品	16.2	10.3	2.1	1.0
10	箱包、帽子和伞类	12.7	-19.6	1.6	-2.0
11	塑料制品	11.0	58.9	1.4	2.6
12	腰果	9.9	-3.4	1.3	-0.2
13	钢铁制品	6.2	-7.6	0.8	-0.3
14	电线电缆	5.4	61.2	0.7	1.3
15	其他常见金属	5.3	23.6	0.7	0.6

资料来源：越南统计总局。

表8 2020年越南自美国进口前15类商品

单位：亿美元，%

序号	商品类别	进口额	增长率	份额	贡献度
1	计算机、电子产品及其零件	47.2	-2.9	34.4	21.2
2	棉花	13.2	-15.6	9.6	37.5
3	机械、设备、工具及其零配件	10.4	-8.1	7.6	14.0
4	塑料原料	6.8	-17.2	5.0	21.8
5	家畜饲料及其原料	5.1	-19.5	3.7	18.8
6	大豆	4.0	30.0	2.9	-14.0
7	纺织皮革原辅料	3.8	-20.5	2.7	14.8
8	化工制品	3.7	3.8	2.7	-2.1
9	木材和木制品	3.1	-7.9	2.3	4.1
10	果蔬	3.1	2.3	2.3	-1.0
11	钢铁废料	2.9	-27.2	2.1	16.4
12	药品	2.5	53.1	1.8	-13.2
13	其他食品制品	2.4	-14.0	1.8	6.0
14	运输工具及其零配件	1.9	-49.7	1.4	29.5
15	牛奶及奶制品	1.7	29.5	1.3	-6.0

资料来源：越南统计总局。

　　表7和表8列举了越美双边贸易主要商品的流量、增长率、份额和对贸易变化的贡献度。2020年的越美贸易结构反映了越南纺织业产业链"两头在外"的特点，即生产原料主要依靠进口，制成品主要用于出口。受新冠肺炎疫情影响，全球纺织品服装需求大幅萎缩，越南对美纺织品服装出口和自美国纺织原料进口均出现下滑。在越南对美出口商品中，机械、设备、

工具及其零配件，计算机、电子产品及其零件，木材和木制品等对出口增长贡献度较大；在越南自美进口商品中，棉花、运输工具及其零配件和塑料制品等对进口下降的贡献度较大。

在投资方面，越南计划投资部的统计数据显示，2020年美国对越FDI流量为3.6亿美元，同比下降21.7%，新增项目95个，占对越FDI流量总额的1.3%，居当年对越投资伙伴国的第11位。截至2020年12月底，美国对越FDI存量累计为94.4亿美元，投资项目数为1072个，在对越南投资的国家和地区中排名第11位。根据越南美国商会数据，目前约有600余家美国企业在越南从事生产经营活动，主要投资领域有高科技、金融、旅游以及其他服务业。尽管受到疫情不利影响，但美国大型跨国公司仍然看好越南市场潜力，谷歌与微软正在将部分生产线转移到越南，福特集团计划向海阳省的组装工厂增资，通用电气准备扩大海阳省涡轮风电厂的投资规模。此外，由于多家美国公司通过海外代理机构（如英属维尔京群岛为越南第六大FDI来源地，事实上美国很多离岸公司为避税而在此注册）向越南投资，所以官方统计数据无法反映美国对越南投资的全貌。

（三）越南－韩国双边经贸关系

2020年是纪念越韩建交28周年和韩国向越南提供官方开发援助30周年。越韩自2009年建立战略合作伙伴关系以来，两国不断巩固在贸易、投资、官方开发援助和劳务输出4个方面的合作，并继续深化在制造业、能源、交通等多领域的合作。在2020年11月举行的两国政府间经济与科技合作会议上，越南希望韩国继续为农产品入韩创造便利条件，同时推动两国贸易额趋向平衡并早日实现1000亿美元的目标。

在贸易方面，越韩贸易受疫情不利影响而出现下滑。2020年双边货物贸易总额同比下降1%，为660亿美元，占越南货物贸易总额的12.1%。其中：越南对韩出口同比下降3.2%，为191亿美元，占越南出口总额的6.8%；自韩进口同比下降0.3%，为469亿美元，占越南进口总额的17.9%。韩国是越南的第三大贸易伙伴、第二大进口来源地和第六大出口市

场，同时韩国也是越南的第二大贸易逆差来源国，2020年贸易入超规模继续扩大，同比增长2.2%，达到278亿美元。从2016~2020年的双边贸易发展状况看，越韩双边贸易自2018年起增幅放缓，越南对韩国出口小幅增长，自韩国进口则小幅下降，越南对韩国贸易逆差总体保持较高水平（见图5）。

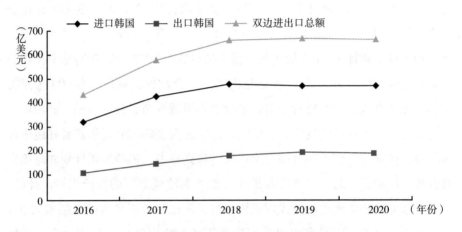

图5　2016~2020年越南对韩国贸易发展趋势

资料来源：越南统计总局。

2020年越南-韩国双边贸易结构见表9和表10。

表9　2020年越南对韩国出口前15类商品

单位：亿美元，%

序号	商品类别	出口额	增长率	份额	贡献度
1	电话及其零件	45.8	-11.0	24.0	92.6
2	计算机、电子产品及其零件	28.7	-0.1	15.0	0.4
3	纺织品服装	28.6	-14.9	14.9	81.3
4	机械、设备、工具及其零配件	20.5	25.9	10.7	-68.7
5	木材和木制品	8.2	3.2	4.3	-4.2
6	水产品	7.7	-1.4	4.0	1.8
7	鞋类	5.5	-9.3	2.9	9.2
8	运输工具及其零配件	4.8	25.4	2.5	-16.0
9	纤维和纱线	3.4	-2.7	1.8	1.6
10	照相机、摄像机及其零件	3.3	-13.9	1.7	8.7
11	其他常见金属	2.5	0.3	1.3	-0.1

续表

序号	商品类别	出口额	增长率	份额	贡献度
12	塑料制品	2.2	7.1	1.1	-2.4
13	电线电缆	2.1	18.7	1.1	-5.3
14	钢材	1.6	5.9	0.8	-1.5
15	钢铁制品	1.5	-11.6	0.8	3.3

资料来源：越南统计总局。

表10　2020年越南自韩国进口前15类商品

单位：亿美元，%

序号	商品类别	进口额	增长率	份额	贡献度
1	计算机、电子产品及其零件	171.4	1.8	36.5	-754.6
2	电话及其零件	77.6	31.1	16.6	-4705.1
3	机械、设备、工具及其零配件	60	-2.6	12.8	408.2
4	塑料制品	17.7	-1.2	3.8	53.9
5	布匹	16.2	-19.7	3.5	1019.9
6	塑料原料	15.5	-3.9	3.3	159.2
7	其他常见金属	15.1	2.2	3.2	-82.8
8	钢材	12.8	-9.1	2.7	329.2
9	汽车零配件	10.9	-5.3	2.3	154.7
10	成品油	10.3	-44.4	2.2	2096.4
11	钢铁制品	7.7	8.7	1.6	-156.6
12	化工制品	7.1	-1.1	1.5	20.5
13	纺织皮革原辅料	5.5	-23.8	1.2	438.4
14	化工原料	4.3	-0.2	0.9	2.0
15	纸类	2.4	-16.7	0.5	121.5

资料来源：越南统计总局。

　　表9和表10列举了越韩双边贸易主要商品的流量、增长率、份额和对贸易变化的贡献度。2020年越韩双边贸易结构反映出新冠肺炎疫情对供给侧和需求侧带来双向萎缩的负面影响。在供给侧方面，疫情导致生产停顿，产能下降，表现为越南的移动电话、计算机等产品对韩国出货量下降；在需求侧方面，疫情导致与生产要素流动相关的需求降低，表现为越南对韩国纺织品服装出口下降，自韩国成品油进口剧减。

在投资方面，越南计划投资部的统计数据显示，2020 年韩国对越 FDI 流量为 39.5 亿美元，同比下降 50.1%，新增项目 609 个，占对越 FDI 流量总额的 13.8%，为当年越南第二大外资来源地。截至 2020 年 12 月底，韩国对越 FDI 存量达 706.5 亿美元，投资项目数为 8983 个，是全球累计对越南投资最多的国家。由于新冠肺炎疫情对韩国经济造成冲击并造成越南工厂停产停工，短期内韩国对越南投资大幅下滑。截至 2020 年底约有 7000 家韩国企业在越南开展投资，雇用 70 多万名劳动者，对越南出口活动的贡献率约为 30%。加工制造业、建筑业、房地产业等是韩国对越南投资的主要领域。胡志明市、河内市、海防市、同奈省、平阳省等经济较发达、配套较完善、开放程度较高的地区是韩国在越南主要投资目的地。2020 年韩国在越南注册投资和增资的大型项目主要有 Starlake 西湖西岸都市区项目，该项目由大宇集团等 5 家韩国企业联合投资，总投资额为 13 亿美元，占地面积约为 208 公顷，2020 年增资 7.74 亿美元。

（四）越南 – 东盟双边经贸关系

2020 年，越南担任东盟轮值主席国，这也是东盟积极抗击疫情、推动地区一体化迈向新台阶的一年。11 月 15 日，经过 8 年谈判，《区域全面经济伙伴关系协定》以视频会议方式正式签署，标志着世界上人口数量最多、成员结构最多元、发展潜力最大的东亚自贸区建设成功启动。[1] 该协定由东盟 10 国发起，旨在削减关税壁垒，建立东亚地区统一市场。[2] 作为东盟轮值主席国，越南在推动该协定签署过程中发挥了重要作用。

在贸易方面，越南东盟双边贸易受疫情影响下滑。2020 年双边货物贸易总额同比下降 6.5%，为 536.5 亿美元，占越南货物贸易总额的 9.8%。

---

[1] 《签了！全球最大自贸区——东亚自贸区成功启动，图解 RCEP 八年迎来的里程碑成果！》，网易，2020 年 11 月 17 日，https://www.163.com/dy/article/FRL61Q8I0528CJEP.html。

[2] 《合作共赢，是 RCEP 诞生过程中最动人的故事，也将是最受期待的篇章》，《新民晚报》百家号，2020 年 11 月 15 日，https://baijiahao.baidu.com/s? id = 1683423312065051606&wfr = spider&for = pc。

其中：越南对东盟出口同比下降7.7%，为231.8亿美元，占越南出口总额的8.2%；自东盟进口同比下降5.5%，为304.7亿美元，占越南进口总额的11.6%。东盟自2018年起超过欧盟成为越南第四大贸易伙伴，同时也是越南第三大进口来源地和第四大出口市场。越南对东盟贸易逆差持续扩大，同比上升5.8%，为73.2亿美元。从2016~2020年的双边贸易发展状况看，越南－东盟双边贸易发展趋势较为平缓，自2018年起进出口略有下降，越南对东盟贸易逆差总体变化不大（见图6）。

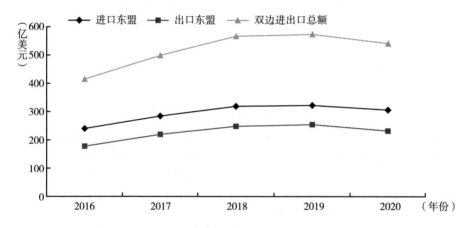

图6 2016~2020越南对东盟贸易发展趋势

资料来源：越南统计总局。

2020年越南－东盟双边贸易结构见表11和表12。

表11 2020年越南对东盟出口前15类商品

单位：亿美元，%

序号	商品类别	出口额	增长率	份额	贡献度
1	钢材	23.0	-8.4	10.0	10.2
2	计算机、电子产品及其零件	18.9	1.7	8.2	-1.6
3	机械、设备、工具及其零配件	18.6	0.0	8.0	0.0
4	电话及其零件	14.8	-36.4	6.4	40.7
5	大米	14.0	19.2	6.1	-10.9
6	纺织品服装	13.6	-7.6	5.9	5.4

续表

序号	商品类别	出口额	增长率	份额	贡献度
7	运输工具及其零配件	12.3	−8.6	5.3	5.6
8	玻璃及玻璃制品	6.4	12.2	2.8	−3.3
9	原油	5.8	−21.6	2.5	7.8
10	水产品	5.6	−17.9	2.4	5.9
11	纺织皮革原辅料	5.4	−21.6	2.3	7.2
12	钢铁制品	5.0	−18.5	2.1	5.4
13	成品油	4.8	−35.6	2.1	12.9
14	化工制品	4.8	7.7	2.1	−1.7
15	塑料制品	4.7	−7.2	2.0	1.8

资料来源：越南统计总局。

表12 2020年越南自东盟进口前15类商品

单位：亿美元，%

序号	商品类别	进口额	增长率	份额	贡献度
1	计算机、电子产品及其零件	46.0	17.4	15.1	−42.1
2	机械、设备、工具及其零配件	26.8	2.0	8.8	−3.3
3	成品油	18.7	−38.5	6.1	71.9
4	整车	15.1	−29.8	5.0	39.5
5	塑料原料	13.7	−14.6	4.5	14.4
6	家用电器	11.9	−5.3	3.9	4.1
7	其他常见金属	10.8	−7.8	3.5	5.6
8	化工原料	10.5	3.9	3.5	−2.4
9	汽车零配件	9.7	2.0	3.2	−1.1
10	化工制品	8.3	2.6	2.7	−1.3
11	动植物油	8.0	26.0	2.6	−10.1
12	煤炭	7.9	−9.6	2.6	5.1
13	橡胶	7.2	55.2	2.4	−15.8
14	钢材	5.3	−21.7	1.7	9.0
15	香水、化妆品与卫生用品	5.1	5.1	1.7	−1.5

资料来源：越南统计总局。

表 11 和表 12 列举了越南－东盟双边贸易主要商品的流量、增长率、份额和对贸易变化的贡献度。新冠肺炎疫情限制了人们交通出行需求，并改变人们的消费行为，导致人们增加对必需品的购入，减少对消耗品的消费，所以越南对东盟的大米出口增加，而对东盟的整车、成品油等消耗品的需求锐减。同时，由于新冠肺炎疫情导致供应链断裂和投资建设需求降低，越南对东盟移动电话、钢材和钢铁制品等商品的出口急剧下滑。

2020 年越南与东盟各国贸易情况见表 13。

表 13　2020 年越南与东盟各国货物贸易进出口和贸易平衡状况

单位：亿美元

国家	对越南进出口总额	自越南进口	对越南出口	贸易平衡
泰国	158.8	49.2	109.6	-60.4
马来西亚	99.9	34.2	65.7	-31.5
印度尼西亚	82.1	28.3	53.8	-25.5
新加坡	67.2	30.5	36.7	-6.2
柬埔寨	53.3	41.5	11.8	+29.7
菲律宾	53.0	35.5	17.5	+18
老挝	10.3	5.7	4.6	+1.1
缅甸	8.5	6.3	2.2	+4.1
文莱	2.9	0.2	2.7	-2.5

资料来源：越南统计总局。"-"表示越南逆差，"+"表示越南顺差。

在投资方面，越南计划投资部的统计数据显示，2020 年东盟对越 FDI 流量约为 113.1 亿美元，同比增长 96.4%，新增项目 338 个，占对越 FDI 流量总额的 39.6%。截至 2020 年 12 月底，东盟对越 FDI 存量累计达 867 亿美元，投资项目数为 4306 个。加工制造业、电力和房地产业等是东盟国家对越南的主要投资领域，新加坡、马来西亚、泰国和文莱等拥有国际分工和资源禀赋优势的国家是东盟成员国中对越南投资的主要来源地，占东盟对越投资的 90% 以上。其中，新加坡在 2020 年对越 FDI 流量达 89.9 亿美元，新增

项目 248 个，占对越 FDI 流量总额的 31.5%。这意味着新加坡首次超过韩国，成为当年越南第一大外资来源地。在 FDI 存量上，新加坡则紧随韩国与日本，排第 3 位，累计投资 2629 个项目，协议金额达 565.5 亿美元。年内规模较大的项目有：薄辽省液化石油气发电站项目（新加坡），注册投资金额为 40 亿美元；巴地 – 头顿省南方石油炼化项目（泰国），注册投资金额为 13.9 亿美元。

（五）越南 – 欧盟双边经贸关系

2020 年越欧开启了双边贸易投资关系发展的新纪元。2 月 12 日，欧洲议会投票正式通过《欧盟 – 越南自由贸易协定》。8 月，《欧盟 – 越南自由贸易协定》正式生效。9 月，越南政府颁布 2020～2022 年落实《欧盟 – 越南自由贸易协定》的特别优惠进出口关税税目。按照《欧盟 – 越南自由贸易协定》，欧盟将在协议生效时立即取消对越南 85.6% 税目关税，覆盖越南对欧盟出口额的 70.3%；在协定生效 7 年后，将取消 99.2% 税目关税，覆盖越南对欧盟出口额的 99.7%。越欧双边贸易前景广阔。

越欧双边贸易受疫情影响大幅缩水。2020 年双边货物贸易总额同比下降 11.8%，为 498 亿美元，占越南货物贸易总额的 9.1%。其中：越南对欧盟出口同比下降 15.5%，为 351.3 亿美元，占越南出口总额的 12.4%；自欧盟进口同比下降 1.3%，为 146.7 亿美元，占越南进口总额的 5.6%。欧盟是越南第五大贸易伙伴，同时是越南第三大出口市场和第五大进口来源地。2020 年，越南对欧盟货物贸易继续保持顺差，为 204.6 亿美元。从 2016～2020 年的双边贸易发展状况看，受到新冠肺炎疫情的不利影响，越南 – 欧盟双边贸易在 2020 年下降明显（见图 7）。同时值得注意的是，英国于 2020 年 1 月 31 日正式退出欧盟，越欧双边贸易统计自 2020 年起将不再包括越南与英国的进出口数据，因此越欧贸易规模的下降也与统计范围的变化有关。

2020 年越南 – 欧盟双边贸易结构见表 14 和表 15。

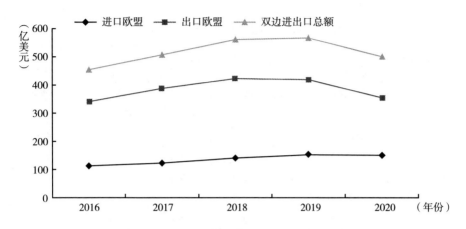

图7　2016～2020年越南对欧盟贸易发展趋势

资料来源：越南统计总局。

表14　2020年越南对欧盟出口前15类商品

单位：亿美元，%

序号	商品类别	出口额	增长率	份额	贡献度
1	电话及其零件	85.2	-30.2	24.2	57.6
2	计算机、电子产品及其零件	57.7	23.8	16.4	-17.3
3	鞋类	38.0	-24.5	10.8	19.2
4	纺织品服装	30.8	-27.8	8.8	18.5
5	机械、设备、工具及其零配件	27.6	10.0	7.9	-3.9
6	咖啡	9.8	-15.6	2.8	2.8
7	水产品	9.1	-26.7	2.6	5.2
8	箱包、帽子和伞类	7.2	-25.5	2.0	3.8
9	运输工具及其零配件	6.9	-15.0	2.0	1.9
10	腰果	6.7	-11.6	1.9	1.4
11	钢铁制品	4.9	-9.7	1.4	0.8
12	木材和木制品	4.8	-42.8	1.4	5.7
13	塑料制品	4.6	-21.8	1.3	2.0
14	玩具、体育用品及其部件	3.6	12.6	1.0	-0.6
15	钢材	2.0	-16.2	0.6	0.6

资料来源：越南统计总局。

表 15 2020 年越南自欧盟进口前 15 类商品

单位：亿美元，%

序号	商品类别	进口额	增长率	份额	贡献度
1	计算机、电子产品及其零件	40.8	62.2	27.8	−605.8
2	机械、设备、工具及其零配件	30.8	−21.4	21.0	323.3
3	药品	17.5	7.0	11.9	−44.2
4	化工制品	5.0	−9.6	3.4	20.7
5	家畜饲料及其原料	2.9	9.0	1.9	−9.1
6	纺织皮革原辅料	2.7	−33.9	1.8	52.8
7	塑料原料	2.1	−14.1	1.4	13.3
8	钢铁制品	1.9	−5.9	1.3	4.6
9	牛奶及奶制品	1.9	−11.6	1.3	9.7
10	其他交通工具及其零件	1.8	−29.1	1.2	29.0
11	化工原料	1.8	−8.7	1.2	6.6
12	木材和木制品	1.6	−16.8	1.1	12.6
13	布匹	1.3	−23.3	0.9	15.7
14	塑料制品	1.3	−15.4	0.9	9.0
15	汽车零配件	1.1	−49.1	0.8	41.6

资料来源：越南统计总局。

 表 14 和表 15 列举了越南欧盟双边贸易主要商品的流量、增长率、份额和对贸易变化的贡献度。除了受新冠肺炎疫情影响而造成的消费品和资本品进出口额普遍下降以外，越南对欧盟药品需求上升。根据越南工贸部发布的《2020 年第四季度越南－欧盟贸易专刊》数据，自《欧盟－越南自由贸易协定》正式生效以来（2020 年 8 月至 11 月），越欧双边贸易已出现明显起色，双边进出口额同比上升 2.9%，有力遏止上半年贸易额持续下降的趋势。①
 2020 年越南与欧盟各国贸易情况见表 16。

---

① 《2020 年第四季度越南欧盟贸易专刊》，越南工贸部网站，2021 年 1 月 7 日，http：// evfta. moit. gov. vn/default. aspx？page = news&do = detail&id = 98506a4e − 7390 − 4631 − 92ac − 551f2156649f。

表16　2020年越南与欧盟各国货物贸易进出口和贸易平衡状况

单位：亿美元

国家	排名	对越进出口总额	自越进口	对越出口	贸易平衡
德国	1	99.9	66.4	33.5	+32.9
荷兰	2	76.6	70.0	6.6	+63.4
法国	3	48.2	33.0	15.2	+17.8
意大利	4	46.3	31.2	15.1	+16.1
爱尔兰	5	42.3	1.7	40.6	-38.9
奥地利	6	31.8	28.8	3.0	+25.8
比利时	7	27.8	23.1	4.7	+18.4
西班牙	8	26.6	21.3	5.3	+16.0
波兰	9	21.1	17.7	3.4	+14.3
瑞典	10	14.8	11.3	3.5	+7.8
匈牙利	11	13.0	9.3	3.7	+5.6
斯洛伐克	12	12.2	11.7	0.5	+11.2
捷克	13	5.5	4.2	1.3	+2.9
丹麦	14	5.0	3.0	2.0	+1.0
葡萄牙	15	4.7	3.8	0.9	+2.8
斯洛文尼亚	16	3.6	2.8	0.8	+2.0
芬兰	17	3.4	1.4	2.0	-0.6
希腊	18	3.4	2.6	0.8	+1.8
罗马尼亚	19	2.9	2.2	0.7	+1.5
拉脱维亚	20	2.4	2.1	0.3	+1.8
立陶宛	21	1.2	1.1	0.2	+0.9
保加利亚	22	1.2	0.6	0.6	0.0
卢森堡	23	1.1	0.6	0.5	+0.1
塞浦路斯	24	1.0	0.4	0.6	-0.2
克罗地亚	25	0.8	0.5	0.3	+0.2
爱沙尼亚	26	0.7	0.5	0.2	+0.3
马耳他	27	0.5	0.1	0.4	-0.3

资料来源：越南统计总局。"-"表示越南逆差，"+"表示越南顺差。

在投资方面，越南计划投资部的统计数据显示，2020年欧盟对越FDI流量约为13.8亿美元，同比减少24.2%，新增项目172个，占对越FDI流量总额的4.8%。截至2020年12月底，欧盟对越FDI存量累计近269亿美元，投资项目数为2544个。加工制造业、电力、能源、高科技和房地产业等是欧盟国家对越投资的主要领域。胡志明市、河内市、巴地－头顿省、广宁省、同奈省等经济较发达、配套较完善、开放程度较高的地区是欧盟主要投资目的地。荷兰是欧盟中累计对越南投资最多的国家，2020年FDI流量为9亿美元，新增项目36个，FDI存量累计104.2亿美元，项目数量为374个，规模居对越南直接投资来源地第10位。

（六）越南－日本双边经贸关系

2020年是越日双边关系发展的重要之年。10月，新任日本首相菅义伟首访越南，凸显日本对越南和东盟的合作决心。越南官方媒体高度评价菅义伟此访，称"越南与日本处在自建交以来的历史上最好关系时期"①。菅义伟访越期间，两国签署包括《农业合作中长期愿景》在内的12项双边经贸合作文件，价值40亿美元。越日不断加强双边和多边框架内多领域合作。

在贸易方面，越日双边贸易受疫情影响有小幅下滑。2020年双边货物贸易总额同比下降0.8%，为396亿美元，占越南货物贸易总额的7.3%。其中：越南对日出口同比下降5.4%，为193亿美元，占越南出口总额的6.8%；自日进口同比增长4.1%，为203亿美元，占越南进口总额的7.7%。日本是越南的第六大贸易伙伴，同时也是越南第四大进口来源地和第五大出口市场。从2016~2020年的双边贸易发展状况看，越日双边贸易规模在保持稳定增长的同时，进出口流量较为均衡（见图8）。

2020年越南－日本双边贸易结构见表17和表18。

---

① 《越南－日本关系正处于历史最好阶段》，越南共产党电子报，2020年10月18日，https：// dangcongsan. vn/thoi－su/quan－he－viet－nam－nhat－ban－dang－o－giai－doan－tot－nhat－trong－lich－su－565956. html。

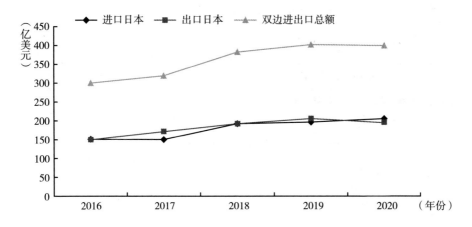

图8　2016～2020年越南对日本贸易发展趋势

资料来源：越南统计总局。

表17　2020年越南对日本出口前15类商品

单位：亿美元，%

序号	商品类别	出口额	增长率	份额	贡献度
1	纺织品服装	35.3	−11.5	18.3	40.5
2	运输工具及其零配件	23.8	−8.1	12.3	18.5
3	机械、设备、工具及其零配件	20.5	5.6	10.6	−9.6
4	水产品	14.3	−1.8	7.4	2.4
5	木材和木制品	12.9	−2.5	6.7	2.9
6	计算机、电子产品及其零件	9.7	−5.9	5.0	5.4
7	电话及其零件	9.4	16.5	4.9	−11.8
8	鞋类	8.5	−12.9	4.4	11.1
9	塑料制品	6.7	−7.3	3.5	4.7
10	钢铁制品	4.8	0.7	2.5	−0.3
11	玩具、体育用品及其部件	3.5	6.4	1.8	−1.9
12	箱包、帽子和伞类	3.4	−18.9	1.8	7.1
13	电线电缆	3.2	4.3	1.6	−1.1
14	化工原料	2.9	−19.9	1.5	6.4
15	其他常见金属	2.2	−11.6	1.1	2.6

资料来源：越南统计总局。

表 18　2020 年越南自日本进口前 15 类商品

单位：亿美元，%

序号	商品类别	进口额	增长率	份额	贡献度
1	计算机、电子产品及其零件	53.7	19.7	26.4	108.4
2	机械、设备、工具及其零配件	44.2	−5.8	21.7	−33.4
3	钢材	13.9	2.7	6.9	4.5
4	钢铁废料	9.7	38.3	4.8	33.0
5	塑料制品	8.0	−4.5	3.9	−4.6
6	汽车零配件	7.3	0.9	3.6	0.8
7	布匹	6.4	−21.5	3.2	−21.6
8	化工制品	5.5	3.5	2.7	2.3
9	塑料原料	5.1	1.6	2.5	1.0
10	钢铁制品	4.9	−14.3	2.4	−10.0
11	化工原料	4.5	9.5	2.2	4.8
12	其他常见金属	4.4	24.8	2.1	10.6
13	电话及其零件	2.6	2.8	1.3	0.9
14	纺织皮革原辅料	2.6	−15.0	1.3	−5.5
15	玻璃及玻璃制品	2.0	22.0	1.0	4.5

资料来源：越南统计总局。

表 17 和表 18 列举了越南日本双边贸易主要商品的流量、增长率、份额和对贸易变化的贡献度。新冠肺炎疫情对多个行业的发展需求造成打击，导致越日双边贸易多种商品进出口额出现下滑。此外，两国贸易结构也因新冠肺炎疫情发生改变，原本贸易额较大的商品下滑至前 15 名之外，如越南对日本原油出口额下降 75.5%，越南对日本整车和汽油进口额分别下降 32% 和 97.1%。

在投资方面，越南计划投资部的统计数据显示，2020 年日本对越 FDI 流量为 23.7 亿美元，同比减少 42.8%，新增项目 272 个，为当年越南第四大外资来源地。截至 2020 年 12 月底，日本对越 FDI 存量为 602.6 亿美元，项目数为 4632 个，居对越投资伙伴国的第二位。加工制造业、房地产业、水电气输送等是日本对越投资的主要领域。清化省、河内市、平阳省、胡志明市、海防市等是日本在越主要投资目的地。近年来日本对越投资持续下滑，除受新冠肺炎疫情影响之外，越南相关法律机制不健全、行政手续烦冗、基础设施不完善、配套工业不发达、人力资源水平低等是出现这一问题的主要原因。

2020 年越南与各主要贸易伙伴的贸易情况见表 19。

表 19　2020 年越南与各主要贸易伙伴的货物贸易进出口额和贸易平衡状况

单位：亿美元

国家/地区	排名	对越南进出口总额	自越南进口	对越南出口	贸易平衡
中国	1	1331.0	489.0	842.0	-353.0
美国	2	908.0	771.0	137.0	+634.0
韩国	3	660.0	191.0	469.0	-278.0
东盟	4	536.0	231.4	304.6	-73.2
欧盟	5	498.0	351.3	146.7	+204.6
日本	6	396.0	193.0	203.0	-10.0

资料来源：根据越南海关总局数据制作。"－"表示越南逆差，"＋"表示越南顺差。

四　2021年越南对外贸易展望

新冠肺炎疫情形势复杂多变，全球经济努力在抗疫中复苏。自 2020 年底开始，世界主要国家和地区陆续启动新冠病毒疫苗接种工作，截至 2021 年 5 月，全球累计接种疫苗总量超过 15 亿剂次，美国、英国、欧盟等发达经济体都已制定 2021 年 7～8 月全面重启经济的计划，全球经济复苏进程好于预期。但是，随着印度等国疫情恶化和新冠变种病毒在全世界迅速传播，包括越南在内的东南亚国家防疫形势日趋紧张，生产生活再次受到影响。自 2021 年 4 月底，新一波疫情在越南暴发，已蔓延至多个省市，甚至波及工业园区。包括富士康在内越南北部多家工厂被迫停工，苹果、三星等厂商的

供应链面临压力。因此，疫情形势的反复波动给经济走向增加不确定性，对于发展外向型经济的越南来说，只有控制疫情蔓延并保持生产不受影响，才能稳定经济增长。

《区域全面经济伙伴关系协定》为地区贸易增长带来新的契机。2020年11月15日，在第四次区域全面经济伙伴关系协定领导人会议上，东盟10国、中国、日本、韩国、澳大利亚、新西兰共15个国家正式签署RCEP，标志着全球规模最大的自由贸易协定正式达成。对于中国而言，RCEP是目前中国参与的规格最高、影响最深远的超大型自由贸易协定，表明中国与亚太国家的经济利益网络将织得更密更广，合作关系将迈向新的、更高水平的台阶，从而分散中美经贸摩擦和产业链转移对国内经济运行施加的压力。对于越南而言，RCEP将有助于开拓出口市场，改善区域价值链地位，提升吸引外资水平，扩大越南的国际影响力。同时，削减进口关税也给越南电信产品、信息技术产品、纺织品服装、鞋类与农产品带来新机会。

越南与主要贸易伙伴关系发展前景广阔。从总体上看，疫情冲击并没有给越南对外贸易格局带来大的改变，越南对外贸易的主要伙伴国和逆差来源国都在东亚地区，欧盟和美国则是越南主要的顺差来源地。由于RCEP对亚太地区乃至全球贸易产生贸易创造效应和贸易转移效应的作用，越南与RCEP成员国以及欧盟、美国等主要贸易伙伴的贸易往来均会有所增长。随着新冠肺炎疫情在全球范围内总体得到控制和封锁隔离的解除，生产要素的跨境流动将逐渐回到正常水平，交通、能源、旅游等深受疫情影响的服务行业将恢复发展，全球消费品总需求将逐渐摆脱低迷状态，资本品和中间品的跨国供给将逐渐恢复。预计越南的原油、农林水产品、纺织品服装、机械零部件等消费品和中间品的出口将逐渐上升，同时对原料辅料、生产机械、关键部件等资本品和中间品的进口会有所增长。

B.13
2020年新冠肺炎疫情下的越南旅游业

何静波*

摘　要： 2020年，越南旅游业是受新冠肺炎疫情影响最严重的行业之一。疫情不但重创全球旅游业，还影响到与旅游密切相关的酒店住宿、航空、旅行社和餐饮服务等行业。2020年越南旅游业呈高开低走态势，3月暂停国际旅游后出现断崖式下滑，4月跌至5年新低并持续至12月底。随着疫情防控取得积极成效，越南国内旅游逐渐复苏。恢复和开发国内旅游将继续成为2021年越南旅游业的工作重心。

关键词： 新冠肺炎疫情　越南　数字化　旅游业

一　2020年越南旅游业概况

（一）总体概况

2020年，越南全年接待国际游客约383.73万人次，比2019年下降78.7%，其中96%的国际游客为第一季度到访越南，2020年第一季度赴越南的国际游客约368.68万人次。2020年1月，越南首次迎来创纪录的国际游客人数，赴越南的国际游客达200万人次，较2019年同期增长32.8%。由于新冠肺炎疫情2月底在世界范围内暴发，对旅游业产生巨大的冲击，赴

---

* 何静波，厦门大学南洋研究院博士研究生，主要研究方向为越南近现代史、中越关系。

越南的国际游客自 2 月开始减少，特别是来自中国的游客。赴越南的中国内地游客 1 月为 64.47 万人次，同比增长 72.6%；2 月共 19.39 万人次，较 2019 年同比下降 5.8%；3 月计 3.32 万人次，同比下降 31.9%。自 3 月 18 日越南政府总理颁行暂停发放外国人入境越南签证的指示后，赴越南旅游的国际游客量呈断崖式下滑。由于全球疫情持续蔓延，越南国内疫情也出现反弹，因此从第二季度至年底，均未完全开放国际旅游。自 4 月接近触底后，赴越南的国际旅客第二季度约为 5.77 万人次，第三季度 4.41 万人次，第四季度 4.88 万人次，月均仅 1.67 万人次，主要是赴越南工作的外国专家、技术人员及部分返越南的留学生。

在越南国内，虽然新冠肺炎疫情迅速得到控制，国内旅游依然活跃，但在疫情反弹期间也受到社交距离措施的影响。2020 年，越南国内游客总数为 5600 万人次，比 2019 年减少 2900 万人次，同比下降 34.1%。旅游活动停滞使旅游企业及相关服务业受到极大的影响，导致 2020 年越南旅游营业总收入仅为 312 万亿越南盾，比上年下降 58.7%。2020 年，越南各省市的旅游营业收入较 2019 年均急剧下降，例如：庆和下降 85.1%，广南下降 78.7%，胡志明市下降 76.7%，岘港下降 73.3%，巴地-头顿下降 64.3%，平阳下降 60.1%，广平下降 58.2%，芹苴下降 55.3%，河内下降 48.4%，平定下降 40.1%。住宿和餐饮服务的收入估计仅为 510.4 万亿越南盾（约合 221.5 亿美元），比上年下降 13%。①

疫情期间，越南的交通运输业也受到极大的影响，特别是航空业。按入境方式来看：赴越南国际游客经航空入境的共 308.32 万人，占赴越南国际游客的 80.3%，同比下降 78.6%；经陆路入境的共 60.94 万人次，占比为 15.8%，同比下降 81.9%；经海路入境的共 14.47 万人次，占比为 3.8%，同比下降 45.2%。

至 2020 年底，越南共有旅游企业 3339 家，其中国际旅游企业 2519 家，

---

① 《2020 年旅游受新冠肺炎疫情影响》，越南统计总局网，2021 年 3 月 17 日，https：//www.gso.gov.vn/du - lieu - va - so - lieu - thong - ke/2021/01/du - lich - nam - 2020 - lao - dao - vi - covid - 19/。

国内旅游企业 820 家，90% ~95% 的旅游企业在 2020 年暂停营业，201 家旅游企业申请了新许可证，同时有 338 家公司申请注销许可证。国际旅行社几乎都转向国内旅游业务，越南全国共有导游 26721 名，其中 16965 名转向国内导游业务或转行。全国 3 万余家住宿场所，其中包括五星级酒店 195 家，共计 65 万间客房，但入住率仅为 20% ~25% 。在一些重点旅游区，许多酒店因难以为继而被迫关门或改变用途。

由于疫情影响，2020 年未能完成越南旅游总局在 "2019 年工作总结暨工作任务部署会议" 上提出的 "2020 年，越南旅游业力争实现国际游客到访人数 2050 万人次，国内游客人数 9000 万人次，旅游营业总收入 830 万亿越南盾" 的既定目标。

（二）客源市场

2020 年，越南所有的客源市场游客量均大幅度减少，大部分赴越南旅游的客源市场游客量都有不同程度的暴跌。跌幅排名前 5 的客源市场依次为：中国香港、西班牙、中国、新加坡、马来西亚。

按客源市场看，2020 年赴越南的亚洲游客为 281.36 万人次，同比下降 80.4% 。中国作为越南最大的旅游客源国，2020 年赴越南的中国游客为 95.92 万人次，比上年减少了 484.72 万人次，同比下降 83.5% ；中国台湾游客为 19.67 万人次，同比下降 78.8% ；中国香港游客为 3780 人次，同比下降幅度达 89.7% 。韩国仍为越南第二大旅游客源国，赴越南的韩国游客为 84 万人次，比上年减少 345.08 万人次，同比下降 80.4% 。日本作为 2020 年越南第四大旅游客源国，赴越南的日本游客约为 20.53 万人次，同比下降 78.4% 。马来西亚等 7 个东盟国家的游客数量亦呈下降之势。其中：泰国游客赴越数量居东南亚客源国之首，赴越南游客数量为 12.78 万人次，同比下降 74.9% ；柬埔寨游客 12.18 万人次，同比下降 46.6% ，为全年各客源市场跌幅最小；马来西亚游客 11.71 万人次，同比下降 80.7% ；新加坡游客 5.21 万人次，同比下降 83.1% ；老挝游客 4.97 万人次，同比下降 49.5% ；菲律宾游客 3.74 万人次，同比下降 79.1% ；印度尼西亚游客 2.17 万人次，同比下降 79.7% 。

2020 年，赴越南的欧洲游客为 67.18 万人次，比上年减少约 149.64 万人次，同比下降 69%。欧洲所有的客源市场均呈下降趋势，其中又以西班牙降幅最大，同比下降 85.6%。游客量排名前 5 的情况为：来自俄罗斯的游客为 24.63 万人次，比上年减少 40.01 万人次，同比下降 61.9%，但仍为赴越南旅游的欧洲最大客源国；英国游客 8.24 万人次，比上年减少 23.27 万人次，同比下降 73.9%；法国游客 7.52 万人次，比上年减少 21.25 万人次，同比下降 73.8%；德国游客 6.2 万人次，比上年减少 16.48 万人次，同比下降 72.7%；瑞典游客 2.2 万人次，同比下降 56.7%。

2020 年，赴越南的美洲游客共计 23.65 万人次，比 2019 年减少约 73.73 万人次，同比下降 75.7%。来自美国的游客仅为 17.41 万人次，比上年减少约 57.21 万人次，同比下降 76.7%；加拿大 4.22 万人次，同比下降 73.5%。

2020 年，赴越南的大洋洲游客为 10.28 万人次，同比下降 76.2%，其中：澳大利亚游客为 9.28 万人次，比上年减少约 29.07 万人次，同比下降 75.8%；新西兰游客仅为 9585 人次，同比下降 79.6%。赴越南的非洲游客总计 1.25 万人次，同比下降 73.9%。

2020 年赴越南国际游客和客源市场情况见表1。

表1 2020 年赴越南国际游客和客源市场情况

单位：人次，%

排序	国家/地区	总人次	增幅
1	中国	959238	-83.5
2	韩国	840041	-80.4
3	俄罗斯	246320	-61.9
4	日本	205274	-78.4
5	中国台湾	196705	-78.8
6	美国	174080	-76.7
7	泰国	127769	-74.9
8	柬埔寨	121817	-46.6
9	马来西亚	117054	-80.7
10	澳大利亚	92769	-75.8
11	英国	82375	-73.9
12	法国	75223	-73.8

排序	国家/地区	总人次	增幅
13	德国	61971	-72.7
14	新加坡	52089	-83.1
15	老挝	49716	-49.5
16	加拿大	42200	-73.5
17	菲律宾	37437	-79.1
18	瑞典	21961	-56.7
19	印度尼西亚	21669	-79.7
20	荷兰	18509	-77.2
21	意大利	18138	-74.4
22	丹麦	14623	-65.2
23	西班牙	12045	-85.6
24	瑞士	10901	-70.2
25	芬兰	10055	-53.2
26	新西兰	9585	-79.6
27	挪威	8998	-67.9
28	秘鲁	7585	-77.8
29	中国香港	3780	-89.7

资料来源:《2020 年第四季度和全年经济社会情况报告》,越南统计总局,https://www. gso. gov. vn/du - lieu - va - so - lieu - thong - ke/2020/12/baocao - tinh - hinh - kinh - te - xa - hoi - quy - iv - va - nam - 2020/。

二 疫情冲击下的越南旅游业

2020 年,越南旅游营业收入总额损失达 530 万亿越盾（约合 230 亿美元）。因疫情防控需要,一方面,重要客源市场限制出境,另一方面越南暂停国际游客入境越南旅游,导致近年来持续增长的越南旅游业被迫按下"暂停键",并出现负增长。无论是国内游,还是国际游,特别是出境游,均出现断崖式的下跌。大批越南中小型旅游企业、住宿单位和景区被迫歇业或关闭,大量旅游从业人员失业或待业。

（一）旅游出行需求大幅度下降

越南旅游业连续 5 年实现突破性增长，为 2020 年越南旅游业的发展奠定了良好的基础。因此，2020 年 1 月，越南在一个月内接待国际游客量首次达 200 万人次。然而，新冠肺炎疫情突袭而至，对越南旅游业产生严重的影响。

在疫情迅速蔓延扩散的情况下，许多国家采取封锁和限制出行措施，加强疫情防控工作，导致旅游需求，特别是出境国际旅游需求大幅下滑。越南最大的旅游客源市场，也是全球最大的旅游客源市场——中国实施"非必要不出境"的政策，限制国内游客赴境外旅游。越南自 2020 年 3 月起不接待来自疫情发生国家和地区的国际游客。除暂停部分发生疫情国家和地区赴越南旅游签证的发放外，越南还暂停对韩国等发生疫情国家公民实施免签的政策，加强对出入境游客进行健康检查。对于符合规定条件进入越南的国际游客，首先要进行 2 周的隔离观察和健康检查。原本计划赴越南短期旅游的国际游客也不得不更换了旅游目的地。

随着全球疫情形势日益严峻，越南决定全国暂停接待所有国际游客，只开展国内旅游业务，同时暂停国内各类庙会等大型聚集活动。国际旅游被暂停，因此 2020 年越南以开发国内旅游市场为主。5 月至 7 月本是越南国内旅游市场强劲复苏的阶段，但由于疫情再次暴发，越南旅游业又一次受到沉重打击。尽管通过刺激国内旅游政策，越南国内旅游活动部分恢复，但受疫情防控需求实行的社交距离措施限制，越南国内游客量减少 34.1%。除因疫情出行受限和安全性考虑外，旅游需求下降的原因还包括服务于越南国内游客的旅游产品具有一定的季节性，缺乏多样化和吸引力等。

（二）防控措施造成旅游活动障碍

越南通过采取包括切断交通、关闭边境、取消航班、签证限制、对入境旅游采取隔离等措施，限制国际旅游以应对疫情，严防输入，保障其国民安全。全面严格的防疫措施加大了旅游活动的障碍，导致旅游业损失严重。在疫情发展的不同时期，受疫情防控措施的影响，旅游产业的三大支柱行业——旅行社、住宿业、景区景点，均呈现不同程度的损失。

旅行社方面。为了全面防控疫情在越南蔓延，2020年1月底，越南文化体育旅游部下发第389/CD－BVHTTDL号文件，要求全国国际旅行社暂时停止组织旅游团到发生疫情的省市，不接待从疫区到越南旅游的游客。随后，其国内旅行社也全面暂停团体业务。旅行社经营日益艰难，导致现金流紧张，同时还受退团、退单、收入暴跌的冲击。随着复工和防疫成本不断增加，不但员工收入骤降，企业经营也损失惨重，大量中小型旅行社面临破产风险，特别是主要经营国际旅游业务的旅行社。疫情期间，"零订单""零收入"成为国际旅行社的普遍现象，大约95%的国际旅行社停业。

酒店住宿业方面。由于人员流动受限，旅游活动被暂停，导致游客锐减，酒店住宿业陷入入住率低、房价暴跌乃至大面积停业的困境。自2020年2月至12月底，大量的会议、餐饮和住宿订单被取消或改期，许多酒店的入住率有时仅为10%~15%，酒店、餐饮等行业营业收入大幅下滑，损失相当大。疫情突发期间，大多数酒店、餐饮企业都无法正常营业，部分酒店还被指定为隔离酒店和接待抗疫医护人员的酒店，但仍需承担租金、水电、工资和税费等多项固定成本费用支出。越南大部分的酒店住宿企业都属小型的、非品牌和非连锁的企业，抗风险能力普遍较低，因此损失最大，其中很多面临暂停营业乃至倒闭的风险。

旅游业绝大部分是以景区景点为最终目的地，因此景区景点受疫情的冲击也很大。根据越南政府和文化体育旅游部的要求，在疫情发展高峰期，景区全面暂停营业，各类旅游活动相继暂停。一些景区景点或全部关闭或部分关闭，如博物馆、展览馆等室内景区。一些旅游区和旅游景点虽然重新开门迎客，但主要服务游客的参观需求，未开展游乐活动。因此，赴各处旅游区和旅游景点的游客量同比大幅度下降。疫情对旅游景区的直接影响就是经济收入减少，经营成本不断增加。间接影响是景区维护成本增加，包括基础设施、娱乐设施等的维护和检修，都需要在收入降低的情况上继续维持一定的成本支出。在疫情防控进入常态化时期，部分景区开始有序开放，会安古

街、美山圣地等多个旅游景点都通过门票降价50%或免票等促销活动吸引游客。然而由于限流和社交距离等防控措施，游客人数有限以及门票收入下降，导致景区旅游增收困难。

切断交通联系是严防疫情输入最有效也是最常用的方式，因此交通运输业也遭受疫情巨大的冲击。2020年3月至12月底，经航空入境越南的国际旅客为46.67万人次，经陆路入境的为12.41万人次，经海路入境的仅为9600人次。这些人员主要包括从外国返回越南的回国人员（以留学生为主）、外国专家、技术人员及雇员，真正意义上的国际游客所占比例其实非常小。航空运输业是受影响最严重的行业之一。由于越南实行严格的入境政策，经航空和海路入境越南的国际游客大幅减少。因出行和社交距离限制，越南公路运输业与铁路运输业也受到严重的影响。

（三）大型国际赛事被推迟或取消，推介活动受阻

由于疫情防控需要，传统的旅游节、美食节、文化节日等吸引众多游客的活动被取消。以"华闾——千年古都"为主题的华闾（宁平）2020年国家旅游年原定于2020年2月20日开幕，由于疫情影响被迫延期。4月23日，越南文化体育旅游部下发第1510/BVHTTDL-TCDL号函件，建议宁平省人民委员会2020年不再举办国家旅游年开幕式，最终包括上百项活动的国家旅游年系列活动也全部取消。2020年胡志明市国际旅游博览会原计划于9月4~6日在西贡会展中心举办，根据越南政府总理第19号指示，胡志明市人民委员会决定不再举办。由于新冠肺炎疫情出现新变化，原定于5月14~17日举办的越南国际旅游展（VITM）两次延期，直至11月8日才正式开幕。

受疫情影响，大部分国际赛事被迫取消或延期，对越南影响最大的当属2020年世界一级方程式赛车锦标赛（F1）越南大奖赛。按此前的计划，越南大奖赛原本将在2020年F1赛史上首次亮相，预计会吸引赛车爱好者、国内外游客及国际记者等约30万人次参加。由于新型冠状病毒在全球范围内的持续传播，在与国际汽联和赛事组织者进行多方讨论后，F1官方先是声

明决定推迟原定于 4 月 3～5 日举行的越南大奖赛。10 月 16 日，越南大奖赛官方最终宣布：2020 F1 越南大奖赛正式确认被取消。

此外，由于疫情全球暴发，2020 年伦敦世界旅游交易会（WTM London）、德国柏林国际旅游贸易展览会（ITB Berlin）、俄罗斯莫斯科国际旅游展览会（MITT）等具有影响力的大型国际旅游展览会也纷纷取消举办。越南传统的国际宣传推介活动也因此无法顺利开展。

三　越南旅游业的应对措施

为了将疫情对旅游业的冲击和影响降到最低，并在疫情得到有效控制时逐步重启旅游业，越南政府及旅游相关部门出台了一系列的扶持和刺激政策措施，加强国际合作，加大越南旅游形象推广力度，旅游行业也通过加强区域和行业合作进行自救，有序地推动旅游业的复苏，使越南旅游业逐渐回到"新常态"，以实现保障人民健康安全和维持生产经营活动的双重目标。

（一）加大政策扶持力度，助企业纾困解难

为了尽快实现将旅游业发展成为支柱产业的目标，越南制定了中长期的旅游发展规划。2020 年 1 月 22 日，越南政府总理批准了《至 2030 年越南旅游发展战略》（第 147/QD - TTg 号决定）。根据该战略，越南旅游业力争到 2030 年发展成为可持续发展的经济支柱产业，使越南成为极具吸引力的旅游目的地，跻身全球 30 个最具旅游竞争力国家名单，充分满足可持续发展需求和目标；旅游营业收入总额达 1300 亿～1350 亿美元，年均增长 11%～12%，对国内生产总值增长的贡献率达 15%～17%，创造就业岗位 850 万个，力争接待国际游客量达 5000 万人次和国内游客量达 1.6 亿人次。

在做好疫情防控的同时，越南政府及相关部门从资金支持、税费优惠、人员保障等方面为各类旅游企业提供支持，主动帮助企业纾困解难。2020年 3 月 4 日，越南政府总理发布第 11/CT - TTg 号指示，要求各部委对受疫

情影响的企业进行政策扶持，提出关于应对新冠肺炎疫情、解决生产经营困难、保障社会安定的紧急任务和措施。财政部对从事旅游经营的组织和个人实施减免税，允许旅游企业和导游延迟缴纳2019～2020年的增值税、企业所得税、个人所得税、社会保险直至2021年6月底；降低2020年度酒店、度假村、旅游区和娱乐区等的土地使用税和土地租金，按生产电价而非服务电价计算收取餐馆和旅游住宿场所的电费，为企业恢复经营活动创造有利条件。越南旅游总局局长何文超在出席8月25日举行的"湄公河目的地"高级视频会议时表示：越南政府已指示对被征用为集中隔离区的酒店和旅游住宿单位的电费减少20%，国际旅游营业执照、国内旅游营业执照和导游证的审定费减免50%等，并为旅游从业者提供一定的补贴。此外，各地方政府拨出专款，为旅游人力资源的培训提供财政支持。

针对受疫情影响最严重的越南旅游业和航空业，第11/CT－TTg号指示还提出：越南文化体育旅游部加紧在全国范围开展旅游促进推介活动；吸引国际游客，特别是非疫情地区的游客；外交部等有关部门考虑和完善电子签证手续，优先非疫情地区和国家；交通运输部采取具体措施为航空业排忧解难，审查并严格执行航空业打折、收费、手续费和开支的法律，并会同文化体育旅游部加快与重点市场直达航空的联结；财政部抓紧落实旅游发展扶持基金；等等。

（二）出台刺激旅游政策，拉动旅游内需

2020年，受新冠肺炎疫情的影响，国际客源市场萧条，国内游客市场便成为越南旅游业复苏的动力之源。为了弥补国际游客空缺，减轻损失，越南文化体育旅游部及越南旅游总局在全国范围内积极开展一系列关于刺激国内游客旅游消费的计划和措施。

随着新冠肺炎疫情防控形势的好转，2020年5月8日，越南文化体育旅游部及越南旅游总局发起"越南人游越南"活动，旨在刺激国内旅游需求，为旅游业快速复苏注入强劲动力。作为第一阶段的国内旅游刺激计划，"越南人游越南"计划的实施时间为6月1日至12月31日，该刺激计划迅

速获得各省、直辖市人民委员会的批准，旅游企业、住宿餐饮业、交通运输业以及旅游景区等积极响应，并取得良好的成果。5月至7月，越南国内游客人数大幅增加。但由于7月25日部分地区疫情再次暴发，旅游活动再次被"叫停"。

随着疫情逐步得到控制，2020年9月16日，越南文化体育旅游部启动了第二阶段国内旅游刺激计划——"安全有吸引力的越南旅游"。航空公司逐渐恢复原有航班，不断增开新航线。与此同时，各旅游目的地的住宿和餐饮业也陆续恢复营业。

在第一阶段的旅游刺激计划公布后，越南各地如广宁省、承天－顺化省、庆和省和清化省等省份以及各旅游部门和企业纷纷推出具有吸引力的旅游计划和措施来响应，以拉动其国内的旅游需求。

作为全国旅游中心的胡志明市和河内市，也积极地应对疫情。胡志明市旅游协会在2月就制定了"2020年刺激国内旅游计划"，旅游线路价格下降25%～50%，航空机票价格下降50%，公路和铁路运费下降40%。7月，主题为"西贡——曾经充满活力的胡志明市"的2020年第16届胡志明市旅游节首次吸引来自越南全国50个省市从事旅游、服务和餐饮行业的126家企业参加，吸引近20万人次前来参观和交易，营业收入总额达400亿越南盾（约合173万美元）。10月，胡志明市旅游局和旅游协会联合组织2020年第二次刺激国内旅游需求计划，此次刺激计划重点推销价格优惠合理和具有吸引力的旅游服务产品。河内旅游局大力开展旅游促进、对接和推广工作，各旅游企业积极参与打造安全、具有吸引力的旅游产品。为了刺激旅游需求，河内于7月出台了旅游刺激计划，共有14个目的地和20家酒店报名参加。在因疫情影响三次推迟举办后，2020年越南国际旅游展最终于11月18日在河内正式开幕。这是2020年越南最具规模的旅游展销会，吸引了47个省市的300多家企业参加。

越南国内旅游刺激计划主要是通过降价优惠和促销来推动，包括：降低旅游景点景区门票收费或免门票；旅游产品、线路打折优惠；酒店等住宿场所也推出折扣；机票打折；等等。同时推出代金券、机票＋酒店＋景点套餐

优惠等活动。除了注重刺激旅游措施外，各家旅游公司和旅游景点大力开展防疫措施，向游客提供口罩和消毒液，推出保险服务，为游客创造安全的旅游环境和便利条件，保障旅游安全。

（三）利用数字化技术促进旅游业发展

越南认识到旅游发展尤其是旅游管理与运营、市场研究、旅游产品推介与促销等活动中实施数字化转型，不仅是未来发展的方向，也是疫情时期减轻经济损失的重要手段。越南文化体育旅游部以 2020 年 6 月颁布的《至 2025 年国家数字化转型计划暨至 2030 年远景》（第 749/QD - TTg 号决定）为指导方向，主持制定"至 2030 年促进旅游业实施数字化转型的总体提案"。

为落实智慧旅游项目，河内旅游局与越南邮政通信集团（VNPT）联合建设的"河内旅游局数据管理系统"项目于 2020 年 2 月完成并投入运营，以满足游客的需求，促进河内市"无烟产业"的发展。为了吸引更多的游客，更好地发展城市经济社会，越南邮政通信集团在河内市各著名旅游景点、景区安装了公共无线网络。此外，移动应用程序"Myhanoi"和河内旅游门户网站（sodulich. hanoi. gov. vn & Tourism. hanoi. gov. vn）也已开通并投入使用。越南旅游总局在 10 月推出了"安全的越南旅游"（Du l ịch Vi ệt Nam An toàn）的应用程序，这也是越南国内旅游刺激计划第二阶段的实施内容之一。用户可通过该应用程序查询目的地的安全等级以及餐厅、酒店等有关服务信息。

越南旅游业在转向以国内市场为支柱振兴旅游业的同时，紧跟数字化转型趋势，加快信息技术应用，推进运营方式变革和新产品开发。Saigontourist、Vietravel、Hanoitourist、Vietrantour、Goldentour 等大型旅游公司大部分都应用了数字化技术，通过应用程序在旅游管理、开发新产品、旅游推广以及与客户打交道方面实现数字化转型。不仅是旅游企业，越南多个旅游目的地也应用数字化技术打造智慧旅游产品，促进旅游发展。包括文庙 - 国子监遗迹、升龙皇城、华闾监狱、陶瓷村、独立宫、胡志明市邮政局、岘港占婆雕塑博物馆等在内的旅游景点均已成功应用自动语音系统，并推出查找目的地信息的网站，实现虚拟现实之旅。越南旅游总局不但投入使用应用程序"安全的越南旅游"，还与地方旅游部门开展在线活动，开发国家旅游数据库系统。在新冠肺炎疫情不断肆虐的背景下，数字应用程序和数字平台对旅游业的可持续发展起着积极的作用，也为促进越南数字经济行业发展、推动越南旅游业快速复苏做出重要贡献。

（四）积极发挥旅游行业组织的引导作用

越南在应对疫情冲击和尽快恢复旅游业的过程中，除政府的政策扶持外，旅游行业组织也积极发挥引导的作用。其中最有影响的当属越南旅游咨询委员会和越南旅游协会及各地方旅游协会。

至2020年底，越南旅游咨询委员会共有成员28个，包括旅行社、航空公司和酒店集团等旅游相关企业的领导代表。自成立以来，该委员会一直与政府保持定期对话机制，在制定有关旅游的政策和规划中发挥良好的作用。4月，越南旅游咨询委员会在私营经济发展研究委员会和致同（Grant Thornton）越南公司的协助下，在对394家从事旅游行业的企业（其中51%为旅行社，15%为酒店，14%为运输企业）进行调查后，建议政府及早通过政府信贷等形式对旅游企业进行财政支持，帮助旅游企业渡过疫情困难。

越南旅游协会在此次疫情中也发挥不小的作用。越南旅游协会公布建立越南旅游刺激联盟以及平定、富安、嘉莱和多乐旅游促进计划，一方面主动应对当下疫情对越南旅游业造成的后果，另一方面为疫情结束后越南旅游业能尽快复苏做好准备。未受新冠肺炎疫情影响的平定、富安、嘉莱和多乐4个省被选为首批实施刺激计划的省份，其后将该计划扩大至全国范围。参与旅游刺激计划的企业包括旅行社、酒店、餐厅、购物中心、航空及其他交通运输企业等有上百家，这些企业推出20%~80%的优惠价格。越南旅游协会公布了安全旅游准则，并积极协同其他组织机构举办旅游相关活动，旅游国家管理机构和旅游企业进行交流，推动旅游业的发展。

各地方旅游机构组织、行业组织之间加强对接与联合，通过多点连线、

以点带面的方式，特别是以河内市、胡志明市等旅游中心带动其他地方的旅游发展，有效推动各省市、各协会和企业之间的合作与联系，助力疫情防控常态化时代旅游的复苏和可持续发展以及经济社会快速发展。

（五）旅游行业通过加强区域和行业合作积极自救

在越南政府旅游相关部门以及旅游行业组织的主持和引导下，越南旅游企业、航空公司和旅游服务机构（住宿接待单位、旅游目的地、餐厅、娱乐场所等）积极响应越南国内旅游刺激计划，携手共同应对危机。为了重新启动国内旅游，旅游从业者主要采取旅游促销和推广及折扣优惠、推出更多旅游产品、公私合作、利用停摆时期加强人力资源和能力培训等措施进行积极自救，以应对疫情危机，渡过难关。

由于出行限制，行程取消，各家航空公司、旅行社和酒店住宿都面临大量的退单退团。尽管如此，旅游企业和酒店、航空公司一方面调整经营策略，另一方面加强相互间的合作。作为越南最大的度假、休闲娱乐旅游服务提供商，越南温纳集团珍珠股份公司（Vinpearl，以下简称"珍珠公司"）在产品多样化和扩大国际市场的战略指导下，一方面与著名酒店管理公司合作，提高度假服务质量，另一方面与为国内外游客提供高端旅游服务套餐的国内航空公司合作。2020年2月底，珍珠公司与越竹航空公司（以下简称"越竹"）签署有关旅游和航空领域的战略合作协议。珍珠公司与越南国家航空公司（以下简称"越航"）在2020年合作开通越南与俄罗斯之间的8条航线，直接连接莫斯科、符拉迪沃斯托克、新西伯利亚、叶卡捷琳堡4个城市与越南最大的两个旅游目的地——芽庄、富国，莫斯科至芽庄航线是该合作计划的首条航线，3月12日正式开通。此外，珍珠公司还在俄罗斯开设了办事处，正式出售莫斯科至芽庄的航空－旅游套餐服务，旨在实现其客源市场多元化和发展旅游服务套餐的战略。

在国内旅游刺激计划的推动下，越南各航空公司也加大了与政府部门、旅游机构的合作。2020年，越捷航空公司（以下简称"越捷"）除了与胡志明市、西北及东北地区具有吸引力旅游目的地以及中部重点经济区加强旅游对接合作，还与义安省旅游厅联合举行旅游宣传推广活动，双方签署旅游宣传推广合作协议。根据协议，双方配合推介义安省旅游形象，宣传越捷的产品和服务，并通过开展特价机票促销活动，协助旅行社打造套餐、特价旅游产品，进而刺激义安旅游业发展。6月，越航协同越南旅游协会开展东北地区旅游刺激计划，提出了机票＋景点＋酒店的优惠套餐、加强旅游产品推广、提高旅游服务质量等措施以吸引更多游客赴太原省乃至东北地区旅游。此外，河内市也与越航、越捷和越竹三大航空公司签署旅游需求刺激合作协议。

2020年上半年由于受疫情影响，旅游业停滞，营业收入锐减。7月中旬，越南北中部四省（清化、义安、河静、广平）旅游发展协调委员会举办了关于落实2020年下半年北中部四省旅游发展合作活动会议，联合推出"四地一点"计划，加强地方合作，加大旅游宣传推介。西北部地区的旅游中心以老街省沙巴为代表，为了恢复该省旅游业的增速，克服新冠肺炎疫情带来的影响，老街省人民委员会于5月出台了"2020年沙巴夏季"旅游刺激计划，该活动吸引了当地82家旅行社和旅游公司的参与。此外，老街省还与西北其他地方的旅游机构和企业合作，6月，老街省人民委员会会同越南旅游协会召开了关于刺激老街及西北地区旅游业解决方案的研讨会。

（六）扩大国际合作，加强宣传力度

尽管旅游业因疫情冰封，但越南旅游业仍取得一系列享有盛誉的国际奖项并经常上榜世界著名旅游杂志。2020年1月，在文莱举行的东盟旅游论坛框架内，广宁省芒街市沙伟塔和广南省会安市锦清乡的青东有机蔬菜园获"2020年东盟城市与农村可持续旅游产品"中的"2020年东盟城市与农村可持续旅游产品奖"。11月，越南再次获得世界旅游大奖（WTA）评选出的"世界领先遗产目的地奖"，这是越南连续第二年获得该奖。另外，越南还获得若干区域性的奖项：继续被评为亚洲最佳文化目的地、文化遗产和美食目的地，并被评为亚洲最佳高尔夫胜地，多家旅游服务提供商获得相应领域的奖项。越南多家航空公司、旅行社、旅游公司、酒店、度假村以及富国

岛、岘港市、下龙湾、沙巴镇等的旅游景点也斩获多种奖项。胡志明市地标性建筑、越南超五星级酒店——西贡万韵酒店（Reverie Saigon）跻身美国《旅游休闲》（*Travel & Leisure*）杂志"全球百强酒店"名单，位列第57，是越南唯一入选的酒店。

为了进一步推广安全、具有吸引力的旅游形象，越南通过扩大传媒效应，加强媒体宣传力度，在提升国家形象的同时扩大旅游竞争优势，从而为恢复国内旅游市场，以及疫情防控常态化下开放国际旅游市场做好准备。2020年2月，越南首个国际旅游办事处——"越南之旅"（The Visit Vietnam）在英国伦敦正式揭牌成立，来自英国各旅游公司的200多名代表参加揭牌仪式。英国为越南的第二大欧洲客源市场，设立"越南之旅"旨在与英国The PC Agency伙伴公司合作推广，提升越南的旅游形象，同时与英国其他旅游公司合作推介越南旅游新产品，致力于吸引更多英国乃至欧洲主要国家的游客赴越南旅游。

2020年5月，岘港市旅游局与韩江创业孵化中心、PR Newswire国际传媒公司联合召开题为"新冠肺炎疫情后期旅游业－服务业技术和解决方案"的智慧旅游研讨会。岘港旅游促进中心也受岘港市旅游局委托与英国广播公司（BBC）所属Global Book Corporation签署旅游推广合作协议，在2020年6月BBC亚太地区频道一个月内播放98次时长30秒的岘港旅游宣传片。越南旅游总局与越南裔国际超模杰西卡·明英（Jessica Minh Anh）于7月底签署了有关推广和促进越南旅游的合作协议。

为了及时处理某些服务单位出现差别对待和歧视外国游客的现象，维护越南旅游目的地的形象，2020年3月17日，越南政府办公厅发布第2052/VPCP－KGVX号文件，下达了越南政府总理要求处理新闻媒体曝光外国游客遭受歧视一事的意见。要求各省和中央直辖市人民委员会尽快核查当地外国游客的接待情况，指示各旅游组织、旅游服务经营者、住宿接待单位，特别是各旅游区严格落实《旅游法》关于不可歧视游客的规定，整顿并严格处理一切歧视和拒绝为外国游客提供服务的行为。

尽管越南各地方实施各项国内旅游刺激计划，并取得了积极的初步结果。但是这些刺激计划主要只是通过加强各省市之间的对接以及重新开发原有的一些旅游产品等方式来进行的，因此其国内旅游业既未出现"报复性"旅游和消费的现象，也未能阻挡旅游业成绩下滑的趋势。

四　2021年主要目标和任务

2020年12月29日，越南旅游总局在河内召开"2020年工作总结暨2021年工作任务部署"会议。越南旅游总局在对2020年旅游工作进行总结后，提出了2021年越南的旅游发展目标和任务。根据越南旅游总局预测，在全球新冠肺炎疫情依然严峻复杂、难以预测的背景下，2021年的旅游业仍是困难重重。由于国际旅游市场仍处"闭关"状态，旅游安全是当前发展旅游业的关键，所以发展国内旅游市场被视为越南旅游业复苏的重要杠杆和动力。

2021年，越南旅游业提出的工作目标是：努力争取接待国内游客8000万人次，旅游营业总收入达377万亿越南盾。为实现上述目标，越南旅游业和旅游总局将以"对接、行动和发展"为方针，重点抓好以下6项任务。

第一，加强旅游产业对接，开发旅游产品，有效落实旅游发展对接计划。

第二，以制度建设为重点，结合新形势下的实际情况和发展要求，对旅游法律规范文件进行审查并提出修改意见。

第三，研究重新定位国际旅游市场，以"增质增量"为重点，打造适合客源市场的产品。

第四，着力持续有效落实旅游刺激计划，大力开发国内旅游市场。

第五，继续推进数字化转型进程，重点开发旅游数据中心和旅游地图。

第六，重视发展国家管理机构中的优质旅游人力资源并引导地方和企业，为未来的复苏和发展做好准备。

B.14
2020年越南首都河内市、工商业中心 胡志明市和北部边境经济

李碧华 *

摘　要： 2020 年，在越南努力实现抗疫和恢复发展经济社会的情况
下，首都河内市经济实现较高增长，地区生产总值比2019 年
增长3.98%；胡志明市作为越南人口第一大城市、全国最大
的工商业中心，经济增长1.39%，财政收入继续独占全国鳌
头；越南北部与中国接壤的7个边境省中，广宁省经济发展一
枝独秀，地区生产总值增长约10%。受新冠肺炎疫情影响，
越南北部边境省份的口岸货物进出口、旅游业普遍大幅下降
进而影响经济增长。谅山省、河江省、奠边省的经济增长速
度明显低于全国平均水平。

关键词： 河内市　胡志明市　越南北部边境　营商环境　竞争力指数

越南设 58 个省和 5 个直辖市，划分为 6 个大区，分别为：红河平原 11
省（市），北部丘陵和山区 14 省，中部 14 省（市），西原 5 省，南部东区 6
省（市），湄公河平原 13 省（市）。

自 2005 年起，越南工商会（VCCI）和美国国际开发署（USAID）每年
度联合发布越南 63 个省、直辖市竞争力指数（PCI）报告。评选机构通过

---

* 李碧华，广西社会科学院东南亚研究所译审，主要研究方向为越南问题、边境问题。

对私营企业进行抽样调查，以对越南各个省市政府的经济管理能力、商业经营环境及行政手续等的反馈意见来反映和评价在越南整体企业的经营环境。2021 年 4 月 15 日，2020 年度省级竞争力指数报告出炉。该报告建立在12295 家企业所反馈信息的基础上，其中包括正在越南 63 个省、直辖市运营的 10731 家民营企业以及在 22 个省、直辖市运营的 1564 家外资企业。报告显示省份间最高分和最低分的差距继续缩小，这被认为革新的动力和实践整体上得到提升。报告也显示越南行政改革的努力进程曲折，需要重视土地、税和社会保险等问题，企业还希望各级政府进一步加强透明度和解释的责任。此外，2020 年受新冠肺炎疫情的影响，企业的经营信心明显下降，只有 41% 的越南民营企业和外资企业预计在今后两年扩大经营，比 2019 年下降超过 10 个百分点。

2020 年报告显示，广宁省得分为 75.09 分（满分为 100 分），连续 4 年名列榜首，也是自 2010 年至 2020 年超越 75 分的唯一省份。其次依次为同塔省（72.81 分）、隆安省（70.37 分）、平阳省（70.16 分）、岘港市（70.12 分）。河内市得分 66.93 分，排名第 9；胡志明市得分 65.70 分，排名第 14。在越南北部边境 7 个省中，如上述广宁省连续 4 年居第 1 位，老街省得分 65.25 分，排第 16 位；奠边省 62.62 分，排第 46 位；谅山 62.43分，排第 49 位；高平 62.20 分，排第 54 位；莱州 61.98 分，排第 57 位；河江 61.16 分，排第 61 位。2019 年越南 63 个省、直辖市面积、人口、人口密度和 2020 年省级竞争力指数排名情况见表 1。

表 1　2019 年越南 63 个省、直辖市面积、人口、人口密度
和 2020 年省级竞争力指数排名情况

序号	省（市）	面积 （平方公里）	人口 （万人）	人口密度 （人/平方公里）	2020 年省级竞争力 指数排名
一 红河平原					
1	河内	3358.6	809.39	2410	9
2	永福	1235.9	115.48	934	29

续表

序号	省（市）	面积（平方公里）	人口（万人）	人口密度（人/平方公里）	2020 年省级竞争力指数排名
3	北宁	822.7	137.86	1676	10
4	广宁	6178.2	132.48	214	1
5	海阳	1668.2	189.69	1137	47
6	海防	1561.8	203.33	1302	7
7	兴安	930.2	125.58	1350	53
8	太平	1586.4	186.22	1174	25
9	河南	861.9	85.45	991	30
10	南定	1668.6	178.09	1067	40
11	宁平	1386.8	98.45	710	58
二 北部丘陵和山区					
12	河江	7929.5	85.81	108	61
13	高平	6700.3	53.09	79	54
14	北件	4860.0	31.44	65	59
15	宣光	5867.9	78.63	134	31
16	老街	6364.0	73.33	115	16
17	安沛	6887.5	82.30	119	33
18	太原	3526.6	129.09	366	11
19	谅山	8310.1	78.28	94	49
20	北江	3895.6	181.04	465	27
21	富寿	3534.6	146.64	415	22
22	奠边	9541.3	60.17	63	46
23	莱州	9068.8	46.26	51	57
24	山罗	14123.5	125.27	89	55
25	和平	4590.6	85.58	186	44
三 中部					
26	清化	11114.6	364.58	328	28
27	义安	16481.4	333.72	202	18
28	河静	5990.7	129.03	215	21
29	广平	8000.0	89.66	112	52
30	广治	4621.7	63.34	137	41
31	承天 – 顺化	4902.4	112.95	230	17
32	岘港	1284.9	114.11	888	5
33	广南	10574.7	149.75	142	13

续表

序号	省（市）	面积 （平方公里）	人口 （万人）	人口密度 （人/平方公里）	2020年省级竞争力 指数排名
34	广义	5155.8	123.19	239	36
35	平定	6066.2	148.78	245	37
36	富安	5023.4	87.32	174	42
37	庆和	5137.8	123.28	240	26
38	宁顺	3355.3	59.10	176	32
39	平顺	7943.9	123.23	155	34
四　西原					
40	昆嵩	9674.2	54.34	56	56
41	嘉莱	15511.0	152.02	98	38
42	多乐	13030.5	187.26	144	35
43	多农	6509.3	62.58	96	60
44	林同	9783.3	129.93	133	23
五　南部东区					
45	平福	6876.8	99.78	145	50
46	西宁	4041.3	117.17	290	24
47	平阳	2694.6	245.63	912	4
48	同奈	5863.6	311.37	531	20
49	巴地－头顿	1981.0	115.22	582	15
50	胡志明市	2061.4	903.86	4385	14
六　湄公河平原					
51	隆安	4494.9	169.51	377	3
52	前江	2510.6	176.63	704	45
53	槟椥	2394.8	128.91	538	8
54	茶荣	2358.3	100.93	428	48
55	永隆	1525.7	102.26	670	6
56	同塔	3383.8	159.88	472	2
57	安江	3536.7	190.74	539	19
58	坚江	6348.8	172.37	272	62
59	芹苴	1439.0	123.60	859	12
60	后江	1621.7	73.22	451	39

序号	省(市)	面积 (平方公里)	人口 (万人)	人口密度 (人/平方公里)	2020年省级竞争力 指数排名
61	朔庄	3311.9	119. 95	362	51
62	薄辽	2669.0	90.82	340	63
63	金瓯	5221.2	119.43	229	43

资料来源：越南统计总局《越南统计年鉴（2019）》，越南统计出版社，2020，第97～98页；《广宁省连续四年居省级竞争力指数"冠军"》，越南内务部网站，2021年4月16日，https：//moha.gov.vn/covid19/covid19－tinchitiet/quang－ninh－giu－vi－tri－quan－quan－pci－nam－thu－4－lien－tiep－46069.html。

一 首都河内

河内市位于红河三角洲平原中部，是越南面积排名第一、人口排名第二的城市。2020年，受新冠肺炎疫情的影响，河内经济社会经历了防疫抗疫和恢复发展经济的过程，经济实现较高增长，财政收入超过预算指标，社会民生总体稳定。

2020年，河内市地区生产总值（GRDP）增长4.45%。其中，农林水产业增加值比2019年增长4.2%，对该市经济增长的贡献率为0.09%。这是多年来的高增长水平。主要原因是非洲猪瘟基本上得到控制，猪养殖业复苏，此外家禽养殖和水产业发展良好，水稻增产。工业和建筑业增加值同比增长6.39%，对经济增长的贡献率为1.43%（其中：工业同比增长4.91%，对经济增长的贡献率为0.69%；建筑业同比增长8.9%，对经济增长的贡献率为0.74%）。服务业增加值同比增长3.29%，对经济增长的贡献率为2.1%。扣除产品补助的产品税同比增长3.09%，对经济增长的贡献率为0.36%。GRDP规模依照现行价格约达1016万亿越南盾，人均GRDP为1.227亿越南盾（约合5285美元），比2019年增长2.34%。农林水产业在经济结构中占2.24%，工业和建筑业占23.67%，服务业占62.79%，扣除产品补助的产品税占11.3%（2019年的经济结构相应为：2.01%、22.9%、63.73%、11.35%）（见表2）。

表2　2019~2020年河内市地区生产总值情况（现行价格）

单位：10亿越南盾，%

类别	2019年	2020年估算	结构	
			2019年	2020年
总数	973046	1016341	100.00	100.00
农林水产业	19606	22768	2.01	2.24
工业和建筑业	222810	240589	22.90	23.67
服务业	620142	638175	63.73	62.79
扣除产品补助的产品税	110488	114809	11.35	11.30

资料来源：越南河内市统计局《2020年第四季度和全年经济社会情况报告》。

（一）农业

2020年，河内凭借良好的种植结构转变、水产生产和家禽养殖，农业实现高增长。一些地方把耕田转为非农业用地或改为经济效益更高的其他生产模式如养殖水产等，水稻、玉米等粮食作物的种植面积和产量继续同比减少。有部分水稻种植面积改种高质高产的品种，加上水稻抽穗期气候有利，单位面积产量高，实现全年每公顷单产5.83吨，比2019年增长3.3%。全年稻谷产量约96.57万吨，同比略减0.4%。玉米产量7.23万吨，同比减少7.9%；红薯产量1.87万吨，同比大幅减少21.6%；大豆产量4427吨，同比大幅减少25.2%；花生产量5378吨，同比减少10.4%；蔬菜70.75万吨，同比减少0.7%；其他豆类1009吨，同比减少37.9%。多年生作物结构继续按照符合本地耕种条件的专业化耕种、增加特产果树面积、经济效益高的景观树的方向转变，全年种植面积约为2.32万公顷，比2019年增长2.3%。其中，果树种植1.93万公顷，同比增长2.1%；油料作物种植21公顷，同比减少3.6%；茶树种植2596公顷，同比增长5.6%；香料作物、药物作物种植198公顷，与2019年持平；其他多年生作物种植1057公顷，同比减少0.7%。在养殖业方面，水牛、黄牛养殖总体稳定，没有发生大的疫情；猪养殖业仍有困难，非洲猪瘟疫情仍在一些地方零星出现；家禽养殖发展良好，没有出现大的疫情。新种植林木约190公顷，同比减少4.5%。水

产业方面，养殖面积约为 2.34 万公顷，比 2019 年增加 0.6%，养殖产量约达 11.48 万吨，同比增长 3.6%；捕捞产量为 1729 吨，同比减少 1.5%。

（二）工业生产

2020 年，河内的工业逐渐转向发展一些现代工业领域，如自动化数字技术控制、机器人、纳米、生物技术等。但是，工业领域，尤其是生产出口产品和使用进口燃料、材料和零件的行业深受新冠肺炎疫情影响。

2020 年，河内市工业生产指数较 2019 年增长 4.7%。其中，加工制造业（占整个工业生产值 96.5% 的比重）较 2019 年增长 4.6%；电力生产和分配同比增长 6.1%；供水，垃圾污水管理及处理同比增长 5.4%；采矿业同比下降 9.6%。部分行业实现高增长：药品、化学药物、药材生产同比增长 25.1%，床、柜、桌、椅制造同比增长 15.1%，电子产品、计算机和光学产品生产同比增长 14.4%，食品加工生产同比增长 11.8%，纸张和纸制品生产同比增长 10.6%。与此同时，一些行业生产指数下降：饮品生产同比下降 13.9%（2019 年 12 月 30 日越南政府出台的《公路和铁路交通行政处罚规定决定》对车辆驾驶员实行严格的禁酒规定，使得市场上的酒类消费需求下降），交通工具生产同比下降 10.6%（因用于生产专用产品的材料、零件和钢坯进口环节遇到困难），服装生产同比下降 2.1%，皮革及其相关产品生产同比下降 3.3%（受新冠肺炎疫情影响出口订单大幅下降，同时越南国内的销售量也减少）。

2020 年，河内市加工制造业产品销售指数比 2019 年增长 0.6%，年底加工制造业库存指数比 2019 年同期增长 44.7%。全年工业企业使用劳动力指数同比减少 1.5%，其中，国有企业同比减少 4.6%，非国有企业减少 2.3%，外资企业减少 0.1%。

（三）商业服务业

2020 年商业服务业受新冠肺炎疫情严重影响，尤其是宾馆、饭店、旅游业、运输业和进出口。全年河内市商品零售和消费服务营业收入总额为

584.7万亿越南盾，比2019年增长2.7%。其中：商品零售营业收入383.9万亿越南盾，同比增长10%；宾馆、饭店营业收入52.3万亿越南盾，同比下降15.2%；旅游业营业收入为6.1万亿越南盾，同比大幅下降49%；其他类服务营业收入为142.4万亿越南盾，同比下降3.0%。按照经济类型划分：非国有经济占79.2%，同比增长4.7%；国有经济占15.9%，同比减少3.4%；外商投资经济占4.9%，同比减少7.5%。

2020年，河内市出口总额为160亿美元，比2019年增长1.8%，其中：国内经济领域出口额为98亿美元，占出口总额的61.5%；外资投资领域出口额为62亿美元，占出口总额的38.5%。出口额大的一些商品有：计算机、电子产品（26亿美元，同比增长7.4%），纺织品服装（18亿美元，同比减少15.9%），机器设备零件（16亿美元，同比减少9.5%），运输工具及其零件（12亿美元，同比减少11%）。2020年河内市进口额约为288亿美元，同比下降9.1%。其中国内经济领域进口额为221亿美元，占进口总额的76.7%；外资投资领域进口额为67亿美元，占进口总额的23.3%。进口额大的一些商品有：机器设备零件（54亿美元，同比减少11.5%），计算机、电子产品及其零件（28亿美元，同比增长13.7%），油品（18亿美元，同比减少50.1%），运输工具及其零件（15亿美元，同比减少25.4%），钢铁（13亿美元，同比减少17.6%）。

2020年，河内市旅游业受到新冠肺炎疫情的严重影响，国内外游客量均大幅下降。其中：全年河内接待国际游客80.5万人次，同比减少82%；接待越南国内游客190.5万人次，同比减少84.5%。旅游业营业收入约为28万亿越南盾，同比减少73%。黄金价格指数比2019年同期增长26.68%。

（四）投资和注册成立企业

2020年，河内市发展投资额约达413.5万亿越南盾，比2019年增长9%。其中：国有资金投资141.8万亿越南盾，增长4.6%（中央国有资金为93万亿越南盾，地方管理国有资金为48.8万亿越南盾）；非国有资金投资226.8万亿越南盾，增长12.7%；外国直接投资44.9万亿越南盾，增长5.6%。按照

投资项目划分：投入基础建设的资金为 257.2 万亿越南盾，占总投资额的 62.2%；购置固定资产用于生产的资金为 108.4 万亿越南盾，占 26.2%；投入修缮升级资产的资金为 21.7 万亿越南盾，占 5.3%，补充流动资金 20.2 万亿越南盾，占 4.9%；其他类投资 6 万亿越南盾，占 1.4%。

吸引外商投资方面，2020 年，河内市利用外资 37.2 亿美元，其中：新批准项目 505 个，注册资金 8.75 亿美元；增资项目 155 个次，增加资金 12.69 亿美元；外商出资购买越南企业的股份 741 个次，价值 15.80 亿美元。截至 2020 年底，河内市有效的外资项目有 6376 个，累计注册投资金额为 477 亿美元，其中：外商出资购买股份的注册资金近 90 亿美元；到位金约 291 亿美元，占注册资金的 61%。投资项目的形式，大多数是外商独资，占 80%，其余的为联营和合作经营合同形式。利用投资资金较多的领域为：房地产占 31%，加工制造业占 28%，通信占 8.7%。

2020 年，新企业注册数量为 2.64 万家，比 2019 年减少 2%，注册资金 337.7 万亿越南盾，同比减少 13%。6298 家企业重新活动，同比增加 21%；1.16 万家企业登记暂停活动，同比增加 57%；办理解体手续的企业为 2452 家，同比增加 15%。

（五）财政收支

2020 年，河内市的国家财政收入估算为 280.5 万亿越南盾，相当于预算的 100.6%，比 2019 年增长 3.9%。① 其中：进出口活动收入 18.9 万亿越南盾，比 2019 年减少 0.2%；原油收入 2.1 万亿越南盾，相当于上年收入的 63.2%；地方性收入（不计原油）259.5 万亿越南盾，同比增长 4.7%。

2020 年，为了平衡财政收支，河内市调整减少了财政支出。全年河内市的地方财政总支出约为 87.5 万亿越南盾，相当于年初预算的 84.7%，达到支出预算调整削减开支后的 91.5%。其中：发展投资支出为 40.7 万亿越南盾，相当于预算的 90.7%，达到支出预算调整削减开支后的 93%；经常

---

① 2020 年数值估算时点为 2020 年 12 月 28 日。

性支出 46 万亿越南盾，相当于预算的 95.1%，达到支出预算调整削减后的 99.3%。①

二　工商业中心胡志明市

作为越南人口第一大城市和越南最大的工商业中心，2020 年，胡志明市经济增长 1.39%，财政收入继续独占全国鳌头，市场价格相对平稳，货物供求得到保障。年内，胡志明市成立属该市管辖的守德市被评为 2020 年胡志明市十大事件第二名。

（一）地区生产总值

2020 年，胡志明市地区生产总值依照现行价格约为 1372.272 万亿越南盾，依照 2010 年比较价格为 991.424 万亿越南盾，同比增长 1.39%。其中：农林水产业同比增长 2.06%，对胡志明市经济增长的贡献率为 0.01%；工业和建筑业同比增长 0.43%（其中工业同比增长 0.47%，建筑业同比增长 0.26%），对经济增长的贡献率为 0.11%；商业服务业同比增长 2.17%，对经济增长的贡献率为 1.33%；扣除产品补助的产品税同比下降 0.51%，对经济增长的贡献率为 -0.06%。依照现行价格，农林水产业在经济结构中占 0.7%，工业和建筑业占 24.2%，商业服务业占 62.4%，扣除产品补助的产品税占 12.7%（见表 3）。

表 3　2020 年胡志明市地区生产总值情况

单位：亿越南盾，%

类别	地区生产总值 （依照现行价格）	地区生产总值 （依照 2010 年 比较价格）	2020 年增长 速度	对经济增长的 贡献率
总数	13722720	9914240	1.39	1.39
农林水产业	101600	53830	2.06	0.01

---

① 越南河内市政府网站，https：//hanoi.gov.vn/。

续表

类别	地区生产总值（依照现行价格）	地区生产总值（依照2010年比较价格）	2020年增长速度	对经济增长的贡献率
工业和建筑业	3317800	2492470	0.43	0.11
其中：工业	2688960	2033710	0.47	0.10
建筑业	628840	458760	0.26	0.01
商业服务业	8561280	6135700	2.17	1.33
扣除产品补助的产品税	1742040	1232240	−0.51	−0.06

资料来源：越南胡志明市统计局《2020年12月和全年经济社会情况》。

（二）商业服务业

2020年，商业服务业在胡志明市经济结构中占很大比重，为62.4%。其中九大服务行业占了地区生产总值的56.7%，在商业服务业内部所占比重达90.9%（见表4）。

表4　2020年胡志明市地区生产总值商业服务业中的九大主导行业

类别	依照现行价格的地区生产总值（亿越南盾）	占地区生产总值的比重（%）	在商业服务业中占的内部比重（%）
商业服务业	8561280	62.4	100
其中九大服务行业	7779550	56.7	90.9
1. 批发和零售业；修理汽车、摩托车、电动车	2158510	15.7	25.2
2. 运输仓储	1323900	9.6	15.5
3. 住宿和餐饮	262470	1.9	3.1
4. 信息和通信	630320	4.6	7.4
5. 财政、银行和保险活动	1190040	8.7	13.9
6. 不动产经营活动	576220	4.2	6.7
7. 专业、科技活动	714520	5.2	8.3
8. 教育培训	480570	3.5	5.6
9. 医疗和社会救助活动	443000	3.2	5.2

资料来源：越南胡志明市统计局《2020年12月和全年经济社会情况》。

（三）工业和建筑业

2020 年，胡志明市工业生产指数比 2019 年下降 4%。其中，加工制造业同比下降 4.6%；电力生产和分配同比下降 1.1%；供水，垃圾、污水管理及处理同比下降 0.8%。主要原因是越南受新冠肺炎疫情影响，而作为越南重要商业伙伴的一些国家要继续应对新冠肺炎疫情暴发，不仅使得工业原料辅料进口短缺，也使得商品销售市场紧缩。一些二级工业门类生产指数大幅增长，如其他类采矿业同比增长 76.4%，电子产品、计算机和光学产品生产同比增长 18.7%，化工和化工产品生产同比增长 17.7%，化学药物和药材生产同比增长 7.2%。一些行业生产指数大幅下降，如木材加工及竹、木制品生产（床、柜、桌、椅除外）同比减少 22.5%，服装生产同比减少 20.4%，金属生产同比减少 19.6%。

2020 年，胡志明市的建筑业因新冠肺炎疫情比 2019 年面临更多困难。一些重点工程拆迁缓慢进而严重影响施工进度，许多大型工程处在未完工的状态，与此同时，收紧建设许可证、建筑材料价格和人工费用上涨。按照现行价格，全年建筑总产值约为 253.5 万亿越南盾，其中：非国有经济领域建筑产值为 237 万亿越南盾，占 93.5%；国有经济领域为 8.2 万亿越南盾，占 3.2%；外商投资经济领域为 8.3 万亿越南盾，占 3.3%。在建筑总产值中，房屋工程建筑产值占 53.5%，专用建设活动产值占 24.2%，民用技术工程产值占 22.3%。

（四）农业

2020 年，胡志明市继续推动农业应用科技，大力推动生产高产和安全有效的种植和养殖产品，发展高质量的种养殖种苗、提升奶牛质量等。同时制定和实施多项计划项目以完成 2016～2020 年农业发展计划和按照 2020～2025 年都市化农业方向转变农业结构。

2020 年，胡志明市一年生作物种植面积约为 36121.5 公顷，比 2019 年减少 4.9%。其中：水稻种植面积为 1.68 公顷，比 2019 年增加 0.2%，稻

谷产量为 8.739 万吨，同比增长 7.7%；玉米种植面积为 521.4 公顷，同比大幅减少 20.8%，玉米产量为 2238.5 吨，同比减少 12.1%；蔬菜种植面积为 7384.4 公顷，同比减少 8.4%，产量为 25.4818 万吨，同比减少 3.9%。总体来看，2020 年，一年生作物种植单位面积产量较 2019 年都有所增长，但因种植面积减少，总产量比上年减少。养殖业保持稳定，猪养殖业快速增长。全市有树林的土地面积为 36770 公顷，森林覆盖率为 17.55%。木材开采产量为 8387 立方米，比 2019 年同期减少 0.1%；薪柴开采量为 3089 立方米，同比减少 2.2%。

2020 年，胡志明市水产品产量约达 6.123 万吨，比 2019 年增长 1.4%。其中：水产养殖产量为 4.259 万吨，比 2019 年增长 0.8%；捕捞产量为 1.864 万吨，比 2019 年增长 2.7%。截至 2020 年 12 月 1 日，全市有水产捕捞动力机船 1002 艘，主要集中在芹苴县，其中主要在近海海域捕捞的动力机船有 534 艘，总功率为 22063 马力，进行内河（主要在河边和出海口）水产捕捞的有 468 艘动力机船。

（五）国内贸易

2020 年，受新冠肺炎疫情影响，民众普遍有顾虑心理，收入也受到影响，整体购买消费需求下降。旅游、住宿、餐饮业损失严重。全年胡志明市商品零售和消费服务营业收入总额为 1224.705 万亿越南盾，同比减少 1.3%。按照经济成分划分：国有经济的商品零售和消费服务营业收入为 73.524 万亿越南盾，同比减少 5%，占 6%；非国有经济的为 954.038 万亿越南盾，同比增长 0.2%，占 77.9%；外资投资经济的为 197.143 万亿越南盾，同比减少 6.9%，占 16.1%。2020 年胡志明市生活必需品市场价格平稳，平均居民消费价格指数比 2019 年上涨 2.78%，黄金价格指数比 2019 年平均增长 30.36%。

（六）货物进出口实现增长

2020 年，胡志明市货物进出口总额比 2019 年增长 0.83%，其中出口额同比增长 3.1%，进口额同比减少 1.1%。外资经济领域是胡志明市进出口增长的主要动力，出口额同比增长8.4%，进口额同比增长6.5%。

1. 出口

2020年，胡志明市企业通过越南各口岸的货物出口额（含原油出口）约为438.131亿美元，比2019年增长3.1%，若不计原油在内，全年出口额为421.3亿美元，同比增长4.7%。

胡志明市企业通过胡志明市港口的货物出口额（含原油出口）约为402.119亿美元，比2019年增长1.3%。其中：国有经济出口额为22.591亿美元，同比减少24.5%；非国有经济出口额为108.044亿美元，同比减少7.5%；外资经济出口额为271.484亿美元，同比增长8.4%。通过胡志明市港口的出口商品包括：大米，咖啡，橡胶，林产品，水产品，计算机、电子产品及其零配件，纺织服装、鞋类，机器、机械设备、仪器及其零配件以及其他类商品。原油出口量为506.35万吨，比2019年增长15.1%，但出口额仅为16.83亿美元，同比大幅减少25.9%。

主要出口市场第一位依然是中国，出口额达105.226亿美元，同比增长23.7%；其后依次为美国（67.015亿美元）、中国香港（32.625亿美元）以及欧盟（50.524亿美元）。

2. 进口

2020年，胡志明市企业通过越南全国各口岸的货物进口额为508.754亿美元，比2019年减少1.1%。

胡志明市企业通过胡志明市港口的货物进口额为433.663亿美元，比2019年减少1.6%。其中：国有经济进口额为11.894亿美元，同比减少15.5%；非国有经济进口额为194.43亿美元，同比减少8.9%；外资经济进口额为227.339亿美元，同比增长6.5%。

通过胡志明市港口的一些主要进口商品包括：计算机、电子产品及其零件（164.886亿美元），机器、机械设备、仪器及其零配件（47.341亿美元），布匹（17.217亿美元），塑料原料（16.852亿美元），钢铁（12.532亿美元），手机及其零件（10.21亿美元），药品（8.834亿美元），纺织服装、鞋类原辅料（6.175亿美元）。

（七）投资

1. 建设投资

2020 年，胡志明市建设投资总额约为 441. 024 万亿越南盾，达到年度计划的 99. 8%，同比减少 1. 2%，减少缘由主要是受新冠肺炎疫情影响，企业慎重减少投资建设项目。其中：国有资金投资 77. 617 万亿越南盾，比 2019 年增长 30. 7%；非国有资金投资 301. 048 万亿越南盾，同比减少 5%；外资投资 62. 359 万亿越南盾，同比减少 11. 1%。按投资经济领域划分：农林水产业投资额为 1. 151 万亿越南盾，同比减少 4. 4%，占 0. 3%；工业和建筑业投资额为 109. 773 万亿越南盾，同比减少 0. 7%，占 24. 9%；商业服务业投资额为 330. 100 万亿越南盾，同比减少 1. 4%，占 74. 8%。

2. 外国直接投资

从 2020 年 1 月 1 日至 12 月 20 日，胡志明市新批准的外国直接投资项目注册资金额、已投外资项目增资金额和外商购买股权协议金额共计 43. 6 亿美元，同比减少 47. 5%。其中：批准外国直接投资新项目 950 个，注册资金为 6. 377 亿美元，项目数量同比减少 28%，注册资金同比减少 65. 4%；增资项目 250 个，补充注册资金 5. 409 亿美元，同比减少 37%；外商出资购买股权 3640 次，金额为 31. 774 亿美元，同比减少 43. 2%。外商投资新项目的投资形式：外商独资项目 865 个，注册资金 6. 059 亿美元；联营项目 84 个，资金为 3120 万美元。

按照投资领域划分：商业领域注册资金 10. 497 亿美元，占外国直接投资总额的 24. 1%；专业科技活动注册资金 10. 464 亿美元，占 24%；不动产经营活动 8. 763 亿美元，占 20. 1%；加工制造业 5. 407 亿美元，占 12. 4%；建筑领域 1. 844 亿美元，占 4. 2%；信息通信项目 1. 915 亿美元，占 4. 4%。按照投资来源地划分：新加坡注册资金 11. 361 亿美元，韩国注册资金 7. 865 亿美元，日本注册资金 4. 782 亿美元，英属维尔京群岛注册资金 4. 048 亿美元，开曼群岛注册资金 2. 741 亿美元，荷兰注册资金 1. 677 亿美元，美国注册资金 1. 519 亿美元，英国注册资金 1. 477 亿美元，中国台湾注册资金 1.262 亿美元，中国注册资金 1.077 亿美元，中国香港注册资金 9950 万美元。

3. 新注册成立的企业

从 2020 年初至 12 月 15 日，胡志明市批准新注册企业 4.03 万家，同比减少 6.3%，注册资金总额为 1115.256 万亿越南盾，同比增长 64%。其中 9 类主要服务行业新成立企业 2.8537 万家，同比减少 7.2%，占 70.8%，注册资金 961.411 万亿越南盾，同比增长 91.8%，占 86.2%。按照领域划分：农林水产业新批准成立企业 235 家，同比增加 19.9%，注册资金 4.721 万亿越南盾，同比增长 72.1%；工业和建筑业 8830 家，同比增长 5.4%，注册资金 129.369 万亿越南盾，同比减少 15.9%，其中建筑业 3858 家，注册资金 64.411 万亿越南盾，同比大幅减少 46.69%，工业 4972 家，注册资金 64.958 万亿越南盾，同比增长近一倍；商业服务业 31237 家，同比减少 9.3%，注册资金 981.165 万亿越南盾，同比大幅增长 87.3%。

（八）财政收支

1. 财政收入

2020 年，胡志明市的国家预算平衡总收入约为 352 万亿越南盾，实现预算的 86.7%，同比减少 14.2%，占越南全国财政总收入的近 27%。其中：境内收入为 238 万亿越南盾，为预算的 85.4%，同比减少 11.4%；进出口活动收入为 103.5 万亿越南盾，为预算的 90.0%，同比减少 12.8%；原油收入为 10.5 万亿越南盾，为预算的 86.1%，同比大幅减少 52.2%。

2. 财政支出

2020 年，胡志明市地方财政总支出（不计预支在内）约为 82.119 万亿越南盾，为预算的 81.8%，同比减少 9.9%。发展投资支出 36.996 万亿越南盾，达到预算的 102.5%，同比大幅增长 68.2%；经常性支出 45.123 万亿越南盾，为预算的 96.7%，同比增长 7.2%。

（九）社会安全秩序情况

2020 年，胡志明市的经济、环境保护、违纪违法、刑事犯罪、毒品犯

罪等形势严峻。

1. 经济、环境保护违纪违法情况

2019 年 12 月 15 日至 2020 年 12 月 14 日，胡志明市发现经济违纪违法案件 1251 起，涉案人员 1270 人。已经调查、起诉案件 961 起，涉案人员 272 人，其中起诉贪污案件 10 起，涉案人员 13 人；处理行政违纪违法案件 916 起，涉案人员 961 人，没收财产价值约 890 亿越南盾。

已经受理、解决环境保护违纪违法案件 987 起，其中 114 起为 2019 年留下来的案件；移交公诉机关 4 起，涉案人员 4 人；已经起诉案件 13 起，涉案人员 17 人。

2. 刑事犯罪情况

2019 年 12 月 15 日至 2020 年 12 月 14 日，胡志明市登记确认的刑事犯罪案件 4409 起，比上年度减少 0.3%。摧毁 745 个刑事犯罪团伙。调查破获刑事犯罪案件 3220 起（破获率达 73%），抓获犯罪分子 5119 人。

3. 打击毒品犯罪活动情况

发现、处理非法买卖、存储、运输和组织使用毒品案件 1795 起，涉案人员 4988 人，案件比上年度增长 8.9%（增加 147 起）。进行起诉 1578 起，涉案人员 2107 人；行政处罚 204 起，涉案人员 2850 人；移交其他单位受理 13 起，涉案人员 13 人。收缴海洛因 34.328 公斤、鸦片 758.232 公斤、大麻 82.574 公斤，并缴获 3 枚自制炸弹、32 支枪和 1064 颗子弹以及多种其他犯罪工具、设备。[①]

（九）胡志明市成立属该市管辖的守德市

2020 年 12 月 9 日，越南国会常务委员会颁行《关于归并属胡志明市的县级、乡级行政单位并成立守德市的决议》，该决议自 2021 年 1 月 1 日起生效。据此，胡志明市下辖的第 2 郡、第 9 郡和守德郡合并为守德市，下辖 34 坊，自然土地面积约为 211.56 平方公里，总人口 101.3795 万人。守德市

---

① 资料来源：胡志明市统计局。

是首个在中央直辖市成立的城市，预计地区生产总值为胡志明市的30%，约占越南全国GDP的7%。自此，胡志明市有县级行政单位22个，包括16个郡、5个县和1个市，共312个乡级行政单位，包括58个乡、249个坊和5个镇。

三 越南北部边境经济

自东向西，越南北方边境有7个省份分别是广宁省、谅山省、高平省、河江省、老街省、莱州省和奠边省与中国广西壮族自治区及云南省毗邻。2020年，越南北方边境各省经济增长速度差异较大，大部分省份的经济增速相对较低。受新冠肺炎疫情影响，中国和越南加强边境线管控防范疫情跨境传播，在此背景下，越南北部边境7省的口岸货物进出口普遍大幅下降。

（一）广宁省经济发展情况

2020年，广宁省集中指导实施既管控疫情又发展经济的"双重目标"。广宁省云屯国际机场被定为接收在外国的越南公民回国的机场之一。截至2020年11月20日，广宁省安排1.5397万名广宁公民出入境及4635名越南公民回国，接飞机142趟次共1.8033万名越南公民回国及1.1474万名外国专家、技术人员到越南；实施集中隔离2.5284万人（其中1.6084万人隔离收费）；进行核酸检测3.5913万人次，其中发现20例呈阳性均为境外输入病例；处理违反防控疫情工作规定情况567次，罚款1.21亿越南盾。

2020年，广宁省地区生产总值增长约10%，经济增长达到计划目标，但这是5年来的最低增长水平。其中农林水产业增加值同比增长3.8%，工业和建筑业同比增长13.1%，商业服务业和扣除产品补助的产品税同比增长7.5%（商业服务业同比增长7.4%，扣除产品补助的产品税同比增长7.6%）。经济规模依照现行价格约达212.625万亿越南盾，同比增长12%。人均地区生产总值超过6700美元，同比增长8.4%。人均劳动生产率2.929亿越南盾，同比增长10.6%。全社会投资总额约达85.369万亿越南盾，同

比增长 11.3%。

经济结构方面，2020 年，农林水产业占 6.1%，工业和建筑业占 50.4%，商业服务业和扣除产品补助的产品税占 43.5%。

2020 年，认识到新冠肺炎疫情复杂难料将深刻影响经济社会形势，广宁省集中指导创造条件让煤、电、水泥、建材、服装纺织等工业行业最大限度地生产并销售产品。及时帮助企业加快进度完成并投入使用一些生产电子零件、音响设备、纺织、布料、服装加工制造工业项目，补充新产能，推动工业高增长（达 10.4%），弥补服务业因疫情影响造成的严重下滑。广宁省工业和建筑业增加值依照现行价格约为 107.091 万亿越南盾。开矿业同比增长 7.1%，占广宁省地区生产总值的 17.7%，贡献地方财政收入的 39%。加工制造业同比增长近 17%。建筑业方面，集中指导开展公共投资项目和非财政资金项目。全年建筑业增加值同比增长 30.1%，占广宁省地区生产总值的 6.8%，比 2019 年提高 1.1 个百分点。

2020 年，广宁省采取措施推动农业种植、养殖业全面发展。全省农林水产业增加值按照现行价格约为 13.016 万亿越南盾。粮食总产量为 22.7128 万吨，同比增长 0.6%。果树种植面积约为 6940 公顷，同比增长 4.5%。全省有养殖庄园 240 个，比 2019 年增加 7 个。一些地方仍发生非洲猪瘟疫情，但养猪业已恢复增长。黄牛、家禽养殖业发展稳定。集中林种植约达 1.102 万公顷，完成计划的 100%。森林覆盖率约为 55%，同比增长 0.2%；各部门、各地方集中执行"广宁省林业可持续发展提案"。水产总产量约达 14.651 万吨，比计划增加 7.7%，同比增长 11.3%，其中：捕捞产量为 6.96 万吨，实现计划的 77.6%，同比增长 2.4%；养殖产量为 7.691 万吨，达到计划的 113%，同比增长 19.8%。批准 10 个乡达到新农村建设标准，至此全省的 98 个乡中，有 91 个乡达到了新农村标准；批准 15 个乡达到提高版新农村标准，至此全省有 30 个乡达到提高版新农村标准。①

---

① 根据越南国会常务委员会 2019 年 12 月 17 日颁行关于调整广宁省县级、乡级行政单位的第 837/NQ - UBTVQH14 号决议，自 2020 年 1 月 1 日起广宁省辖县级、乡级行政单位有所调整，因此，2020 年广宁省达到新农村标准的乡的数量与 2019 年相比有所变化。

2020年，广宁省服务业增加值依照现行价格约为65.495万亿越南盾。旅游业受新冠肺炎疫情影响较大。广宁省在控制住疫情之后，迅速采取措施恢复旅游服务业，省人民议会出台了3项关于刺激旅游业发展的决议，如对游览下龙湾景点减免票、住宿费降价，在越南国内一些省市组织开展促进旅游宣传推介活动，组织多项文化旅游产品等吸引游客，取得一定的效果。2020年，到广宁省的游客量为883.6万人次，比2019年同期减少37%，其中：国际游客约53.6万人次，同比减少90.7%；国内游客830万人次，同比增加0.6%。旅游营业收入为20.497万亿越南盾，同比减少30.5%。来自旅游服务的财政收入为2.2万亿越南盾，相当于2019年的30%，占广宁省地方财政总收入的6%。全年省内商品零售和服务业营业收入约为128.534万亿越南盾，同比增长11.4%。

2020年，广宁省大力推动贸易出口，省内企业货物出口额约为23.39亿美元，同比增长8.1%，出口货物中增加了一些新品种如电子零件，并扩大了出口市场，实现出口额增长。省内企业货物进口额为27.85亿美元，同比增长35%。发有货物原产地证书的金额为8.14亿美元，同比增长6.5%。

广宁省继续指导大力实施行政改革，改善投资经营环境。截至2020年11月16日，广宁省新批准和调整增资国内外项目有45个，新注册和调整增资总额为24.109万亿越南盾，同比增长55.5%，其中新批准和调整增资的国内项目有17个，注册资金12.006万亿越南盾，同比增长34.3%，新批准和调整增资的外国直接投资项目有28个，注册资金5.262亿美元，同比增长84.5%。

企业发展方面，2020年，大概新成立企业2000家，比2019年减少15%，注册资金22.3万亿越南盾。600家企业重新活动，同比增加3%。截至2020年底，全省共计有企业1.96万家，总注册资金180万亿越南盾；1000家企业登记暂停活动，同比增加20%；办理解体手续的企业有480家，同比增加19%。

2020年，广宁省的财政总收入约为49.3万亿越南盾，超过中央交付预算9.4%，比2019年增长近7%。其中：进出口财政收入约为12.3万亿越南盾，超过中央交付预算29%，同比增长8%，占本省财政总收入的

24.9%；地方财政收入约为 37 万亿越南盾，比中央交付预算增加 4.1%，同比增长 6.7%。按照"有收入才有支出"的原则，严格统一管理财政支出，优先保障平衡工资、补助和社会民生开支，减少非必要尤其是各种会议参观开支，同时集中资源投资到重要的项目。经常性支出约为 10.713 万亿越南盾，为预算的 95%，同比减少 11%。①

（二）谅山省经济发展情况

2020 年，谅山省集中指导结合新农村建设进行农业结构重组，采取措施监管阻隔非洲猪瘟和水黄牛皮肤病疫情，推动工业生产，稳定和恢复贸易服务活动。2020 年，地区生产总值增长约 2.09%（计划目标是 8.5% ~ 9%）。其中农林水产业同比增长 3.06%，工业和建筑业同比增长 2.35%，商业服务业同比增长 1.54%，扣除产品补助的产品税同比增长 2.04%。经济规模依照现行价格约为 34.276 万亿越南盾，人均地区生产总值为 4340 万越南盾。农林水产业在经济结构中占 23.19%，工业和建筑业占 22.47%，商业服务业占 49.59%，扣除产品补助的产品税占 4.75%。

农林业生产和新农村建设继续稳定发展。集中指导把农林业生产与新农村建设相结合起来，农林业生产基本达到计划要求。转变种植结构，增加经济价值高和满足市场需求的农产品种植面积；应用农业科技并逐步产生效果。积极宣传推介农产品销售，树立产品商标。2020 年，粮食总产量为 30.56 万吨，达到计划的 101.9%。水牛、黄牛、家禽养殖基本稳定；非洲猪瘟得到基本控制之后又在一些地方重新出现。新种植树木 9953.7 公顷，超过计划 10.6%，森林覆盖率约为 63%。评比出 12 种"一乡一品"（OCOP），其中 4 种产品被评为 4 星级，8 种产品被评为 3 星级。估计年内谅山省又有 16 个乡达到新农村建设标准，至此全省有 65 个乡达到了新农村标准。

2020 年，谅山省工业虽受新冠肺炎疫情影响，但在年底几个月已基本稳定恢复。全年工业生产指数同比增长约 4.29%：其中采矿业同比增长

---

① 广宁省政府网站，http：//www.quangninh.gov.vn/。

3.83%；加工制造业同比增长 1.99%；电力生产和分配行业同比增长 7.05%；供水，垃圾、污水管理及处理行业同比增长 6.25%。除了水泥产量较 2019 年继续大幅度下降外，一些主要工业产品产量基本完成并超过计划指标，如：电力生产 8.78 亿千瓦时，实现计划的 101.5%，比 2019 年减少 7.7%；商业用电 8.05 亿千瓦时，实现计划的 100.6%，比 2019 年增长 7.6%；净煤 56 万吨，实现计划的 100.9%，比 2019 年减少 4.4%；水泥 76 万吨，实现计划的 70.4%，比 2019 年减少 30.7%；各类砖 2.35 亿块，达到计划的 102.2%，比 2019 年增长 7.8%；木板和原木制品 13 万立方米，达到计划的 104%，比 2019 年增长 13%。

2020 年，为防范新冠肺炎疫情跨境传播，中越两国加强边境线管控，在防控疫情的前提下，两国口岸货物通关在一定程度上得到恢复。2020 年经过谅山省地域的货物进出口额约为 28.1 亿美元，实现计划的 51.1%，比 2019 年同期下降 40.8%。其中：出口额为 12.2 亿美元，实现计划的 37.9%，同比下降 52.2%；进口额为 15.9 亿美元，实现计划的 69.7%，同比下降 27.7%。谅山省地方货物出口额为 1.2 亿美元，实现计划的 80%，同比下降 12.7%。继续集中投资建设谅山 – 同登口岸经济区交通和基础设施建设，如加快货物中转区和一号出口加工区基础设施建设项目的进度。

谅山省按照越共中央政府的要求加快全省的基础设施建设进度。省人民委员会出台决定成立了重点项目指导委员会并出台管理机制进行集中指导实施。国家财政公共投资资金为 3.2606 万亿越南盾，其中地方财政平衡资金 1.5089 万亿越南盾，中央财政资金 1.7517 万亿越南盾；此外还有历年结转到 2020 年的 1652 亿越南盾。预计到 2020 年底，实现完成 3.388 万亿越南盾，达到计划的 103.9%，资金到位 3.144 万亿越南盾，达到计划的 96.4%；历年结转到 2020 年的资金到位 1220 亿越南盾，达到计划的 74.3%。

2020 年，谅山省内商业活动维持稳定，商品零售和消费服务营业收入额约为 20.078 万亿越南盾，实现计划的 89.8%，同比减少 0.8%。到谅山省的游客约 160.4 万人次，减少 44.7%，旅游业营业收入约为 6393 亿越南盾，减少 36.1%。10 月 16 日，越南政府批准"到 2040 年母山国家旅游区

建设总体规划"，目前相关建设细节规划正在开展。

企业发展方面，2020 年 1 月 1 日至 11 月 30 日，谅山省新成立企业 384 家，达到计划的 76.8%，总注册资金 2.668 万亿越南盾。全省共计有企业 3208 家，总注册资金 27 万亿越南盾；有 641 家分支机构、办事处登记活动；187 家企业登记暂停活动，同比增长 29%；对 35 家企业收回注册许可证；206 家企业办理解体手续。

在促进利用投资方面，2020 年，谅山省批准了 19 个国内投资项目和 1 个外资项目，注册资金共计 4.83 万亿越南盾；18 个投资项目调整增资，补充注册资金 2700 亿越南盾；通报终止收回 7 个项目的投资许可证。

谅山省加强查核、开拓收入来源以补偿因新冠肺炎疫情影响而减少的财政收入。2020 年，谅山省实现财政总收入 6.2025 万亿越南盾，超过预算的 0.9%，同比减少 10.5%，其中：地方财政收入为 2.6 万亿越南盾，为预算的 94.5%，同比减少 18.7%；进出口活动的财政收入为 3.6 万亿越南盾，为预算的 105.9%，同比减少 2.8%；其他收入款项为 25.5 亿越南盾。财政开支严格监管、厉行节约，地方财政总支出约为 12.8395 万亿越南盾，达到预算的 107%，同比减少 2.2%，其中：地方预算平衡支出为 8.9006 万亿越南盾，为预算的 97.6%，同比减少 7.1%；国家目标计划和一些其他任务开支为 2.7303 万亿越南盾，为预算的 94.7%，同比增长 23.8%。[①]

（三）高平省经济发展情况

2020 年，尽管受新冠肺炎疫情和洪涝等自然灾害的影响，高平省实现地区生产总值增长 4.23%。其中，农林水产业同比增长 1.67%，工业和建筑业同比增长 9.68%，商业服务业同比增长 3.06%，扣除产品补助的产品税同比增长 1.7%。人均地区生产总值为 3650 万越南盾，达到了既定目标。[②]

年内，高平省出现强风、冰雹、干旱等异常天气，加上再次暴发非洲猪

---

① 谅山省政府网站，http://www.langson.gov.vn/。

② 《2020 年高平省十大突出事件》，高平省广播电视台网站，2021 年 2 月 11 日，http://caobangtv.vn/tin - tuc - n35889/10 - su - kien - noi - bat - nam - 2020.html。

瘟疫情，农业生产面临诸多困难。粮食总产量约为28.1963万吨，超过计划1.09%。全年水牛养殖10.232万头，黄牛有11.065万头，猪有28.518万头，家禽有200.989万只。水产养殖面积达380.1公顷，水产品产量为546.63吨。

2020年，高平省推动公共投资资金到位进度，促进恢复和发展经济社会。全社会发展投资额约为10.51万亿越南盾，比2019年增长5.72%，相当于地区生产总值的55.36%，主要是国家经济领域的增长，增长12.65%。

2020年，高平省商品零售和消费服务营业收入总额为8.98万亿越南盾，同比增长7.24%。2020年，新成立企业150家，总注册资金为1.4万亿越南盾，至此全省共计有企业1723家，总注册资金为17.63万亿越南盾。到高平省的游客约60万人次，同比大幅下降62%，其中：本国游客约58万人次，同比下降57.7%；国际游客约2万人次，同比下降89.2%。全年旅游业营业收入约700亿越南盾，同比减少85.4%。

2020年，高平省的货物进出口额为3.34亿美元。参加进出口活动的企业有175家，比2019年增长45%。其他各种形式如实行监察的"暂进再出"、转口、寄存保税仓库的货物已在其他地方海关局申报转到高平"再出"的有1.559亿美元，比2019年减少88%。①

2020年，高平省国家财政总收入为2.034万亿越南盾，相当于2019年同期的90.4%。其中：地方财政收入1.772万亿越南盾，相当于2019年同期的93.4%；进出口财政收入为2040亿越南盾，相当于2019年同期的61.9%。②

2020年8月10日，越南政府批准了谅山省同登—高平省茶岭高速公路按照公私合作模式的投资方案。同登—茶岭高速公路全长约115公里，总投资20.939万亿越南盾，将谅山省友谊、谷南和新青三个边境口岸与高平茶

---

① 《灵活开展促进高平边境货物贸易的措施》，越南《工贸杂志》网站，2021年3月24日，http：//tapchicongthuong. vn/bai – viet/linh – hoat – giai – phap – thuc – day – giao – thuong – hang – hoa – tren – bien – gioi – cao – bang – 79787. htm。

② 高平省科技厅网站，http：//khcncaobang. gov. vn/；高平省广播电视台网站，http：//caobangtv. vn//；高平电子报，http：//baocaobang. vn/。

岭口岸相连接。该方案还提出把同登—茶岭高速公路建成连接经越南海防沥县国际港到中国重庆、乌鲁木齐、霍尔果斯至哈萨克斯坦及欧洲各国货物贸易往来的高速公路。

（四）河江省经济发展情况

2020 年，受新冠肺炎疫情和气候变化异常对生产极为不利的影响，河江省地区生产总值依照现行价格约为 25.598 万亿越南盾，增长 1.69%，人均地区生产总值为 2942 万越南盾。农林水产业产值为 8.061 万亿越南盾，比 2019 年同期增长 2.54%，对经济增长贡献率为 0.76%；工业和建筑业产值为 5.779 万亿越南盾，同比下降 0.67%，对经济增长的贡献率为 -0.16%；商业服务业产值为 10.27 万亿越南盾，同比增长 2.64%，对经济增长的贡献率为 1.06%；扣除产品补助的产品税为 1.487 万亿越南盾，同比增长 0.62%，对经济增长贡献率为 0.03%。农林水产业在经济结构中占 31.49%，工业和建筑业占 22.58%，商业服务业占 40.12%，扣除产品补助的产品税占 5.81%。

2020 年，河江省气候变化异常，年初发生大面积的干旱导致局部地方出现农业生产缺水，年中多地出现强风暴雨使得大面积的农作物受损。粮食总产量为 41.124 万吨，比 2019 年增长 1.34%。在种植业方面：河江省在水稻、玉米、花生种植上尤其重视使用优质种子，应用现代农业科技生产；主动应对气候变化，把 68.97 公顷缺水的稻田改种经济价值高的作物；发展应用现代科技种植安全蔬菜、花卉 115 公顷。在养殖业方面：继续按照庄寨规模发展商品化养殖，截至 2020 年 12 月 15 日，已在全省 11 个县发展庄寨 136 个；2020 年 6 月又再发生非洲猪瘟，及时指导各地公布疫情，按规定销毁瘟猪和杀毒。新种植树木 5711.7 公顷，森林覆盖率约为 58%。群众积极参与新农村建设，新农村建设各项指标得到提高，尤其是收入和交通基础设施指标，2020 年将完成认定 7 个乡达到新农村标准。

电力工业（主要是水电）原本对河江省的工业增长贡献较大，但是2020 年初干旱导致水电站缺水运转，加上年中山体滑坡导致一些工业生产基地暂停生产，多个投资项目进度缓慢，致使工业领域与上年同期相比大幅下降。工业生产指数比 2019 年下降 9.16%：其中加工制造业同比增长 5.31%；电力的生产和分配同比增长 4.59%；供水，垃圾、污水管理及处理同比小幅增长 1.03%；采矿业同比下降 37.45%。实现高增长的行业有：食品加工（同比增长 15.11%），非金属矿产生产（同比增长 10.66%），床、柜子、桌子、椅子生产（同比增长 20.04%），等等。

2020 年，河江省大力推动旅游宣传推介工作，年内后几个月旅游业明显复苏，全年到河江省的游客 150 万人次，实现计划的 93.8%，其中国内游客 145.8 万人次，国际游客 4.2 万人次，旅游营业收入超过 2.475 万亿越南盾。全年商品零售总额约为 8.918 万亿越南盾，比 2019 年增长 6.24%。居民消费价格指数同比平均上涨 4.07%。

2020 年，河江省财政总收入为 16.539 万亿越南盾，这其中，省的国家财政收入为 2.345 万亿越南盾（地方收入 2.2287 万亿越南盾，进出口平衡收入为 1090 亿越南盾，资助援助收入款项为 72 亿越南盾），中央财政补贴收入为 12.517 万亿越南盾，实现计划的 98.5%。地方财政总支出约为 15.949 万亿越南盾，为交付预算的 99.89%，其中，财政平衡中的投资发展支出为 1.221 万亿越南盾，经常性支出为 8.551 万亿越南盾，目标项目支出为 4.221 万亿越南盾（投资资金支出为 2.322 万亿越南盾，事业资金支出为 1.899 万亿越南盾）。

2020 年，河江省全社会发展投资额约为 11.7 万亿越南盾，比 2019 年增长 9.15%。年内省人民委员会给 14 个投资项目颁发投资许可证，总注册资金为 2.263 万亿越南盾，调整 27 个项目的投资。通报终止收回 10 个项目的投资许可证。2020 年河江省着手开展 18 个使用政府开发援助（ODA）资金的计划和项目，其中有河江市排水和处理废水项目、发展商品减贫计划、箐门县贫困乡少数民族地区多目标发展项目、改善农业灌溉项目、加高堤坝促安全项目、农村供电项目等。①

---

① 河江省统计局网站，https：//cucthongke.hagiang.gov.vn/。

（五）老街省经济发展情况

2020年，老街省地区生产总值实现增长6.55%，明显高于全国的平均增长水平，排在北部丘陵和山区各省中的第二位。农林水产业同比增长4.51%，对老街省经济增长的贡献率为0.65%；工业和建筑业同比增长13.47%，对经济增长的贡献率为5.18%；商业服务业同比增长1.3%，对经济增长的贡献率为0.23%；扣除产品补助的产品税同比增长2.4%，对经济增长的贡献率为0.49%。年人均收入4370万越南盾，同比增长9.5%；人均地区生产总值达7787万越南盾，同比增长11.1%。①

年内，老街省农林水产业基本稳定。重视应用现代科技进行农业生产，粮食产量达34.179万吨，同比增长2.7%，保障粮食安全。继续开展种植各类蔬菜、花卉、景观树、药材、水果、茶叶等，获得好收成。至今老街省有5种共种植76公顷的药材被越南卫生部认定达到世界卫生组织的药用植物种植和采集的生产质量管理规范（GACP）标准。养殖业除了因非洲猪瘟猪的数量减少之外，其他的家畜家禽养殖相对稳定。全年主要家畜（水牛、黄牛、猪）养殖63万头，同比增长1%；家禽485万只，同比增长14.1%；肉类产量约为6.022万吨，同比增长1%。新种植6071公顷树木。全年又有10个乡达到新农村标准，在全省的127个乡中，达到新农村标准的已有57个乡，占44.88%。截至2020年底，贫困户比例减少3.26%，剩余贫困户比例为8.2%。

2020年前几个月，老街省受到长时间的气候干旱和新冠肺炎疫情的双重影响，工业生产大幅减少。从5月到年底，伴随着技术人员入境以及进口原辅料、燃料物资、机器设备和销售产品，工业生产得以恢复并快速增长。老街省工业产值为37.051万亿越南盾，超出计划2.4%，比2019年同期增长12.5%。2020年，水电工业产值为7.907万亿越南盾，同比增长38.8%。年中雨量稳定，7个水电厂完成并运行发电，实现老街省并入越南国家电网

---

① 《老街省制定保障经济增长10%以上的蓝图》，越通社，2021年1月13日，https://www.vietnamplus.vn/lao－cai－xay－dung－kich－ban－dam－bao－tang－truong－kinh－te－tren－10/689312.vnp。

的水电厂增至 61 个，装机总容量共计 979.15 兆瓦。小手工业继续稳定发展，全年小手工业产值约达 3.2 万亿越南盾，同比增长 15.34%。基础建设方面，2020 年计划发展投资额（包括 2018 年、2019 年资金沿用到 2020 年）为 54390 亿越南盾，截至 2020 年 12 月 31 日资金到位 47860 亿越南盾，相当于计划的 88%。

2020 年，通过老街口岸的货物进出口、商品交易总额达 32.363 亿美元，实现计划的 70.3%，同比减少 15.2%。其中：出口额为 11.6 亿美元，实现计划的 68.2%，同比下降 26.9%；进口额为 5.763 亿美元，实现计划的 72%，同比下降 18.6%；其他各种形式的贸易活动（"暂进再出"、保税仓库、转口、过境、省内企业在其他口岸进出口）贸易额约为 15 亿美元，比 2019 年减少 1.4%。①

2020 年，通过开展刺激旅游发展措施，年内后几个月老街省旅游业出现复苏态势。全年到老街省的游客约 220 万人次，达到计划的 40%，同比减少 56.9%。其中：沙巴国家旅游区接待游客 128.6 万人次，其中国际游客 7.285 万人次；北河县接待游客 26.11 万人次，其中国际游客 1.22 万人次；老街市接待游客 64 万人次，其中国际游客 2.93 万人次。旅游业营业收入达 6.370 万亿越南盾，达到计划的 27.9%，同比减少 66.8%。全年商品零售和消费服务营业收入总额达 25.858 万亿越南盾，同比减少 1.2%。居民消费价格指数同比平均上涨 3.07%。

2020 年，老街省的中央财政收入为 9.089 万亿越南盾，超过中央交付预算 23.2%，相当于调整预算后的 95.7%，同比减少 3.6%。地方财政总收入达 17.966 万亿越南盾，同比增长 7.7%。地方财政总支出为 18.08 万亿越南盾，同比增长 9.7%。

年内，老街省批准投资项目 23 个，总投资额为 3.032 万亿越南盾。截至 2020 年底，省内仍有效力的外商投资项目有 21 个，总注册资金为 5.402

---

① 《加强信息交流，为边境货物出口创造有利条件》，越南《工贸杂志》网站，2021 年 3 月 20 日，http://tapchicongthuong.vn/bai-viet/tang-cuong-trao-doi-thong-tin-tao-thuan-loi-cho-xuat-khau-hang-hoa-qua-bien-gioi-79677.htm。

亿美元。全年新注册成立企业 681 家，注册资金为 5.358 万亿越南盾。225 家企业重新活动，312 家企业暂停活动，97 家企业解体。[1]

（六）莱州省经济发展情况

2020 年，在受新冠肺炎疫情和异常气候变化对生产造成巨大影响的情况下，莱州省的地区生产总值（依照 2010 年比较价格）约达 12.194 万亿越南盾，较 2019 年增长约 4.05%。在整个经济增长中：农林水产业同比增长 4.5%，对经济增长的贡献率为 0.66%；工业和建筑业同比增长 6.08%，对经济增长的贡献率为 2.45%；商业服务业同比增长 3.75%，对经济增长的贡献率为 1.42%；扣除产品补助的产品税同比减少 6.48%，对经济增长的贡献率为 -0.48%。人均地区生产总值约为 4334 万越南盾，比 2019 年增加 460 万越南盾。按照现行价格的经济结构如下：农林水产业占 15.42%，工业和建筑业占 37.94%，商业服务业占 40.47%，扣除产品补助的产品税占 6.17%。

2020 年，莱州省在生产受新冠肺炎疫情影响的同时，气候变化复杂，连续发生了冰雹、强风、地震、长时间的大雨引发山体滑坡。非洲猪瘟疫情虽然得到控制但仍有影响。粮食总产量约为 21.92 万吨，比 2019 年减少 0.56%。水果现有种植面积大幅提升，为 1.156 万公顷，同比增长 32.57%。继续大力发展茶叶、澳洲坚果、橡胶种植。随着放养场地面积缩小、农业机械化的发展，用于服务生产的水牛、黄牛养殖规模有所减少；猪养殖业逐渐恢复；家禽养殖大幅增加。新种植 1163.97 公顷树木，同比减少 12.52%。

2020 年，莱州省工业生产指数比 2019 年增长 5.09%。一些行业生产指数如下：受新冠肺炎疫情影响，劳动力不稳定，多个建设工程停工，开矿业生产指数比 2019 年减少 17.32%；加工制造业生产指数同比减少 7.81%；电力、煤气、热水、空调蒸汽机及空调机生产和分配生产指数同比增长 5.48%。莱州省被认为水电潜力大，年内又有 5 个新的水电项目投入运行发电，截至 2020 年 12 月，莱州省共有 20 个水电厂在运行发电，这些水电厂

---

[1] 老街省政府网站，https：//www.laocai.gov.vn/。

均受越南北部电力总公司的调节；供水，垃圾、污水管理及处理同比增长6.4%。一些主要的工业产品情况如下：发电量约为68.383亿千瓦时，同比增长5.47%，商业用电1.98亿千瓦时，同比增长6.4%；波特兰黑水泥8756吨，同比减少12.19%。干茶叶6379吨，同比减少3.07%。茶叶和电仍是莱州省的主力产品，其营业收入对地区生产总值做出较大贡献。

2020年，莱州省新批准投资项目28个，总注册资金为6.652万亿越南盾。截至2020年底，老街省累计投资项目有246个，总注册资金为123.041万亿越南盾。全年新注册成立企业140家，至此全省有企业1511家，累计有1250家企业填报纳税和正在运行；新成立合作社30个，至此全省有合作社303个，其中203个合作社正在开展生产经营活动。

2020年，莱州省全年商品零售营业收入总额为5.437万亿越南盾，同比增长5.82%；住宿餐饮营业收入为4717.162亿越南盾，同比减少18.3%；其他服务营业收入为3803.645亿越南盾，同比减少6.6%。居民消费价格指数同比平均上涨4.09%。接待游客约31.945万人次，同比减少10.5%，其中国际游客4462人次，国内游客31.499人次。

莱州省2020年财政总收入约为9.887万亿越南盾，超过中央交付预算的17%和省人民议会交付预算的16%。其中，省的中央财政收入为2.089万亿越南盾，同比增长9%。地方财政总支出约为7.273万亿越南盾，达到中央交付预算的86%和省人民议会交付预算的85%，同比减少14%。其中经常性支出约为5.019万亿越南盾，达到省人民议会交付预算的89%，同比减少11%。[①]

（七）奠边省经济发展情况

2020年，奠边省深受新冠肺炎疫情以及干旱、冰雹、暴风骤雨等气候复杂变化和非洲猪瘟的影响，地区生产总值（按照2010年比较价格）约为11.765万亿越南盾，比2019年增长1.82%，达到计划的96.73%。其中农

---

① 资料来源：莱州省统计局。

林水产业同比增长0.37%，工业和建筑业同比增长3.88%，商业服务业同比增长1.42%，扣除补助的产品税同比增长3.18%。农林水产业在经济结构中占18.76%，工业和建筑业占19.10%，商业服务业占57.64%，扣除补助的产品税占4.50%。依照现行价格，人均地区生产总值约为3347万越南盾，比2019年增长3.43%。

2020年，奠边省粮食总产量约为26.81万吨，比2019年增长1.08%，其中稻谷产量为19.077万吨，玉米产量为7.734万吨；橡胶种植面积为5104公顷，干胶汁产量为3037吨，产量同比增长42.05%；咖啡种植面积为3330公顷，产量为2804吨，产量同比减少38.33%；茶种植面积为611公顷，茶叶产量为68吨；新投资5个种植澳洲坚果项目面积共计1.721万公顷，已经种植的澳洲坚果面积为3229公顷（其中单作种植2678公顷，混作种植551公顷），比2019年增长14.1%。在一些地方形成和发展经济价值高、集中商品化生产的水果种植模式；把经济效益差的水稻和农作物种植地改种水果393.58亩。2020年全省水果种植总面积达4982.7公顷，比2019年增长9.16%。森林覆盖率为42.66%。全年主要家畜（水牛、黄牛、猪）养殖53.697万头，同比增长4.16%，达到计划的96.74%；家禽同比增长4.31%，达到计划的99.65%。

2020年，按照2010年比较价格，全省工业产值约为2.818万亿越南盾，比2019年增长2.46%。开展施工建设6个水电项目（包括前几年尚未完成的项目），2020年将有两个项目投入发电。

2020年，奠边省新注册成立企业125家，总注册资金为1.6万亿越南盾。至此全省共计有企业1400家，总注册资金为23.833万亿越南盾，其中正在活动的企业有1115家。年内新成立的合作社有25个，至此全省合作社总数达234个，总注册资金为5570亿越南盾。私人经济领域取得了长足的发展，2020年，私人经济领域营业收入达18.552万亿越南盾，解决就业3.888万人。

吸引投资方面，2020年内奠边省颁发投资许可证和决定投资的项目有9个，涉及水电、商业服务、农林业、工业和建材生产领域，注册资金超过1.049万亿越南盾；有4个项目已完成并投入运行，注册资金约为462亿越南盾。到 2020 年底，全省累计有投资项目 203 个，总注册资金超过 31.6 万亿越南盾。2020 年，奠边省进出口额约为 7016 万美元，比 2019 年减少 15.47%，其中出口额为 4616 万美元，同比减少 7.68%；进口额为 2400 万美元，同比减少 27.27%。

2020 年，到奠边省的游客约 33.5 万人次，为计划的 36.8%，比 2019 年减少 1.5 倍，其中国际游客 1.68 万人次，只达到计划的 8.4%。旅游收入为 4350 亿越南盾，为计划的 29%。商品零售和消费服务营业收入总额为 11.485 万亿越南盾，同比减少 3.46%，达到计划的 78.66%。电话用户普及率为 67 部/百人，互联网用户普及率为 7 部/百人，比 2019 年增加 6%。全年电信营业收入约为 7550 亿越南盾，同比增长 38.5%。

2020 年，奠边省全社会发展投资额约达 12.718 万亿越南盾，比 2019 增长 23.74%。其中：国家财政投资 4.259 万亿越南盾，占 33.49%（地方管理资金为 2.528 万亿越南盾）；居民和私营企业投资 6.671 万亿越南盾，占 52.45%；国有企业投资 727.2 亿越南盾；其他资金来源为 1.714 万亿越南盾，占 13.47%。

2020 年，奠边省的财政总收入约为 10.977 万亿越南盾，达到预算的 109.08%；地方财政总支出为 10.894 万亿越南盾，达到预算的 108.33%，其中经常性支出为 7.072 万亿越南盾，发展投资支出为 2.631 万亿越南盾。[①]

中越边境地区是两国开展交往与合作的重要门户和桥梁。2020 年，在加强边境线管控防范疫情跨境传播的情况下，中越边境经贸、互联互通继续得到发展。2 月 25 日，首趟进境中国的水果班列从越南同登直达中国广西凭祥。

---

① 奠边省政府网站，http://dienbien.gov.vn/。

综合资料

Integrated Data

B.15

2020年越南大事记

何静波*

    1月6日   越南政府总理阮春福在政府所在地主持越南担任2020年东盟轮值主席国启动仪式。

    1月9日   东盟国防高级官员工作小组会议（ADSOM WG）在越南岘港市开幕，这是越南担任2020年东盟轮值主席国期间有关国防军事会议、活动等的首场会议。

    1月10日   越南工贸部在河内召开第16次东盟贸易便利化联合磋商委员会会议（ATF – JCC）。

    1月12日   越南工贸部在河内主持召开第18次柬埔寨、老挝、缅甸、越南经济高官会议（CLMV SEOM）。

    1月15日   越南计划投资部与世界银行在河内联合举办《2019年越南发展报告》发布仪式。

---

    * 何静波，厦门大学南洋研究院博士研究生，主要研究方向为越南近现代史、中越关系。

1 月 16 ~ 17 日　东盟国家外长非正式会议在越南庆和省芽庄市举行。

1 月 30 日　越南卫生部成立了 45 个新冠肺炎疫情快速反应机动小组。

2 月 1 日　越苏石油联营公司（Vietsovpetro）正式成为国际海事承包商协会（IMCA）成员。

2 月 7 日　越南卫生部公布，越南中央卫生与流行病学研究院已通过实验室成功培养和分离新型冠状病毒毒株。

2 月 12 日　欧洲议会全体会议投票正式通过《欧盟－越南自由贸易协定》（EVFTA）和《欧盟－越南投资保护协定》（EVIPA）。

2 月 17 日　越南外交部副部长苏英勇和欧盟对外行动署（EEAS）亚太总司副司长帕姆帕洛尼在越南河内共同主持落实《欧盟－越南全面伙伴与合作框架协定》混合委员会政治事务小组第一次会议。

2 月 19 日　经越南国防部同意，英国皇家海军"企业"号测量船抵达越南海防市新武港进行为期一周的访问。

2 月 19 日　2020 东盟国防部长非正式会议（ADMM Retreat）在越南河内召开，会议由越南国防部部长吴春历主持。

2 月 20 日　越南河静省公安厅安全调查局发布通报，该局对涉嫌发生在英国的 39 名越南移民死亡货车惨案的 7 名犯罪嫌疑人以"非法组织他人偷渡国外或非法居留国外罪"提起公诉。

2 月 24 ~ 25 日　越南劳动荣军与社会部主持召开东盟各国社会文化高官会议（SOCA）。

2 月 4 日　越南资源环境部主持召开"协助越南落实《巴黎协定》项目"（VN－SIPA）指导委员会第一次会议。

2 月 25 日　越南政府总理阮春福下令，禁止任何发生过新冠肺炎疫情的地区的人员进入越南境内。

2 月 28 日　越南政府颁布关于在防控新冠肺炎疫情期间对医用口罩实行出口许可证制度的第 20/NQ－CP 号决议。

2 月 28 日　越南政府颁发第 19/NQ－CP 号决议，批准了东盟成员国政府与中华人民共和国政府关于建立东盟－中国中心的谅解备忘录（MOU）。

2 月 29 日 自 2020 年 2 月 29 日 0 时起，越南暂停对韩国公民的单方面免签政策。

3 月 2 日 自 2020 年 3 月 2 日 12 时起，越南暂停对意大利公民的单方面免签政策。

3 月 3 日 东盟防务和安全研究所二轨网络（NADI）第 13 届年度会议暨第五届非正式会议在越南岘港市开幕。

3 月 3 日 越南科学与技术翰林院（VAST）所属生物技术研究院公布成功研制出新冠病毒检测试剂盒。

3 月 4 日 东盟高级官员会议在越南岘港市召开。

3 月 5 日 由"罗斯福"号航空母舰（USS Theodore Roosevelt CVN - 71）和"邦克山"号（Bunker Hill CG - 52）巡洋舰组成的美国海军舰队抵达越南岘港进行正式访问。

3 月 6 日 越南河内市发现首例境外输入新冠肺炎确诊病例（越南第 17 例确诊病例）。

3 月 7 日 自 2020 年 3 月 7 日起，所有入境越南的旅客均需提交健康申报。

3 月 9 日 东盟《区域全面经济伙伴关系协定》贸易谈判委员会会议在越南岘港市举行。

3 月 10 日 东盟经济部长与东盟商务咨询理事会非正式会议和第 26 届东盟经济部长非正式会议（AEM Retreat 26）在越南岘港市举行。

3 月 11 日 《区域全面经济伙伴关系协定》东盟十国部长级会议在越南岘港市举行，越南工贸部部长陈俊英主持会议。

3 月 12 日 自 2020 年 3 月 12 日 0 时起，越南暂停对丹麦、挪威、芬兰、瑞典、英国、德国、法国和西班牙 8 个欧洲国家的单方面免签。

3 月 15 日 从 3 月 15 日 12 时起，除以外交和公务为目的入境越南的外国人外，越南暂不允许在来越前 14 天内从（或去过）申根国家和英国的外国人以旅游、探亲留学、私人工作为目的入境越南。

3 月 18 日 自 2020 年 3 月 18 日 0 时起，越南 30 天内暂停向外国人签发入境越南的签证。

3月21日 自2020年3月21日12时起，越南暂停对白俄罗斯、俄罗斯和日本等国公民的单方免签政策，颁发给越裔白俄罗斯、俄罗斯、日本公民及其亲属的免签本暂时失效。

3月22日 自2020年3月22日0时起：越南暂停所有外国人入境越南，以外交、公务目的和其他特殊情况入境人员（出席或保障重要外事活动的外国人，专家、企业管理人员、高技术工人等）除外；越南颁发给越裔外国人及其亲属的免签本暂时失效；入境越南人员必须遵守医学检测规定并实施集中隔离，以外交、公务目的和其他特殊情况（出席或保障重要外事活动的外国人，专家、企业管理人员、高技术工人等）按规定在居住地实施隔离。

3月24日 越南海关总局向各省市海关局、海关信息技术与统计局等下发关于大米出口问题的紧急文件，要求各省市海关局自3月24日0时起暂时停止注册、通关出口大米。

3月25日 越南政府办公厅下发第2280/VPCP－NN号公文，传达政府总理阮春福关于检查和评估大米供应和出口情况、2020年3月28日前越南暂停新签大米出口合同的指导意见。

3月28日 根据越南政府总理阮春福3月26日作出的指示，自3月28日起2个星期内，越南各级政府一律暂停20人以上的聚集性活动。

4月1日 越南政府总理阮春福签发第447/QD－TTg号决定，宣布新冠肺炎疫情成为全国性疫情。从2020年4月1日0时起，越南暂停越南—柬埔寨和越南—老挝边境地区所有国家级口岸、地方级口岸、通道的人员往来活动；在全国范围内实行社会隔离，为期15天。

4月9日 越南政府副总理兼外长范平明以线上形式主持召开东盟协调理事会（ACC）第25次会议。

4月11日 越南政府颁布关于批准《越南社会主义共和国政府与美利坚合众国政府海关互助协定》的第44/NQ－CP号决议。

4月15日 东盟与中日韩（10＋3）抗击新冠肺炎疫情领导人特别会议

以视频方式召开。东盟十国领导人、中国国务院总理李克强、日本首相安倍晋三、韩国总统文在寅以及世界卫生组织总干事谭德塞、东盟秘书长林玉辉出席。越南总理阮春福主持会议。

4月28日 越南统计总局在河内举办《2020年越南合作社白皮书》和《2020年越南企业白皮书》发布仪式。

5月1日 越通社驻华盛顿记者援引美国国务院发布的声明称，美国将向越南提供950万美元的援助资金，旨在协助越南抗击新冠肺炎疫情和促进经济发展，其中经济援助资金500万美元。

5月15日 东盟国防高官会议（ADSOM）以视频方式举行，越南国防部副部长阮志咏主持会议。

5月18日 东盟高级官员会议以视频方式举行，越南外交部副部长、越南东盟高官会代表团团长阮国勇以2020东盟轮值主席国代表资格与会。

5月18日 越南政府总理阮春福签发关于批准《到2030年越南海洋经济可持续发展国际合作提案》的第647/QD-TTg号决定。

5月25日 越南政府颁布关于批准《关于获电子签证公民的国家名单；允许外国人通过电子签证出入境越南的国际口岸名单》的第79/NQ-CP号决议。该决议自2020年7月1日起生效。

6月3日 越南政府总理签发关于批准《至2025年国家数字化转型计划暨2023年远景》的第749/QD-TTg号决定，提出到2030年越南跻身联合国电子政务发展平均指数（EGDI）50强的目标。

6月4日 东盟与中日韩（10+3）抗击新冠肺炎疫情经贸部长特别会议以视频方式召开。会议由东盟轮值主席国越南主持，10+3各国经贸部门负责人和东盟秘书长参会。

6月5日 越南公布成功研制和生产出两套符合国际标准的新冠病毒检测试剂盒，即One-step RT-PCR COVID-19 Kit Thai Duong和RT-Lamp COVID-19 Kit Thai Duong。

6月8日 越南国会通过了有关批准《欧盟-越南自由贸易协定》、批准《欧盟-越南投资保护协定》、批准加入国际劳工组织《废除强迫劳动公约》（第 105 号）的决议。

6 月 15 日　越南工贸部部长陈俊英签发关于《欧盟－越南自由贸易协定》中货物原产地规则规定的第 11/2020/TT－BCT 号通知。

6 月 23 日　《区域全面经济伙伴关系协定》谈判国部长级会议在越南工贸部部长陈俊英主持下以视频形式召开。

7 月 1 日　《越南公民出入境法》和《〈旅居越南外国人出入境、过境和居留法〉若干条款修改补充法》正式生效。

7 月 6 日　越南政府总理阮春福签发关于成立国家医科委员会的第 956/QD－TTg 号决定。

7 月 8 日　第 17 届东盟地区论坛安全政策会议以视频形式召开，越南国防部副部长阮志咏主持会议。

7 月 14 日　越南外交部与工贸部在河内联合举办关于次区域发展的东盟论坛（AF），主题为"将大湄公河次区域合作与东盟目标相融合"。

7 月 17 日　第三届东盟智慧城市网络（ASCN）年会在河内以视频方式举行，越南建设部部长范红河主持会议。

7 月 17 日　越南政府总理阮春福颁布关于批准《〈越南社会主义共和国政府与美利坚合众国政府关于海关互助的协定〉实施计划》的第 1047/QD－TTg 号决定，该协定于 2019 年 12 月 6 日签署，2020 年 5 月 20 日正式生效。

7 月 22 日　越南政府和越共中央经济委员会在河内共同主持召开"2020 年越南能源高级论坛"，题为"落实越共中央政治局关于《越南至2030 年和展望 2045 年国家能源发展战略》的第 55 号决议"。

7 月 24 日　越南工贸部电子商务和数字经济局正式公布《2020 年越南电子商务白皮书》。

7 月 25 日　越南卫生部宣布岘港市发现新冠本土确诊病例。

7 月 28 日　自 2020 年 7 月 28 日 0 时起，越南岘港市实行社会隔离，暂停所有往返岘港市的商业载客航班，为期 15 天。

7 月 31 日　越南卫生部报告全国首例新冠肺炎死亡病例，死者为一名70 岁男性越南公民。

8月1日 《欧盟－越南自由贸易协定》正式生效。

8月1日 《东盟－日本全面经济伙伴关系协定》（AJCEP）第一份议定书在日本与老挝、缅甸、新加坡、泰国和越南东盟5国之间正式生效。

8月7日 越共中央原总书记黎可漂于2020年8月7日2时52分逝世。

8月14日 越南政府总理批准关于《到2030年结束艾滋病的国家战略》的第1246/QD－TTg号决定。

8月16日 从2020年8月16日0时起，越南海阳省海阳市采取全市隔离措施，以遏制新冠肺炎疫情扩散蔓延。

8月17日 越南外交部发言人表示，越南外交部已向马来西亚驻越南大使馆递交照会，要求马方职能机关调查导致一名越南渔民死亡的越马船只碰撞事件，以人道主义对待越南渔民及渔船，同时尽早安排越南驻马来西亚大使馆代表对被扣越南渔民进行领事探视。

8月24日 越南政府总理阮春福出席澜沧江－湄公河合作第三次领导人视频会议，会议发表了《澜沧江－湄公河合作第三次领导人会议万象宣言》和《澜沧江－湄公河合作第三次领导人会议关于澜湄合作与"国际陆海贸易新通道"对接合作的共同主席声明》。

8月24~27日 第38届东盟能源高级官员会议（SOME 38）以视频方式在越南河内召开，越南工贸部电力与可再生能源局局长黄进勇主持会议。

9月1日 越南国家航运公司（Vinalines）即日起变更为股份公司，并更名为越南海事公司（Vietnam Maritime Corporation，VIMC）。

9月2日 越南社会主义共和国成立75周年（1945年9月2日至2020年9月2日）。越南在河内巴亭广场举行盛大的升国旗仪式，庆祝越南建国75周年。1日，越南党和国家领导人代表团前往巴亭广场瞻仰胡志明主席陵并敬献花圈。

9月3日 越南政府副总理兼外长范平明在越南河内出席题为"加强跨境合作"的二十国集团外长视频会议。

9月5日 "国际军事比赛－2020"闭幕式在俄罗斯首都莫斯科举行。在当日举行的决赛项目中，越南代表队获得"坦克两项"项目决赛第二组的第一名。

9 月 9 日　第 53 届东盟外长会议（AMM 53）及系列相关会议以视频形式召开，越南政府副总理兼外长范平明主持会议。

9 月 12 日　越南政府副总理兼外长范平明以视频形式主持召开第 27 届东盟地区论坛（ARF），会议通过了《河内行动计划（二期）》。

9 月 15 ~ 16 日　题为"为不断变化的工作世界开发人力资源"的东盟部长级会议由越南劳动荣军与社会部同越南教育培训部以视频形式主持召开。

9 月 29 日　越南计划投资部与世界银行在河内联合举办 2020 年第三届越南革新与发展论坛（VRDF 2020），主题为"越南：新冠肺炎疫情背景下为包容和可持续快速复苏增长而行动"。

9 月 29 ~ 30 日　英国首席大臣兼外交发展大臣多米尼克·拉布对越南进行正式访问。30 日，越南政府副总理兼外长范平明与多米尼克·拉布分别代表两国政府发表《关于越南与英国战略伙伴关系：未来 10 年发展定向的联合声明》。

10 月 1 日　《越南社会主义共和国与柬埔寨王国关于移交被判刑人的协定》正式生效。

10 月 2 日　美国贸易代表办公室宣布将对越南木材和汇率政策发起"301 调查"。美国贸易代表将调查越南与进口或使用"非法采伐或非法贸易"木材相关的行为、政策和实践，以及可能导致越南货币贬值和对美国商业造成损害的行为、政策和实践。这些调查将根据美国《1974 年贸易法》第 301 条款进行。

10 月 13 日　越南政府办公厅与美国国际开发署在河内联合举行关于落实《制定越南电子政务水平计划》战略框架协议的备忘录签署仪式。

10 月 14 日　越南外交部副部长、越南东盟高官会代表团团长阮国勇在河内与日本外务省副大臣森健良以视频形式共同主持召开第 35 届东盟－日本论坛。

10 月 14 日　第 17 次东南亚国家红十字会与红新月国际联合会领导人

会议以视频形式在越南河内召开。此次会议由越南红十字会组织召开，越南政府副总理武德儋与会。

10 月 16 日　越南河内市人民委员会、动机车体育协会有限公司和越南 Grand Prix 有限公司宣布，2020 年世界一级方程式赛车锦标赛（F1）越南大奖赛正式取消。

10 月 18~20 日　日本首相菅义伟携夫人对越南进行为期 3 天的正式访问。菅义伟分别会见了越南政府总理阮春福，越共中央总书记、国家主席阮富仲和越南国会主席阮氏金银。越南是菅义伟就任日本首相后首个出访的国家。

10 月 20~22 日　题为"携手共建数字世界"的国际电联 2020 年世界数字电信展览会暨部长级圆桌会议和论坛会议由越南通信传媒部与国际电信联盟联合在越南河内以在线方式举办。

10 月 22 日　2020 年东盟智慧城市高峰论坛由越南建设部与越共中央经济部在越南河内共同举办。

10 月 28~29 日　2020 年印度洋 - 太平洋商业论坛（IPBF）在越南河内以在线方式举行，该论坛由越南工商会（VCCI）同美国贸易发展署（USTDA）联合举办。

10 月 29~30 日　美国国务卿迈克·蓬佩奥对越南进行为期 2 天的正式访问。

10 月 30 日　越南农业与农村发展部同南越集团在越南安江省龙川市联合举行仪式，宣布首次向欧盟、中国、东盟、南美等市场出口高科技生产查鱼产品。

11 月 5 日　2020 年东盟人民论坛（APF 2020）在越南河内以视频方式召开，主题为"为一个包容、有凝聚力和主动适应的共同体，东南亚人民团结起来"。

11 月 9 日　越南女企业家理事会（VWEC）在越南河内举办题为"为一个更加强大且更具适应性的女企业家群体而改变"的东盟女企业家峰会。越南国家副主席邓氏玉盛出席并发表讲话。

11月10日 越南国家银行与国际货币基金组织共同举办题为"保障东盟增长和复苏：后疫情时代的政策"会议，越南政府副总理兼外交部长范平明出席。

11月11日 越南第十四届国会第十次会议表决通过《关于2021年经济社会发展计划的决议》（第124/2020/QH14号决议）以及《越南边防法》（66/2020/QH14号法律）。

11月12日 第37届东盟峰会及系列相关会议在越南河内国际会议中心以在线视频形式正式开幕。越南政府总理阮春福主持会议。

11月12日 2020年东盟轮值主席国越南政府总理阮春福和日本首相菅义伟以视频方式共同主持召开第23届东盟–日本领导人会议。

11月12日 第21届东盟–韩国领导人会议以视频形式举行。东盟各国领导人和韩国总统文在寅与会。越南政府总理阮春福主持会议。

11月13日 2020年东盟轮值主席国越南政府总理阮春福分别与韩国总统文在寅、日本首相菅义伟共同主持召开第二届湄公河流域国家与韩国峰会和第12届湄公河流域国家与日本峰会。

11月13日 越南国会表决通过《居住法（修正案）》（68/2020/QH14号法律）和《越南输外劳工法（修正案）》（69/2020/QH14号法律）。

11月14日 第23次东盟与中日韩（10+3）领导人会议以视频形式举行。东盟十国领导人以及中国国务院总理李克强、日本首相菅义伟和韩国总统文在寅共同出席。越南政府总理阮春福主持会议。会议通过了《10+3领导人关于加强经济金融韧性合作、应对新挑战的声明》。

11月14日 第15届东亚峰会（EAS）以视频形式举行。越南政府总理阮春福主持会议。会议通过了《东亚峰会领导人关于合作促进地区经济稳定增长的声明》等成果文件。

11月14日 第8次东盟–美国领导人会议以视频形式举行。东盟十国领导人和美国总统国家安全事务助理罗伯特·奥布莱恩与会，越南政府总理阮春福主持会议。

11月15日 第四次《区域全面经济伙伴关系协定》领导人会议以视频

方式举行。东盟十国以及中国、韩国、日本、澳大利亚、新西兰等国家领导人与会。会后 15 个 RCEP 成员国正式签署该协定。越南工贸部部长陈俊英代表越南正式签署《区域全面经济伙伴关系协定》。

11 月 15 日 第 37 届东盟峰会及东亚合作领导人系列会议闭幕式暨 2021 年东盟轮值主席国移交仪式在越南首都河内以视频方式举行,越南将象征东盟轮值主席国身份的木槌移交给文莱。

11 月 17 日 东盟国防高官会议以视频方式举行。越南国防部副部长阮志咏主持会议。

11 月 18 日 东盟防务高官工作组扩大会议以视频会议方式召开。越南国防部外事局局长、东盟防务高官工作小组越方组长武战胜主持会议。

11 月 19 日 第 38 届东盟能源部长会议和相关系列会议、2020 年东盟能源商业论坛以视频方式举行。越南工贸部副部长邓黄安主持会议。

11 月 19 日 东盟防务高官扩大会以视频方式举行。越南国防部副部长阮志咏主持会议。

11 月 25 日 越南计划投资部、科技部和新加坡风险投资机构（Golden Gate Ventures）在越南河内国家会议中心联合举办题为"迈向数字化"的 2020 年越南创业创新投资基金论坛,论坛以线上与线下相结合的方式举行。

11 月 26 日 题为"东盟齐心协力与主动适应防范打击跨国犯罪"的第 14 届东盟打击跨国犯罪部长级会议（AMMTC 14）以视频形式举行。越南公安部部长苏林主持会议。

11 月 27 ~ 29 日 2020 年越南国家创新创业节（Techfest Vietnam 2020）暨青年创业论坛在越南河内举办。

11 月 28 日 在越南持续本土新冠肺炎疫情零报告 88 天后,越南胡志明市发现新冠肺炎本土感染确诊病例。

12 月 2 ~ 4 日 2020 年第二届越南各少数民族全国代表大会在越南河内举行。

12 月 9 日 第 9 届伊洛瓦底江 – 湄南河 – 湄公河经济合作战略框架峰会（ACMECS 9）以视频形式举行,越南政府总理阮春福与会。会议由柬埔寨首相洪森主持。会议通过了《金边宣言》。

12 月 9 日 第 10 届柬老缅越峰会和第 11 届柬老越发展三角区峰会以视频方式举行，越南政府总理阮春福与会。会议由老挝总理通伦主持。

12 月 9 日 第 14 届东盟国防部长会议（ADMM 14）以视频方式举行，越南国防部部长吴春历主持。会议通过了《东盟国防部长关于加强防务合作，致力提高东盟团结凝聚力与积极主动适应能力的联合声明》。

12 月 10 日 第 7 届东盟国防部长扩大会议（ADMM＋）以视频方式举行，越南国防部部长吴春历主持。会上，越南国防部举行仪式向文莱移交东盟防长会议和东盟防长扩大会议主席一职。

12 月 11 日 越南与英国签署了结束《英国－越南自由贸易协定》谈判的备忘录。

12 月 15 日 联合国开发计划署发布题为"下一个前沿：人类发展与人类纪"的《2020 年人类发展报告》，2019 年越南人类发展指数为 0.704，排名第 117 位。

12 月 17 日 越南国防部军医学院在河内为第一批 3 名参加新冠疫苗试验的志愿者注射第一剂疫苗，开展新冠疫苗一期临床试验。这是越南研制的新冠疫苗首次进行人体接种试验，疫苗由胡志明市生物制药技术公司（NANOGEN）研发。

12 月 18 日 越南通信传媒部举行越南军队电信集团数据挖掘平台（Viettel Data Mining Platform）亮相仪式。

12 月 20 日 越南温纳集团（Vingroup）公布成立 VinFuture 基金。

12 月 21 日 越南政府总理阮春福与印度总理莫迪举行视频会谈，双方签署了防务、炼油和核能等领域 7 项合作协议并发表了联合声明。

12 月 22 日 越南企业论坛联盟与越南计划投资部、世界银行和国际金融组织在越南河内联合举行主题为"新常态下的挑战与机遇"的 2020 年越南企业论坛（VBF）。

12 月 22 日 越南与柬埔寨以视频形式联合举办关于《1985 年〈国家边界划分条约〉和 2005 年〈补充条约〉的补充条约》（2019 年补充条约）

以及《越南社会主义共和国与柬埔寨王国陆地边界勘界议定书》批准文件的交换仪式。这两份法律文件均签署于 2019 年 10 月 5 日。

12 月 23 日 越南资源环境部同世界经济论坛、世界自然基金会联合举行越南关于塑料国家行动合作伙伴计划和海洋塑料垃圾减排项目启动仪式。

12 月 26 日 越南金枪鱼协会与越南乐施会（Oxfam）及有关部门配合举行关于落实东南亚地区渔业社会责任的地区对话。

12 月 27 日 联合国大会通过了越南关于设立"国际抗疫日"倡议的决议，将 12 月 27 日定为国际抗疫日。

12 月 29 日 越南和英国政府的授权代表（大使）在英国伦敦正式签署《英国 – 越南自由贸易协定》，该协定自 2020 年 12 月 31 日 23 时起生效。

B.16
2020年中越关系大事记

何静波*

1月3日 中国外交部副部长罗照辉会见越南新任驻华大使范星梅，欢迎范星梅来华履新。

1月6~7日 2020年中国广西与越南边境谅山、高平、河江、广宁四省联合工作委员会在柳州举行第十一次会晤。防城港市、百色市、崇左市以及广西万生隆投资有限公司等与越方有关省市和企业签署了8项合作协议。

1月13日 越南驻华大使馆在北京举办庆祝中越建交70周年招待会。

1月13~15日 中共中央对外联络部部长宋涛率中共代表团访问越南，会见越共中央书记处常务书记陈国旺，与越共中央对外部部长黄平君举行部长机制会晤。

1月15日 中国驻越南大使熊波前往越南政府驻地拜会越南政府副总理王庭惠。

1月15日 中国驻越南大使馆在越南首都河内举办庆祝中越建交70周年招待会。

1月18日 值中越建交70周年（1950年1月18日至2020年1月18日）之际，中共中央总书记、中国国家主席习近平与越共中央总书记、越南国家主席阮富仲，中国国务院总理李克强与越南政府总理阮春福，中国全国人民代表大会常务委员会委员长栗战书与越南国会主席阮氏金银，互致贺电，庆祝中越建交70周年。

1月21日 中国驻越南大使熊波拜会越共中央委员、越南政府副总理

---

* 何静波，厦门大学南洋研究院博士研究生，主要研究方向为越南近现代史、中越关系。

郑庭勇。

1月27日 越南政府总理阮春福就中国发生新冠肺炎疫情向中国国务院总理李克强致慰问电。

1月29日 越南安沛省、老街省分别向中国云南省赠送普通医用口罩2万只。

1月30日 越南芒街市向广西东兴市赠送普通医用口罩2万只。

1月31日 自1月31日起,越南暂停给近两周在中国生活的外国人签发旅游签证,暂停中越间往返航班,暂停办理经东兴—芒街口岸出入境的人员手续。

2月1日 越南航空管理局下发决定,自2月1日13时起,停飞所有中国内地与越南的往来航班。

2月3日 中国共产党中央委员会致电越南共产党中央委员会,祝贺越南共产党成立90周年(1930年2月3日至2020年2月3日)。

2月3日 越南谅山省向中国广西壮族自治区捐赠一批防疫防护物资。

2月4日 越南芒街口岸海关分局向中国东兴海关赠送2万只医用口罩。

2月5日 越南外交部领事局通报,自2月5日起,暂停允许持普通护照中国公民及目前在华的第三国公民以劳务、经营、留学、探亲为目的入境越南,外交、公务目的赴越南除外。

2月6日 以广西崇左市商务和口岸管理局局长麦建军为团长的中方代表团与以越南峙马口岸边防屯屯长凌宏胜为团长的越方代表团在中越爱店 - 峙马口岸零公里处进行实地会晤。

2月6日 越南谅山省再次向广西壮族自治区捐赠一批防疫物资。

2月7日 越南莱州省封土县马鹿塘口岸边防屯和口岸经济管理委员会向中国云南省金水河口岸出入境边防站捐赠医用口罩1万只、消毒酒精和医用洗手液近千瓶。

2月8日 越南工贸部向中方捐赠新冠肺炎疫情防控物资交接仪式在中国驻越南大使馆举行。中国驻越南大使熊波和越南工贸部副部长陈国庆出席仪式。

2月8日 越南广宁省平辽县政府向中国广西壮族自治区防城港市防城区政府捐赠一批包括医用口罩2万只、化学消毒剂250公斤等医疗物资。

2月9日 越南政府向中国政府捐赠的防疫医疗物资交接仪式在河内内排机场举行。该批物资包括19台呼吸机、1000套防护服、20万只医用口罩和30万双手套。10日,这批防疫医疗物资运抵中国湖北武汉。

2月10日 越南谅山省谅山市向中国广西崇左市捐赠一批包括1万只医用口罩、1万双手套、500瓶医用酒精、400瓶消毒液的医疗物资。

2月12日 越南广宁省芒街市向中国东兴市捐赠包括3万只口罩、5000双手套和500公斤消毒剂的防疫物资。

2月15日 越南国家航空公司开通从胡志明市飞往广州、河内飞往广州和芽庄飞往成都等三个临时航班,为滞留越南的中国公民回国提供便利。

2月19日 中国国务委员兼外长王毅在老挝万象会见越南副总理兼外长范平明。

2月20日 越南广宁省向中国广西壮族自治区捐赠一批防疫医疗物资。

2月22日 越南国防部向中国国防部捐赠一批防疫医疗物资。

2月25日 中国首趟进境水果班列从越南同登直达广西凭祥。在经凭祥海关检验后转运至中国北京、郑州、重庆、西安等地。

2月27~28日 中国云南省河口出入境边防检查站红河边境管理支队与越南老街省边防部队指挥部联合组织边境联合巡逻和疫情防控活动。

2月28日 广西壮族自治区与越南之间所有边境口岸已全部恢复通关。

3月10日 中国驻胡志明市总领事吴骏访问胡志明市大水镬医院,对该医院收治两名感染新冠肺炎的中国公民表示感谢,并就进一步加强中越双方卫生医疗合作进行座谈交流。

3月18日 越南工贸部颁布第881/QD – BCT号决定,对来自中国和印度尼西亚的味精实施反倾销措施。

4月2日 中国国务院总理李克强应约同越南政府总理阮春福通电话。

4月7日 中国广西防城港市向越南广宁省下龙市捐赠一批包括2万只

普通医用口罩、500 套防护服、500 副护目镜、500 副手套的防疫物资。

4 月 9 日 越南农业与农村发展部向各省市人民委员会、农产品协会下发通知，建议暂停将货物运往越中边境谅山省口岸。

4 月 16 日 中国驻越南大使熊波应约会见越南农业与农村发展部部长阮春强，就关于在新冠肺炎疫情的影响下促进越南与中国农业和农产品贸易合作进行座谈。

4 月 18 日 应越南农业与农村发展部部长阮春强邀请，胡锁锦公参代表中国驻越南大使馆赴越南谅山省，实地考察越南友谊口岸、新清货运通道等货物通关情况。

4 月 21 ~ 23 日 中国海警与越南海警在北部湾共同渔区开展 2020 年第一次渔业联合检查。

4 月 21 日 广西商务厅与越南贸易促进局共同举办中国（广西）－越南商品网上交易会（农副产品、食品专场）启动仪式。

4 月 22 日 广西壮族自治区分别与越南广宁、谅山、高平、河江边境四省建立了跨境疫情防控沟通协调机制。

4 月 28 日 应越南军队请求，经中共中央军委批准，中国人民解放军在中越边境友谊关口岸向越军捐赠核酸检测试剂盒、体温检测设备等抗疫物资。

4 月 29 日 中国国务委员兼国防部长魏凤和同越南国防部长吴春历通电话。

5 月 20 日 中共中央军委后勤保障部卫生局履约事务局局长李瑞大校与越南人民军总后勤局军医局副局长阮云江大校共同主持中越两国军医新冠肺炎疫情防控工作视频会议。

5 月 20 日 中国禁毒基金会向越南公安部禁毒局捐赠防疫物资交接仪式在广西友谊关口岸举行，双方代表签署交接文书。

5 月 26 ~ 27 日 越南工贸部贸易促进局、越南驻昆明总领事馆商务处与中国国际贸易促进委员会云南省分会联合通过在线会议平台举办"2020 年越南－中国（云南）农业＆食品企业线上对接会"。

5 月 28 日 越南外交部发言人就中国全国人大表决通过《全国人民代表大会关于建立健全香港特别行政区维护国家安全的法律制度和执行机制的决定》发表看法。

5 月 29 日 中国外交部副部长、中越双边合作指导委员会中方秘书长罗照辉同越南副外长、中越双边合作指导委员会越方秘书长黎怀忠举行视频会议，就中越关系和两国抗击新冠肺炎疫情合作深入交换意见。

6 月 2~4 日 广西商务厅与越南工贸部贸易促进局共同举办第二期中国（广西）–越南商品网上交易会（建材及家居产品专场）。

6 月 18 日 中国国际贸易促进委员会重庆市委员会同越南工贸部贸易促进局联合举办 2020 年中国（重庆）–越南农水产品和食品贸易线上洽谈会。

6 月 30 日 中国外交部边界与海洋事务代表杨仁火同越南外交部国家边界委员会副主任兼海洋司司长阮孟东以视频会议方式共同主持中越海上低敏感领域合作专家工作组非正式磋商。

7 月 9~10 日 中国国际贸易促进委员会杭州市国际商会同越南工贸部贸易促进局以视频形式召开 2020 年中国（杭州）–越南网上商品交易会。

7 月 16 日 中国外交部副部长罗照辉同越南副外长黎怀忠举行中越双边合作指导委员会秘书长视频会晤。

7 月 17 日 越南政府和人民决定向中国政府和人民提供 10 万美元的救灾援助，协助中国进行洪水灾后重建。

7 月 21 日 中国–越南双边合作指导委员会第十二次会议在北京举行，中国国务委员兼外长王毅和越南副总理兼外长范平明共同主持。

7 月 22 日 越南工贸部颁布第 1933 号决定（1933/QD–BCT），对原产于中国和印度尼西亚的部分味精产品征收反倾销税。

7 月 29 日 中共中央对外联络部部长宋涛同越共中央对外部部长黄平君举行两党中央对外部门部长视频会议。

7 月 30 日 中国外交部领事司司长崔爱民与越南外交部领事局局长武越英以视频方式举行中越第十二轮领事磋商。

8月8日　中共中央总书记、中国国家主席习近平向越共中央总书记、越南国家主席阮富仲致唁电，对越共中央原总书记黎可漂逝世表示沉痛哀悼。

8月12日　中国商务部与越南工贸部以视频形式共同主持召开中越经贸合作工作组第九次会议。

8月14日　越南驻华大使馆在中国北京为越共中央原总书记黎可漂同志逝世举行吊唁仪式，中共中央政治局委员、中央外事工作委员会办公室主任杨洁篪前往越南驻华大使馆吊唁。

8月21日　越南工贸部颁布第2440/QD-BCT号决定，对原产于中国的部分冷轧（冷压）钢板卷进行反倾销调查的时间延期6个月。

8月23日　中国国务委员兼外长王毅同越南副总理兼外长范平明在广西东兴出席中国-越南陆地边界划界20周年和勘界立碑10周年纪念活动。两国外长共同现场查看了边界界碑，并为各自的第一块界碑描红，观看了两国划界勘界和边界合作图片展。

8月26日　中国广西百色市代表团与越南高平省人民委员会代表团在中国龙邦-越南茶岭口岸零公里处举行口岸开放合作会晤。

8月28日　中国驻越南大使馆、中国人民大学重阳金融研究院与越南外交学院战略研究院共同举办"中越建交70周年"视频研讨会。

8月31日　中国国务委员兼国防部长魏凤和在北京会见越南驻华大使范星梅。

9月3日　中国崇左边境管理支队与越南驮隆国际口岸边防屯开展第一次联合整治界河专项行动。

9月9日　中越北部湾湾口外海域工作组第十三轮磋商和海上共同开发磋商工作组第十轮磋商以视频会议形式举行。

9月20日　中国云南出入境边防检查总站江城边境管理大队与越南奠边省边防部队莲上边防哨所在中越边界12号界碑处举行现场会谈。

9月29日　中共中央总书记、中国国家主席习近平同越共中央总书记、越南国家主席阮富仲通电话。

9月29日　中国政府向越南政府援助抗疫物资交接仪式在河内举行，中国驻越南大使熊波、越南卫生部代部长阮青龙共同出席并签署援助物资交接证书。

9月29日　广西崇左边境管理支队与越南平宜边防屯，对中越平而界河开展联合巡航执法行动。

9月30日　越南胡志明市友好组织联合会举行庆祝中华人民共和国成立71周年见面会。

10月1日　值中华人民共和国成立71周年之际，越共中央总书记、越南国家主席阮富仲，越南政府总理阮春福，越南国会主席阮氏金银向中共中央总书记、中国国家主席习近平，中国国务院总理李克强，中国全国人大常委会委员长栗战书等致贺电。

10月22日　中国国务院总理李克强向越南政府总理阮春福、中国国务委员兼外长王毅向越南政府副总理兼外长范平明就越南中部部分省份遭受严重洪涝灾害袭击，造成重大人员伤亡和财产损失致慰问电。

10月27日　中国外交部副部长、中方东亚合作事务高官罗照辉同越南副外长、东盟事务高官阮国勇举行视频会晤，就东亚合作领导人系列会议筹备工作交换意见。

11月3日　在中越建交70周年之际，中国驻越南大使馆援助越南公安部外事局建立阅览室和中国图书角并赠送中文图书。11月3日，越南公安部外事局举行阅览室暨中国图书角剪彩仪式。

11月4日　中国国家移民管理局向越南国防部边防部队捐赠防疫物资仪式在友谊关口岸举行，中国驻越南大使馆警务参赞赵万鹏代表中方致辞。

11月10日　越共中央委员、国防部副部长黄春战上将在河内会见中国驻越南大使熊波。

11月14日　由越南驻南宁总领事馆主办、中国广西民族大学承办的第一届广西高校大学生越南语演讲大赛总决赛在广西民族大学举行。

11月17日　由中国企业投资建设的越南海阳燃煤电厂1号机组完成试运行。该项目由中国能建投资公司投资建设，西南院和国际公司总承包。

11 月 24 日　中国国家安全部与越南公安部第五次副部长级战略安全对话在河内举行。

11 月 25 日　越南公安部部长苏林在河内会见正对越南进行工作访问的中国国家安全部副部长王裕文。

11 月 25 日　中国驻越南大使馆同越南计划投资部发展战略院共同举办"新形势下加强中越投资合作"线上座谈会。

11 月 27 日　第十七届中国－东盟博览会在中国广西南宁市国际会展中心开幕。应中国政府的邀请，越南政府总理阮春福以视频方式出席第 17 届中国－东盟博览会暨中国－东盟商务与投资峰会。

11 月 30 日　中共中央对外联络部部长宋涛受中共中央指派，以视频会议方式向越南共产党通报中共十九届五中全会精神。

12 月 2 日　越南海防市科学技术厅下属科技研发与革新创新中心以视频方式举行越南与中国企业技术与设备供需对接会。

12 月 8 日　中国海关总署与越南农业与农村发展部就越南凉粉草输华植物检疫签署议定书。

12 月 8 日　中国海警局与越南海警司令部以视频形式召开中越海警第四次高层工作会晤。

12 月 8 日　广西崇左边境管理支队、爱店出入境边防检查站联合越南峙马口岸边防屯在宁明县爱店镇边境开展联合巡逻执法行动。

12 月 9 日　中国国务委员兼国防部部长魏凤和与东盟轮值主席国越南国防部部长吴春历共同主持第十一次中国－东盟国防部长非正式会晤视频会议。

12 月 9 日　越南文化体育旅游部在河内举行题为"美丽的越南－美丽的中国"资料图片展开幕式，纪念中越建交 70 周年。

12 月 10 日　中国外交部副部长罗照辉与越南副外长阮国勇以视频方式共同主持第 18 届东亚论坛并致辞。

12 月 12 日　越南河内吉灵—河东线轻轨全线模拟运行"跑图"正式开启，项目进入试运营前的冲刺阶段。"跑图"由中国中铁六局全程组织运营单位河内地铁公司实施。

12月12~18日 由中国－南亚博览会秘书处主办的"永不落幕的南博会"在线展与第二十届中越（河口）边境经济贸易交易会同期以线上方式举办。同时还举办了中越投资政策宣传和贸易企业线上签约仪式。

12月13日 第三届越南大学生汉越口译大赛决赛在越南河内举行，来自河内大学的阮氏明书获得冠军。

12月17日 越南工贸部贸易促进局和中国－东盟博览会秘书处联合举行2020年东博会越南－中国食品饮料行业线上采购对接会。

12月21~23日 中国海警与越南海警在北部湾海域开展联合巡航行动。

12月21日 越南工贸部颁布第3390/QD－BCT号决定，自12月28日开始正式对部分原产于中国的冷轧（冷压）钢板卷征收反倾销税。

12月28日 中国海关总署发布关于《进口越南凉粉草植物检疫要求》的公告，宣布允许符合相关要求的越南凉粉草出口到中国。

B.17
越南经济社会统计数据

朱莹莹* 摘译

表1 2010~2019年越南人口统计

单位：千人，%

年份	总数	性别		城镇和农村	
		男	女	城镇	农村
2010	87067.3	43063.4	44003.9	26460.5	60606.8
2011	88145.8	43619.2	44526.6	27678.6	60467.2
2012	89202.9	44168.0	45034.9	28274.9	60928.0
2013	90191.4	44685.8	45505.6	28865.1	61326.3
2014	91203.8	45212.8	45991.0	30272.7	60931.1
2015	92228.6	45753.8	46474.8	30881.9	61346.7
2016	93250.7	46294.7	46956.0	31397.0	61853.7
2017	94286.0	46848.0	47438.0	31928.3	62357.7
2018	95385.2	47427.1	47958.1	32636.9	62748.3
2019初算	96484.0	48017.7	48466.3	33816.6	62667.4
增长比例（%）（括号内数字表示负数）					
2010	1.21	1.27	1.15	3.42	0.28
2011	1.24	1.29	1.19	4.60	(0.23)
2012	1.20	1.26	1.14	2.15	0.76
2013	1.11	1.17	1.05	2.09	0.65
2014	1.12	1.18	1.07	4.88	(0.64)
2015	1.12	1.20	1.05	2.01	0.68
2016	1.11	1.18	1.04	1.67	0.83
2017	1.11	1.20	1.03	1.69	0.81

---

* 朱莹莹，广西社会科学院东南亚研究所《东南亚纵横》编务。

年份	总数	性别		城镇和农村	
		男	女	城镇	农村
2018	1.17	1.24	1.10	2.22	0.63
2019 初算	1.15	1.25	1.06	3.61	(0.13)
结构（%）					
2010	100.00	49.46	50.54	30.39	69.61
2011	100.00	49.49	50.51	31.40	68.60
2012	100.00	49.51	50.49	31.70	68.30
2013	100.00	49.55	50.45	32.00	68.00
2014	100.00	49.57	50.43	33.19	66.81
2015	100.00	49.61	50.39	33.48	66.52
2016	100.00	49.65	50.35	33.67	66.33
2017	100.00	49.69	50.31	33.86	66.14
2018	100.00	49.72	50.28	34.22	65.78
2019 初算	100.00	49.77	50.23	35.05	64.95

注：2010～2019 年的越南人口统计根据越南 2019 年 4 月 1 日开展的人口和住房普查结果做了平均调整。

表2 2010～2019 年越南国内生产总值（当年价）

单位：十亿越南盾

年份	2015	2016	2017	2018	2019 初算
总值	4192862	4502733	5005975	5542332	6037348
按经济成分划分					
国有经济	1202850	1297274	1433139	1533459	1633868
非国有经济	1812152	1916263	2089784	2332245	2576556
集体经济	167913	176510	188096	207505	219247
私营经济	330590	369434	432491	504352	584085
个体经济	1313649	1370319	1469197	1620388	1773224
外资经济	757550	837093	982678	1124184	1228297
扣除产品补助后的产品税	420310	452103	500374	552444	598627
按经济行业划分					
农林水产业	712460	734830	768161	813724	842601
矿业	402869	365522	373932	408228	405797

续表

年份	2015	2016	2017	2018	2019 初算
加工制造业	574201	642338	767495	886580	995126
发电及配送电,燃气、热水、蒸汽及空调生产	167402	188876	217443	250806	291464
供水,垃圾、污水管理及处理	21556	23541	25946	28193	31190
建筑业	228102	252794	287137	323466	358684
批发与零售、机动车修理业	425543	472942	536259	602584	673861
运输、仓储	114558	120728	133073	149478	167682
住宿和餐饮业	155590	171195	191743	209390	229449
通信和传媒	29392	31840	34293	37793	40881
财政、金融和保险业	230149	248598	273809	295444	321305
不动产经营	212882	228684	239869	253870	272294
科技活动	55574	59762	64258	69341	74924
行政、互助服务活动	15829	17263	18729	20411	22387
党政管理、国防安全、社会保障	114186	125399	137635	150004	165288
教育和培训	136699	154718	177620	203193	230697
医务和社会救助活动	72206	96949	132507	151542	167321
艺术、文体活动	24969	27128	29990	32418	35291
其他类型服务活动	71946	80286	87620	94301	102454
家庭雇工	6439	7236	8082	9124	10023
扣除产品补助后的产品税	420310	452103	500374	552444	598627

说明：按经济行业划分数据已四舍五入，与总值存在不一致的情况。

表3 2010~2019年越南国内生产总值（当年价）

单位：十亿越南盾，%

年份	国内生产总值	其中			
		农林水产业	工业和建筑业	服务业	扣除产品补助后的产品税
2010	2157828	396576	693351	797155	270746
2011	2779880	543960	896356	1021126	318438
2012	3245419	623815	1089091	1209464	323049
2013	3584262	643862	1189618	1388407	362375
2014	3937856	696969	1307935	1537197	395755
2015	4192862	712460	1394130	1665962	420310

年份	国内生产总值	其中			
		农林水产业	工业和建筑业	服务业	扣除产品补助后的产品税
2016	4502733	734830	1473071	1842729	452103
2017	5005975	768161	1671952	2065488	500374
2018	5542332	813724	1897272	2278892	552444
2019 初算	6037348	842601	2082261	2513859	598627
结构(%)					
2010	100.00	18.38	32.13	36.94	12.55
2011	100.00	19.57	32.24	36.73	11.46
2012	100.00	19.22	33.56	37.27	9.95
2013	100.00	17.96	33.19	38.74	10.11
2014	100.00	17.70	33.21	39.04	10.05
2015	100.00	17.00	33.25	39.73	10.02
2016	100.00	16.32	32.72	40.92	10.04
2017	100.00	15.34	33.40	41.26	10.00
2018	100.00	14.68	34.23	41.12	9.97
2019 初算	100.00	13.96	34.49	41.64	9.91

表4 2015~2019 年越南工业生产指数

单位：%

项目	2015 年	2016 年	2017 年	2018 年	2019 年初算
总值	109.8	107.4	111.3	110.1	109.1
开采工业	107.1	93.2	95.9	97.8	100.9
煤炭开采	103.6	96.3	100.0	108.7	112.0
原油和天然气开采	108.0	92.0	92.8	94.5	97.2
金属矿产开采	—	—	111.3	100.2	124.9
其他矿产开采	106.0	102.5	106.1	98.3	101.7
矿产开采辅助服务活动	—	—	90.3	105.3	100.5
加工制造业	110.5	111.3	114.7	112.2	110.4

越南蓝皮书

续表

项目	2015 年	2016 年	2017 年	2018 年	2019 年初算
食品生产、加工	107.8	108.2	106.0	108.2	107.9
饮料生产	107.0	110.4	106.1	107.9	110.5
卷烟和烟丝生产	103.8	103.3	100.9	108.8	102.3
纺织品生产	114.0	116.9	109.8	112.5	110.9
服装生产	104.6	107.5	109.1	110.9	107.6
皮革与皮革制品生产	117.0	103.5	107.1	110.4	109.9
木材加工及竹、木制品生产（床、柜、桌椅除外），稻草等编织材料制品	—	—	104.6	104.0	110.3
纸张与各种纸制品生产	111.7	107.2	109.6	113.9	111.4
各类印刷、印制	—	—	109.9	107.7	114.9
焦煤生产、精炼石油产品	—	—	91.5	165.3	119.5
化工原料与化工产品生产	104.9	101.4	106.2	108.2	106.4
药品与药材生产	103.4	102.7	108.1	119.5	97.7
橡胶与塑料制品生产	111.5	110.2	113.2	103.2	114.0
其他非金属矿产品生产	112.0	112.3	108.8	110.8	107.6
金属生产	112.1	117.9	122.1	125.0	128.7
金属预构件生产（机械设备除外）	103.0	109.7	109.9	112.0	108.3
电子产品、计算机、光学仪器生产	135.1	112.5	135.2	110.7	101.8
电力设备生产	110.2	107.4	112.1	106.9	109.7
未归类的机械与设备制造	—	—	109.7	104.1	112.2
机动车生产	127.0	117.5	102.8	116.0	107.1
其他运输工具生产	104.2	107.2	108.9	104.0	94.9
床、柜子、桌子和椅子生产	107.4	111.1	108.7	112.7	111.4
其他加工、制造工业	—	—	112.8	111.7	171.4
机械、设备的维修、保养和安装	—	—	101.6	106.7	102.6
发电及配送电，燃气、热水、蒸汽及空调生产	111.4	111.5	109.6	110.0	108.5
供水，垃圾、污水管理及处理	106.9	108.0	107.1	106.4	106.1
水的开发、处理和供应	106.6	107.9	106.0	107.4	107.3
收集、处理和销毁垃圾，废品再造	107.5	108.2	112.4	103.5	104.9

表5 2015～2019 年越南主要工业产品产量

项目	单位	2015 年	2016 年	2017 年	2018 年	2019 年初算
净煤	千吨	41664.0	38735.0	38409.0	42384.0	46387.0
原油	千吨	18746.0	17230.0	15518.0	13969.0	13090.0
其中:国内开采	千吨	16880.0	15200.0	13557.0	11989.0	11043.0
天然气	百万立方米	10660.0	10610.0	9866.0	10010.0	10210.0
铁矿	千吨	2691.0	3056.0	5515.0	5588.0	5591.0
铜矿	吨	49032.0	48526.0	48853.0	63880.0	86292.0
钛矿	千吨	237.7	210.8	225.3	235.1	271.1
锑矿	吨	548.0	572.0	576.0	610.0	764.0
石料	百万立方米	157.9	172.9	167.0	162.4	160.4
各类砂石	千立方米	51155.0	53502.0	53053.0	49799.0	48659.0
卵石	千立方米	2029.4	2006.0	1927.2	1860.4	1828.5
磷矿石	千吨	2923.4	3142.5	4588.0	4332.2	4651.6
海盐	千吨	1061.0	982.0	648.5	996.5	912.9
冷藏水产	千吨	1666.0	1763.1	1946.2	2083.9	2172.7
鱼露	百万升	339.5	372.2	373.7	374.8	380.7
精炼植物油	千吨	966.1	1034.7	1078.6	1168.8	1274.7
鲜奶	百万升	1027.9	1105.5	1211.4	1217.9	1305.6
奶粉	千吨	99.3	107.7	111.7	121.3	120.7
大米	千吨	40770.0	38920.0	39326.0	41460.0	42529.0
白砂糖	千吨	1842.1	1695.3	1747.5	1902.6	1812.8
速溶咖啡	千吨	87.6	95.4	99.4	107.4	122.2
茶叶	千吨	167.8	165.4	170.5	169.3	169.5
味精	千吨	263.3	277.5	279.9	305.2	327.7
家畜、家禽饲料	千吨	13272.0	14905.0	15735.0	16457.0	17558.0
水产饲料	千吨	3873.9	4392.6	4781.6	5081.3	5638.8
烈酒、白酒	百万升	310.3	306.8	309.7	316.2	330.0
啤酒	百万升	3526.8	3845.4	4004.6	4244.8	4559.5
矿泉水	百万升	877.3	1016.6	1027.7	1121.7	1248.8
纯净水	百万升	2390.1	2762.7	2815.7	2844.9	2942.8
香烟	百万包	5462.0	5606.3	5773.1	6243.6	6381.0
纱	千吨	1905.3	2180.4	2479.2	2835.6	3180.4
布料	百万平方米	1525.6	1700.7	1787.4	2000.8	2298.7
成衣	百万件	4320.0	4530.0	4844.8	5247.0	5607.8
皮鞋、皮拖鞋	百万对	253.0	257.6	263.4	282.5	300.4

续表

项目	单位	2015 年	2016 年	2017 年	2018 年	2019 年初算
布鞋	百万对	61.5	66.0	67.8	72.7	79.3
运动鞋	百万对	680.3	730.8	771.3	821.2	887.8
木板	千立方米	4526.0	4855.5	5010.6	5098.7	5239.7
纸张、纸板	千吨	1495.6	1614.4	1829.7	2113.6	2399.6
报纸和其他印刷品	十亿张	792.8	840.2	904.5	878.4	924.1
黄磷	千吨	68.9	83.6	105.7	107.4	128.7
化肥	千吨	3729.1	3536.6	3677.0	4042.5	3747.4
NPK 复合肥	千吨	3304.1	3081.0	3241.5	3323.8	3335.9
杀虫剂	千吨	100.3	106.1	116.6	140.0	166.5
除草剂	吨	39106.0	40234.0	39248.0	42731.0	46679.0
洗发剂、护发素	吨	65801.0	68241.0	68866.0	63969.0	65171.0
牙膏	吨	45009.0	48208.0	48386.0	49297.0	47002.0
沐浴乳、洗面奶	吨	34939.0	38348.0	41926.0	42370.0	44732.0
洗涤产品	千吨	1055.5	1121.7	1142.1	1186.0	1284.3
汽车、拖拉机外胎	千个	11607.0	13720.0	16492.0	21724.0	27285.0
摩托车、自行车外胎	千个	51826.0	55697.0	58766.0	62753.0	68388.0
汽车、飞机内胎	千个	9910.0	7278.0	7231.0	6480.0	6358.0
摩托车、自行车内胎	百万个	118.7	124.0	133.5	136.3	140.0
塑料袋	千吨	914.4	1068.6	1225.4	1233.0	1249.9
民用陶瓷	百万个	282.2	283.2	286.1	291.5	289.2
医用陶瓷	千个	10830.0	11484.0	12342.0	13993.0	13934.0
炼砖	百万块	18451.0	17258.0	15448.0	14581.0	13831.0
瓦	百万片	517.2	531.8	556.5	498.8	428.3
水泥	千吨	67645.0	74457.0	81488.0	89121.0	96919.0
水泥板	百万平方米	55.9	59.9	51.3	40.6	30.8
钢筋	千吨	4093.0	5472.0	7746.0	12756.0	18622.0
钢材	千吨	12543.0	15523.0	17914.0	20239.0	23021.0
打印机	千台	25820.0	25848.0	26466.0	27989.0	26596.0
固定电话	千台	5868.1	5654.4	5712.7	5525.3	5485.6
移动电话	百万台	235.6	193.0	206.2	202.5	215.2
组装电视机	千台	5512.0	10839.0	11130.0	12805.0	14626.0
标准电池(1.5V)	百万个	474.0	508.7	552.7	655.7	732.4
蓄电池	千 kwh	15064.0	16401.0	18740.0	22557.0	28250.0
电灯泡	百万个	175.9	170.4	160.1	166.0	185.4

续表

项目	单位	2015 年	2016 年	2017 年	2018 年	2019 年初算
电冰箱	千台	1610.4	1600.5	2505.6	2646.0	2933.2
洗衣机	千台	1284.8	2040.1	3512.0	3800.9	3727.2
电风扇	千台	6694.0	6771.0	7706.0	9790.0	10719.0
空调	千台	534.3	613.5	451.8	439.0	460.0
打谷机	千台	13.1	13.7	14.1	13.4	13.5
组装汽车	千辆	192.8	254.9	240.9	267.1	286.6
组装摩托车	千辆	3422.2	3535.6	3865.9	3945.6	3793.3
自行车	千辆	721.9	611.9	546.0	768.3	736.2
发电	百万千瓦时	157949.0	175745.0	191593.0	209181.0	227461.0
自来水	百万立方米	2203.0	2419.7	2617.7	2803.2	3017.6

表6　2010～2019 年越南社会发展投资（当年价）

单位：十亿越南盾，%

年份	其中				实际投资资金与国内生产总值相比（%）
	总额	国有经济	非国有经济	外资经济	
2010	830278	316285	299487	214506	38.5
2011	924495	341555	356049	226891	33.3
2012	1010114	406514	385027	218573	31.1
2013	1094542	441924	412506	240112	30.5
2014	1220704	486804	468500	265400	31.0
2015	1366478	519878	528500	318100	32.6
2016	1487638	557633	578902	351103	33.0
2017	1670196	596096	677900	396200	33.4
2018	1857061	618661	803298	435102	33.5
2019 初算	2046838	634948	942449	469441	33.9
结构（%）					
2010	100.0	38.1	36.1	25.8	—
2011	100.0	37.0	38.5	24.5	—
2012	100.0	40.3	38.1	21.6	—
2013	100.0	40.4	37.7	21.9	—
2014	100.0	39.9	38.4	21.7	—
2015	100.0	38.0	38.7	23.3	—
2016	100.0	37.5	38.9	23.6	—
2017	100.0	35.7	40.6	23.7	—
2018	100.0	33.3	43.3	23.4	—
2019 初算	100.0	31.0	46.0	23.0	—

表 7   2019 年外商直接投资项目数与注册资金总数
（截至 2019 年 12 月 31 日的有效项目数）

单位：个，百万美元

	项目数	注册资金总额
总数	30943	363309.7
其中各国(地区)：		
韩国	8504	68102.3
日本	4402	59364.2
新加坡	2424	49772.4
中国台湾	2695	32378.4
中国香港	1751	23722.2
英属维尔京群岛	841	21722.6
中国	2826	16284.4
马来西亚	617	12634.6
泰国	563	10908.3
荷兰	345	10053.2
美国	991	9307.5
萨摩亚	349	7385.2
开曼群岛	118	7176.7
加拿大	198	5028.5
英国	378	3716.9
法国	565	3604.2
卢森堡	52	2465.5
德国	352	2054.4
瑞士	163	1990.7
澳大利亚	479	1909.7
塞舌尔	198	1409.8
文莱	169	1080.9
比利时	71	1030.7
英属西印度群岛	19	954.1
俄罗斯	137	942.5
印度	255	922.0
土耳其	23	708.6
印度尼西亚	92	590.7
塞浦路斯	18	478.6
丹麦	139	430.3
意大利	110	402.8
瑞典	78	376.7

续表

	项目数	注册资金总额
毛里求斯	53	374.6
百慕大群岛	11	357.4
马绍尔群岛	10	288.2
菲律宾	77	276.3
波兰	19	214.9
新西兰	40	209.4
伯利兹	24	195.7
挪威	44	191.9
库克群岛	2	172.0
中国澳门	16	166.6
安圭拉	22	150.9
奥地利	34	147.2
斯洛伐克	12	140.8
巴哈马	8	109.3
西班牙	73	105.8
捷克	38	90.7
安哥拉岛	4	82.8
以色列	31	79.0
老挝	9	71.0
巴巴多斯	3	68.4
匈牙利	19	66.9
柬埔寨	23	63.9
厄瓜多尔	4	56.7
阿联酋	22	51.9
圣文森特和格林纳丁斯	5	48.9
斯威士兰	1	45.0
巴拿马	13	43.5
爱尔兰	22	41.9
斯里兰卡	23	41.7
圣基茨和尼维斯	3	39.9
海峡群岛	9	38.1
马恩岛	1	35.0
巴基斯坦	59	34.6
保加利亚	9	31.1
乌克兰	25	29.6
伊拉克	6	27.3
芬兰	24	23.3
萨尔瓦多	2	22.5
阿曼	3	20.8

注：注册资金总额包括新批外商直接投资注册资金、已投外资项目增资金额。从 2016 年起还包括外资收购股权协议金额。

表8　2010～2019年越南商品零售和消费服务业营业收入总额（当年价）

单位：十亿越南盾，%

年份	总额	其中		
		零售	住宿和餐饮业	服务和旅游
2010	1677344.7	1254200.0	212065.2	211079.5
2011	2079523.5	1535600.0	260325.9	283597.6
2012	2369130.6	1740359.7	305651.0	323119.9
2013	2615203.6	1964666.5	315873.2	334663.9
2014	2916233.9	2189448.4	353306.5	373479.0
2015	3223202.6	2403723.2	399841.8	419637.6
2016	3546268.6	2648856.7	439892.3	457519.6
2017	3956599.1	2967484.7	488615.6	500498.8
2018	4393525.5	3308059.0	534168.5	551298.0
2019 初算	4930838.3	3743000.4	586491.1	601346.8
结构（%）				
2010	100.0	74.8	12.6	12.6
2011	100.0	73.9	12.5	13.6
2012	100.0	73.5	12.9	13.6
2013	100.0	75.1	12.1	12.8
2014	100.0	75.1	12.1	12.8
2015	100.0	74.6	12.4	13.0
2016	100.0	74.7	12.4	12.9
2017	100.0	75.0	12.3	12.7
2018	100.0	75.3	12.2	12.5
2019 初算	100.0	75.9	11.9	12.2

表9　2010～2019年越南进出口总值

单位：百万美元

年份	总值	其中		贸易平衡(括号内数字表示负数)
		出口	进口	
2010	157075.3	72236.7	84838.6	(12601.9)
2011	203655.5	96905.7	106749.8	(9844.1)
2012	228309.6	114529.2	113780.4	748.8

续表

年份	总值	其中		贸易平衡（括号内数字表示负数）
		出口	进口	
2013	264065.5	132032.9	132032.6	0.3
2014	298066.2	150217.1	147849.1	2368.0
2015	327792.6	162016.7	165775.9	（3759.2）
2016	351559.2	176580.8	174978.4	1602.4
2017	428333.9	215118.6	213215.3	1903.3
2018	480938.4	243696.8	237241.6	6455.2
2019 初算	517545.2	264189.4	253355.8	10833.6
发展指数（上年为100%）				
2010	123.6	126.5	121.3	
2011	129.7	134.2	125.8	
2012	112.1	118.2	106.6	
2013	115.7	115.3	116.0	
2014	112.9	113.8	112.0	
2015	110.0	107.9	112.1	
2016	107.3	109.0	105.6	
2017	121.8	121.8	121.9	
2018	112.3	113.3	111.3	
2019 初算	107.6	108.4	106.8	

表 10 2015～2019 年越南主要出口对象

单位：百万美元

主要出口对象	2015 年	2016 年	2017 年	2018 年	2019 年初算
总额	162016.7	176580.8	215118.6	243696.8	264189.4
主要国际组织					
东盟	18195.1	17449.2	21680.2	24854.2	25208.5
亚太经合组织	106607.5	119741.9	148891.3	170305.8	188591.5
欧盟	30928.3	34002.2	38286.4	41986.0	41546.6
欧佩克	6892.0	6049.5	6128.4	6231.3	6184.6
主要国家和地区					
文莱	25.5	20.1	21.5	18.5	66.6

续表

主要出口对象	2015 年	2016 年	2017 年	2018 年	2019 年初算
柬埔寨	2395.2	2199.4	2762.3	3791.9	4362.1
印度尼西亚	2847.6	2617.9	2858.9	3533.7	3369.2
老挝	523.3	477.8	518.3	595.2	700.8
马来西亚	3577.1	3342.0	4204.3	4064.6	3788.8
缅甸	375.7	461.6	701.4	702.1	721.3
菲律宾	2016.4	2219.9	2833.4	3464.9	3729.7
新加坡	3256.6	2419.9	2979.2	3195.9	3197.8
泰国	3177.7	3690.7	4800.9	5487.4	5272.2
中国台湾	2076.4	2272.0	2568.3	3151.4	4391.6
韩国	8915.4	11406.1	14807.2	18240.6	19720.1
中国香港	6959.3	6088.1	7574.3	7957.6	7155.7
日本	14100.3	14671.5	16792.1	18833.7	20412.6
中国	16567.7	21950.4	35394.3	41365.8	41414.1
印度	2469.7	2687.2	3756.3	6543.8	6673.9
孟加拉国	570.0	554.7	868.7	752.3	693.8
巴基斯坦	419.8	435.6	494.7	403.7	358.1
斯里兰卡	192.4	186.7	224.8	204.2	248.8
沙特阿拉伯	534.0	394.1	431.9	332.5	349.9
阿联酋	5690.9	4999.6	5026.9	5225.3	4784.9
科威特	88.2	73.3	62.4	77.1	61.7
以色列	533.7	554.1	711.4	779.8	774.1
塞浦路斯	33.4	38.1	39.3	41.3	36.9
土耳其	1359.6	1328.8	1901.8	1413.1	1140.3
波兰	585.2	597.6	774.5	1335.0	1500.8
保加利亚	40.8	44.6	38.3	36.1	58.4
匈牙利	65.7	93.3	206.6	401.2	408.1
俄罗斯	1438.3	1616.1	2165.7	2446.4	2667.2
罗马尼亚	102.2	97.2	119.6	146.8	193.9
捷克	170.9	146.2	150.8	156.5	207.8
斯洛伐克	275.6	416.7	703.3	1028.2	912.9
乌克兰	160.0	188.5	246.1	251.7	247.6
丹麦	289.4	283.0	341.7	373.5	336.6

主要出口对象	2015 年	2016 年	2017 年	2018 年	2019 年初算
爱尔兰	115.0	112.3	108.0	147.2	147.9
英国	4645.2	4898.1	5415.1	5779.3	5757.6
挪威	103.4	117.7	115.4	115.1	129.5
芬兰	117.6	106.6	164.9	164.7	119.5
瑞典	936.2	914.7	970.6	1157.2	1184.9
葡萄牙	287.9	292.1	330.6	398.6	395.0
希腊	167.3	188.6	270.3	251.8	272.4
意大利	2847.8	3264.8	2734.9	2903.4	3439.3
西班牙	2299.0	2293.6	2515.8	2629.2	2717.9
奥地利	2188.7	2631.3	3705.3	4078.9	3266.1
德国	5707.4	5960.5	6353.6	6873.2	6555.2
比利时	1779.5	1967.2	2250.6	2410.5	2551.1
荷兰	4759.6	6011.6	7098.9	7085.1	6880.5
法国	2947.1	2998.0	3345.5	3762.7	3762.4
瑞士	230.0	593.0	239.7	171.3	1561.1
加拿大	2407.6	2652.5	2709.2	3013.8	3912.4
美国	33451.0	38449.7	41530.8	47529.7	61346.6
阿根廷	377.6	368.6	481.2	401.1	554.2
巴西	1435.8	1332.4	2039.5	2059.4	2147.6
智利	649.5	805.2	998.6	781.7	940.7
墨西哥	1545.5	1888.4	2338.4	2239.6	2827.6
巴拿马	268.8	259.5	325.0	265.0	337.5
秘鲁	238.2	277.5	330.4	250.2	341.3
埃及	361.7	292.9	321.0	440.0	458.5
阿尔及利亚	233.8	271.2	280.7	191.8	186.9
安哥拉	46.3	38.7	37.6	40.0	42.7
加纳	240.5	290.7	266.8	278.3	271.7
南非	1038.9	868.8	750.6	724.5	800.0
尼日利亚	113.0	71.4	63.8	115.5	127.1
坦桑尼亚	62.1	28.6	29.0	50.7	58.6
塞内加尔	39.6	26.9	38.6	25.9	52.6
新西兰	325.0	359.9	457.2	504.2	542.6
澳大利亚	2905.6	2864.9	3271.0	3965.9	3494.8

表11　2015～2019年越南主要进口对象

单位：百万美元

主要进口对象	2015 年	2016 年	2017 年	2018 年	2019 年初算
总数	165775.9	174978.4	213215.3	237241.6	253355.8
主要国际组织					
东盟	23785.8	24085.8	28363.3	31880.1	32118.4
亚太经合组织	137971.0	146836.4	180055.0	199039.1	210608.0
欧盟	10450.3	11169.6	12201.8	13949.7	14966.0
欧佩克	2104.2	2169.5	2748.8	5300.3	5851.9
主要国家和地区					
文莱	48.1	70.5	51.7	36.7	177.4
柬埔寨	949.5	728.8	1032.6	972.1	904.4
印度尼西亚	2740.3	2992.5	3656.3	4938.4	5706.2
老挝	588.3	347.1	370.6	438.5	462.6
马来西亚	4188.0	5174.3	5945.4	7454.0	7293.9
缅甸	58.9	88.8	127.5	160.9	234.7
菲律宾	898.9	1060.2	1158.3	1256.7	1577.4
新加坡	6038.3	4768.5	5318.6	4576.7	4099.6
泰国	8275.5	8855.1	10702.3	12046.1	11662.2
中国台湾	10951.3	11241.8	12709.7	13243.3	15183.4
韩国	27578.5	32193.1	46943.3	47629.3	46971.8
中国香港	1320.4	1500.3	1664.9	1552.0	1317.2
日本	14225.1	15098.3	16916.8	19108.1	19606.4
中国	49458.0	50018.8	58532.6	65573.2	75487.7
印度	2655.2	2745.5	3954.6	4149.9	4537.6
巴基斯坦	160.0	128.8	130.3	172.6	160.0
沙特阿拉伯	1105.8	1165.3	1308.6	1482.4	1184.8
阿联酋	521.5	450.4	569.8	468.6	388.9
科威特	130.6	110.4	288.0	2603.8	3534.0
以色列	1161.4	688.3	345.0	420.7	382.0
卡塔尔	187.6	181.3	138.3	291.3	179.9
塞浦路斯	25.3	35.6	44.6	49.3	44.8
土耳其	147.3	171.4	223.0	285.7	352.8
波兰	175.4	191.7	229.6	266.6	298.9
白俄罗斯	120.1	92.0	94.3	81.5	90.6
保加利亚	61.6	171.0	71.1	52.5	49.8

主要进口对象	2015 年	2016 年	2017 年	2018 年	2019 年初算
匈牙利	129. 4	173. 2	147. 9	244. 3	337. 8
俄罗斯	748. 2	1136. 8	1392. 3	2136. 9	1830. 7
罗马尼亚	73. 4	168. 4	85. 4	71. 5	67. 5
捷克	75. 6	104. 6	112. 9	141. 7	122. 9
斯洛伐克	18. 1	32. 3	35. 6	43. 2	44. 5
乌克兰	74. 5	75. 9	109. 5	145. 8	121. 9
丹麦	244. 0	331. 8	321. 4	323. 8	244. 2
爱尔兰	286. 2	1026. 8	1381. 5	1792. 2	2497. 5
英国	737. 5	724. 4	747. 1	976. 5	872. 5
挪威	202. 6	263. 7	238. 4	288. 4	312. 7
芬兰	204. 4	224. 8	292. 8	235. 0	248. 0
瑞典	239. 2	311. 1	340. 9	344. 6	372. 5
葡萄牙	67. 9	50. 6	62. 0	115. 6	104. 5
希腊	28. 5	50. 4	65. 6	69. 0	103. 8
意大利	1451. 5	1427. 0	1650. 0	1772. 5	1877. 7
西班牙	399. 8	451. 4	501. 5	514. 3	540. 0
奥地利	412. 1	351. 0	303. 1	291. 0	342. 1
德国	3219. 2	2861. 4	3203. 7	3828. 2	3717. 2
比利时	494. 2	476. 0	447. 4	470. 8	562. 7
荷兰	690. 1	676. 9	670. 4	764. 4	661. 0
法国	1281. 4	1159. 8	1319. 2	1380. 1	1614. 8
瑞士	437. 0	505. 9	598. 9	684. 3	719. 7
加拿大	448. 3	395. 5	799. 3	857. 1	860. 6
美国	7785. 0	8701. 6	9336. 7	12747. 6	14365. 8
阿根廷	2163. 2	2672. 2	2553. 0	2452. 5	3234. 2
巴西	2437. 1	1722. 3	1837. 9	2386. 7	2747. 5
智利	290. 5	231. 7	282. 9	306. 8	288. 7
墨西哥	477. 0	483. 9	787. 5	1124. 6	642. 3
秘鲁	60. 0	76. 5	117. 1	83. 6	81. 4
突尼斯	5. 8	8. 7	10. 9	10. 7	14. 8
科特迪瓦	450. 4	703. 0	904. 7	798. 2	701. 9
南非	115. 0	149. 5	242. 3	387. 2	329. 7
新西兰	377. 8	356. 9	502. 2	532. 0	553. 0
澳大利亚	2039. 7	2442. 1	3200. 1	3779. 1	4479. 8

表12 2015～2019年越南主要出口产品价值

单位：百万美元，千吨

	2015 年	2016 年	2017 年	2018 年	2019 年初算
价值（百万美元）					
原油	3823.8	2361.1	2885.6	2196.8	2031.4
煤炭	185.1	138.7	287.1	321.5	168.8
电子产品、计算机及零件	15607.6	18956.9	26281.9	29562.0	35925.6
电话及零件	30239.6	34493.7	45609.9	49531.3	51378.8
塑料制品	2060.3	2211.6	2548.9	3045.2	3436.2
电线、电缆	896.6	1070.7	1406.9	1701.7	1985.1
背包、手提包、皮包、帽子、伞	2874.7	3172.1	3284.3	3392.4	3745.2
鞋类	12012.6	12998.1	14678.4	16235.5	18320.5
纺织品、服装	22808.7	23824.9	26119.8	30481.4	32850.2
竹藤与凉席制品	247.1	263.0	271.9	347.7	483.6
陶器、瓷器	477.0	431.3	464.0	509.5	527.8
纤维制品	2549.8	2938.3	3594.2	4024.9	4176.7
木薯及木薯制品	1320.3	1001.6	1036.8	961.3	966.9
果蔬	1839.3	2460.9	3507.5	3814.6	3747.1
胡椒	1259.9	1429.2	1118.0	759.0	714.1
咖啡	2671.0	3336.6	3500.6	3536.4	2854.6
橡胶	1531.5	1669.7	2249.8	2091.1	2301.9
大米	2796.3	2159.0	2633.5	3060.2	2805.4
腰果仁	2397.6	2841.5	3515.3	3368.2	3288.7
淀粉食品	657.9	533.2	602.2	658.9	722.5
茶叶	217.2	228.0	232.9	227.2	236.4
食用油	280.5	166.3	180.6	185.1	191.1
木材与木制品	6797.5	6964.5	7702.4	8907.7	10647.8
玉桂	69.4	76.1	103.1	137.6	172.5
水产品	6568.8	7036.0	8349.2	8771.0	8543.6
其中：					
冻虾	1805.8	1918.8	2450.3	2154.8	2107.3
冻鱼	2542.9	2742.3	2945.2	3540.3	3285.7
冻墨鱼	23.9	21.4	36.3	31.6	23.3
重量（千吨）					
原油	9486.4	6848.0	6805.9	3961.0	3975.9
煤炭	1747.7	1243.4	2228.6	2387.5	1143.4
胡椒	131.5	178.1	215.0	232.9	283.8
咖啡	1341.2	1780.4	1566.3	1877.0	1653.3
橡胶	1137.6	1253.1	1381.1	1563.4	1701.7
大米	6582.2	4809.3	5818.5	6107.1	6366.5
腰果仁	328.3	347.0	352.8	373.5	455.6
茶叶	126.9	137.5	149.1	131.7	137.1

表 13   2015～2019 年越南主要进口产品价值

单位：百万美元，千吨，辆

	2015 年	2016 年	2017 年	2018 年	2019 年初算
价值(百万美元)					
汽车	2990.2	2414.2	2261.9	1834.8	3161.3
纺织、缝纫设备及零件	1365.7	1359.9	1476.8	1805.9	1825.1
制皮制鞋设备及零件	172.0	176.4	167.7	155.5	167.8
制纸设备及零件	217.0	346.9	236.0	228.4	288.6
塑料制品生产设备及零件	715.0	756.5	842.7	826.0	1077.9
建工设备及零件	793.7	764.3	626.1	566.8	538.6
水泥生产设备及零件	318.5	220.0	262.0	254.7	195.0
航空机械设备	1662.6	776.9	351.1	695.2	706.8
通信机械设备	10968.0	11139.8	17088.7	16781.3	15087.4
饮料、食品生产设备及零件	362.3	407.3	473.4	575.5	485.3
电子产品、计算机及零件	23211.4	28054.6	37774.2	43225.1	51353.3
成品油	5522.7	5217.9	7105.6	7875.9	6239.4
机油	354.5	333.1	375.3	84.2	82.8
化肥	1439.2	1125.8	1293.1	1224.8	1035.6
钢铁	7491.7	8056.2	9076.1	9901.6	9507.9
其中:胚铁	687.7	363.4	162.6	81.5	53.1
铅	244.4	273.4	347.4	424.9	457.7
铜	1490.6	1652.4	2404.7	2821.1	2847.6
锌	271.9	344.3	501.3	519.6	469.4
铝	2150.2	2446.4	2473.3	3350.0	2394.5
建筑玻璃	158.5	248.5	366.2	292.4	281.3
化工原料	3133.6	3214.1	4122.9	5164.7	5128.6
塑料原料	5942.9	6263.9	7582.9	9090.1	8991.9
塑料产品	3694.9	4406.6	5465.4	5923.6	6538.9
麦芽	196.5	206.2	190.1	178.8	197.9
棉花	1618.9	1662.2	2362.4	3011.7	2570.4
丝线	1528.7	1617.6	1821.6	2423.5	2409.5
杀虫剂及其原料	786.3	776.2	1021.3	956.1	865.0
各类纸张	1423.1	1524.4	1687.4	1902.5	1786.1
西药原料及辅料	338.9	381.2	375.3	406.8	389.7
制鞋辅料	2426.4	2426.6	2626.7	2681.1	2750.3
缝纫辅料	2581.5	2636.4	2754.0	3030.3	3121.2

续表

	2015 年	2016 年	2017 年	2018 年	2019 年初算
各类布料	10234.3	10565.4	11422.5	12786.2	13276.5
卷烟生产原料	274.4	319.4	329.5	368.0	300.9
食用油	681.8	701.5	761.0	745.1	734.2
麦子	600.9	1005.0	994.4	1181.4	726.7
牛奶与奶制品	911.3	880.5	958.6	986.1	1047.8
西药	2320.4	2563.0	2819.0	2787.7	3070.5
空调机	685.2	882.3	789.1	163.6	183.6
摩托车及零部件	367.9	464.4	490.6	268.6	847.7
重量(千吨)					
成品油	10415.2	12060.0	13301.3	11753.6	10251.8
其中:					
汽油	2675.6	2488.0	3188.3	2052.6	1986.2
柴油	5212.7	6714.0	7309.0	6416.6	4752.9
重油	710.7	883.0	597.1	699.0	833.2
煤油	40.7	50.0	48.9	43.1	174.8
航空燃油	1775.5	1925.0	2158.0	2542.3	2504.7
化肥	4542.7	4193.0	4838.2	4285.7	3735.4
其中:					
硫酸铵	1040.5	1036.0	1101.7	1055.3	971.9
尿素	620.8	608.0	476.9	520.8	397.4
氮磷钾复合肥	312.4	262.0	386.3	370.0	385.9
磷酸二铵(DAP)	978.8	803.0	880.1	693.6	498.8
氯化钾和硫酸钾	971.7	1009.0	1268.8	1029.0	852.7
其他	618.3	475.0	724.4	617.0	628.7
钢铁	15513.2	18328.0	14992.3	13524.4	14555.1
其中:钢坯	1926.5	1106.0	299.6	169.3	104.3
汽车(辆)	126163	112932	97477	83040	140301
其中:					
9座以下(含9座)汽车	51427	50598	38927	55298	102434
9座以上汽车	1255	901	767	801	607
卡车	48991	47417	44992	24301	30410
其他类汽车	24490	14016	12791	2640	6850

表 14 2015～2019 年越南主要经济指标

	2015 年	2016 年	2017 年	2018 年	2019 年初算
当年价					
国内生产总值(十亿越南盾)	4192862	4502733	5005975	5542332	6037348
人均国内生产总值					
单位:千越南盾	45462	48286	53094	58105	62574
单位:美元	2097	2202	2373	2570	2715
资本积累(十亿越南盾)	1160447	1196739	1330694	1470550	1620655
最终消费(十亿越南盾)	3115085	3379404	3731554	4103655	4505237
货物和服务出口额(十亿越南盾)	3764320	4215636	5085742	5865550	6447619
货物和服务进口额(十亿越南盾)	3731151	4100294	4945460	5679497	6254976
国家总收入(十亿越南盾)	3977609	4314321	4651399	5198567	5686985
按照 2010 年价格					
国内生产总值(十亿越南盾)	2875856	3054470	3262548	3493399	3738546
国内生产总值增长率(%)	6.68	6.21	6.81	7.08	7.02
与国内生产总值(当年价)的比值(%)					
资本积累	27.68	26.58	26.58	26.53	26.84
固定资本	24.66	23.68	23.78	23.85	24.23
最终消费	74.29	75.05	74.54	74.04	74.62
货物和服务出口额	89.78	93.62	101.59	105.83	106.80
货物和服务进口额	88.99	91.06	98.79	102.47	103.60
国家总收入	94.87	95.82	95.19	93.80	94.20

注:人均国内生产总值数据根据越南 2019 年 4 月 1 日开展的人口和住房普查结果进行了调整。

表 15 2010～2019 年越南交通部门运输商品总量

单位:千吨

年份	总量	其中				
		铁路	公路	内河航运	海运	空运
2010	800886.0	7861.5	587014.2	144227.0	61593.2	190.1
2011	885681.5	7285.1	654127.1	160164.5	63904.5	200.3
2012	961128.4	6952.1	717905.7	174385.4	61694.2	191.0
2013	1010413.9	6525.9	763790.0	181212.7	58701.6	183.7
2014	1078580.9	7178.9	821700.0	190600.0	58900.0	202.0
2015	1146895.7	6707.0	877628.4	201530.7	60800.0	229.6

续表

年份	总量	其中				
		铁路	公路	内河航运	海运	空运
2016	1255458.2	5209.0	969721.0	215768.2	64474.4	285.6
2017	1383212.8	5611.0	1074450.9	232813.8	70019.2	317.9
2018	1539271.7	5717.7	1207682.8	251904.6	73562.2	404.4
2019 初算	1689989.6	5100.0	1340527.9	266011.2	77902.4	448.1
发展指数(上年为100%)						
2010	111.9	95.3	114.3	104.7	110.4	136.2
2011	110.6	92.7	111.4	111.1	103.8	105.4
2012	108.5	95.4	109.8	108.9	96.5	95.4
2013	105.1	93.9	106.4	103.9	95.1	96.2
2014	106.7	110.0	107.6	105.2	100.3	109.9
2015	106.3	93.4	106.8	105.7	103.2	113.7
2016	109.5	77.7	110.5	107.1	106.0	124.4
2017	110.2	107.7	110.8	107.9	108.6	111.3
2018	111.3	101.9	112.4	108.2	105.1	127.2
2019 初算	109.8	89.2	111.0	105.6	105.9	110.8

表16　2010～2018年越南企业生产经营收入（按企业类型划分）

单位：万亿越南盾，%

	2010 年	2015 年	2016 年	2017 年	2018 年
总额	7487.7	14949.2	17436.4	20660.0	23637.6
国有企业	2033.5	2722.2	2865.5	3124.9	3413.8
100% 国有资本企业	1517.6	1666.0	1811.3	2035.5	2079.2
超过 50% 国有资本企业	515.9	1056.2	1054.2	1089.4	1334.6
非国有企业	4068.2	8075.1	9762.1	11734.1	13410.6
私人企业	391.4	516.2	541.7	473.5	383.7
联营公司	0.4	2.0	1.6	1.3	2.3
有限责任公司	1865.9	4137.2	5062.8	6100.4	7096.5
国有股份制公司	432.9	474.0	460.3	560.3	575.1
非国有股份制公司	1377.6	2945.7	3695.7	4598.6	5353.0
外资企业	1386.0	4151.9	4808.8	5801.0	6813.2
外商独资企业	943.6	3502.9	4050.5	5071.5	5904.7
合资企业	442.4	649.0	758.3	729.5	908.5

	2010 年	2015 年	2016 年	2017 年	2018 年
结构（%）					
总数	100.00	100.00	100.00	100.00	100.00
国有企业	27.16	18.21	16.43	15.12	14.45
国有资本企业	20.27	11.14	10.39	9.85	8.80
超过50%国有资本企业	6.89	7.07	6.04	5.27	5.65
非国有企业	54.33	54.02	55.99	56.80	56.73
私人企业	5.23	3.46	3.11	2.29	1.62
联营公司	0.01	0.01	0.01	0.01	0.01
有限责任公司	24.91	27.68	29.03	29.53	30.02
国有股份制公司	5.78	3.17	2.64	2.71	2.43
非国有股份制公司	18.40	19.70	21.20	22.26	22.65
外资企业	18.51	27.77	27.58	28.08	28.82
外商独资企业	12.60	23.43	23.23	24.55	24.98
合资企业	5.91	4.34	4.35	3.53	3.84

表 17　2010～2018 年越南大学教育情况统计

项目	2010 年	2015 年	2016 年	2017 年	2018 年
高等院校数量（所）	188	223	235	236	237
公立学校	138	163	170	171	172
非公立学校	50	60	65	65	65
教师数量（千人）	51.0	69.6	72.8	75.0	73.3
公立学校	43.4	55.4	57.6	59.2	57.0
非公立学校	7.6	14.2	15.2	15.8	16.3
在校大学生数量（千人）	1435.9	1753.2	1767.9	1707.0	1526.1
公立学校	1246.4	1520.8	1523.9	1439.5	1261.5
非公立学校	189.5	232.2	244.0	267.5	264.6
毕业大学生数量（千人）	187.4	352.8	318.1	341.6	311.6
公立学校	166.2	307.8	280.7	302.7	267.0
非公立学校	21.2	45.0	37.4	38.9	44.6
发展指数（上年为100%）					
高等院校数量	108.5	101.8	105.4	100.4	100.4
公立学校	108.7	102.5	104.3	100.6	100.6
非公立学校	108.0	100.0	108.3	100.0	100.0

续表

项目	2010 年	2015 年	2016 年	2017 年	2018 年
教师数量	117.1	106.0	104.6	103.0	97.8
公立学校	114.6	105.1	104.0	102.8	96.2
非公立学校	131.4	109.4	106.8	104.0	103.6
在校大学生数量	100.8	96.1	100.8	96.6	89.4
公立学校	101.0	95.2	100.2	94.5	87.6
非公立学校	99.8	102.1	105.0	109.7	98.9
毕业大学生数量	124.3	99.7	90.2	107.4	91.2
公立学校	121.1	101.7	91.2	107.8	88.2
非公立学校	149.2	87.7	83.0	104.2	114.6

表 18　2015～2020 年越南普通教育情况统计（9 月 30 日时点）

项目	2015～2016 年	2016～2017 年	2017～2018 年	2018～2019 年	2019～2020 年初算
学校班数 （单位：千班）	501.0	494.3	499.4	498.7	503.3
小学学校	283.5	277.5	280.0	280.2	281.6
初中学校	153.4	151.7	153.6	152.0	154.1
高中学校	64.1	65.1	65.8	66.5	67.6
教师数量 （单位：千人）	861.3	858.8	853.0	805.7	812.0
小学学校	396.9	397.1	396.6	385.7	381.6
初中学校	313.5	311.0	306.1	286.0	286.9
高中学校	150.9	150.7	150.3	134.0	143.5
在校学生数量 （单位：千人）	15353.8	15514.3	15924.0	16558.3	17042.3
小学学校	7790.0	7801.6	8041.8	8541.5	8741.5
初中学校	5138.7	5235.5	5373.6	5456.9	5646.8
高中学校	2425.1	2477.2	2508.6	2559.9	2654.0

资料来源：参见越南统计总局《2019 年统计年鉴》，越南统计出版社，2020 年 7 月。

B.18
主要参考文献和资料来源

一　越南文

1. 越南《共产主义杂志》2020 年各期。

2. 越南《数字与事件》杂志 2020 年各期。

3. 越南《经济与预测》杂志 2020 年各期。

4. 越南《工业》杂志 2020 年各期。

5. 越南《农业》杂志 2020 年各期。

6. 越南《商业》杂志 2020 年各期。

7. 越南《财政》杂志 2020 年各期。

8. 越南《旅游》杂志 2020 年各期。

9. 越南《通信和传媒技术》杂志 2020 年各期。

10. 越南《海洋》杂志 2020 年各期。

11. 越南统计总局：《2019 年越南统计年鉴》，越南统计出版社，2020。

12. 2020 年越南《人民军队报》。

13. 越南共产党电子报，http：//www. cpv. org. vn/。

14. 越南中央政府网站，http：//www. chinhphu. vn/。

15. 越南统计总局网站，http：//www. gso. gov. vn/。

16. 越南计划投资部网站，http：//www. mpi. gov. vn/。

17. 越南农业与农村发展部网站，http：//www. agroviet. gov. vn/。

18. 越南工贸部网站，http：//www. moit. gov. vn/。

19. 越南财政部网站，http：//www. mof. gov. vn/。

20. 越南科技部网站，http：//www. most. gov. vn/。

21. 越南交通运输部网站，http：//www. mt. gov. vn/。

22. 越南国防部网站，http：//www. mod. gov. vn/。

23. 越南外交部网站，http：//www. mofa. gov. vn/。

24. 越南海警网，http：//canhsatbien. vn/。

25. 越南水产总局网站，https：//tongcucthuysan. gov. vn/。

26. 越南海关总局网站，https：//www. customs. gov. vn/。

27. 越南《人民报》网站，http：//www. nhandan. org. vn/。

28. 越南《人民军队报》网站，http：//www. qdnd. vn/。

29. 越南《共产主义杂志》网站，http：//www. tapchicongsan. org. vn/。

30. 越南《全民国防杂志》网站，http：//www. tapchiqptd. vn/。

31. 越南《防空空军报》网站，http：//www. phongkhongkhongquan. vn/。

32. 越南《海军报》网站，http：//www. baohaiquanvietnam. vn/。

33. 越南《越土报》网站，http：//baodatviet. vn/。

34.《越南经济时报》网站，http：//vneconomy. vn/。

35. 越南《前锋报》网站，https：//www. tienphong. vn/。

36. 越南网，https：//vietnamnet. vn/。

37. 越南通讯社。

二　中文

1. 中华人民共和国驻越南大使馆经济商务参赞处网站，http：//vn. mofcom. gov. cn/。

2. 中华人民共和国驻胡志明市总领事馆经济商务室网站，http：//hochiminh. mofcom. gov. cn/。

3. 新华网，http：//www. xinhuanet. com/。

Abstract

Vietnam suffered severe natural disastersin 2020 such as floods and typhoons, and caused a significant downward tendency on the economy, besides the influence by the COVID-19 pandemic. The country strived to achieve dual goals of both overcoming the pandemic and resuming economic development within the year, and achieved 10 out of the 12 major economic and social development indications set by the National Assembly and achieved a positive GDP growth within the year. In terms of foreign affairs, Vietnam continued its all-round and diversified diplomatic policy in 2020, played actively its "dual roles" as the rotating chair of ASEAN and the non-permanent member of the UN Security Council, promoted and participated in multilateral cooperation mechanisms, and enhanced its status and influence in the international community.

The political situation remained stable in Vietnam in 2020, although along with some hidden worries. Vietnam mobilized all national forces to participate in fighting against the COVID-19 pandemic and achieved a relatively effective outcome. A comprehensive preparation was proceeded from top to down for the 13th CPV National Congress, which was held in January 2021 as scheduled. Vietnam also continued its efforts on party building and anti-corruption, while the National Assembly fulfilled its three major tasks, namely legislation, supervision and decision making on major national issues.

Macro-economy in 2020 remained stable and its GDP achieved a positive growth despite the COVID-19 pandemic. 10 of the 12 major economic and social development targets set by the National Assembly were fulfilled, inflation was brought under control, imports and exports of goods continued to grow, the trade surplus reached a new high, funds for public investment significantly increased, and

Vietnam's overall fiscal revenue and expenditures were balanced. In addition, Vietnam continued to promote the application and development of information and communication technology, and strengthen the management of cybersecurity. Despite the severe impact of the pandemic on the economy, especially tourism and aviation, Vietnam fulfilled the dual goals of controlling the pandemic prevention and maintaining economic development simultaneously, with a GDP growth of 2.91% in 2020, making it one of the few countries in the Asia-Pacific region and the world with positive economic growth within the year.

Vietnam maintained active diplomatic activities in 2020, continued to promote political diplomacy and economic diplomacy, fulfilled its duties as the rotating chair of ASEAN and a non-permanent member of the UN Security Council during 2020 and 2021, maintained and promoted its relations with various countries through flexible foreign activities combining both online and direct meetings. During the year, Vietnam continued its comprehensive and in-depth integration into the international community, with the *EU-Vietnam Free Trade Agreement* coming into force, and several free trade agreements signed, namely the *Regional Comprehensive Economic Partnership Agreement* and the *UK-Vietnam Free Trade Agreement*.

In the context of COVID-19 pandemic, the people's life and society of Vietnam remained stable in 2020. Several prominent events were seen in 2020 regarding Vietnam's cultural and social development. Dak Nong Geopark was added to the UNESCO World Geoparks network. For the first time, Vietnam undertook a reform on socialized compilation of textbooks, which meant one curriculum could have more than one textbooks. In addition, the results of national population and housing census was released. Many places suffered from severe natural disasters and caused huge losses.

2020 was a crucial year for Vietnam's economic and social development, and a time node for formulating economic development strategies and plans. The year of 2021 was also significant for Vietnam in many ways: the holding of the 13th National Congress of the CPV, the 15th National Assembly election and the people's assembly election at all levels; the first year to implement the resolutions of the CPV National Congress, the economic and social development plan for

2021 – 2025 and the economic and social development strategy for 2021 – 2030. The 13th National Congress of the CPV proposed an average annual GDP growth of 6. 5% – 7% from 2021 to 2025. Entering 2021, Vietnam's GDP grew 4. 48% in the first quarter, 6. 61% in the second quarter and 5. 64% in the first half of the year. However, the country has been hit by its fourth wave of COVID-19 since April 27, which is spreading into the whole country, while the industrial and commercial center Ho Chi Minh city become the hardest affected area. Vietnam is still facing severe challenges on the prevention and control of COVID-19, so does its economic and social development.

Keywords: Vietnam; Politics; Economy; Diplomacy; Social and Cultural

Contents

I General Report

Abstract: Vietnam suffered severe natural disasters in 2020 such as floods and typhoons, and caused a significant downward tendency on the economy, besides the influence by the COVID-19 pandemic. The country strived to achieve dual goals of both overcoming the pandemic and resuming economic and social development within the year. A comprehensive preparation was proceeded from top to down for the 13th CPV National Congress, which was held in January 2021 as scheduled. Vietnam also continued its efforts on party building and anti-corruption, while the National Assembly fulfilled its three major tasks, namely legislation, supervision and decision making on major national issues. The year also saw land disputes in Dong Tam, My Duc County of Hanoi outbroke again along with serious conflicts. 10 of the 12 major economic and social development targets set by the National Assembly were fulfilled, with a GDP growth of 2.91% in 2020, making it one of the few countries in the Asia-Pacific region and the world with positive economic growth within the year. Vietnam kept being active in diplomatic activities in 2020, with the *EU-Vietnam Free Trade Agreement* coming into force, and several free trade agreements signed, namely the *Regional*

Comprehensive Economic Partnership Agreement (RCEP) and the *UK-Vietnam Free Trade Agreement*. The people's life and society of Vietnam remained stable in 2020 under the background of COVID-19. Several prominent events were seen in 2020 regarding Vietnam's cultural and social development. Donon Geopark was added to the UNESCO World Geoparks network. For the first time, Vietnam undertook a reform on socialized compilation of textbooks, which meant one curriculum could have more than one textbooks. In addition, the results of national population and housing census was released. Many places suffered from severe natural disasters and caused huge losses.

Keywords: Vietnam; Politics; Economy; Diplomacy; Society and Culture

II　Topical Reports

B.2　Political Development of Vietnam in 2020

Yu Xiangdong, *Chen Yuanyuan* / 027

Abstract: 2020 was the final year of the term of the 12th Central Committee of the CPV and a crucial year for completing the preparation for the 13th CPV National Congress. Under the strong leadership of the CPV Central Committee and Nguyen Phu Trong, General Secretary of the CPV Central Committee and President of Vietnam, Vietnam has been successful in fighting COVID-19 pandemic and maintaining political stability and a sound momentum of economic and social development, making it one of the very few countries in the world that has achieved positive economic growth. In 2020 to January 2021, the CPV convened in succession the 12th, 13th, 14th, and 15th plenary sessions of its 12th Central Committee, and advanced the preparation for the 13th CPV National Congress to guild Vietnam's future political, economic and social development. In the course of preparing for the 13th CPV National Congress, the draft documents of the 13th CPV National Congress has been repeatedly revised, and opinions and suggestions extensively solicitated from all parties and people, which became one of the highlights in Vietnamese politics. The top official personnel preparation for the

13th CPV National Congress had been advanced steadily. Local party congresses at all levels had been convened and completed in accordance with the deployment of the CPV Central Committee. The 14th National Assembly of Vietnam held its 9th and 10th meetings to promote legislation, supervision and the construction of a country under the rule of law in Vietnam, and to prepare for the re-election of the 15th National Assembly in 2021. This year, the CPV will further strengthen its party building and ideological construction and advance the work of fighting against corruption to create a sound environment for the smooth holding of the 13th National Congress of the Communist Party of Vietnam.

Keywords: Vietnamese Politics; the 13th CPV National Congress; Party Building; Fighting Against Corruption; National Assembly of Vietnam

B.3 Economy of Vietnam in 2020: Growth in Global Decline, Planning with Careful Consideration

Yang Yang, Li Hongwei / 053

Abstract: Facing to the COVID-19 pandemic in 2020, Vietnam still achieved the twin goals of effectively combating COVID-19 and boosting economic growth in global decline by means of opportune and effective measures for the pandemic and economic stimulus. The economy recovered and GDP grew by 2.91%. The macro-economy remained stable, inflation was under effective control, domestic consumption was robust, foreign trade continued to grow, trade surplus reached a new high, the pattern and quality of economic growth were improved, and good results were achieved. It was a vital period for transition in 2020, and on the 13th National Congress of the Communist Party of Vietnam in January, 2021, a series long-term development goals have been set up with careful consideration, portraying a new future plan for Vietnam to the middle of the 21 century.

Keywords: Economic Growth; the 13th National Congress; New Plan

B.4　An Analysis on Vietnam's Diplomacy during 2020-2021

Pan Jin'e, Wei Lichun / 086

Abstract: In 2020, Vietnam continued implementing all-round and diversified diplomacy. While maintaining and balancing relations between major powers and strengthening relations with traditional friendly countries, Vietnam actively played its role as the rotating presidency of ASEAN and a non-permanent member of the UN Security Council on the international stage, achieved the overall goal of making diplomacy a service for economic and social development, and at the same time has enhanced Vietnam's international status and influence.

Keywords: Vietnam's Diplomacy; ASEAN's Rotating Presidency; Non-permanent Members of the UN Security Council; China-Vietnam Relations; Vietnam-US Relations

B.5　Vietnam's Military Developmentin 2020 and Prospect for 2021

Qin Zhenyue / 106

Abstract: In 2020, the People's Army of Vietnam held the 11th Party Congress to set the targets of military construction and development in the term of 2020-2025. It carried out the rectification activities on the ideological and political education, and continued to revise and issue relevant laws and regulations on national defense and military. Major adjustments had taken place in senior military generals. The indicators to streamline and restructure army establishment and system had been basically completed. The modernization of military equipment had gradually shifted to independent research and development. The combat training focused on counterattack in defense. In the context that the global diplomatic activities were deeply influenced by the COVID-19 pandemic, Vietnam had made full use of the opportunity being as the rotating presidency of ASEAN and the non-permanent member of the UN Security Council from 2020 to 2021 to actively

develop multilateral and bilateral military diplomacy through online and offline activities, and constantly expand the breadth and depth of its external defense cooperation. In 2021, under the background of the more stringent measures to control the COVID-19 pandemic, the People's Army of Vietnam will focus on deploying and implementing the targets of military construction and development set by the 11th Party Congress of the Vietnam People's Army and the 13th National Congress of the Communist Party of Vietnam. It will speed up the modernization of some military branches and aim to solve the remaining problems and expand the bilateral relations in the field of external defense.

Keywords: The People's Army of Vietnam; Military Modernization; ASEAN; COVID-19; Defense Cooperation

B.6 Development and Prospect of Vietnam's Technology, Education, Culture and Healthcare during 2020-2021

Mo Chang, Pang Minjia and Huang Xiaolong / 139

Abstract: In 2020, Vietnam obtained achievements in the field of applied technology, digital technology, smart-city, e-government and construction of digital infrastructure by enforcement of science, technology and innovation, laying a solid foundation for realizing the strategic goal of a powerful digital nation. Vietnam introduced standardization, modernization and socialization to education, striving to build a high-quality educational and training system, especially vocational education system. Vietnam also promoted the integration of education and high technology, reinforced the digitization of education, and cultivated high-quality talents for the country. Vietnam had carried out strategy in protecting and inheriting intangible cultural heritage, strengthened mass communication, international cultural exchanges and cooperation. Facing the outbreak of COVID-19 epidemic, the Vietnamese government took active measures to this public health emergency and achieved good results in fighting COVID-19 epidemic. Vietnam was one of the forefronts in ASEAN in development of COVID-19 test kit and vaccine.

Keywords: Vietnam; Technology; Digital Powerhouse; Education and Culture; Healthcare

Ⅲ Special Reports

Abstract: In 2020, Vietnam's agriculture suffered doubly from natural disasters and the COVID-19 pandemic, with all of planting, forestry and aquaculture facing various difficulties. The agricultural sectors launched a number of timely and effective responding measures, resulting in a slight increase on agricultural production in general. The import and export of agriculture had been greatly affected by the COVID-19 pandemic, fortunately agricultural export was lowered in the beginning but rose in the end, increasing rapidly in the second half of 2020 and resulting in a slight decrease compared with that of the previous year. The prospect of Vietnam's agricultural development is still relatively optimistic in 2021.

Keywords: Vietnam; Agriculture; Forestry; Agricultural Export

Abstract: The global economy suffered from the COVID-19 in 2020, but Vietnam became one of the few countries in the Asia-Pacific region and even the world with positive economic growth within the year, thanks to its initial success

in fighting against the epidemic and resulting in an annual GDP growth of 2. 91% .
The industrial sector remained a good momentum of development, with the added
value of the industrial sector increasing by 3. 36% compared with that of 2019,
and the processing and manufacturing industries remained the major growth poles
of the economy. Looking ahead to 2021, Vietnam's Ministry of Industry and
Trade has laid out a roadmap for the development of Vietnamese industry in the
coming years, reflecting Vietnam's ambition in industrial development, but the
continued outbreak of the new round of COVID-19 will still have a negative
impact on industrial growth in 2021.

Keywords: Vietnam, Industry; Trade Agreement; Covid-19

B . 9   Vietnam Marine Economy in 2020: Indicators' Growth Rate

Slowed Down but Huge Development Potential Showed

Qin Lifang, *Li Kaili* / 225

Abstract: Due to the severe impact of COVID-19 pandemic, various
indicators of Vietnam's marine economy slowed down or even showed negative
growth in 2020. The production of marine fisheries kept increasing but exports
declined, and fishing conflicts between Vietnam and neighboring countries
increased. Oil and gas production continued to decline, but Vietnam announced
that a new and super-large oil and gas field was discovered. Marine tourism was the
most severely affected sector, with almost all international tourism coming to a
standstill in the second half of 2020 and no prospect of recovery. Marine
shipbuilding orders and deliveries fell while ship maintenance grew and military ship
development accelerated. Overcoming adverse factors such as rising freight rates,
marine transportation industry maintained an increase of port handling capacity, and
the Gemalink deep-water port was open for operation. Wind power enterprises
overcame the impact of the epidemic and accelerated the construction of projects,
and offshore wind power generation will be a key field of wind power generation

in Vietnam in the future.

Keywords: Vietnam; Marine Economy; Marine Oil and Gas; Ocean Shipping; Ocean Transportation

B.10 Development Report of Vietnam's Finance Development in 2020

Wang Zhigang / 254

Abstract: In 2020, Vietnam's macro economy remained stable despite the impact of COVID-19. In particular, its GDP achieved growth of 2.91%, which was not easy. The stock market experienced in the beginning of the year after a sharp decline, then stabilized and rose gradually and broke through the key point of 1000 points eventually. Banks and property stocks performed well in the outbreak COVID-19 and became the main force of driving a stable and rising market. At present, Vietnam's banking and real estate are very similar to that in China before 2008, which is in the stage of fully enjoying the dividend of Vietnam's economic development. On the list of top 20 richest people, banking and real estate industry accounted for seven respectively, adding up to 70% of the total.

Keywords: Vietnam; Macro-economy; Finance; Stock Market

B.11 Development of Vietnam's Transport and Communication in 2020

Qin Xiaojie / 267

Abstract: In 2020, the outbreak of COVID-19 worldwide directly affected Vietnam. The double blow of COVID-19 and natural disasters caused the suspension of the operation of airlines, roads and railways in Vietnam and the overall negative growth of the transportation industry. Against the backdrop of the Vietnamese government's "fighting the epidemic like fighting the enemy", Vietnam

has continuously strengthened the management and inspection of passengers and freight transportation, enhanced the transformation and construction of transportation infrastructure, and developed and established a nationwide logistics system, which has significantly improved traffic safety. In the field of communication and information, the epidemic has brought both difficulties and opportunities to the development of the industry. Vietnam's information industry was developing rapidly, informatization application was strengthened, 5G network grew rapidly, the national digital transformation plan was fully carried out, and network information security gained more attention.

Keywords: Vietnam; Transportation; Communications and Information; Network Information Security

B.12 Development of Vietnam's Foreign Trade and
Its Outlook during 2020-2021

Nie Bin, Shang Feng / 285

Abstract: In 2020, when global trade and outbound investment suffered a severe recession due to the impact of COVID-19, Vietnam achieved positive development in the field of foreign trade and economic cooperation. The total import and export volume of goods trade increased by 5.4%, the export growth was strong, and the trade surplus reached a new high. The structure of export commodities improved, and import commodities continued to orient on serving both production and export. At the same time, Vietnam's foreign trade also faced challenges, such as highly depending on foreign trade, over-dependence on single market for exports, and slow development of supporting industries. Vietnam's economic and trade relations with China, the United States, the Republic of Korea, ASEAN, the European Union, Japan and other major trading partners have been developing steadily, while trade with China reached a record high, and that with the US grew rapidly, the trade creation effect of regional trade arrangements was increasing. In 2021, the continuing impact of COVID-19 is expected to bring uncertainties to Vietnam's foreign trade development, but bilateral economic and trade relations between Vietnam and its trading partners still have broad future if regional trade arrangements can be fully utilized.

Keywords: Vietnam; Foreign Trade; Positive Growth; Trade Partner; Regional Trade

B.13　Impact of COVID-19 on Vietnam's Tourism
　　　　Industry in 2020 and Its Countermeasures

He Jingbo / 323

Abstract: Vietnam's Tourism was one of the sectors most affected by the COVID-19 pandemic in 2020. The sudden COVID-19 pandemic hit severely not only the global tourism industry, but also its related industries, such as hotels, airlines, travel agencies and restaurants. Vietnam's tourism industry in 2020 showed a trend of opening high but ending low. It declined precipitously after international tourism has been suspending in March. In April, the number of tourist arrivals in Vietnam slump to less than 30 thousand and it lasted until the end of December. Vietnamese domestic tourism has gradually been recovered while Vietnam has achieved "positive" results in its prevention and control efforts in fighting the new coronavirus. Vietnam's tourism sector will continue to focus on restoring and developing domestic tourism in 2021.

Keywords: COVID-19; Vietnam; Digitization; Tourism

B. 14   The Economic Development of the Capital Hanoi, the
Industrial and Commercial Center Ho Chi Minh City,
and Border Area of North Vietnam

Li Bihua / 340

Abstract: In 2020, under the circumstances of Vietnam's efforts to fight the epidemic and restore economic and social development, Hanoi, the capital, achieved relatively high economic growth, and its GDP increased by 3. 98% over 2019.. Ho Chi Minh City, as Vietnam's largest city in population and the largest industrial and commercial center in the country, has an economic growth of 1. 39% , and its fiscal revenue continues to dominate the country. Of the seven border provinces in northern Vietnam bordering China, Quang Ninh Province outshines others in economic development, with GDP growth of about 10 percent. Affected by the COVID −19 epidemic, the import and export of goods and tourism at ports in Vietnam's northern border provinces have generally declined sharply, thus affecting economic growth. The economic growth rate of Lang Son Province, Ha Giang Province and Dien Bien Province is obviously lower than the national average.

Keywords: The Capital City Hanoi; Ho Chi Minh City; Border Area in the North; Business Environment; Competitiveness Index

Ⅳ   Integrated Data

权威报告·连续出版·独家资源

皮书数据库
ANNUAL REPORT(YEARBOOK)
DATABASE

分析解读当下中国发展变迁的高端智库平台

所获荣誉

- 2020年，入选全国新闻出版深度融合发展创新案例
- 2019年，入选国家新闻出版署数字出版精品遴选推荐计划
- 2016年，入选"十三五"国家重点电子出版物出版规划骨干工程
- 2013年，荣获"中国出版政府奖·网络出版物奖"提名奖
- 连续多年荣获中国数字出版博览会"数字出版·优秀品牌"奖

皮书数据库

"社科数托邦"
微信公众号

成为用户

　　登录网址www.pishu.com.cn访问皮书数据库网站或下载皮书数据库APP，通过手机号码验证或邮箱验证即可成为皮书数据库用户。

用户福利

- 已注册用户购书后可免费获赠100元皮书数据库充值卡。刮开充值卡涂层获取充值密码，登录并进入"会员中心"—"在线充值"—"充值卡充值"，充值成功即可购买和查看数据库内容。
- 用户福利最终解释权归社会科学文献出版社所有。

数据库服务热线：400-008-6695
数据库服务QQ：2475522410
数据库服务邮箱：database@ssap.cn
图书销售热线：010-59367070/7028
图书服务QQ：1265056568
图书服务邮箱：duzhe@ssap.cn

社会科学文献出版社 皮书系列
SOCIAL SCIENCES ACADEMIC PRESS (CHINA)

卡号：138257636736
密码：

基本子库
SUB DATABASE

中国社会发展数据库（下设 12 个专题子库）

紧扣人口、政治、外交、法律、教育、医疗卫生、资源环境等 12 个社会发展领域的前沿和热点，全面整合专业著作、智库报告、学术资讯、调研数据等类型资源，帮助用户追踪中国社会发展动态、研究社会发展战略与政策、了解社会热点问题、分析社会发展趋势。

中国经济发展数据库（下设 12 专题子库）

内容涵盖宏观经济、产业经济、工业经济、农业经济、财政金融、房地产经济、城市经济、商业贸易等 12 个重点经济领域，为把握经济运行态势、洞察经济发展规律、研判经济发展趋势、进行经济调控决策提供参考和依据。

中国行业发展数据库（下设 17 个专题子库）

以中国国民经济行业分类为依据，覆盖金融业、旅游业、交通运输业、能源矿产业、制造业等 100 多个行业，跟踪分析国民经济相关行业市场运行状况和政策导向，汇集行业发展前沿资讯，为投资、从业及各种经济决策提供理论支撑和实践指导。

中国区域发展数据库（下设 4 个专题子库）

对中国特定区域内的经济、社会、文化等领域现状与发展情况进行深度分析和预测，涉及省级行政区、城市群、城市、农村等不同维度，研究层级至县及县以下行政区，为学者研究地方经济社会宏观态势、经验模式、发展案例提供支撑，为地方政府决策提供参考。

中国文化传媒数据库（下设 18 个专题子库）

内容覆盖文化产业、新闻传播、电影娱乐、文学艺术、群众文化、图书情报等 18 个重点研究领域，聚焦文化传媒领域发展前沿、热点话题、行业实践，服务用户的教学科研、文化投资、企业规划等需要。

世界经济与国际关系数据库（下设 6 个专题子库）

整合世界经济、国际政治、世界文化与科技、全球性问题、国际组织与国际法、区域研究 6 大领域研究成果，对世界经济形势、国际形势进行连续性深度分析，对年度热点问题进行专题解读，为研判全球发展趋势提供事实和数据支持。

法律声明

"皮书系列"（含蓝皮书、绿皮书、黄皮书）之品牌由社会科学文献出版社最早使用并持续至今，现已被中国图书行业所熟知。"皮书系列"的相关商标已在国家商标管理部门商标局注册，包括但不限于LOGO（📓）、皮书、Pishu、经济蓝皮书、社会蓝皮书等。"皮书系列"图书的注册商标专用权及封面设计、版式设计的著作权均为社会科学文献出版社所有。未经社会科学文献出版社书面授权许可，任何使用与"皮书系列"图书注册商标、封面设计、版式设计相同或者近似的文字、图形或其组合的行为均系侵权行为。

经作者授权，本书的专有出版权及信息网络传播权等为社会科学文献出版社享有。未经社会科学文献出版社书面授权许可，任何就本书内容的复制、发行或以数字形式进行网络传播的行为均系侵权行为。

社会科学文献出版社将通过法律途径追究上述侵权行为的法律责任，维护自身合法权益。

欢迎社会各界人士对侵犯社会科学文献出版社上述权利的侵权行为进行举报。电话：010-59367121，电子邮箱：fawubu@ssap.cn。

社会科学文献出版社